YOU SAID YOU LIKE ME!

MİSO UMEDA

INHALT

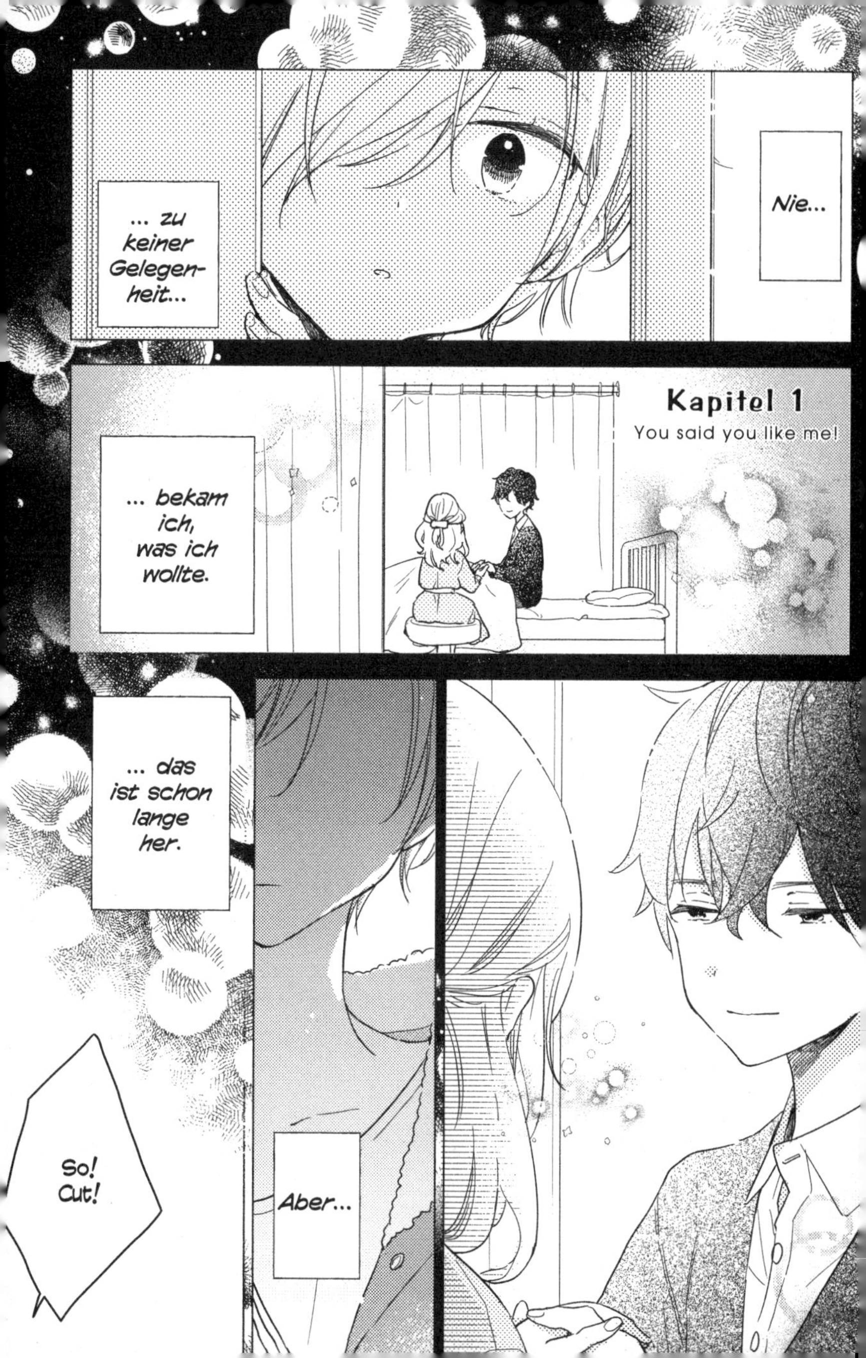

Nie...
... zu keiner Gelegenheit...
Kapitel 1
You said you like me!
... bekam ich, was ich wollte.
... das ist schon lange her.
Aber...
So! Cut!

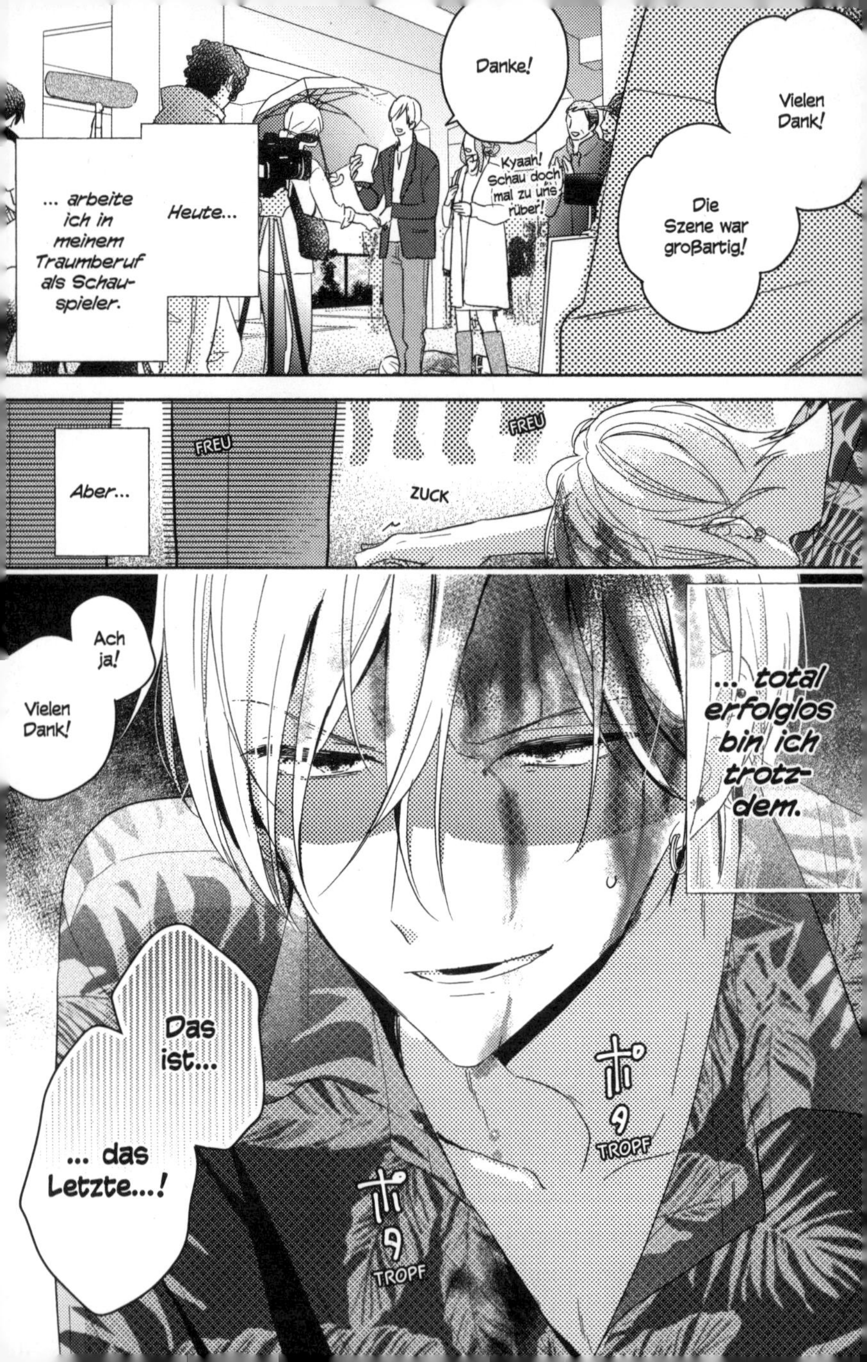

Vielen Dank!
Die Szene war großartig!
Danke!
Kyaah! Schau doch mal zu uns rüber!
Heute...
... arbeite ich in meinem Traumberuf als Schauspieler.
FREU
ZUCK
FREU
Aber...
... total erfolglos bin ich trotzdem.
Ach ja!
Vielen Dank!
Das ist...
... das Letzte...!
TROPF
TROPF

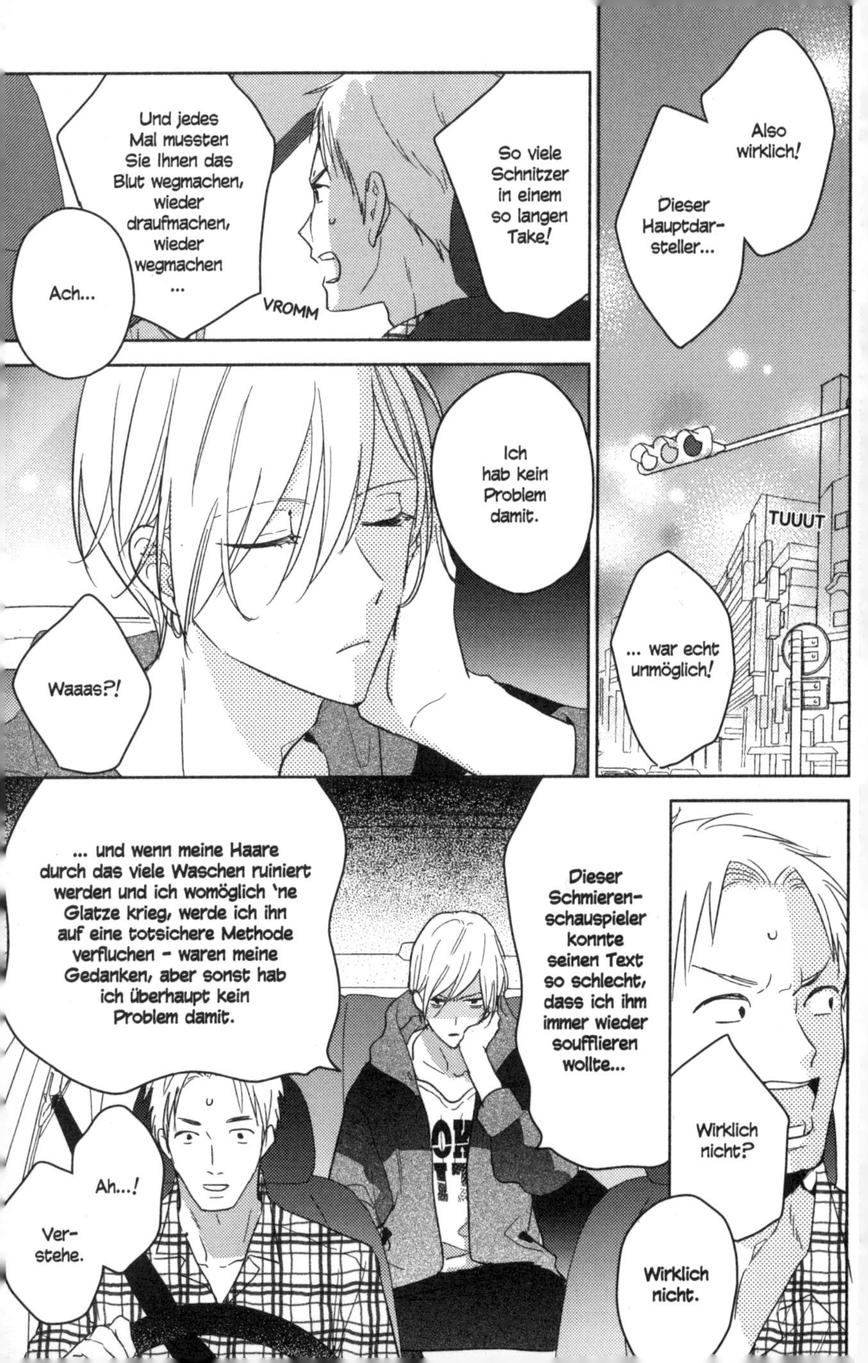
Also wirklich!
Dieser Hauptdarsteller...
So viele Schnitzer in einem so langen Take!
Und jedes Mal mussten Sie Ihnen das Blut wegmachen, wieder draufmachen, wieder wegmachen ...
VROMM
Ach...
TUUUT
... war echt unmöglich!
Ich hab kein Problem damit.
Waaas?!
Dieser Schmierenschauspieler konnte seinen Text so schlecht, dass ich ihm immer wieder soufflieren wollte...
... und wenn meine Haare durch das viele Waschen ruiniert werden und ich womöglich 'ne Glatze krieg, werde ich ihn auf eine totsichere Methode verfluchen - waren meine Gedanken, aber sonst hab ich überhaupt kein Problem damit.
Wirklich nicht?
Wirklich nicht.
Ah...!
Verstehe.

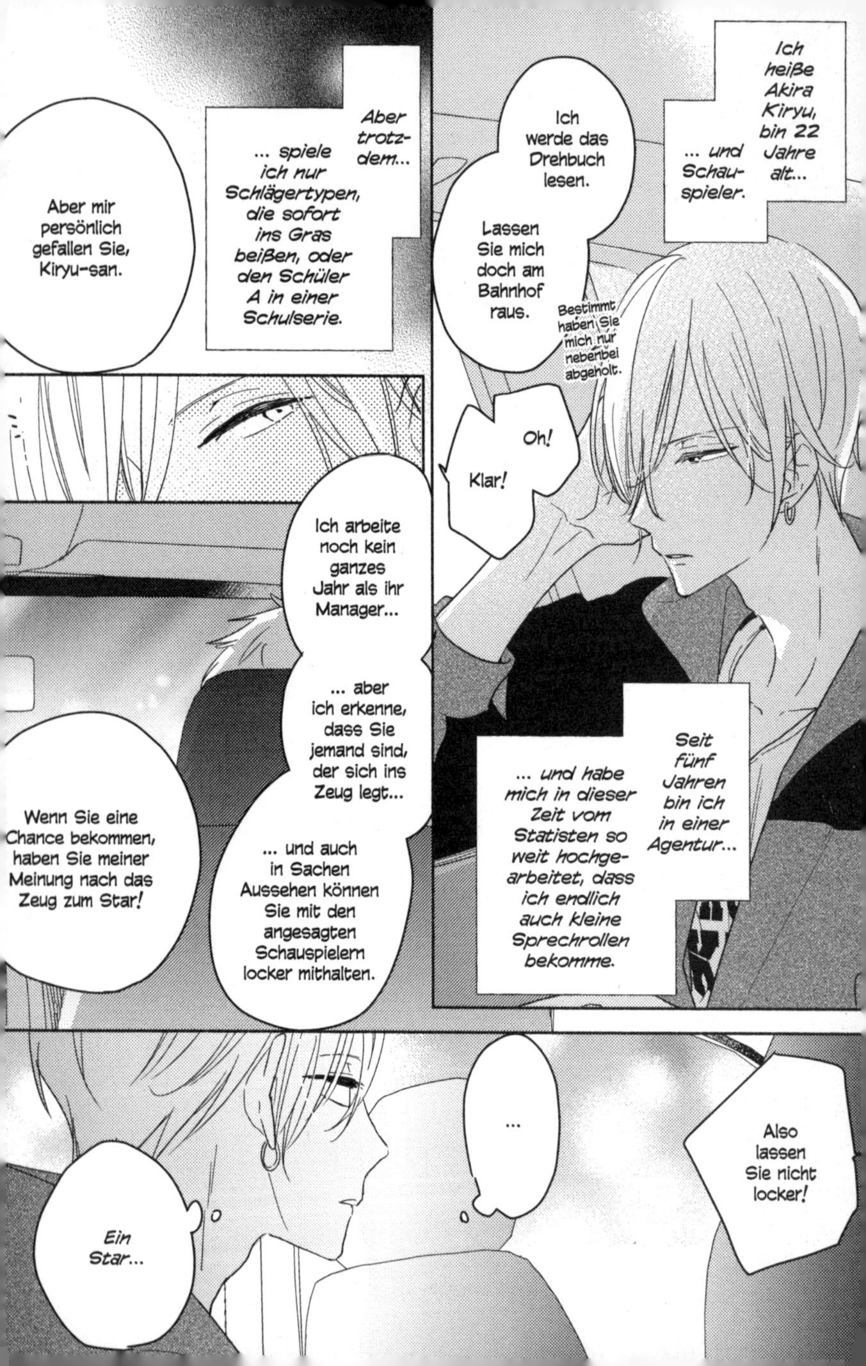
Ich heiße Akira Kiryu, bin 22 Jahre alt...
... und Schauspieler.
Ich werde das Drehbuch lesen.
Lassen Sie mich doch am Bahnhof raus.
Bestimmt haben Sie mich nur nebenbei abgeholt.
Oh!
Klar!
Seit fünf Jahren bin ich in einer Agentur...
... und habe mich in dieser Zeit vom Statisten so weit hochgearbeitet, dass ich endlich auch kleine Sprechrollen bekomme.
Aber trotzdem...
... spiele ich nur Schlägertypen, die sofort ins Gras beißen, oder den Schüler A in einer Schulserie.
Aber mir persönlich gefallen Sie, Kiryu-san.
Ich arbeite noch kein ganzes Jahr als ihr Manager...
... aber ich erkenne, dass Sie jemand sind, der sich ins Zeug legt...
... und auch in Sachen Aussehen können Sie mit den angesagten Schauspielern locker mithalten.
Wenn Sie eine Chance bekommen, haben Sie meiner Meinung nach das Zeug zum Star!
Also lassen Sie nicht locker!
...
Ein Star...

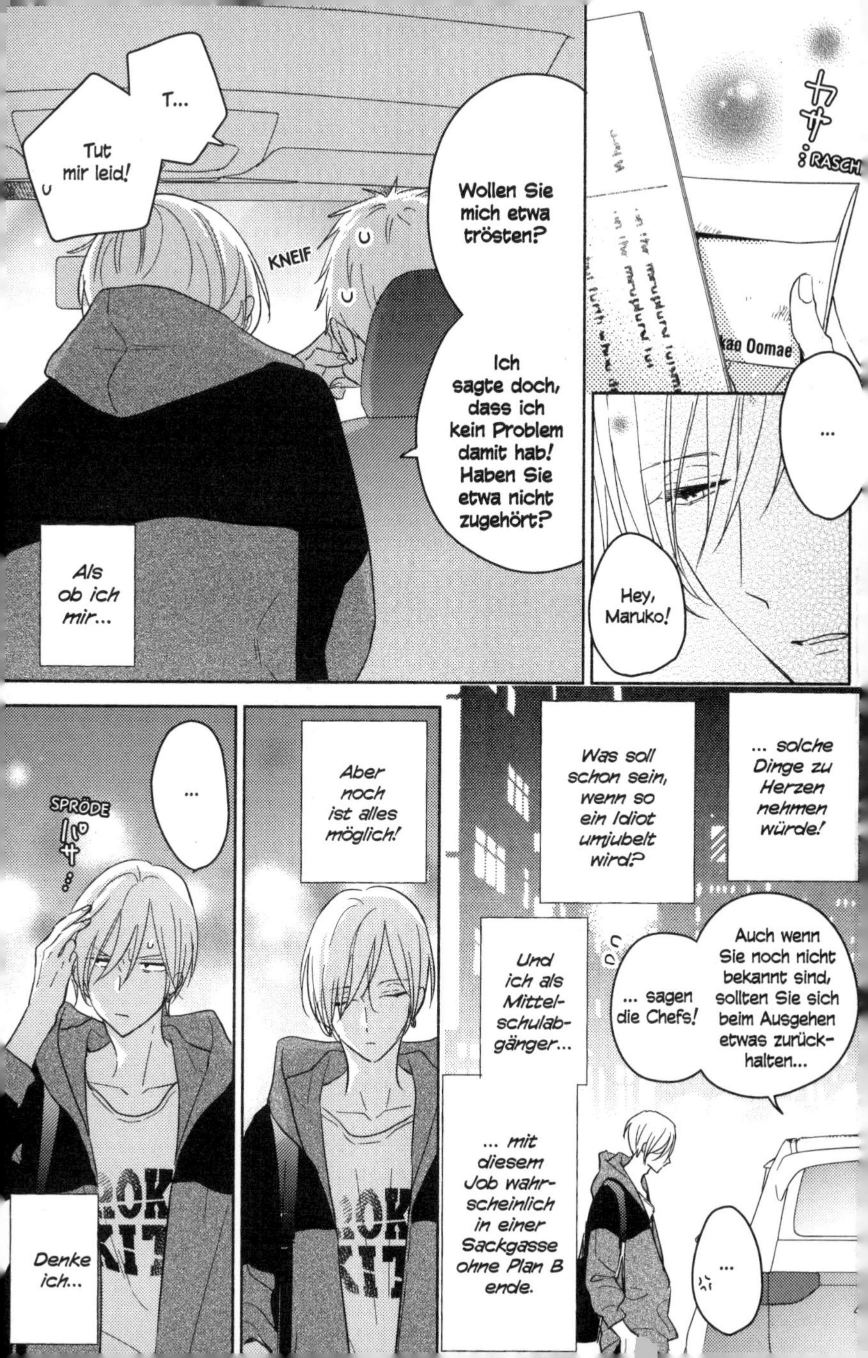

RASCH
kao Oomae
...
Hey, Maruko!
Wollen Sie mich etwa trösten?
Ich sagte doch, dass ich kein Problem damit hab! Haben Sie etwa nicht zugehört?
T...
Tut mir leid!
KNEIF
Als ob ich mir...
... solche Dinge zu Herzen nehmen würde!
Was soll schon sein, wenn so ein Idiot umjubelt wird?
Auch wenn Sie noch nicht bekannt sind, sollten Sie sich beim Ausgehen etwas zurückhalten...
... sagen die Chefs!
...
Und ich als Mittelschulabgänger...
... mit diesem Job wahrscheinlich in einer Sackgasse ohne Plan B ende.
Aber noch ist alles möglich!
...
SPRÖDE
Denke ich...

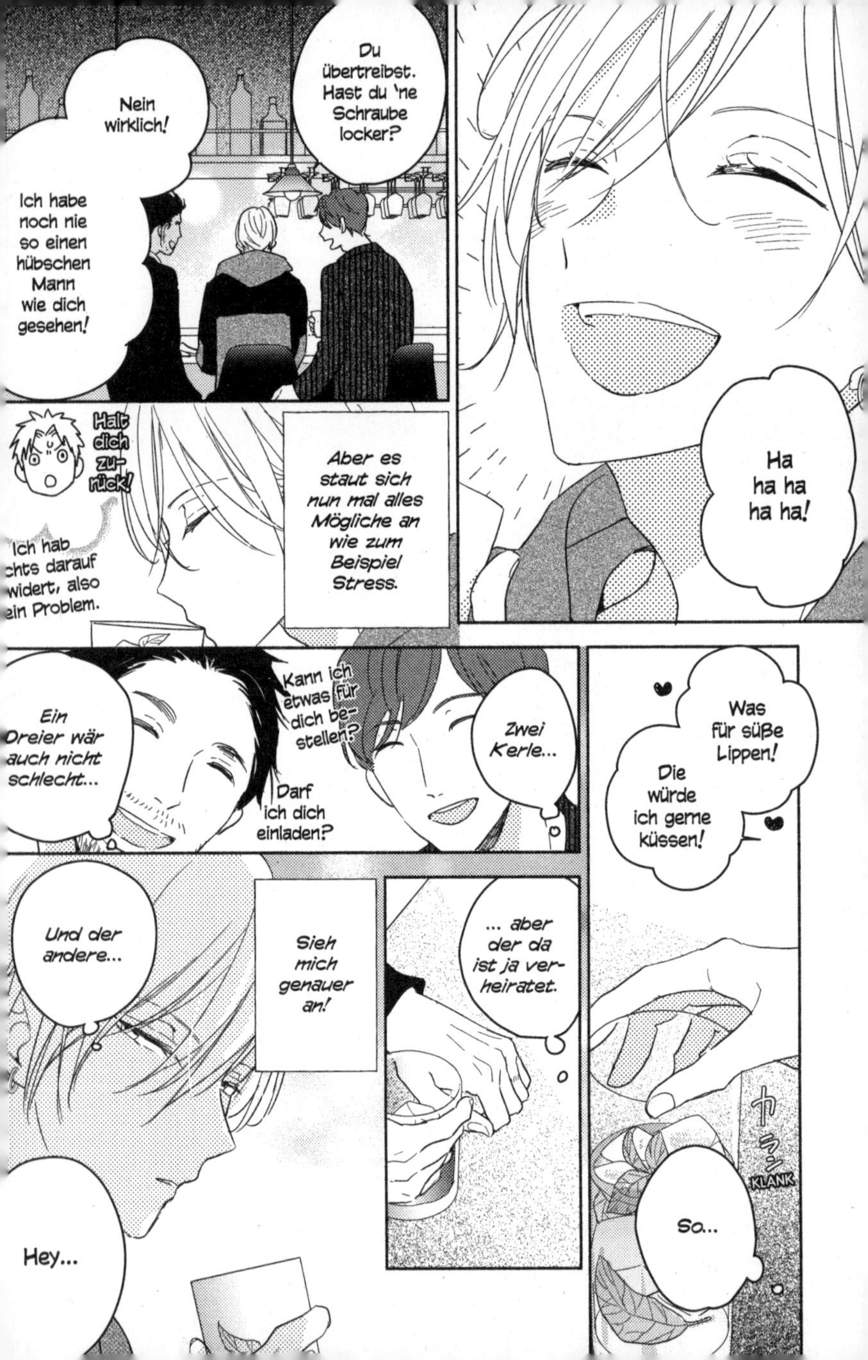
Ha ha ha ha!
Du übertreibst. Hast du 'ne Schraube locker?
Nein wirklich!
Ich habe noch nie so einen hübschen Mann wie dich gesehen!
Aber es staut sich nun mal alles Mögliche an wie zum Beispiel Stress.
Halt dich zurück!
Ich hab chts darauf widert, also ein Problem.
Was für süße Lippen!
Die würde ich gerne küssen!
Zwei Kerle...
Kann ich etwas für dich bestellen?
Darf ich dich einladen?
Ein Dreier wär auch nicht schlecht...
KLANK
So...
... aber der da ist ja verheiratet.
Sieh mich genauer an!
Und der andere...
Hey...

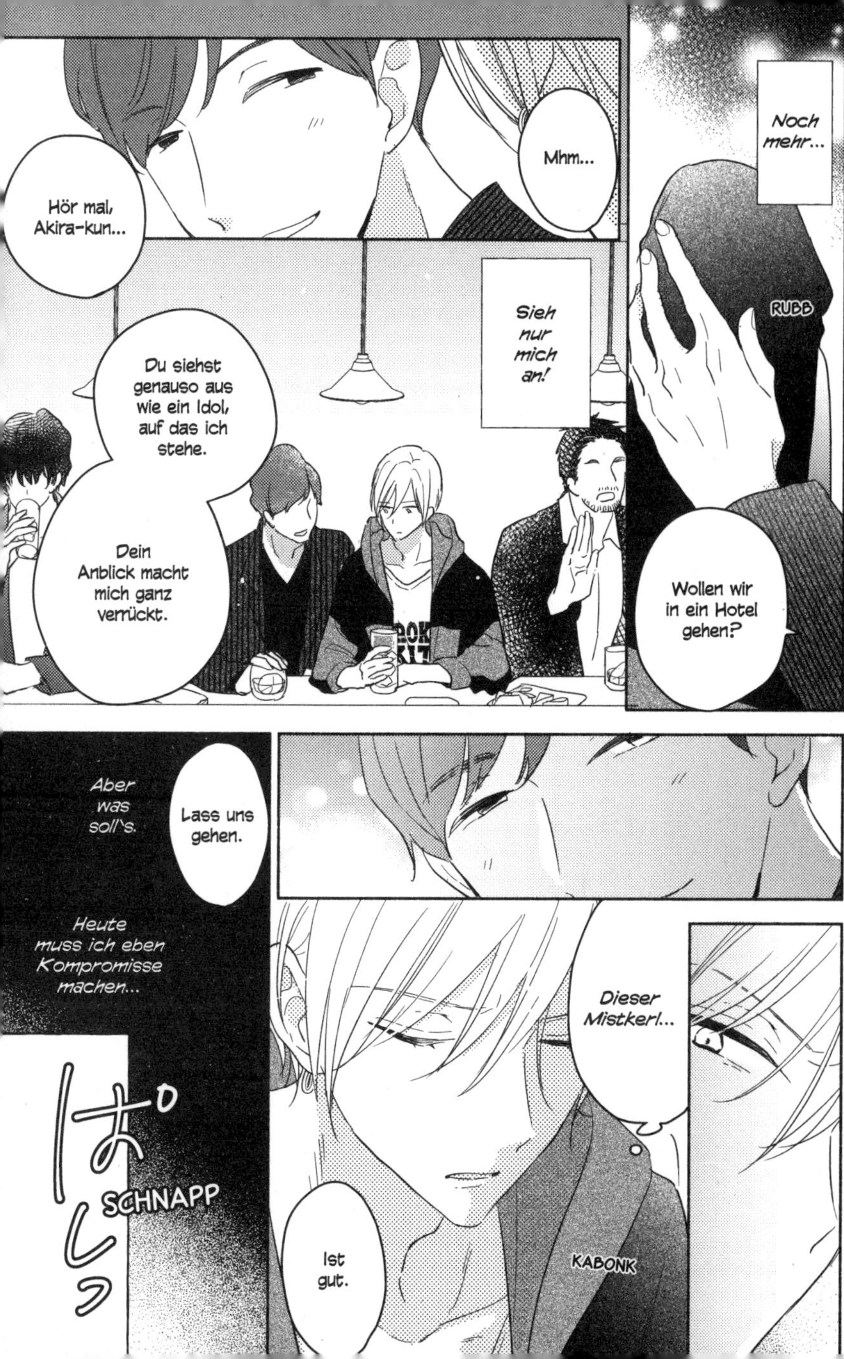

Hör mal, Akira-kun...
Mhm...
Du siehst genauso aus wie ein Idol, auf das ich stehe.
Dein Anblick macht mich ganz verrückt.
Sieh nur mich an!
Noch mehr...
RUBB
Wollen wir in ein Hotel gehen?
Lass uns gehen.
Aber was soll's.
Heute muss ich eben Kompromisse machen...
Dieser Mistkerl...
KABONK
Ist gut.
はしっ
SCHNAPP

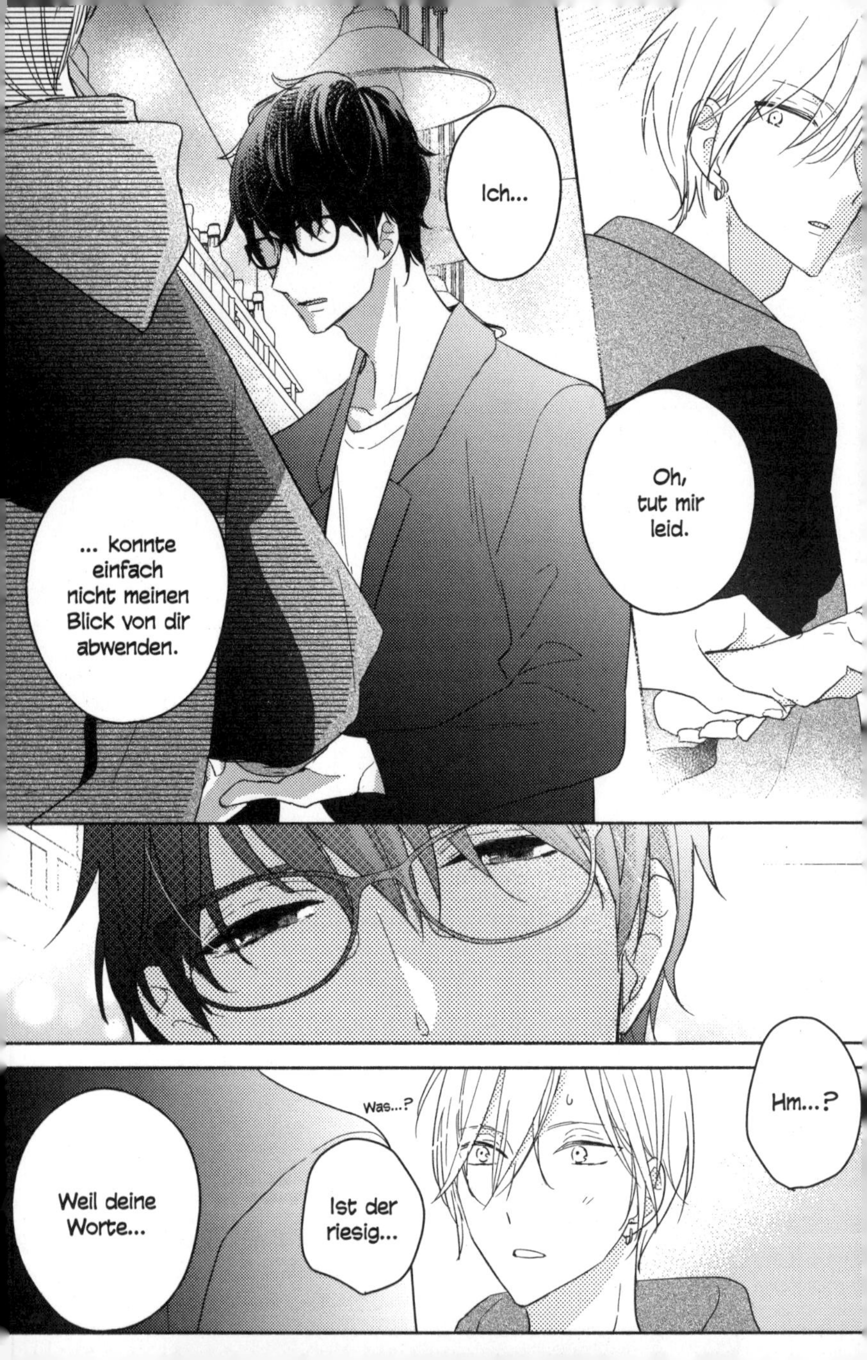
Ich...
Oh, tut mir leid.
... konnte einfach nicht meinen Blick von dir abwenden.
Hm...?
Was...?
Ist der riesig...
Weil deine Worte...

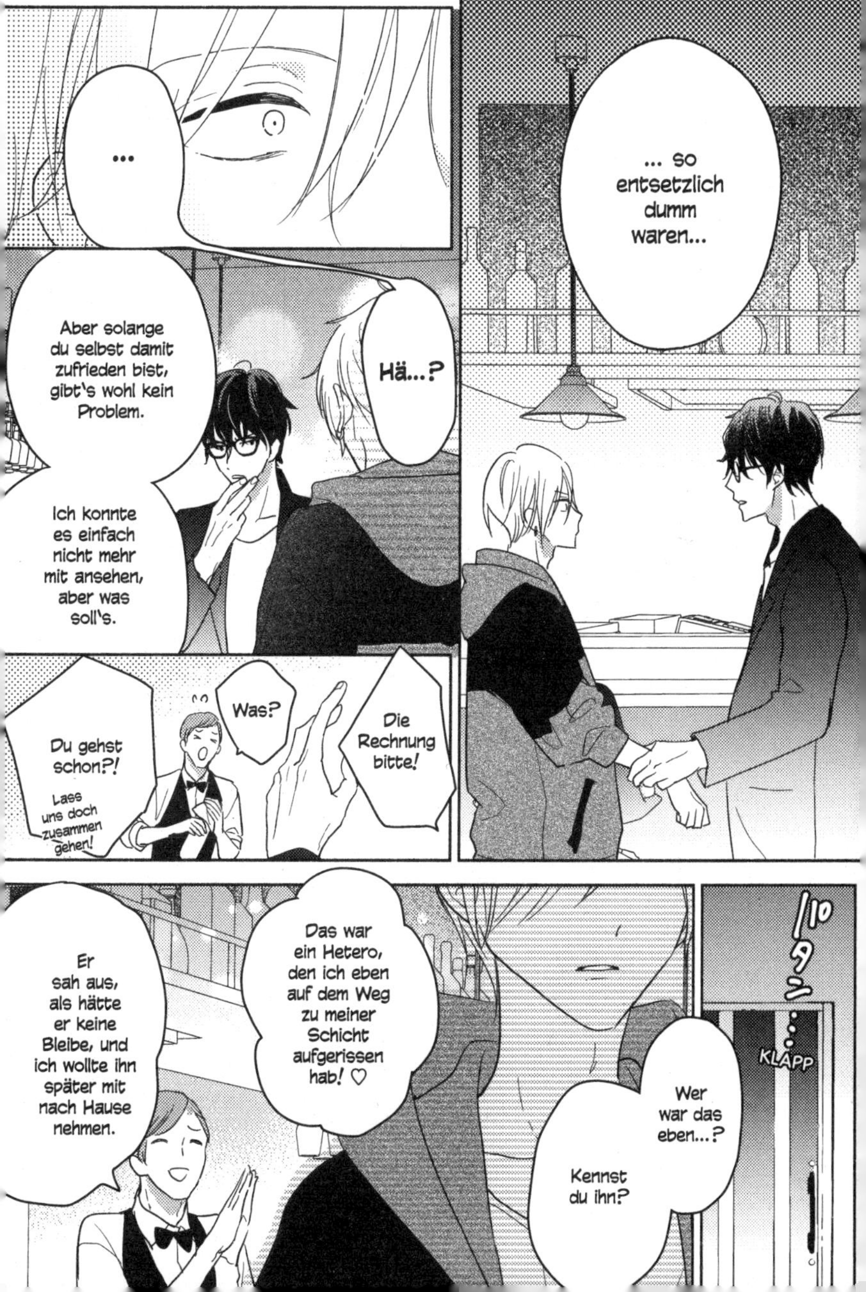

... so entsetzlich dumm waren...
...
Hä...?
Aber solange du selbst damit zufrieden bist, gibt's wohl kein Problem.
Ich konnte es einfach nicht mehr mit ansehen, aber was soll's.
Die Rechnung bitte!
Was?
Du gehst schon?!
Lass uns doch zusammen gehen!
KLAPP
Wer war das eben...?
Kennst du ihn?
Das war ein Hetero, den ich eben auf dem Weg zu meiner Schicht aufgerissen hab! ♡
Er sah aus, als hätte er keine Bleibe, und ich wollte ihn später mit nach Hause nehmen.

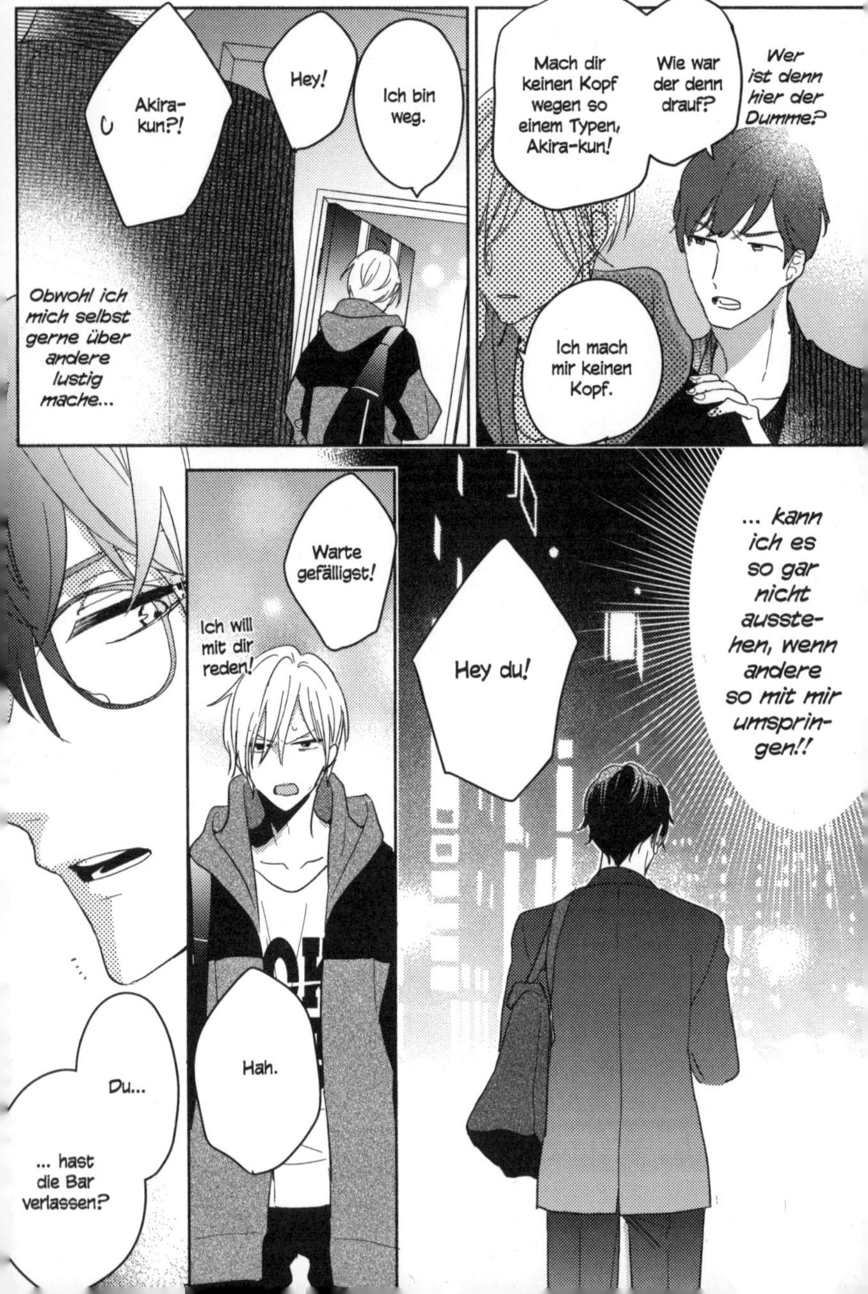
Wer ist denn hier der Dumme?
Wie war der denn drauf?
Mach dir keinen Kopf wegen so einem Typen, Akira-kun!
Ich mach mir keinen Kopf.
Ich bin weg.
Hey!
Akira-kun?!
Obwohl ich mich selbst gerne über andere lustig mache...
... kann ich es so gar nicht ausstehen, wenn andere so mit mir umspringen!!
Hey du!
Warte gefälligst!
Ich will mit dir reden!
Hah.
...
Du...
... hast die Bar verlassen?

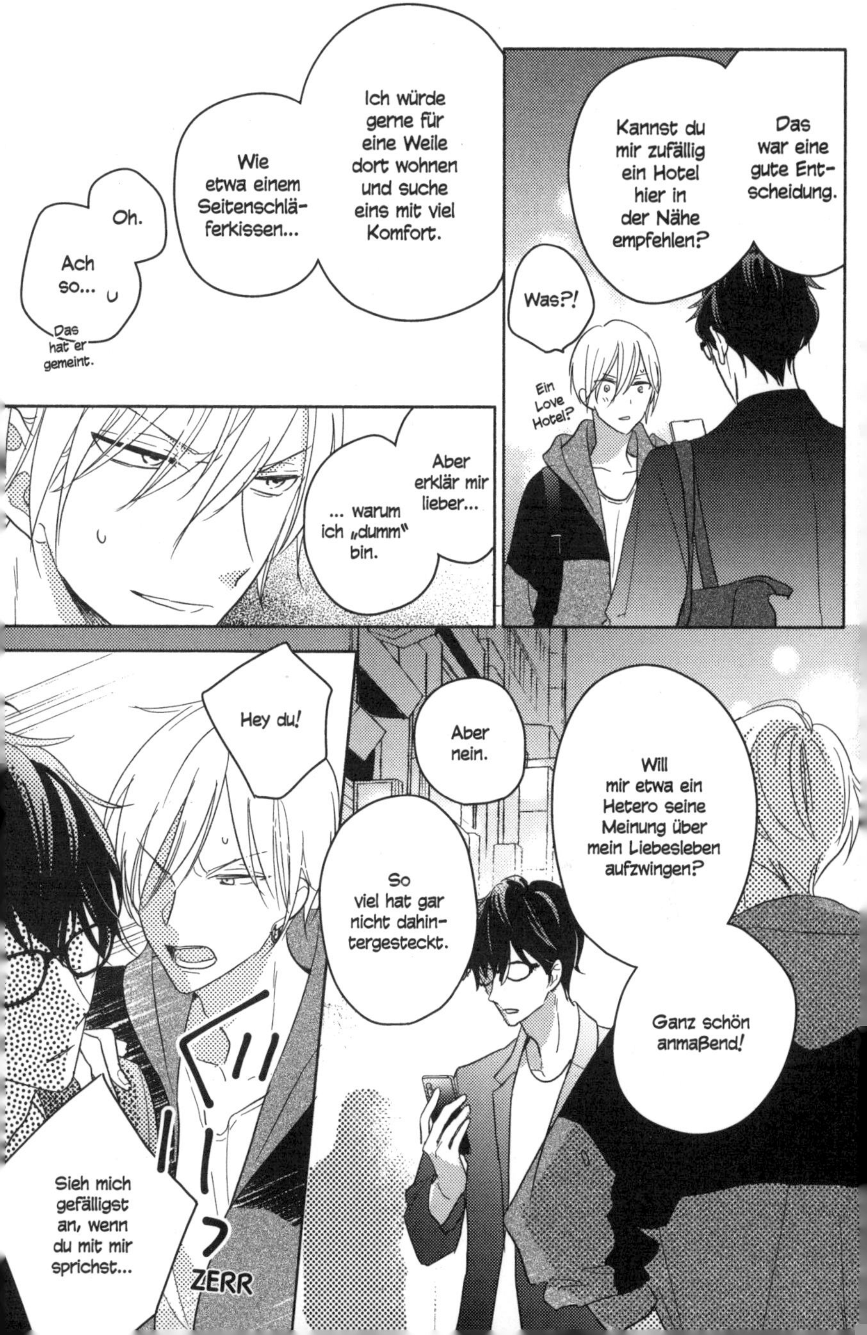
Das war eine gute Entscheidung.
Kannst du mir zufällig ein Hotel hier in der Nähe empfehlen?
Was?!
Ein Love Hotel?
Ich würde gerne für eine Weile dort wohnen und suche eins mit viel Komfort.
Wie etwa einem Seitenschläferkissen...
Oh.
Ach so...
Das hat er gemeint.
Aber erklär mir lieber...
... warum ich „dumm" bin.
Will mir etwa ein Hetero seine Meinung über mein Liebesleben aufzwingen?
Ganz schön anmaßend!
Aber nein.
So viel hat gar nicht dahintergesteckt.
Hey du!
Sieh mich gefälligst an, wenn du mit mir sprichst...
ZERR

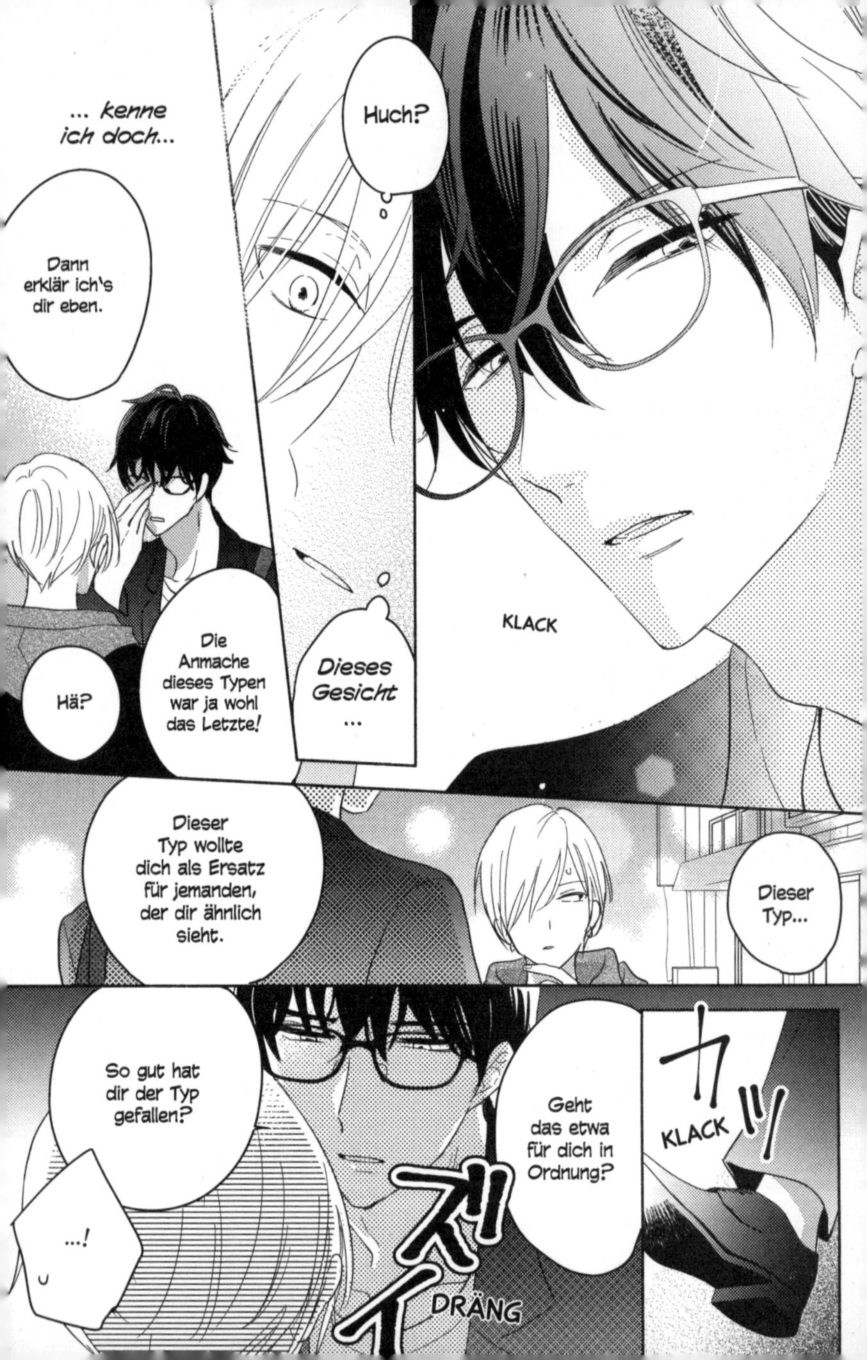
Huch?
... kenne ich doch...
Dann erklär ich's dir eben.
KLACK
Dieses Gesicht ...
Die Anmache dieses Typen war ja wohl das Letzte!
Hä?
Dieser Typ...
Dieser Typ wollte dich als Ersatz für jemanden, der dir ähnlich sieht.
KLACK
Geht das etwa für dich in Ordnung?
So gut hat dir der Typ gefallen?
DRÄNG
...!

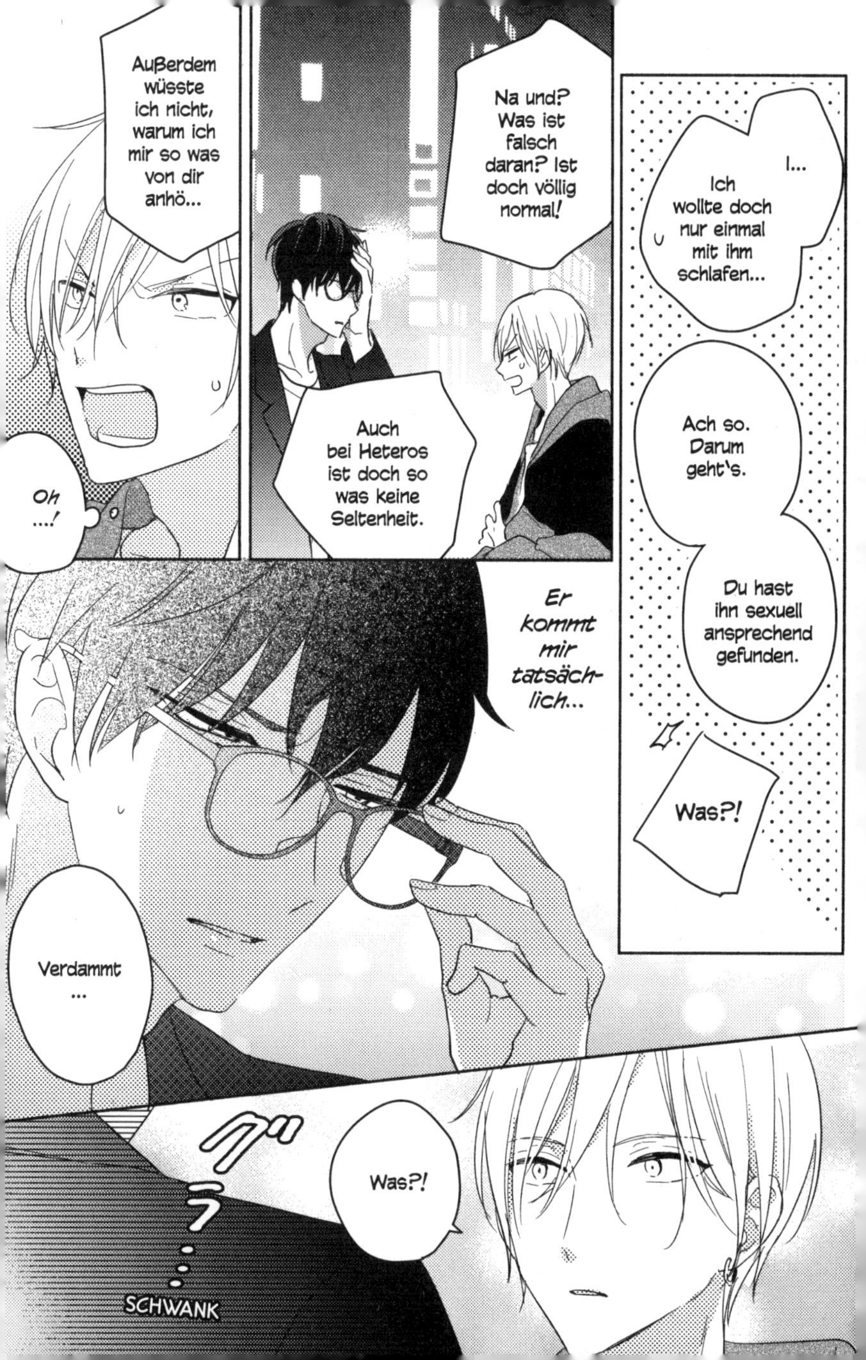
I...
Ich wollte doch nur einmal mit ihm schlafen...
Ach so. Darum geht's.
Du hast ihn sexuell ansprechend gefunden.
Was?!
Na und? Was ist falsch daran? Ist doch völlig normal!
Auch bei Heteros ist doch so was keine Seltenheit.
Außerdem wüsste ich nicht, warum ich mir so was von dir anhö...
Oh ...!
Er kommt mir tatsächlich...
Verdammt ...
Was?!
SCHWANK

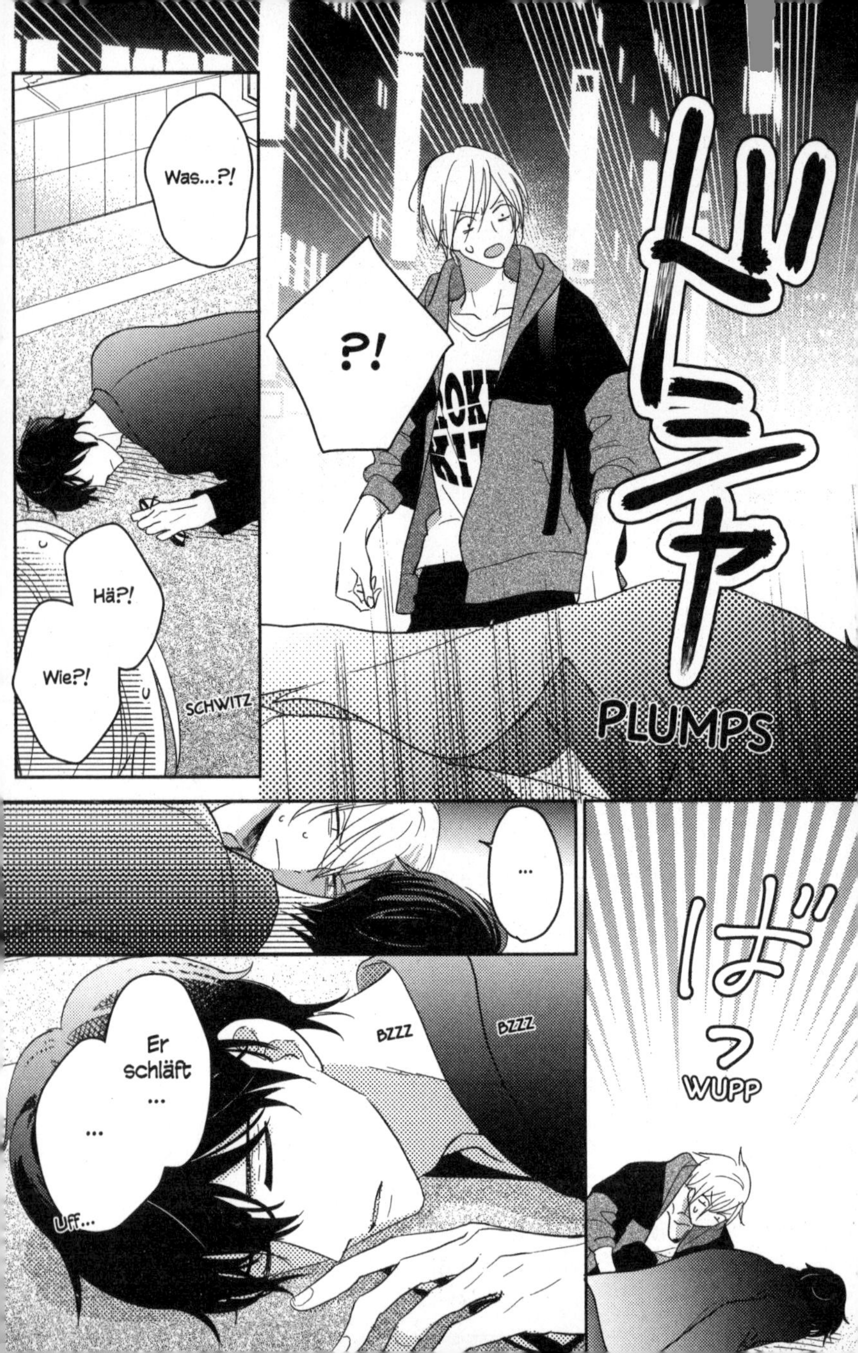

ドチャ
PLUMPS
?!
Was...?!
Hä?!
Wie?!
SCHWITZ
ばっ
WUPP
...
BZZZ
BZZZ
Er schläft ...
...
Uff...

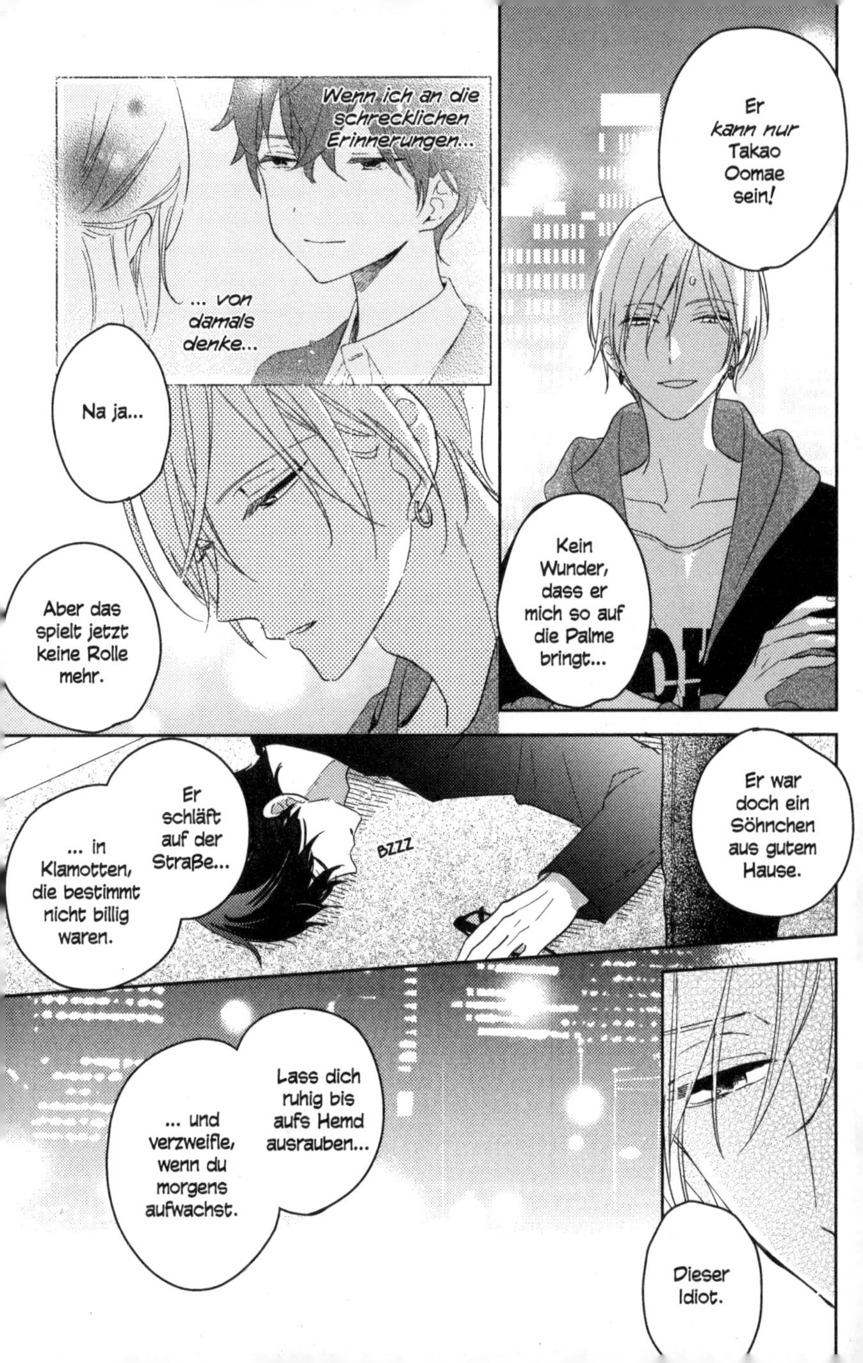
Er kann nur Takao Oomae sein!
Wenn ich an die schrecklichen Erinnerungen...
... von damals denke...
Kein Wunder, dass er mich so auf die Palme bringt...
Na ja...
Aber das spielt jetzt keine Rolle mehr.
Er war doch ein Söhnchen aus gutem Hause.
Er schläft auf der Straße...
... in Klamotten, die bestimmt nicht billig waren.
BZZZ
Lass dich ruhig bis aufs Hemd ausrauben...
... und verzweifle, wenn du morgens aufwachst.
Dieser Idiot.

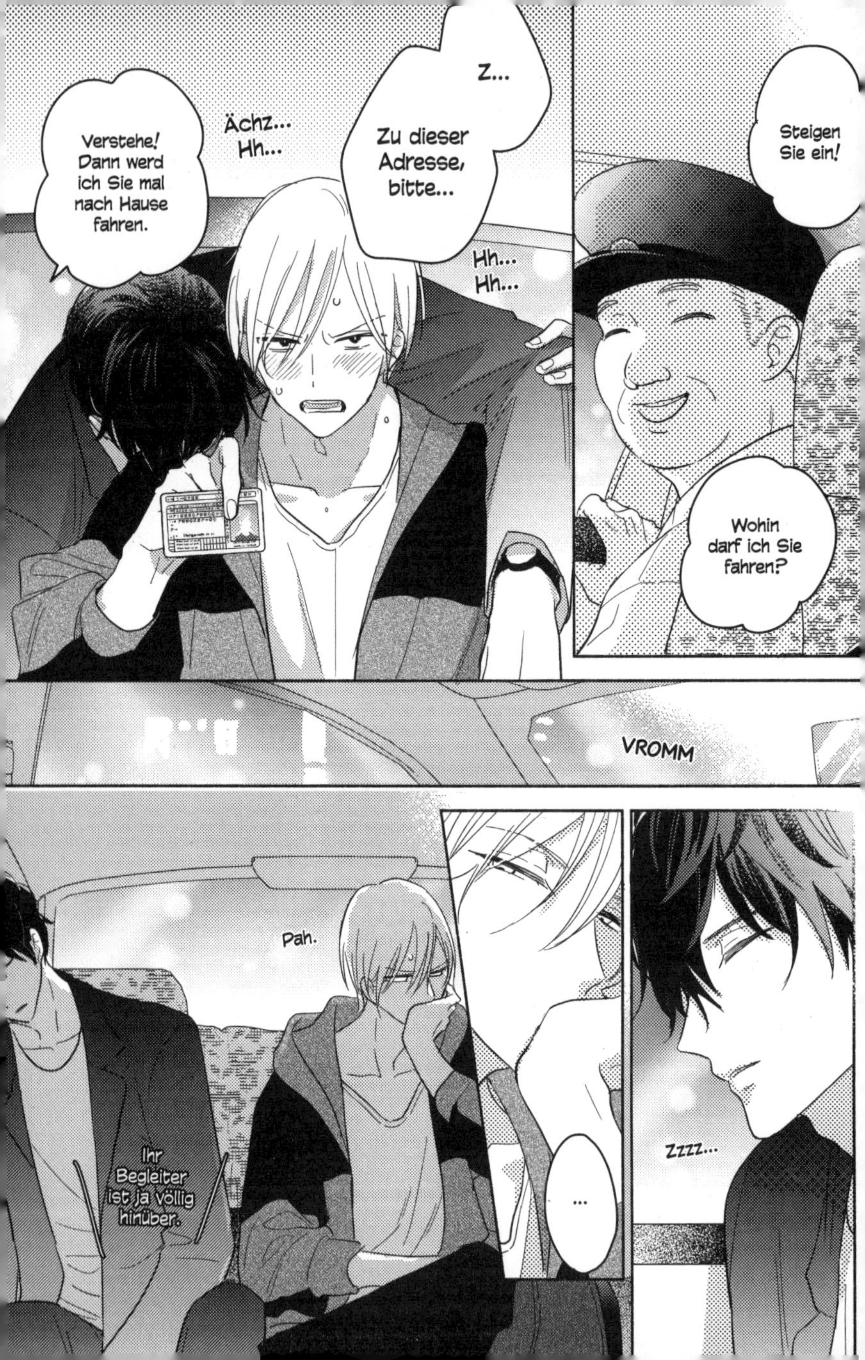
Steigen Sie ein!
Wohin darf ich Sie fahren?
Z...
Zu dieser Adresse, bitte...
Hh... Hh...
Ächz... Hh...
Verstehe! Dann werd ich Sie mal nach Hause fahren.
VROMM
Zzzz...
...
Pah.
Ihr Begleiter ist ja völlig hinüber.

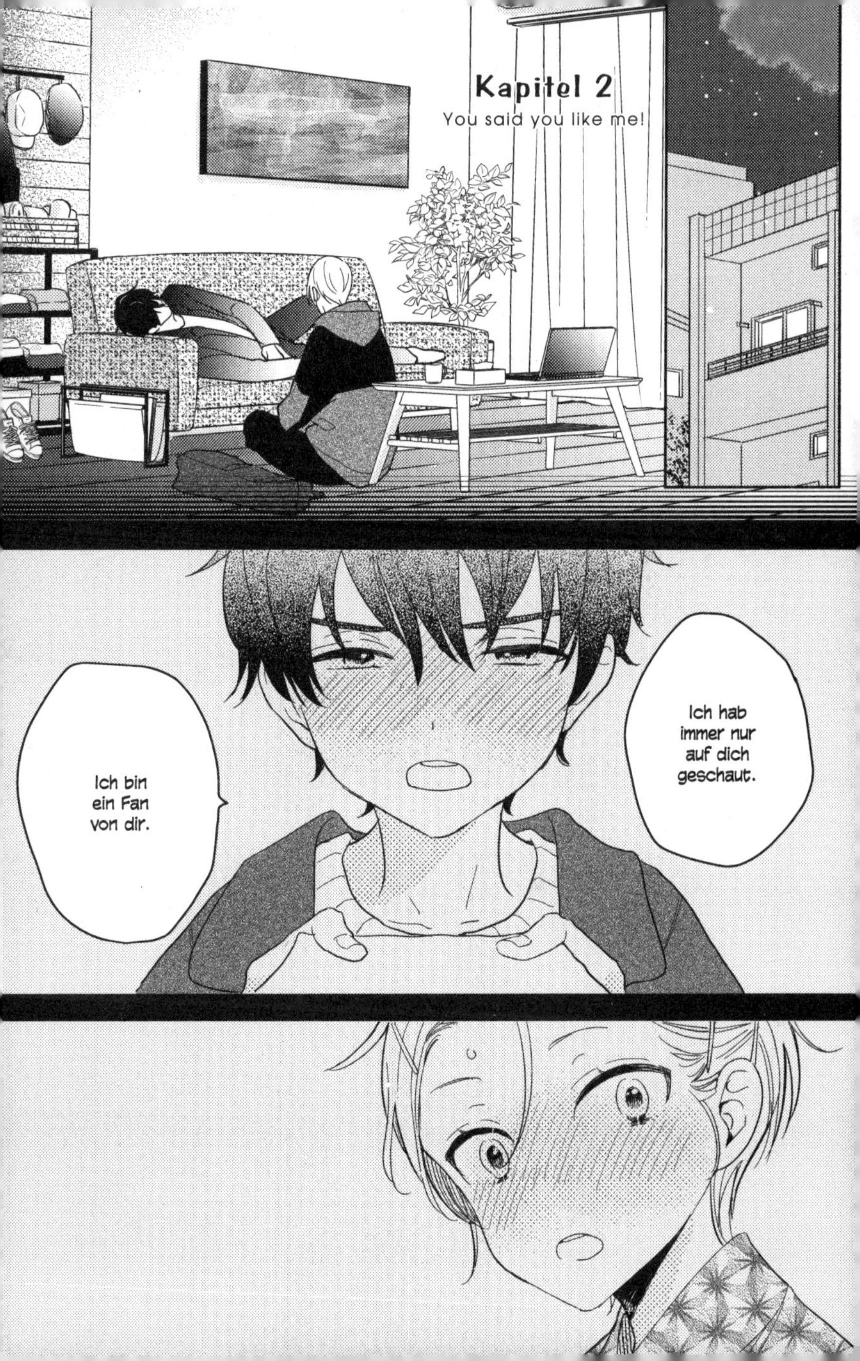
Kapitel 2
You said you like me!
Ich hab immer nur auf dich geschaut.
Ich bin ein Fan von dir.

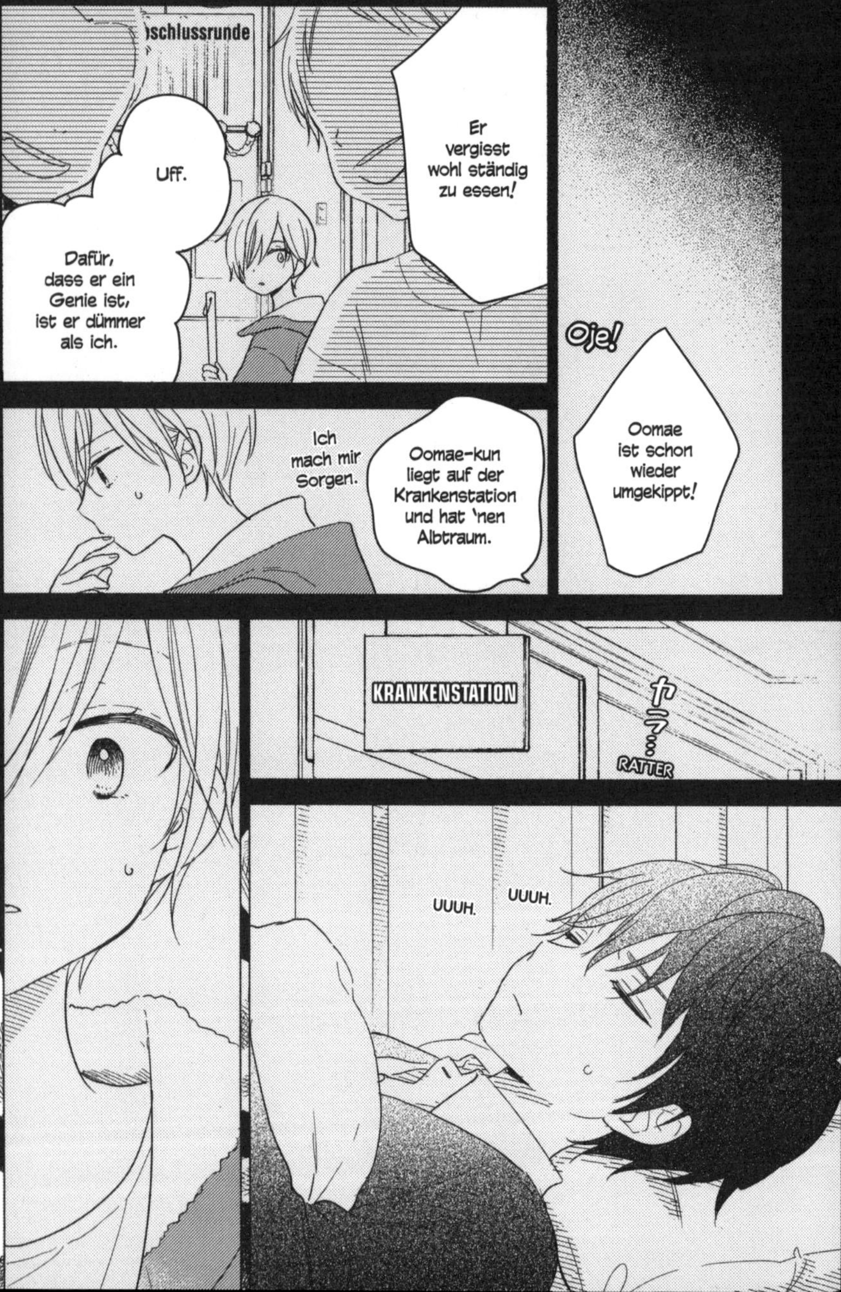
Oje!
Oomae ist schon wieder umgekippt!
schlussrunde
Er vergisst wohl ständig zu essen!
Uff.
Dafür, dass er ein Genie ist, ist er dümmer als ich.
Oomae-kun liegt auf der Krankenstation und hat 'nen Albtraum.
Ich mach mir Sorgen.
KRANKENSTATION
RATTER
UUUH.
UUUH.

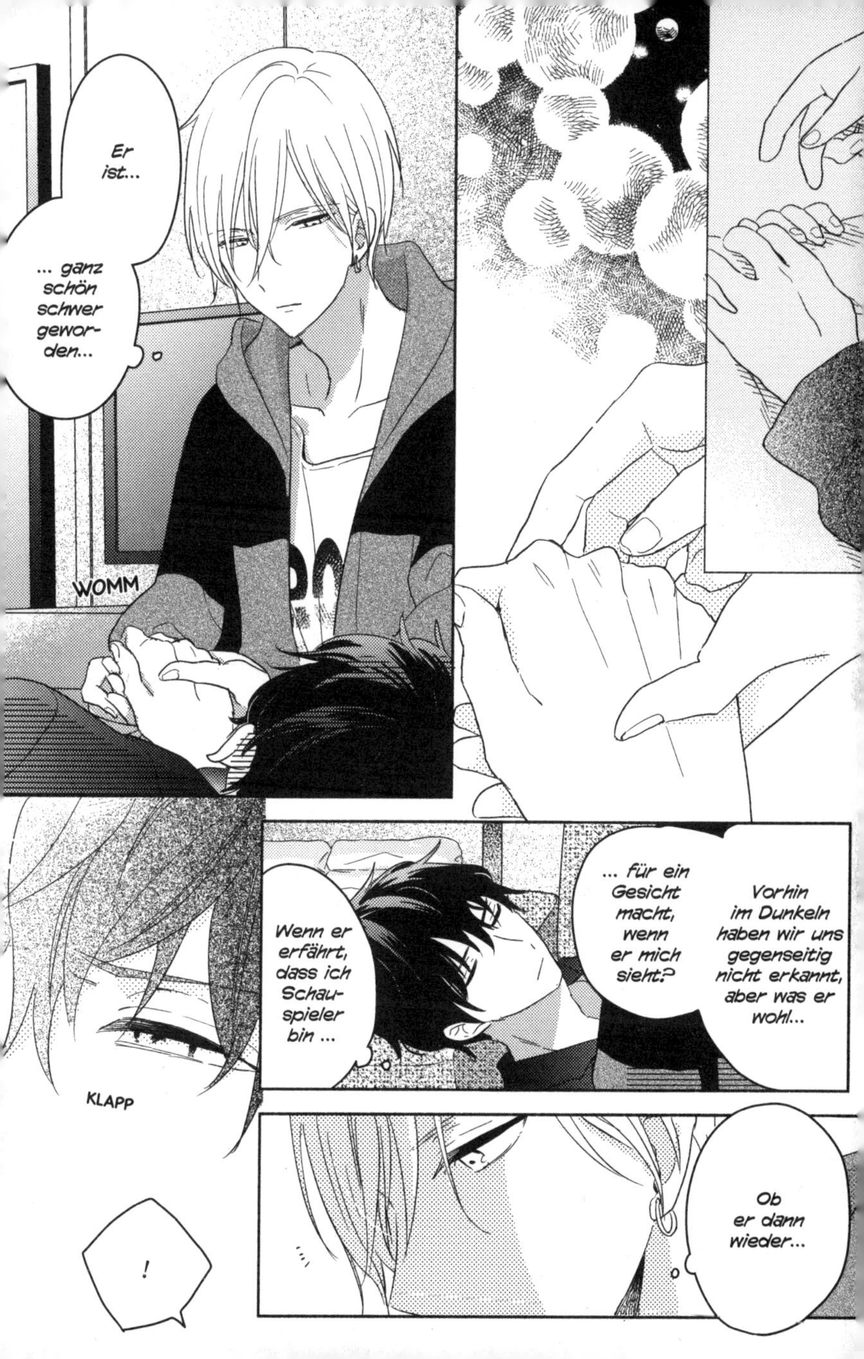
Er ist...
... ganz schön schwer geworden...
WOMM
Vorhin im Dunkeln haben wir uns gegenseitig nicht erkannt, aber was er wohl...
... für ein Gesicht macht, wenn er mich sieht?
Wenn er erfährt, dass ich Schauspieler bin ...
KLAPP
Ob er dann wieder...
...
!

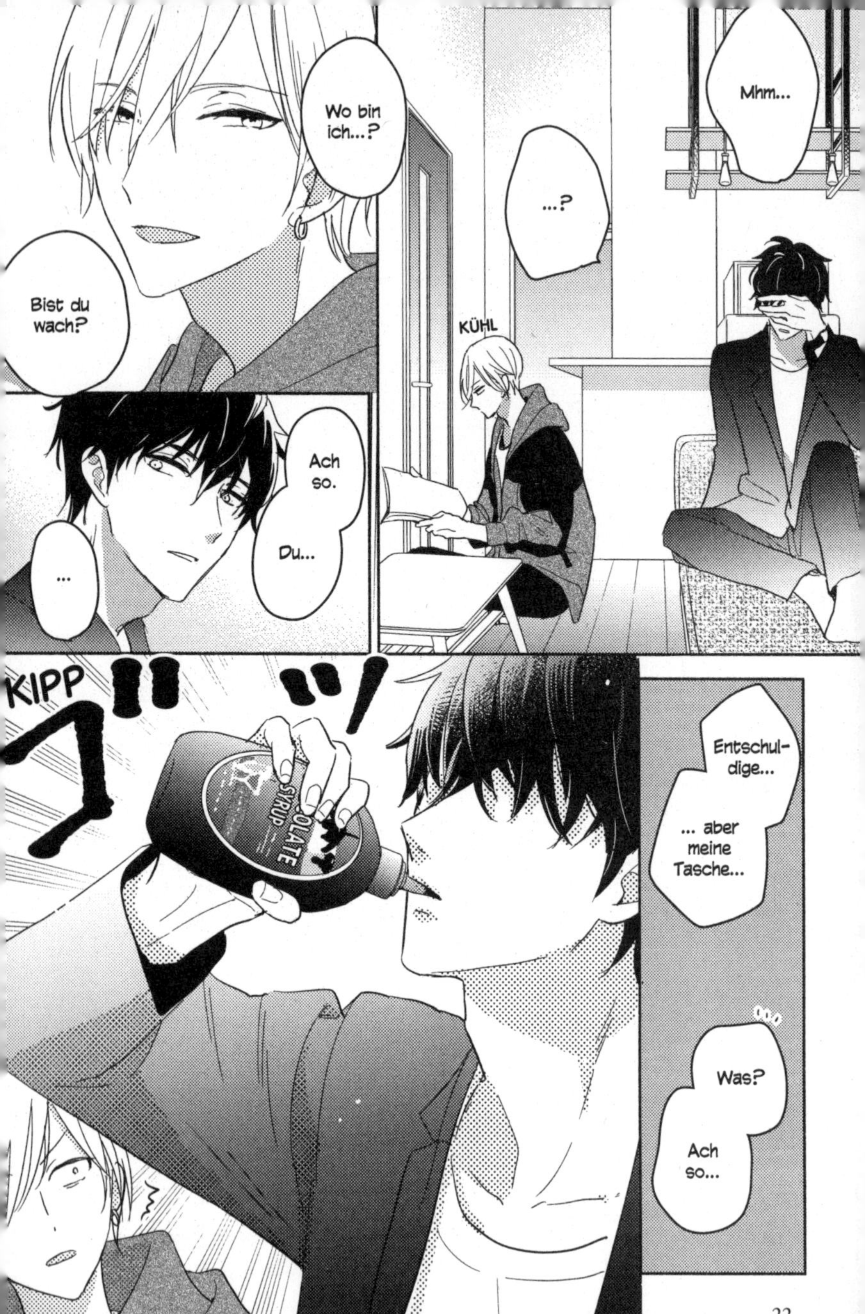
Mhm...
...?
KÜHL
Wo bin ich...?
Bist du wach?
Ach so.
Du...
...
Entschul-dige...
... aber meine Tasche...
Was?
Ach so...
KIPP

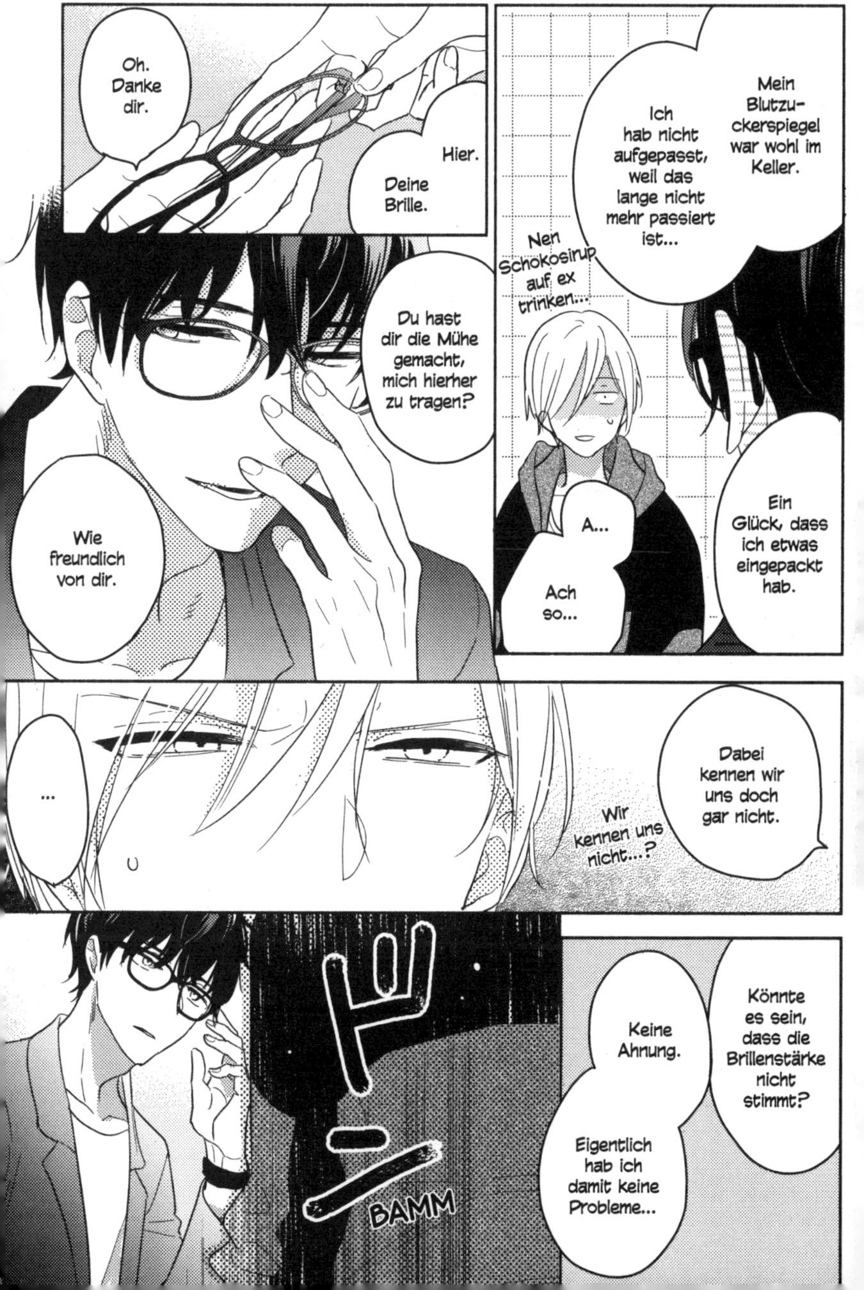
Hier.
Deine Brille.
Oh. Danke dir.
Mein Blutzuckerspiegel war wohl im Keller.
Ich hab nicht aufgepasst, weil das lange nicht mehr passiert ist...
Nen Schokosirup auf ex trinken...
Ein Glück, dass ich etwas eingepackt hab.
A...
Ach so...
Du hast dir die Mühe gemacht, mich hierher zu tragen?
Wie freundlich von dir.
Dabei kennen wir uns doch gar nicht.
Wir kennen uns nicht...?
...
Könnte es sein, dass die Brillenstärke nicht stimmt?
Keine Ahnung.
Eigentlich hab ich damit keine Probleme...
BAMM

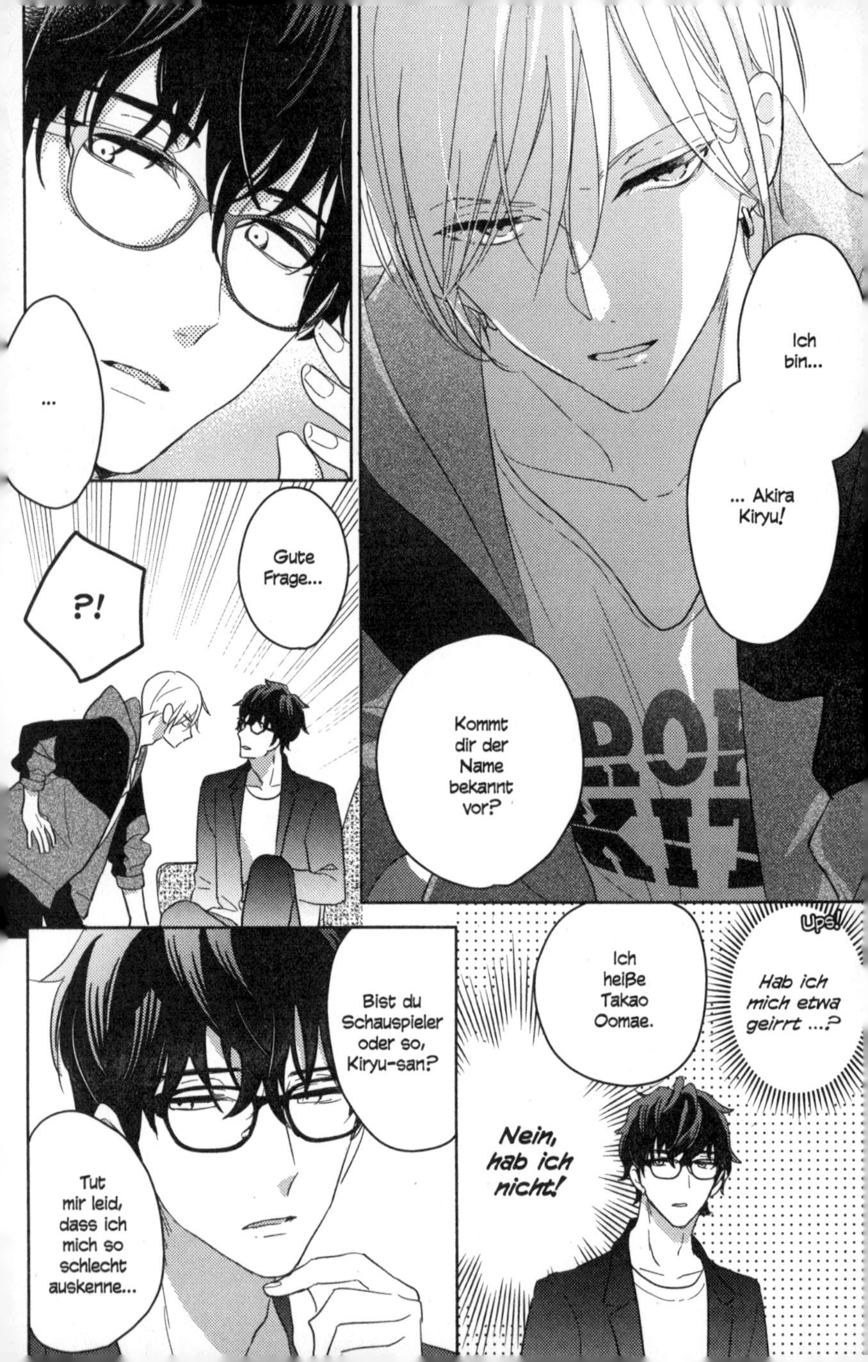

Ich bin...
... Akira Kiryu!
Kommt dir der Name bekannt vor?
...
Gute Frage...
?!
Ups!
Hab ich mich etwa geirrt ...?
Ich heiße Takao Oomae.
Nein, hab ich nicht!
Bist du Schauspieler oder so, Kiryu-san?
Tut mir leid, dass ich mich so schlecht auskenne...

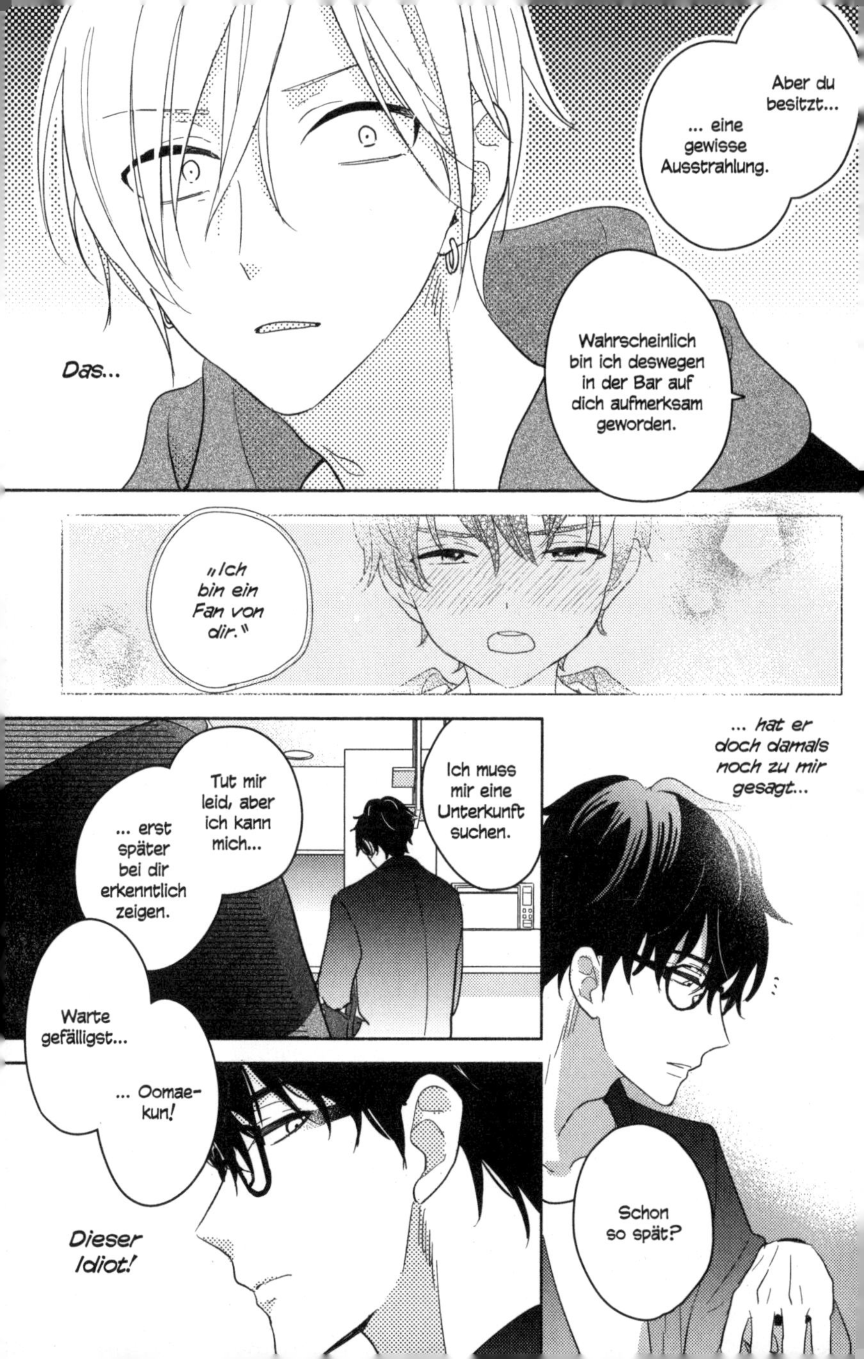
Aber du besitzt...
... eine gewisse Ausstrahlung.
Wahrscheinlich bin ich deswegen in der Bar auf dich aufmerksam geworden.
Das...
„Ich bin ein Fan von dir.“
... hat er doch damals noch zu mir gesagt...
Ich muss mir eine Unterkunft suchen.
Tut mir leid, aber ich kann mich...
... erst später bei dir erkenntlich zeigen.
Schon so spät?
Warte gefälligst...
... Oomae-kun!
Dieser Idiot!

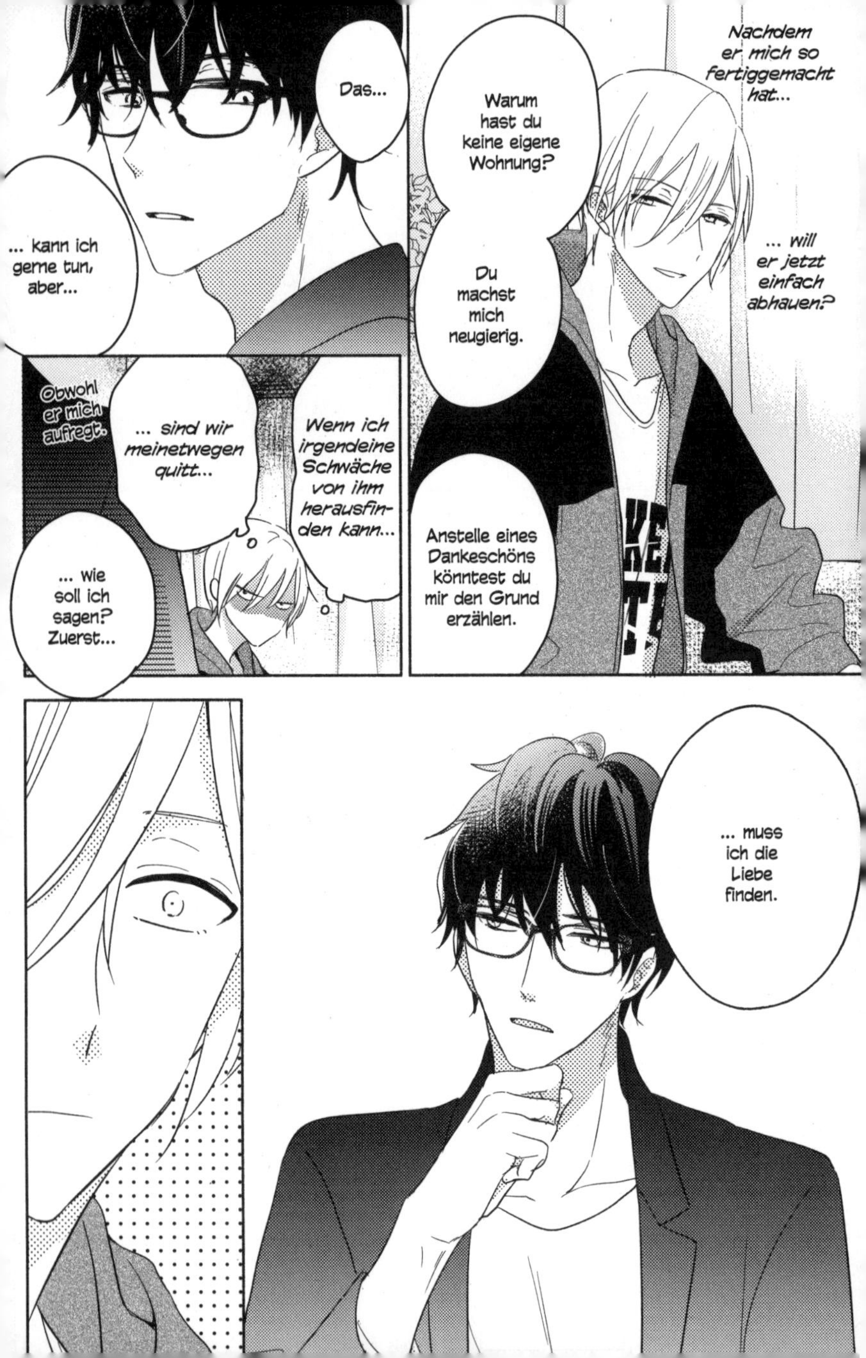
Nachdem er mich so fertiggemacht hat...
Warum hast du keine eigene Wohnung?
... will er jetzt einfach abhauen?
Du machst mich neugierig.
Anstelle eines Dankeschöns könntest du mir den Grund erzählen.
Das...
... kann ich gerne tun, aber...
Wenn ich irgendeine Schwäche von ihm herausfinden kann...
... sind wir meinetwegen quitt...
Obwohl er mich aufregt.
... wie soll ich sagen? Zuerst...
... muss ich die Liebe finden.

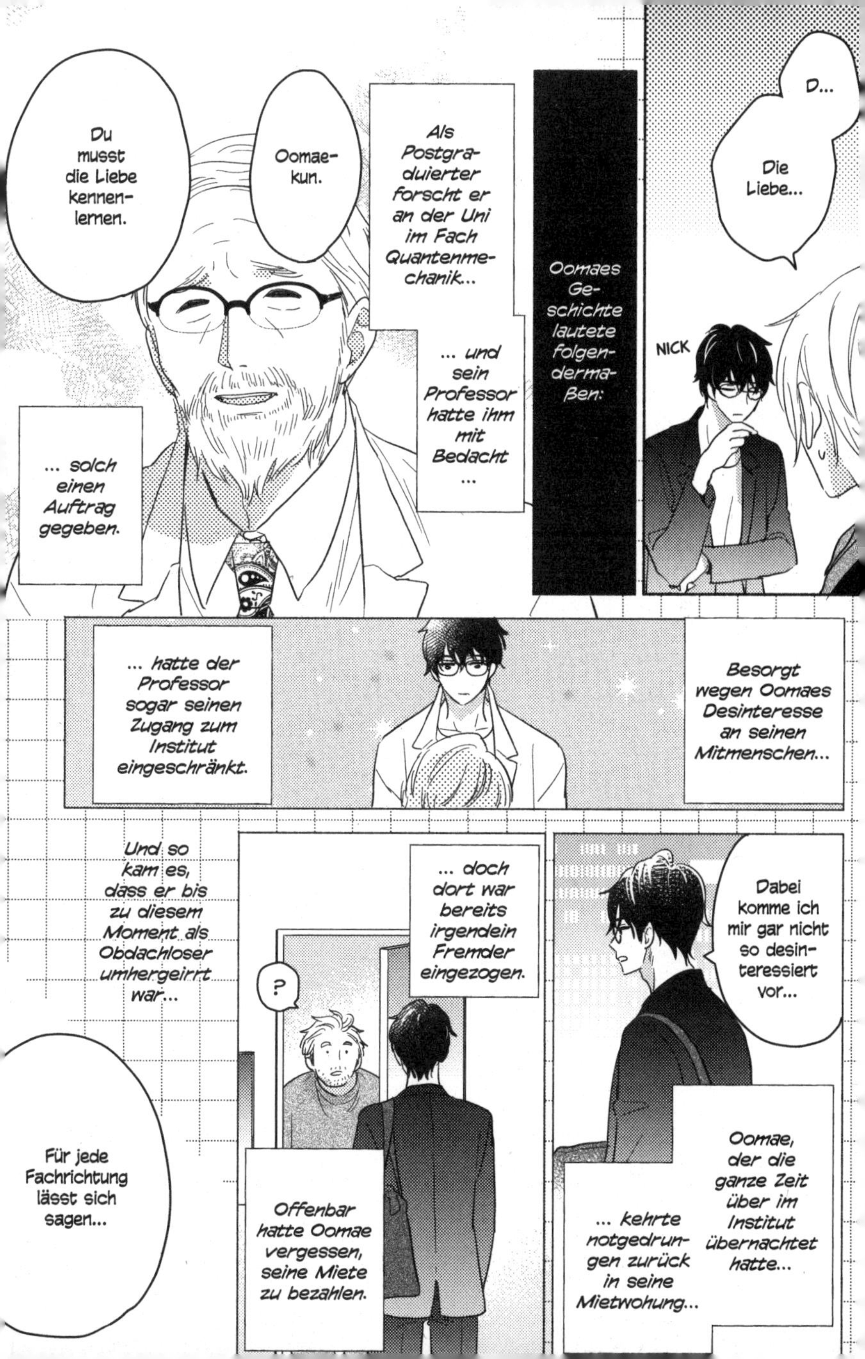
D...
Die Liebe...
NICK
Oomaes Geschichte lautete folgendermaßen:
Als Postgraduierter forscht er an der Uni im Fach Quantenmechanik...
... und sein Professor hatte ihm mit Bedacht ...
Oomae-kun.
Du musst die Liebe kennenlernen.
... solch einen Auftrag gegeben.
Besorgt wegen Oomaes Desinteresse an seinen Mitmenschen...
... hatte der Professor sogar seinen Zugang zum Institut eingeschränkt.
Dabei komme ich mir gar nicht so desinteressiert vor...
Oomae, der die ganze Zeit über im Institut übernachtet hatte...
... kehrte notgedrungen zurück in seine Mietwohung...
... doch dort war bereits irgendein Fremder eingezogen.
?
Offenbar hatte Oomae vergessen, seine Miete zu bezahlen.
Und so kam es, dass er bis zu diesem Moment als Obdachloser umhergeirrt war...
Für jede Fachrichtung lässt sich sagen...

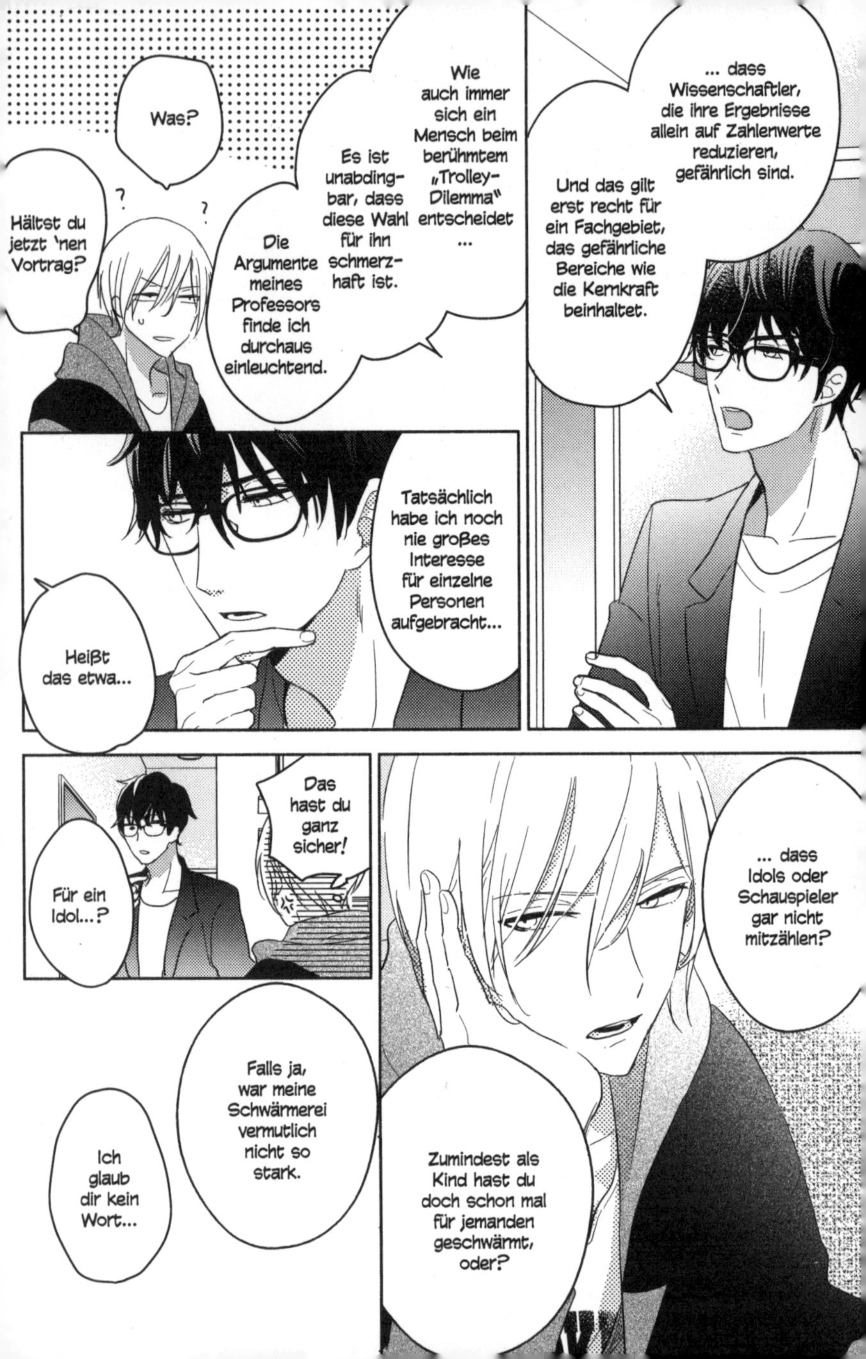
... dass Wissenschaftler, die ihre Ergebnisse allein auf Zahlenwerte reduzieren, gefährlich sind.
Und das gilt erst recht für ein Fachgebiet, das gefährliche Bereiche wie die Kernkraft beinhaltet.
Wie auch immer sich ein Mensch beim berühmtem „Trolley-Dilemma“ entscheidet ...
Es ist unabding-bar, dass diese Wahl für ihn schmerz-haft ist.
Die Argumente meines Professors finde ich durchaus einleuchtend.
Was?
Hältst du jetzt 'nen Vortrag?
Tatsächlich habe ich noch nie großes Interesse für einzelne Personen aufgebracht...
Heißt das etwa...
... dass Idols oder Schauspieler gar nicht mitzählen?
Zumindest als Kind hast du doch schon mal für jemanden geschwärmt, oder?
Das hast du ganz sicher!
Für ein Idol...?
Falls ja, war meine Schwärmerei vermutlich nicht so stark.
Ich glaub dir kein Wort...

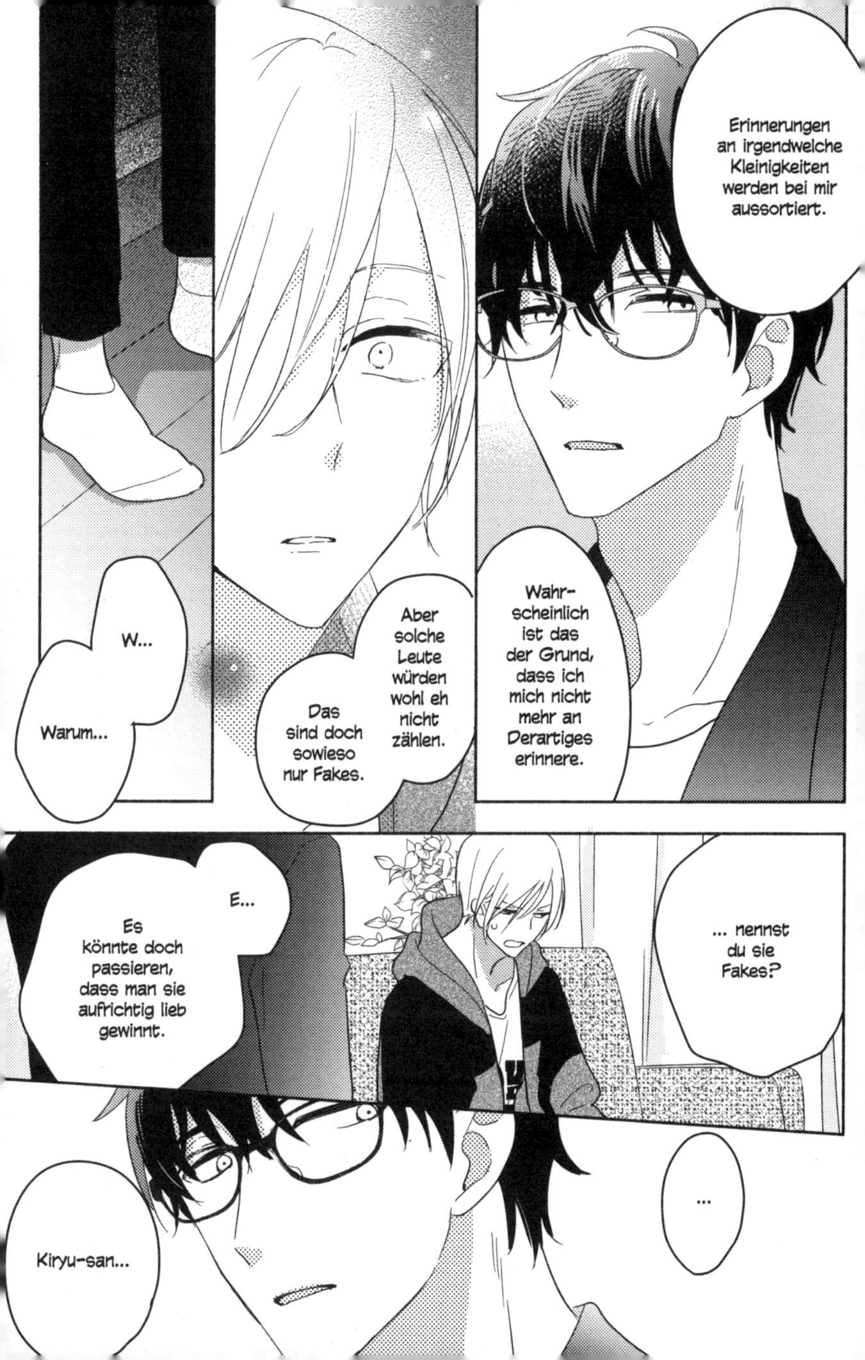
Erinnerungen an irgendwelche Kleinigkeiten werden bei mir aussortiert.
Wahr-scheinlich ist das der Grund, dass ich mich nicht mehr an Derartiges erinnere.
Aber solche Leute würden wohl eh nicht zählen.
Das sind doch sowieso nur Fakes.
W...
Warum...
... nennst du sie Fakes?
E...
Es könnte doch passieren, dass man sie aufrichtig lieb gewinnt.
...
Kiryu-san...

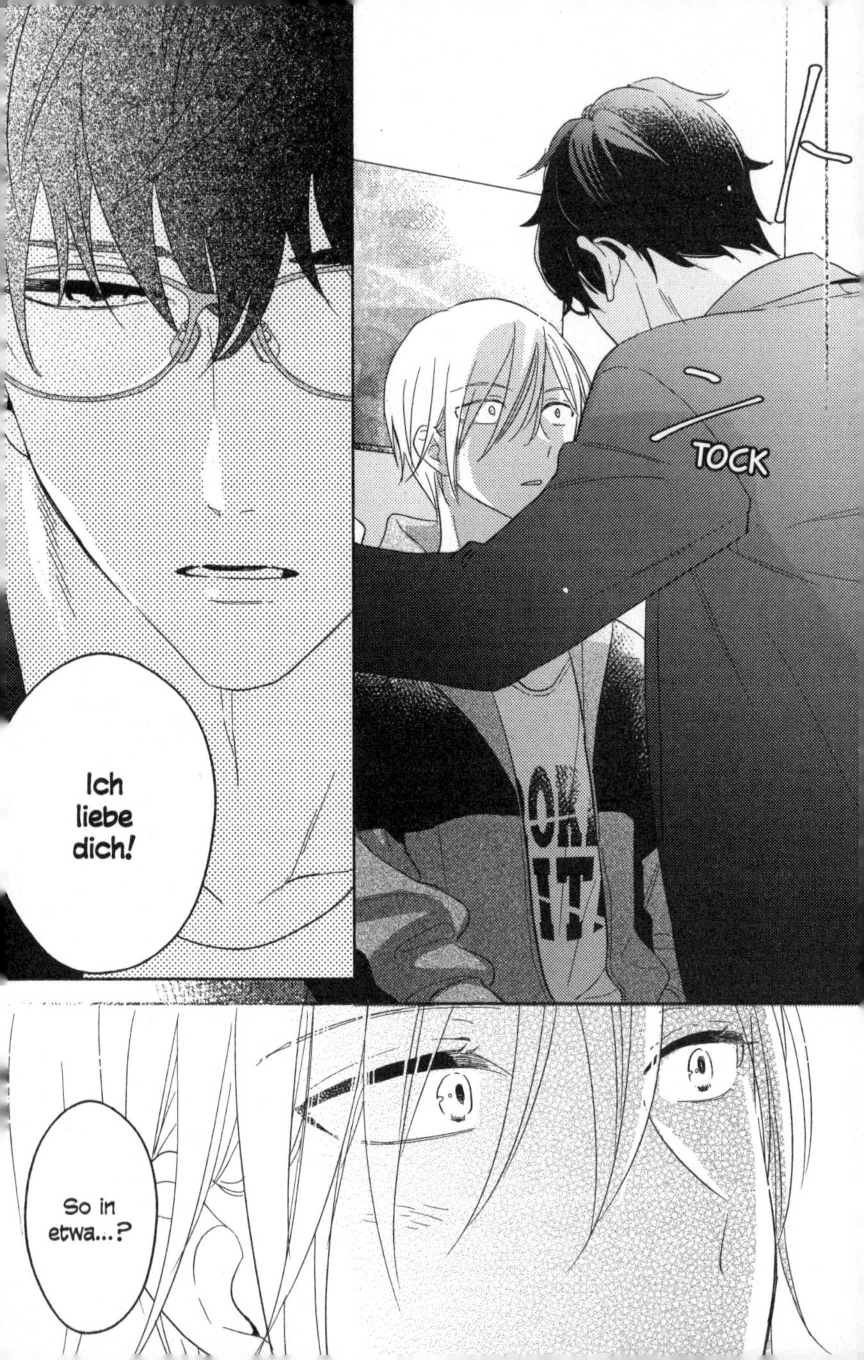
TOCK
Ich liebe dich!
So in etwa…?

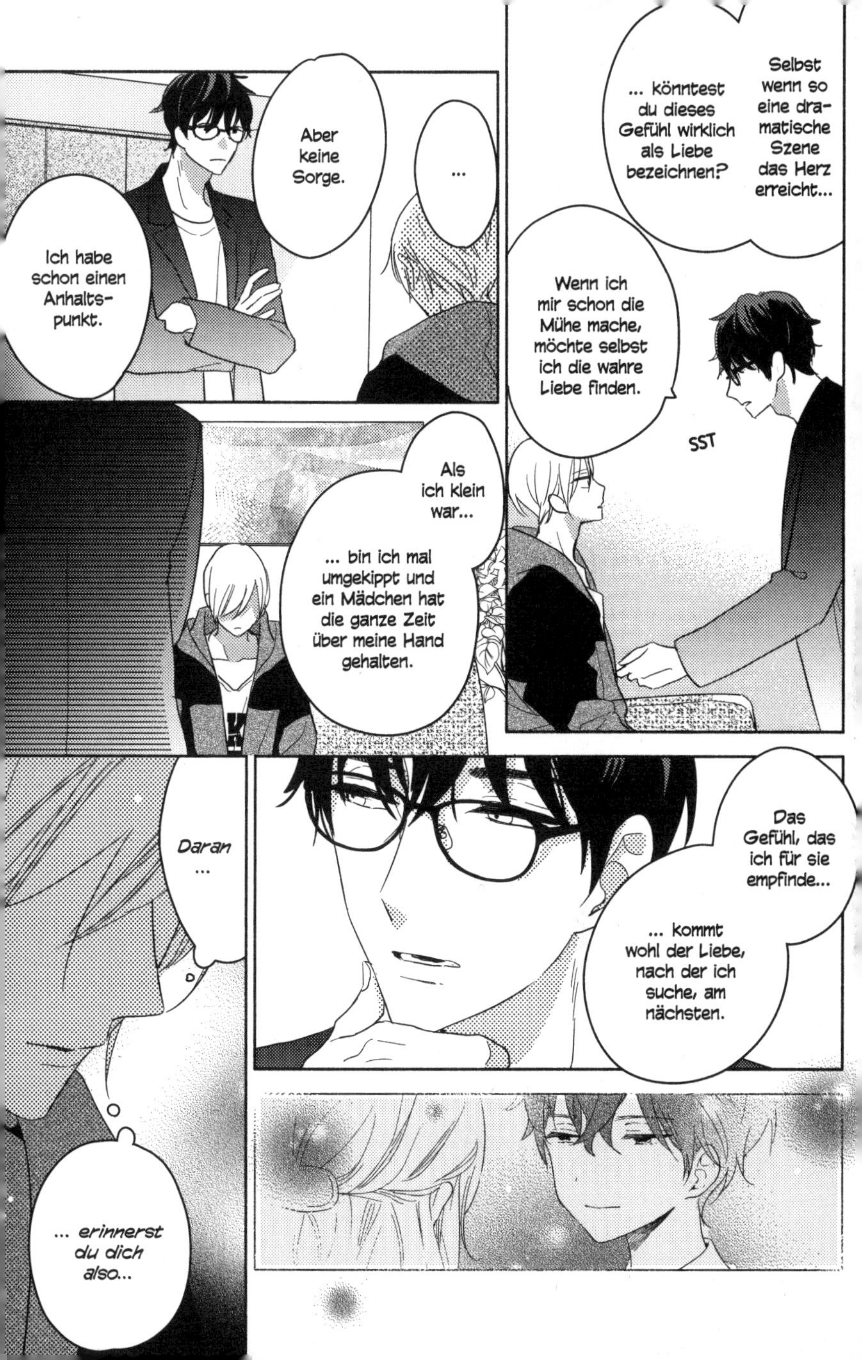
Selbst wenn so eine dramatische Szene das Herz erreicht...
... könntest du dieses Gefühl wirklich als Liebe bezeichnen?
...
Aber keine Sorge.
Ich habe schon einen Anhaltspunkt.
Wenn ich mir schon die Mühe mache, möchte selbst ich die wahre Liebe finden.
SST
Als ich klein war...
... bin ich mal umgekippt und ein Mädchen hat die ganze Zeit über meine Hand gehalten.
Das Gefühl, das ich für sie empfinde...
... kommt wohl der Liebe, nach der ich suche, am nächsten.
Daran ...
... erinnerst du dich also...

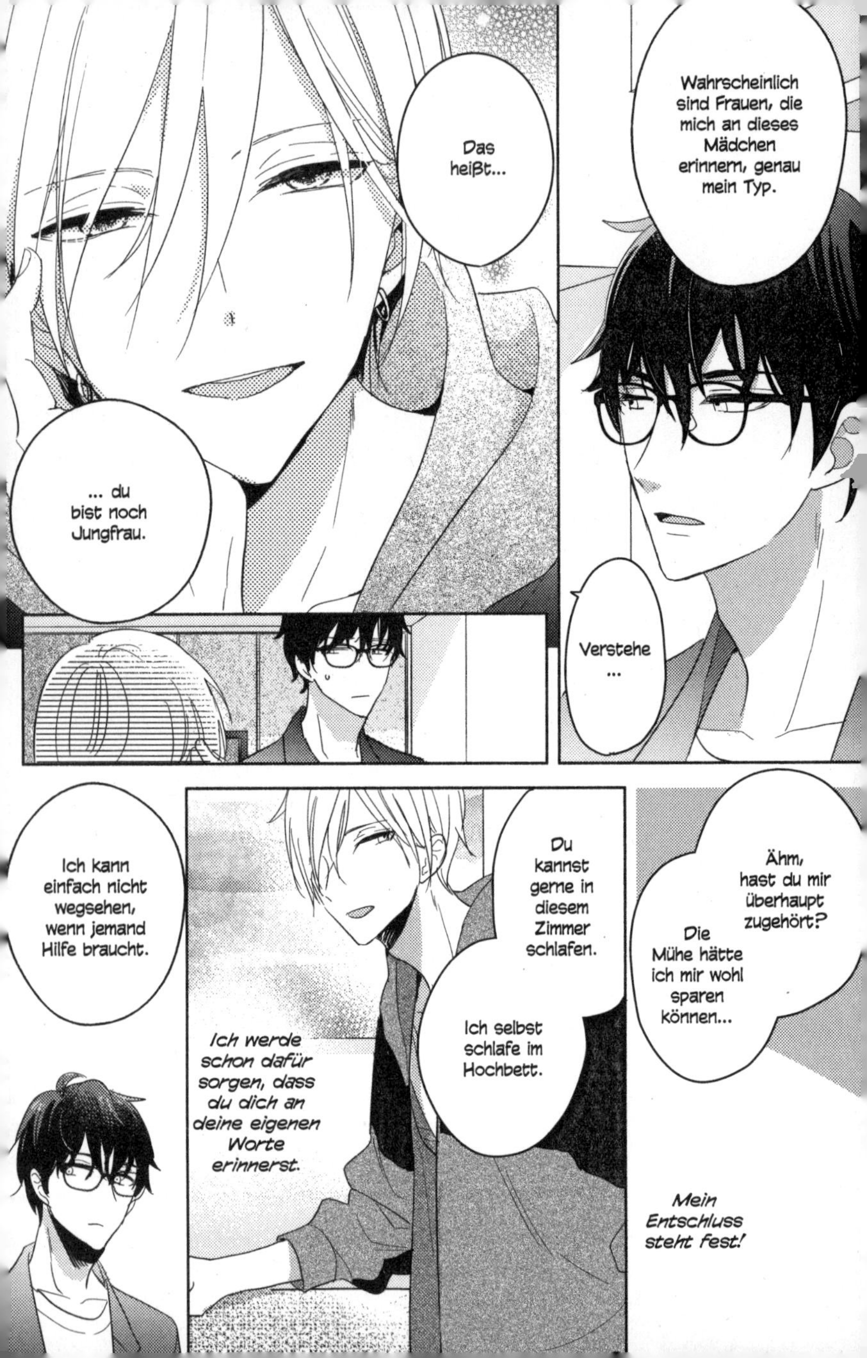
Wahrscheinlich sind Frauen, die mich an dieses Mädchen erinnern, genau mein Typ.
Verstehe ...
Das heißt...
... du bist noch Jungfrau.
Ähm, hast du mir überhaupt zugehört?
Die Mühe hätte ich mir wohl sparen können...
Mein Entschluss steht fest!
Du kannst gerne in diesem Zimmer schlafen.
Ich selbst schlafe im Hochbett.
Ich werde schon dafür sorgen, dass du dich an deine eigenen Worte erinnerst.
Ich kann einfach nicht wegsehen, wenn jemand Hilfe braucht.

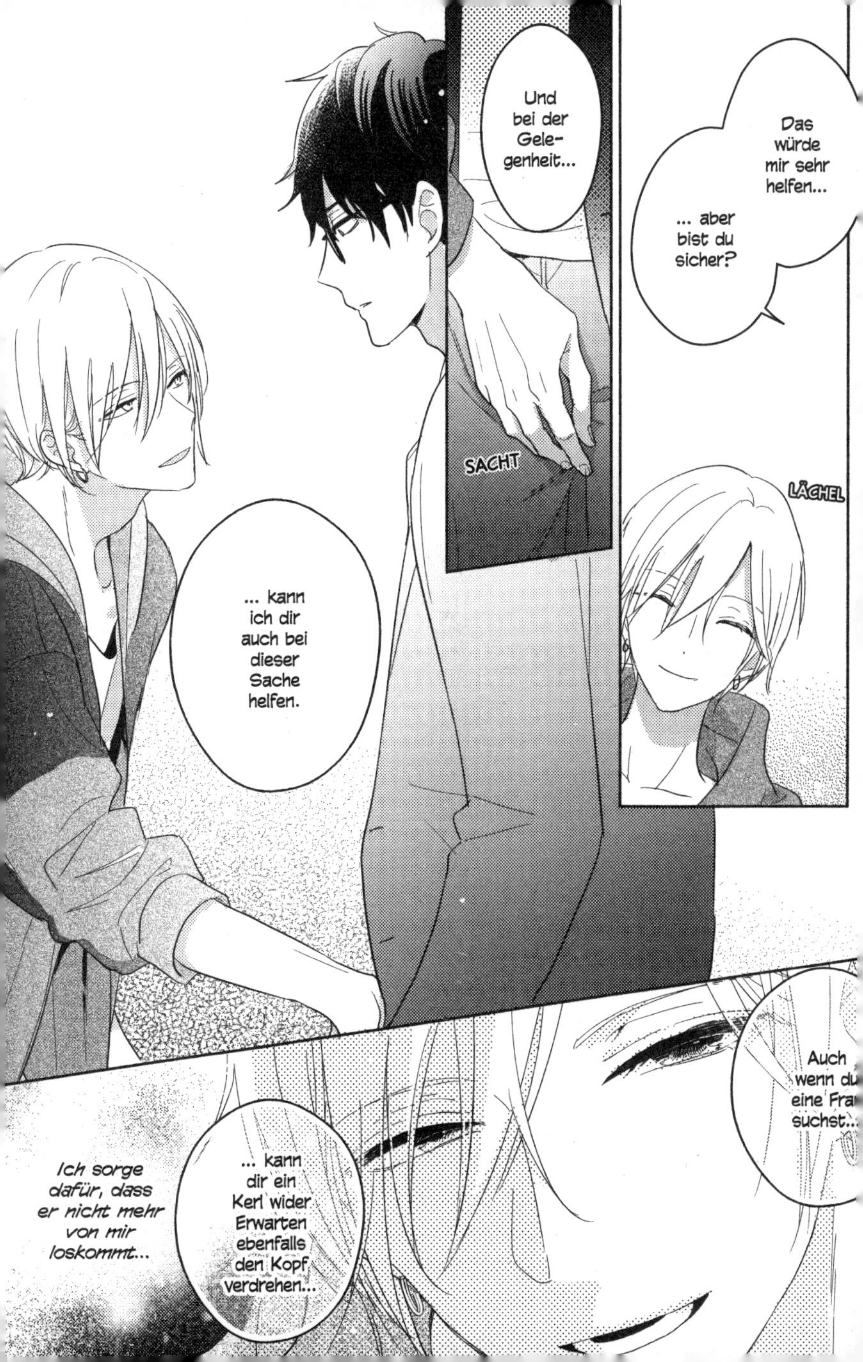
Das würde mir sehr helfen...
... aber bist du sicher?
LÄCHEL
Und bei der Gele-genheit...
SACHT
... kann ich dir auch bei dieser Sache helfen.
Auch wenn du eine Fra suchst...
... kann dir ein Kerl wider Erwarten ebenfalls den Kopf verdrehen...
Ich sorge dafür, dass er nicht mehr von mir loskommt...

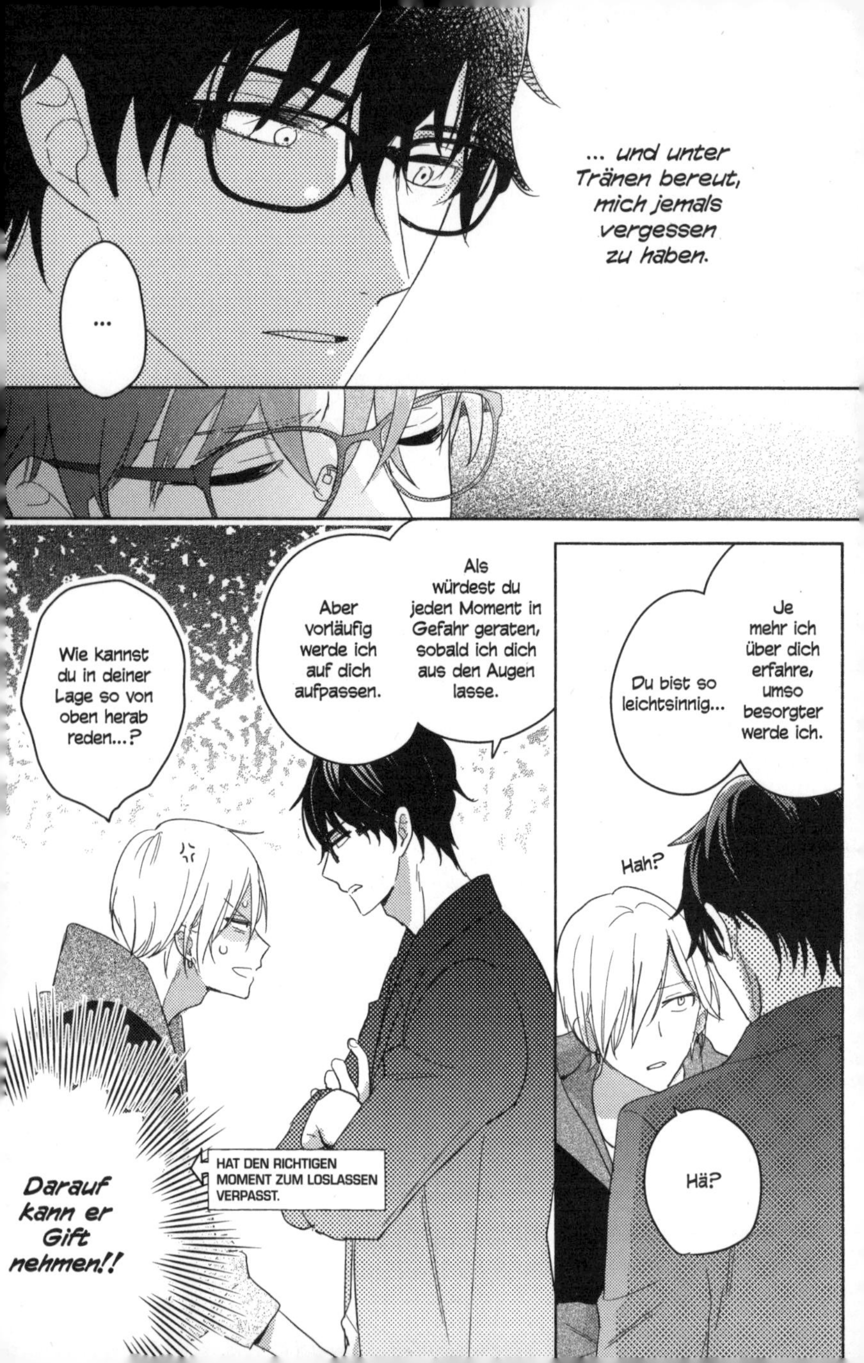
... und unter Tränen bereut, mich jemals vergessen zu haben.
...
Je mehr ich über dich erfahre, umso besorgter werde ich.
Du bist so leichtsinnig...
Hah?
Hä?
Als würdest du jeden Moment in Gefahr geraten, sobald ich dich aus den Augen lasse.
Aber vorläufig werde ich auf dich aufpassen.
Wie kannst du in deiner Lage so von oben herab reden...?
HAT DEN RICHTIGEN MOMENT ZUM LOSLASSEN VERPASST.
Darauf kann er Gift nehmen!!

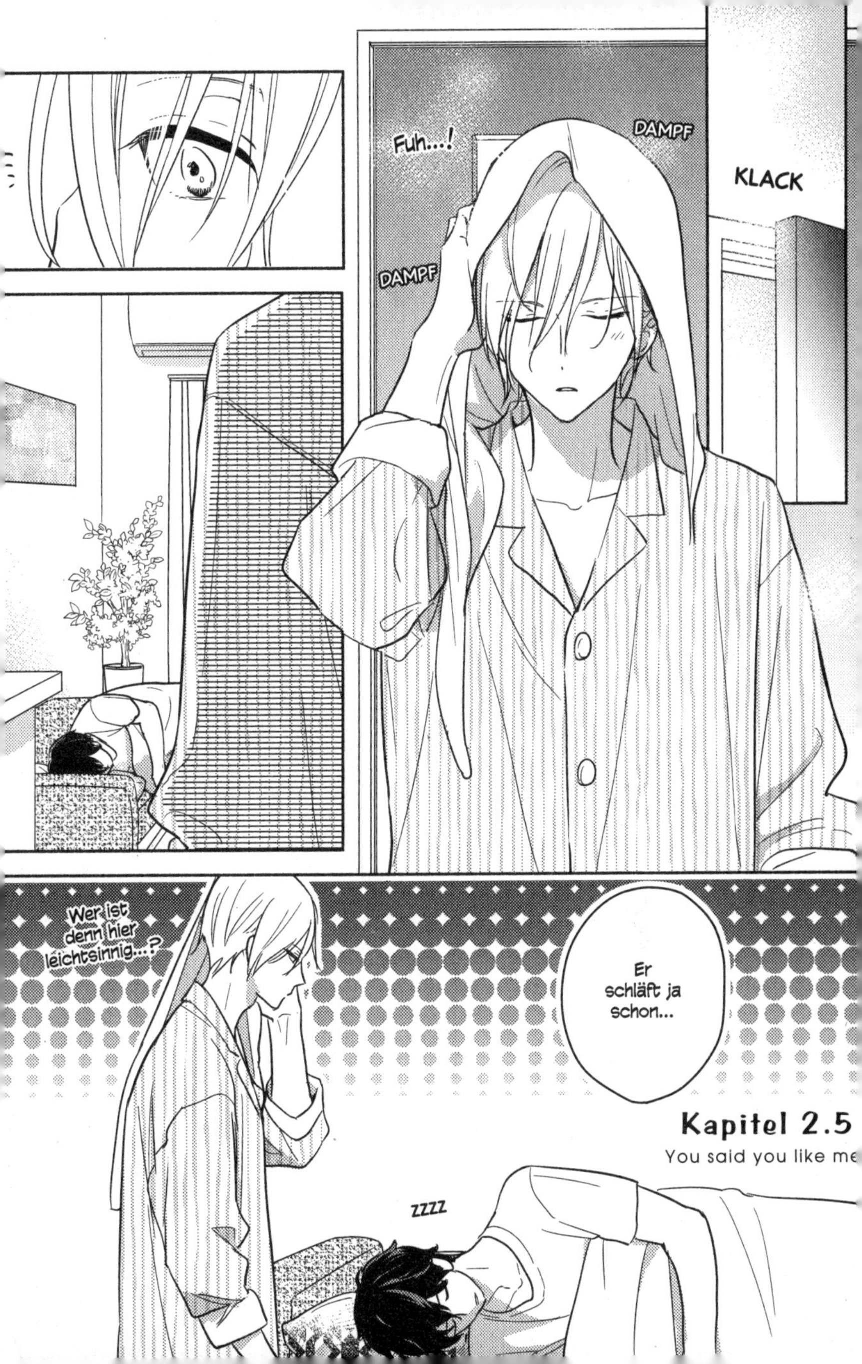
KLACK
DAMPF
Fuh...!
DAMPF
Er schläft ja schon...
Wer ist denn hier leichtsinnig...?
Kapitel 2.5
You said you like me
ZZZZ

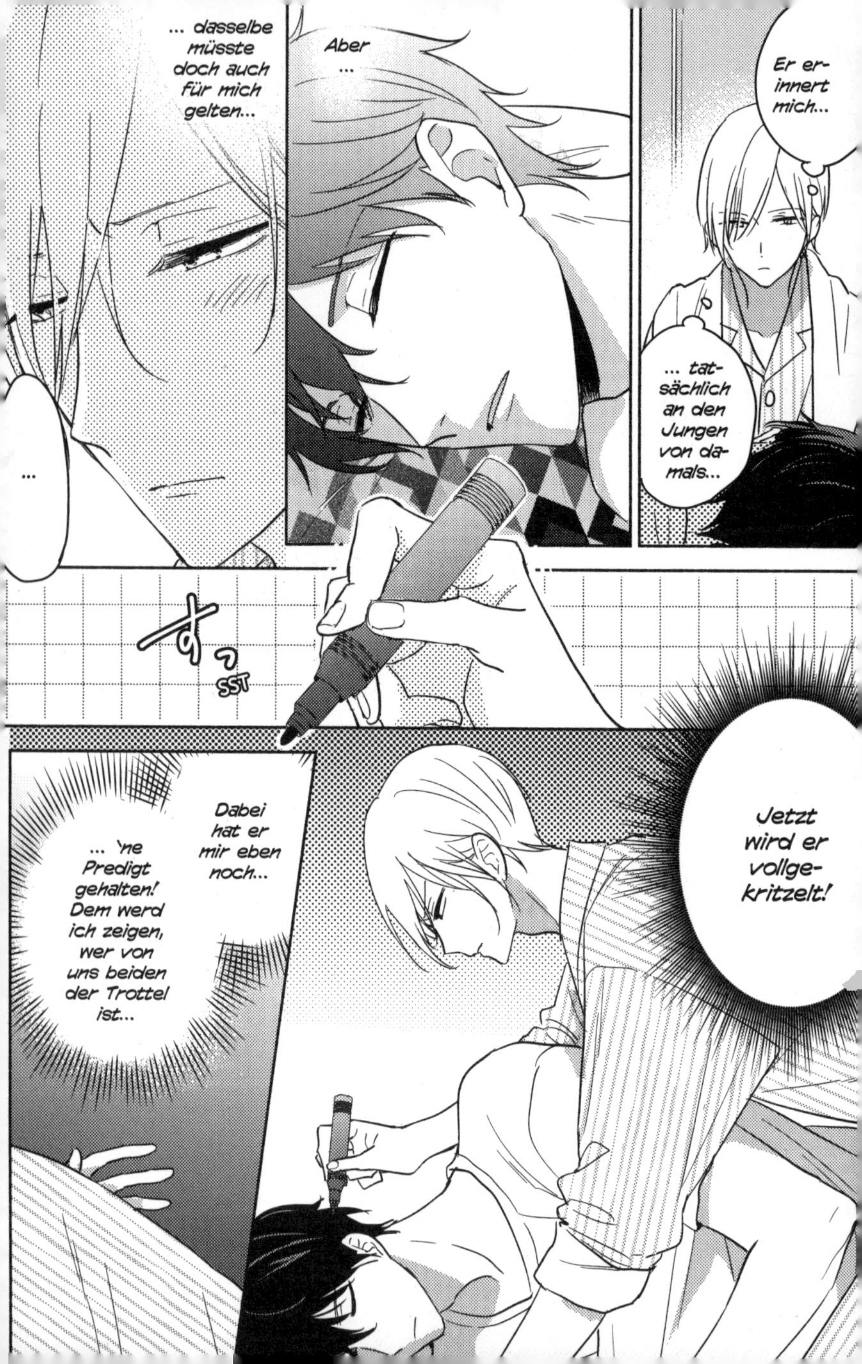
Er erinnert mich...
... tatsächlich an den Jungen von damals...
Aber ...
... dasselbe müsste doch auch für mich gelten...
...
す っ
SST
Jetzt wird er vollgekritzelt!
Dabei hat er mir eben noch...
... 'ne Predigt gehalten! Dem werd ich zeigen, wer von uns beiden der Trottel ist...

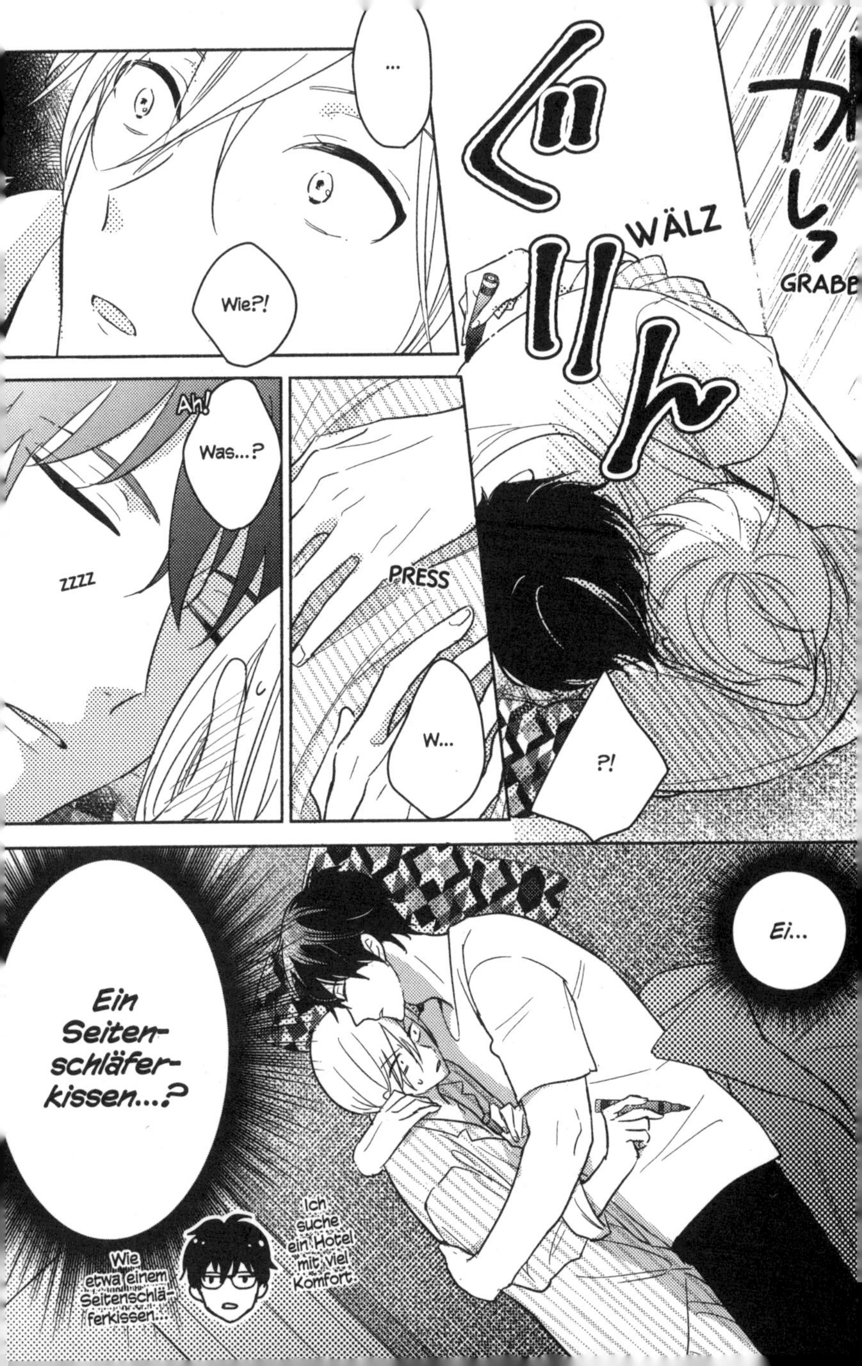
GRABB
WÄLZ
...
Wie?!
?!
W...
PRESS
Ah!
Was...?
ZZZZ
Ei...
Ein Seiten-schläfer-kissen...?
Ich suche ein Hotel mit viel Komfort
Wie etwa einem Seitenschlä-ferkissen...

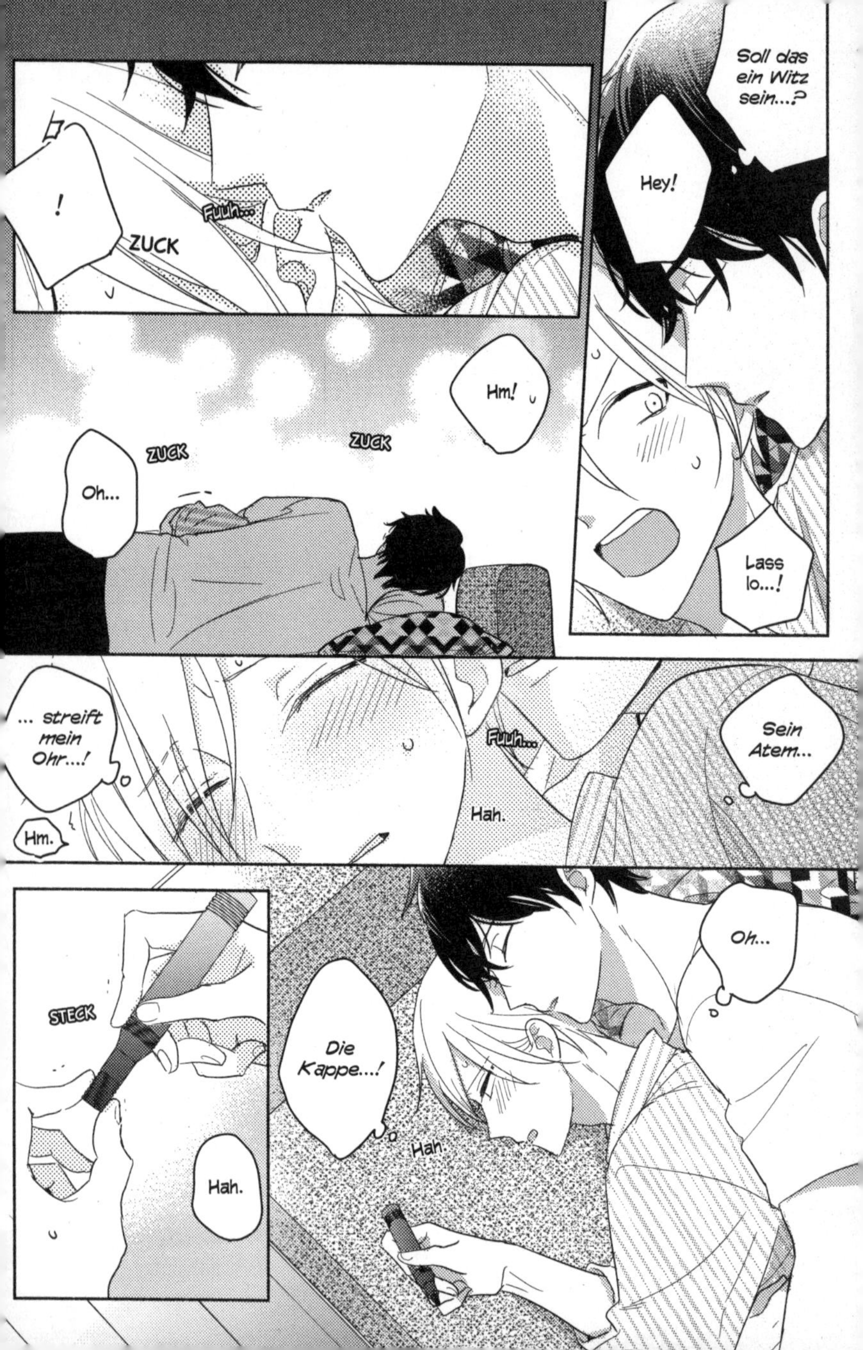
Soll das ein Witz sein...?
Hey!
Lass lo...!
!
Fuuh...
ZUCK
Hm!
ZUCK
ZUCK
Oh...
Sein Atem...
Fuuh...
Hah.
... streift mein Ohr...!
Hm.
Oh...
Die Kappe...!
Hah.
STECK
Hah.

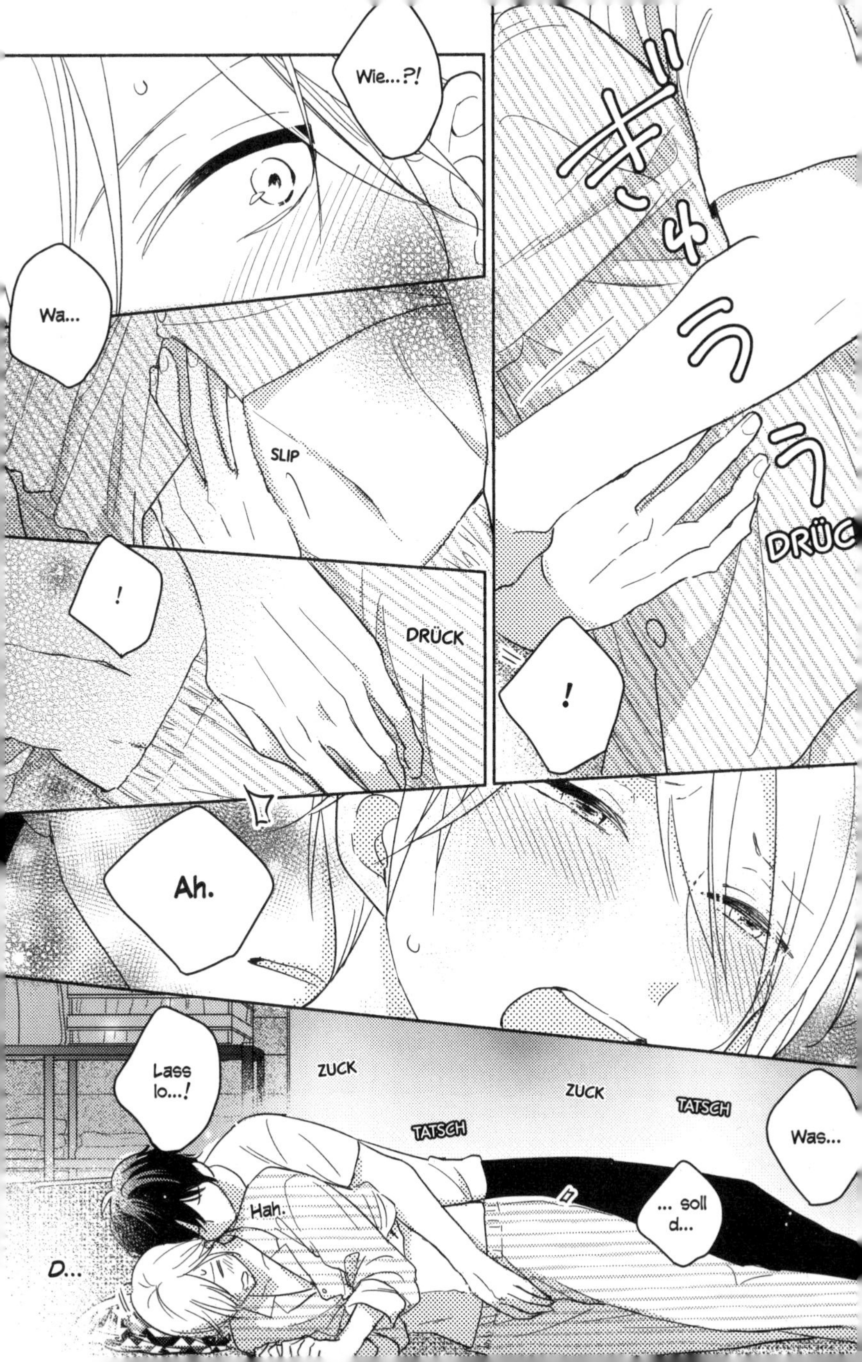
ぎゅうう
DRÜC
!
Wie…?!
Wa…
SLIP
DRÜCK
!
Ah.
Was…
… soll d…
TATSCH
ZUCK
TATSCH
ZUCK
Lass lo…!
Hah.
D…

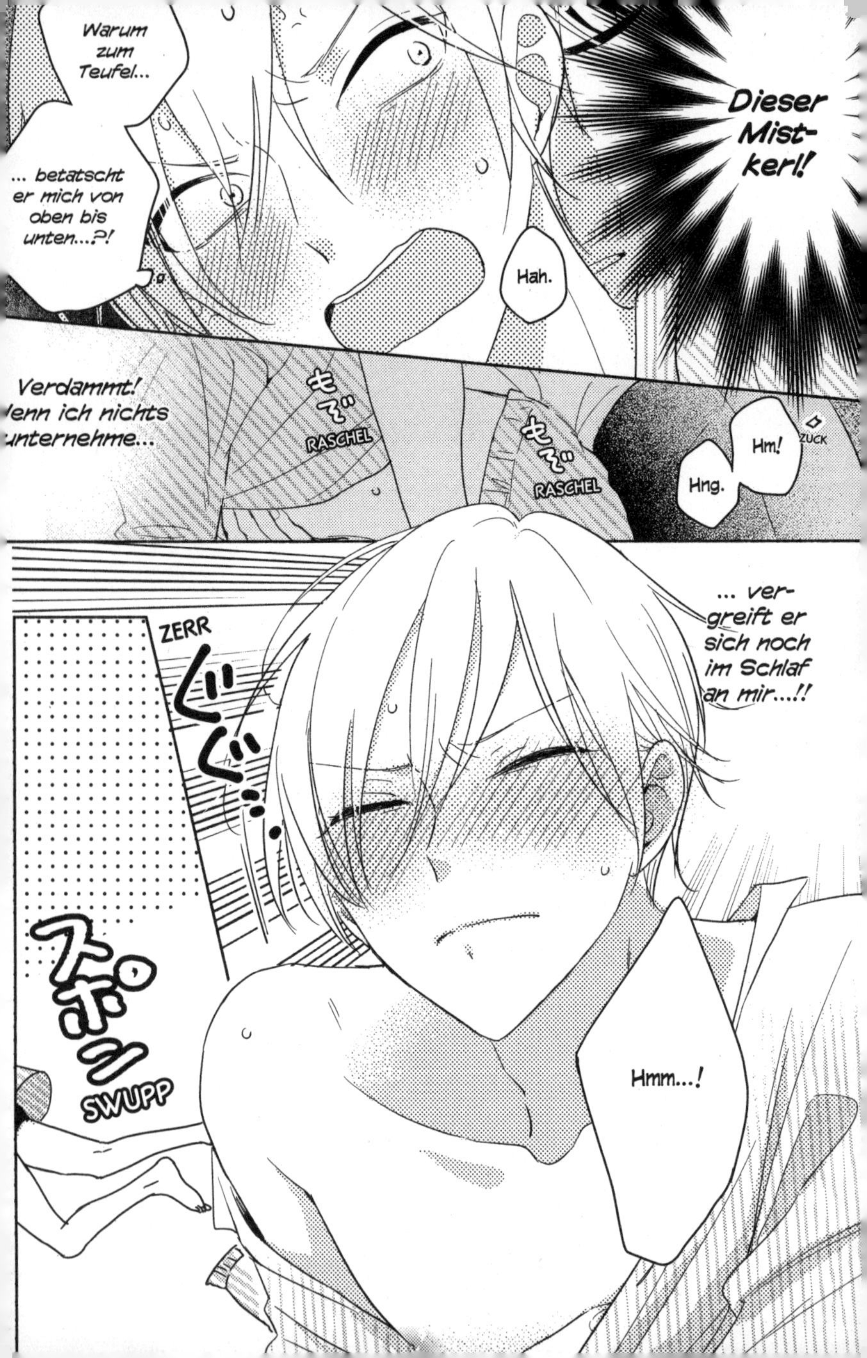
Dieser Mist-kerl!
Hah.
Warum zum Teufel...
... betatscht er mich von oben bis unten...?!
ZUCK
Hm!
Hng.
もぞ
RASCHEL
もぞ
RASCHEL
Verdammt! enn ich nichts nternehme...
... ver-greift er sich noch im Schlaf an mir...!!
ZERR
Hmm...!
スポン
SWUPP

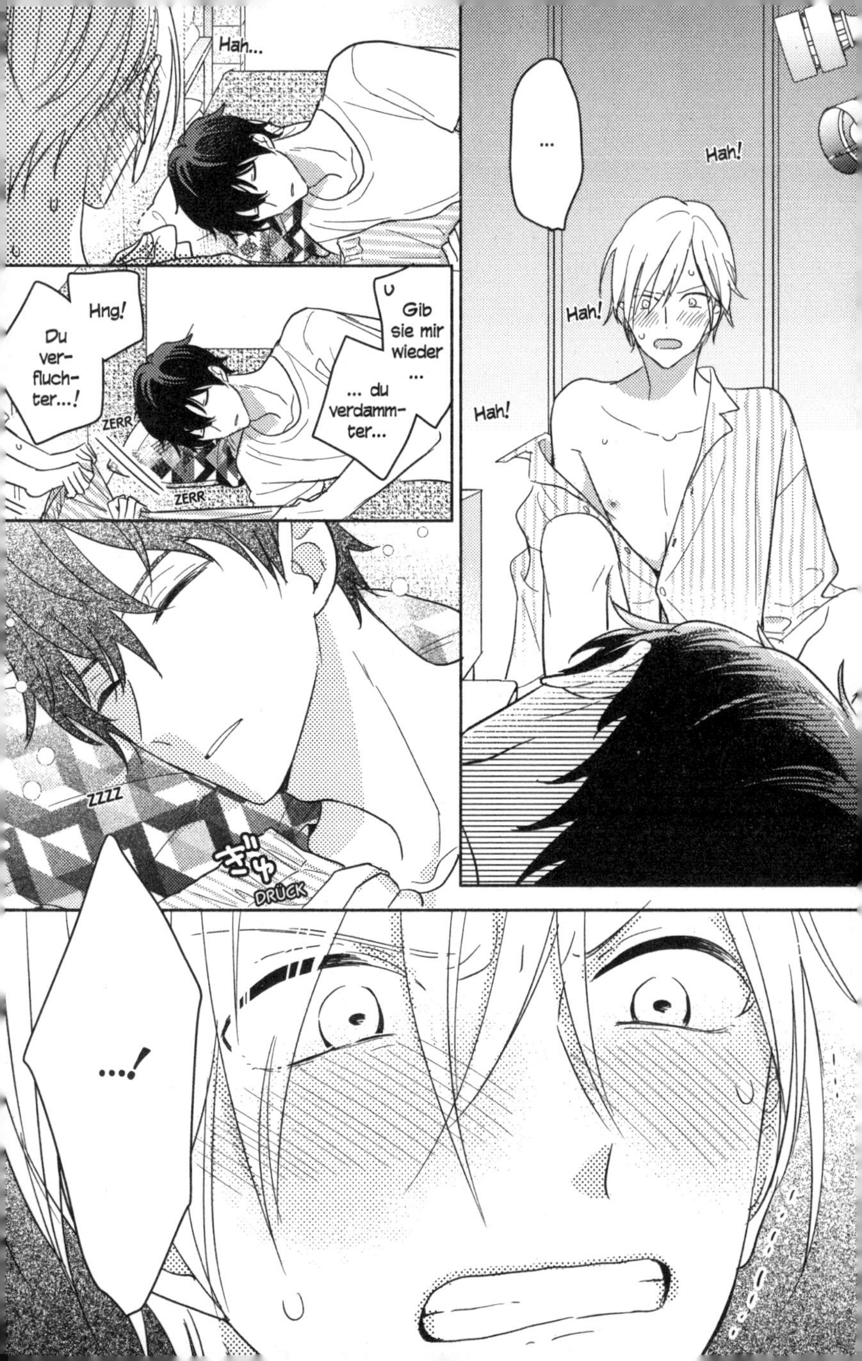

...
Hah!
Hah!
Hah!
Hah...
Gib sie mir wieder ...
... du verdammter...
Hng!
Du verfluchter...!
ZERR
ZERR
ZZZZ
ぎゅ
DRÜCK
...!

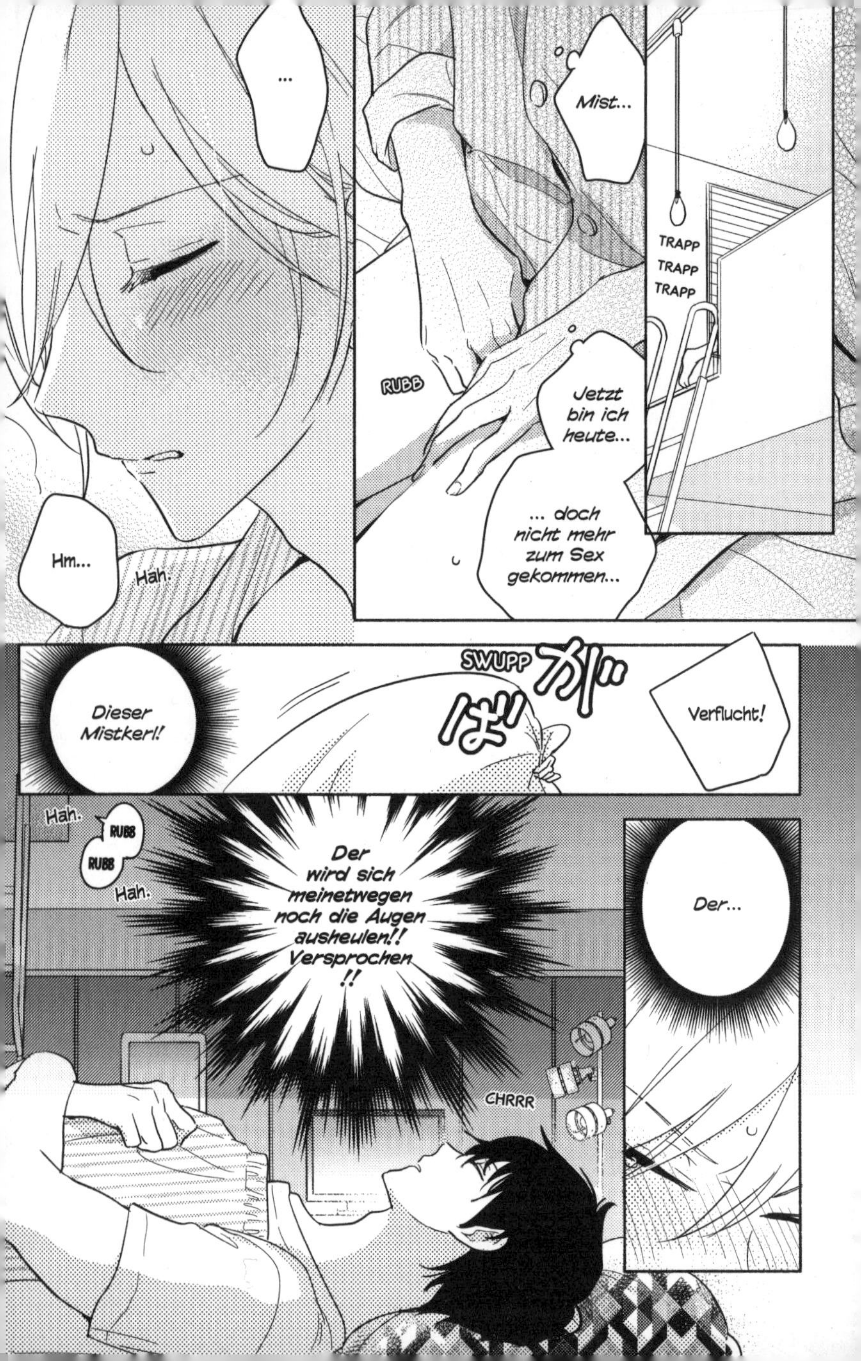
Mist...
TRAPP
TRAPP
TRAPP
RUBB
Jetzt bin ich heute...
... doch nicht mehr zum Sex gekommen...
...
Hm...
Hah.
Verflucht!
SWUPP
がば
Dieser Mistkerl!
Der...
Der wird sich meinetwegen noch die Augen ausheulen!! Versprochen !!
Hah.
RUBB
RUBB
Hah.
CHRRR

Kapitel 3

You said you like me!

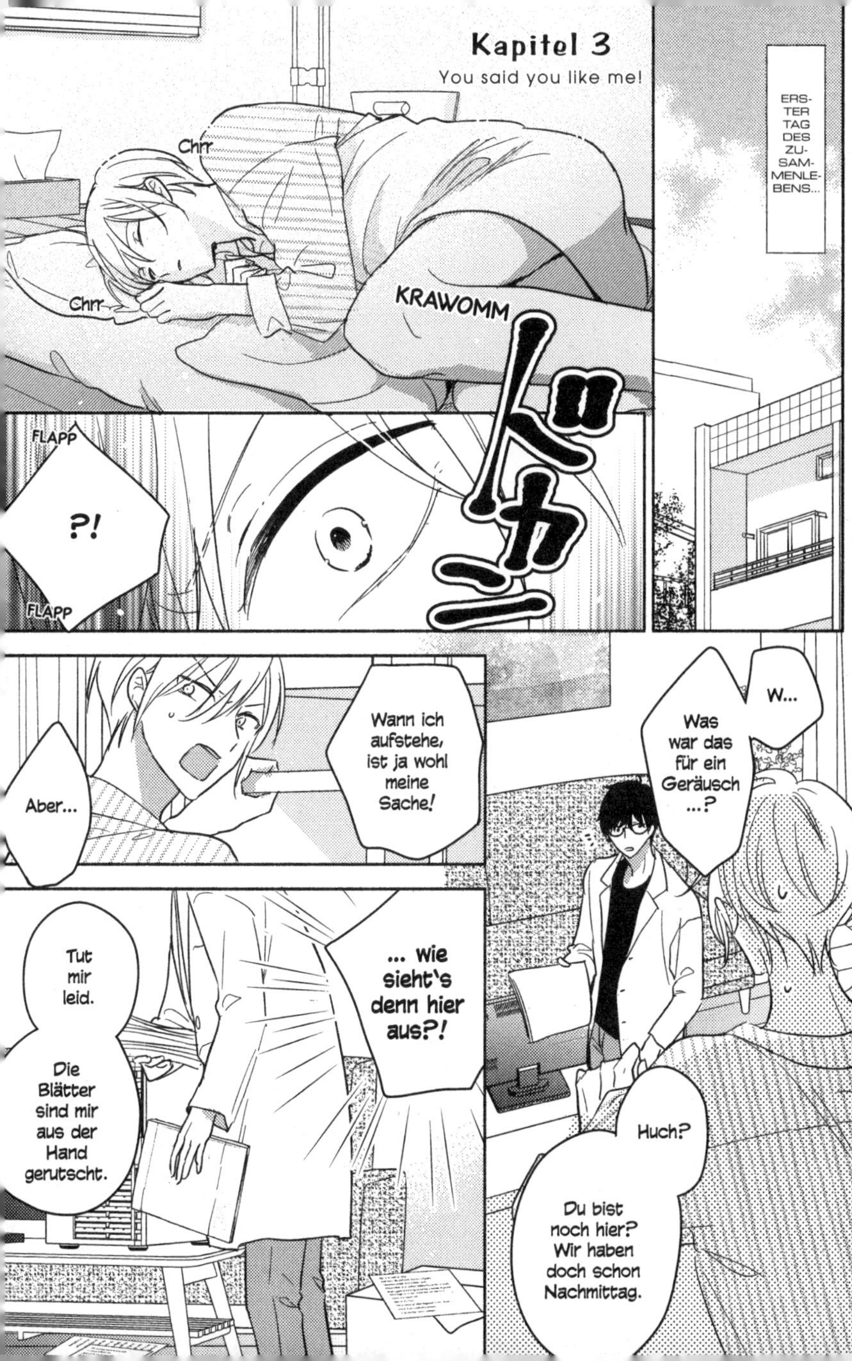

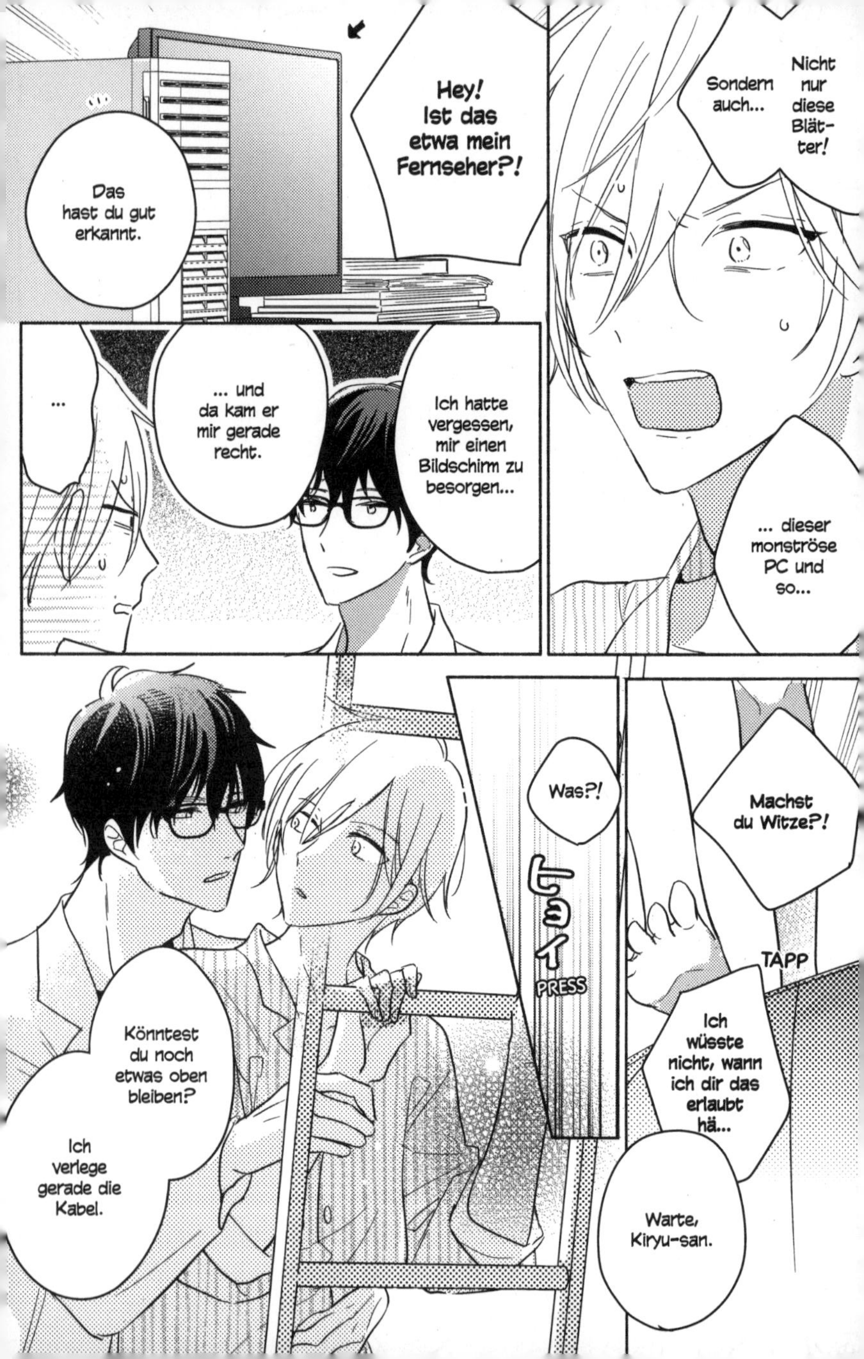
Hey! Ist das etwa mein Fernseher?!
Das hast du gut erkannt.
Nicht nur diese Blätter!
Sondern auch...
... dieser monströse PC und so...
Ich hatte vergessen, mir einen Bildschirm zu besorgen...
... und da kam er mir gerade recht.
...
Machst du Witze?!
Was?!
Ich wüsste nicht, wann ich dir das erlaubt hä...
TAPP
Warte, Kiryu-san.
ヒョイ
PRESS
Könntest du noch etwas oben bleiben?
Ich verlege gerade die Kabel.

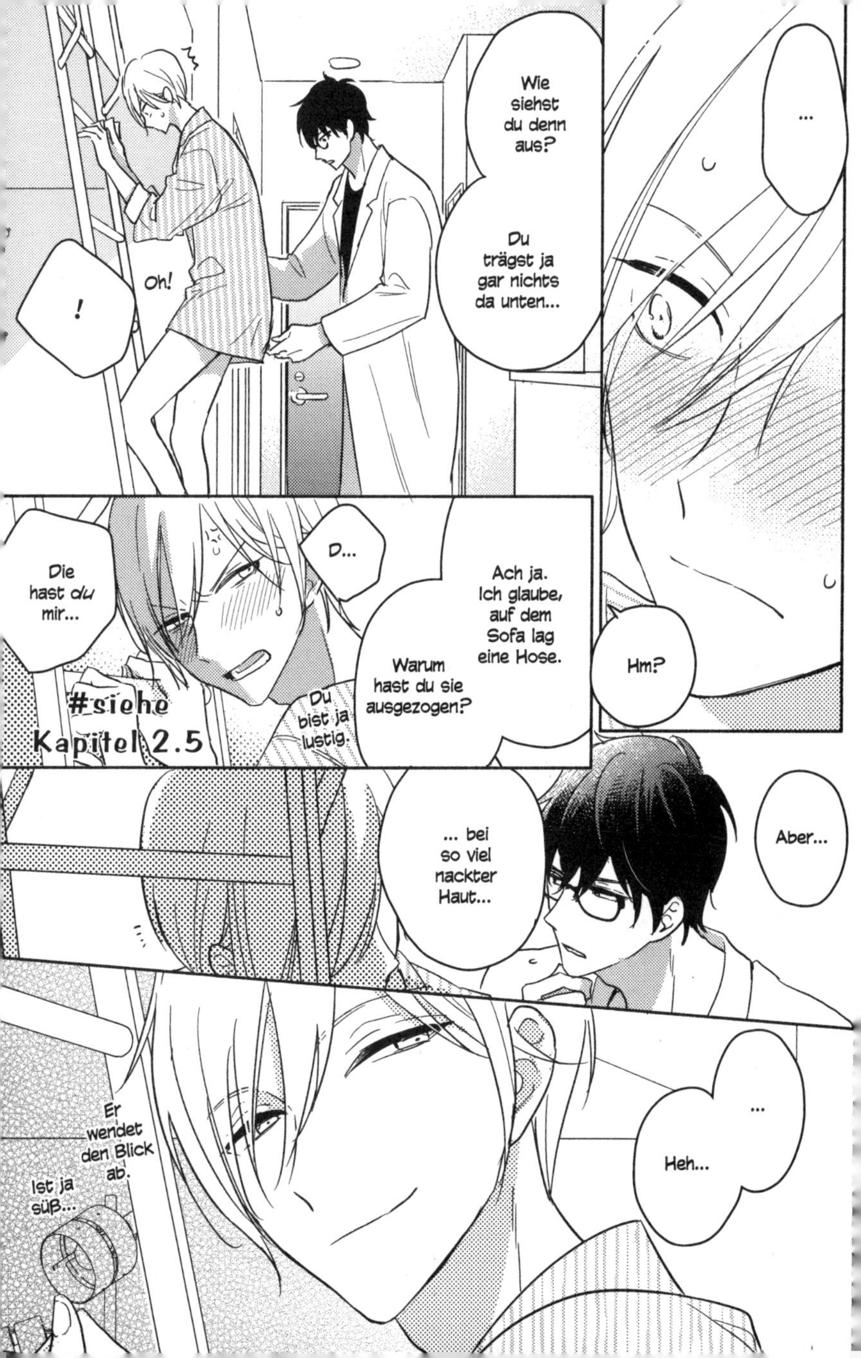
...
Wie siehst du denn aus?
Du trägst ja gar nichts da unten...
Oh!
!
Hm?
Ach ja. Ich glaube, auf dem Sofa lag eine Hose.
Warum hast du sie ausgezogen?
D...
Die hast du mir...
#siehe Kapitel 2.5
Du bist ja lustig.
Aber...
... bei so viel nackter Haut...
...
Heh...
Er wendet den Blick ab.
Ist ja süß...

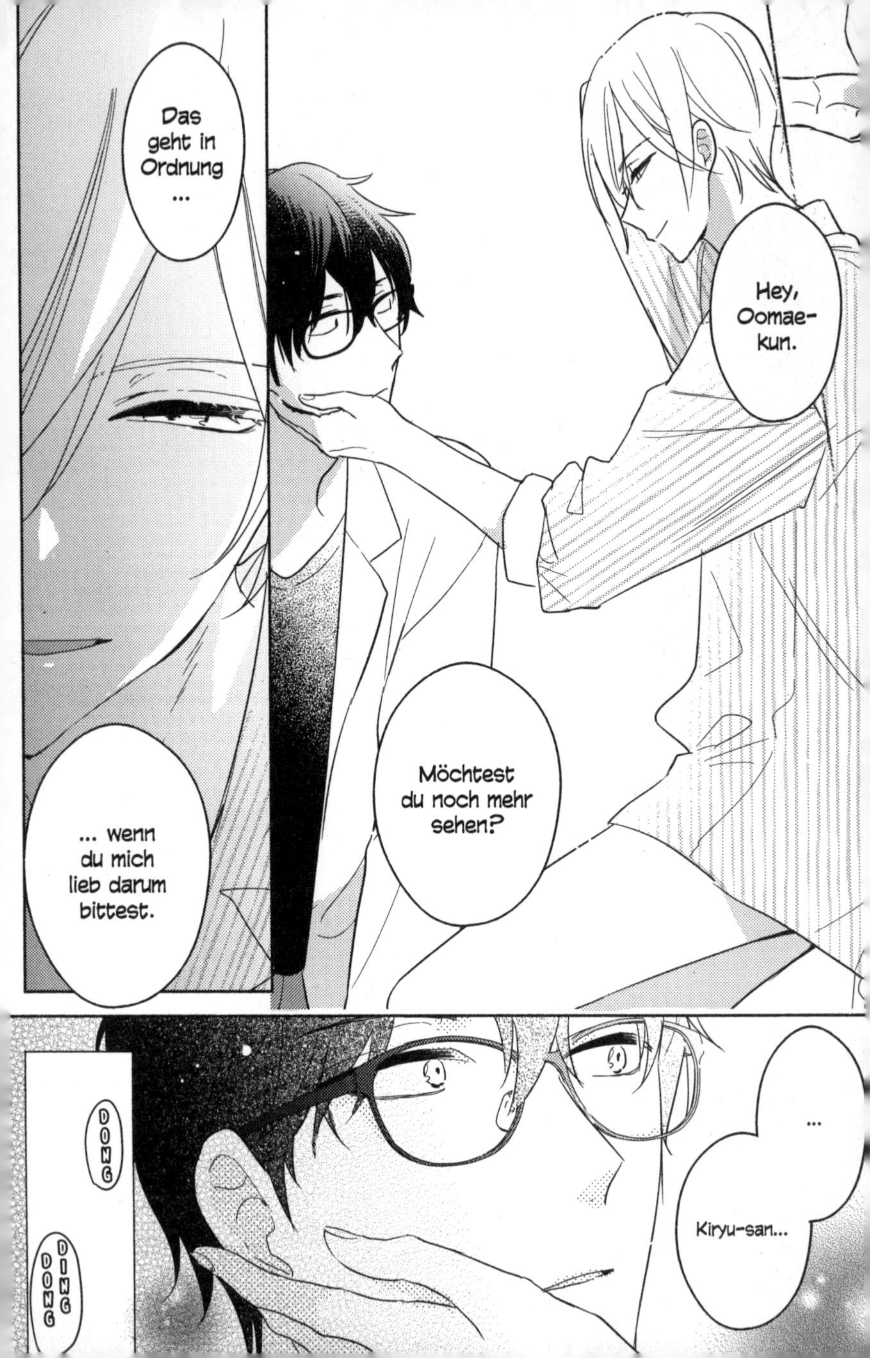
Hey, Oomae-kun.
Möchtest du noch mehr sehen?
Das geht in Ordnung ...
... wenn du mich lieb darum bittest.
...
Kiryu-san...
DONG
DING DONG

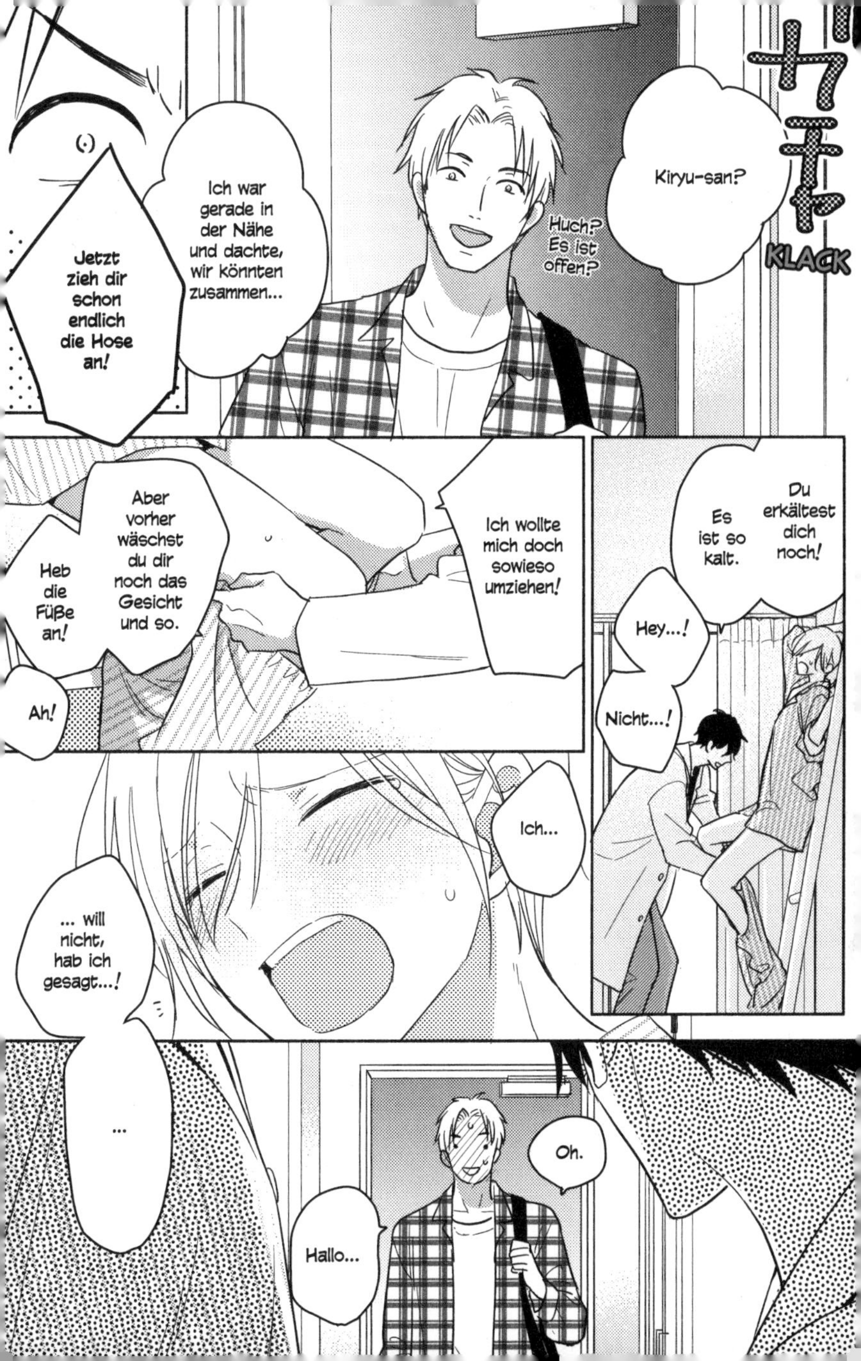
KLACK
Kiryu-san?
Huch? Es ist offen?
Ich war gerade in der Nähe und dachte, wir könnten zusammen...
Jetzt zieh dir schon endlich die Hose an!
Du erkältest dich noch!
Es ist so kalt.
Hey...!
Nicht...!
Ich wollte mich doch sowieso umziehen!
Aber vorher wäschst du dir noch das Gesicht und so.
Heb die Füße an!
Ah!
Ich...
... will nicht, hab ich gesagt...!
Oh.
Hallo...
...

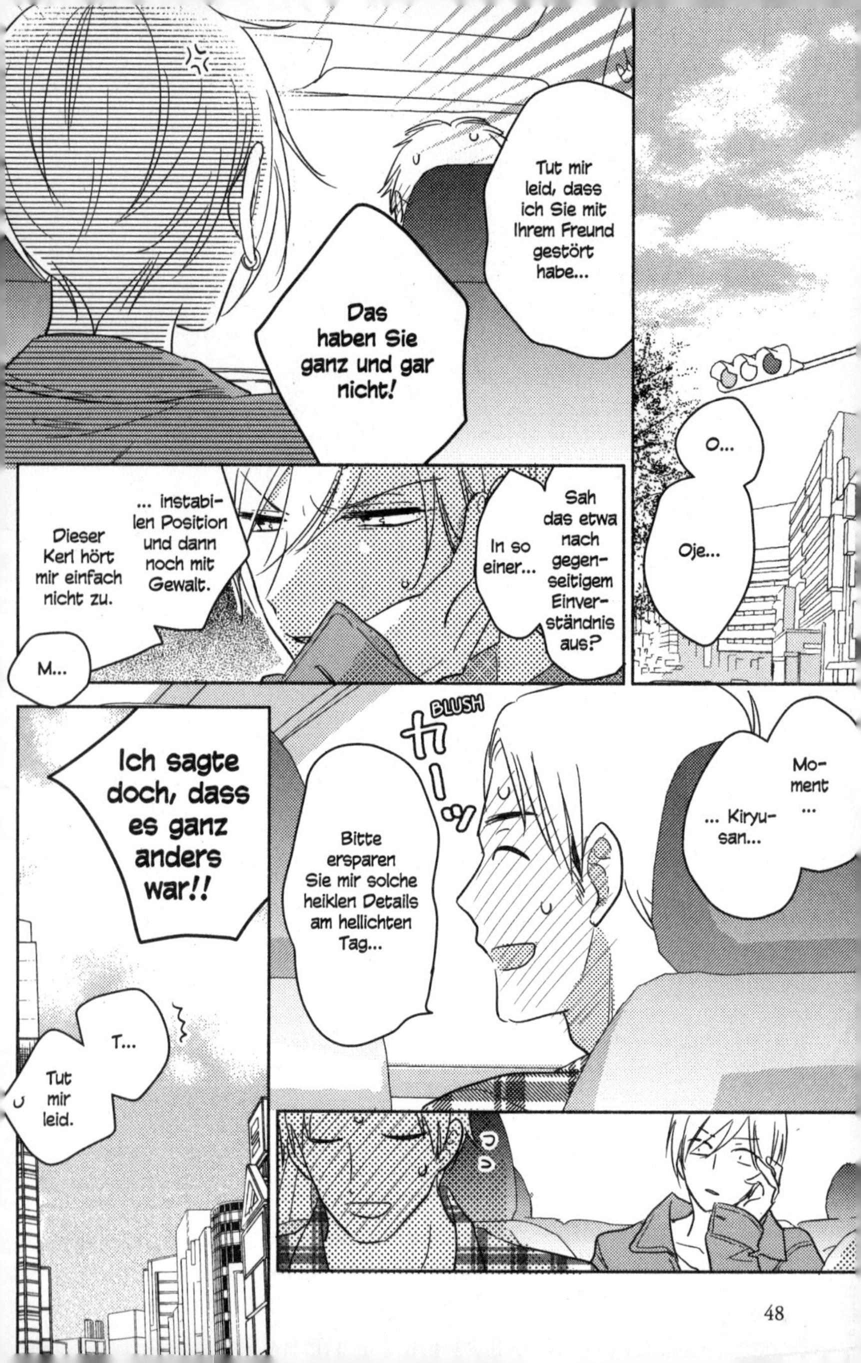
O...
Oje...
Tut mir leid, dass ich Sie mit Ihrem Freund gestört habe...
Das haben Sie ganz und gar nicht!
Sah das etwa nach gegenseitigem Einverständnis aus?
In so einer...
... instabilen Position und dann noch mit Gewalt.
Dieser Kerl hört mir einfach nicht zu.
M...
Moment ...
... Kiryu-san...
BLUSH
Bitte ersparen Sie mir solche heiklen Details am hellichten Tag...
Ich sagte doch, dass es ganz anders war!!
T...
Tut mir leid.

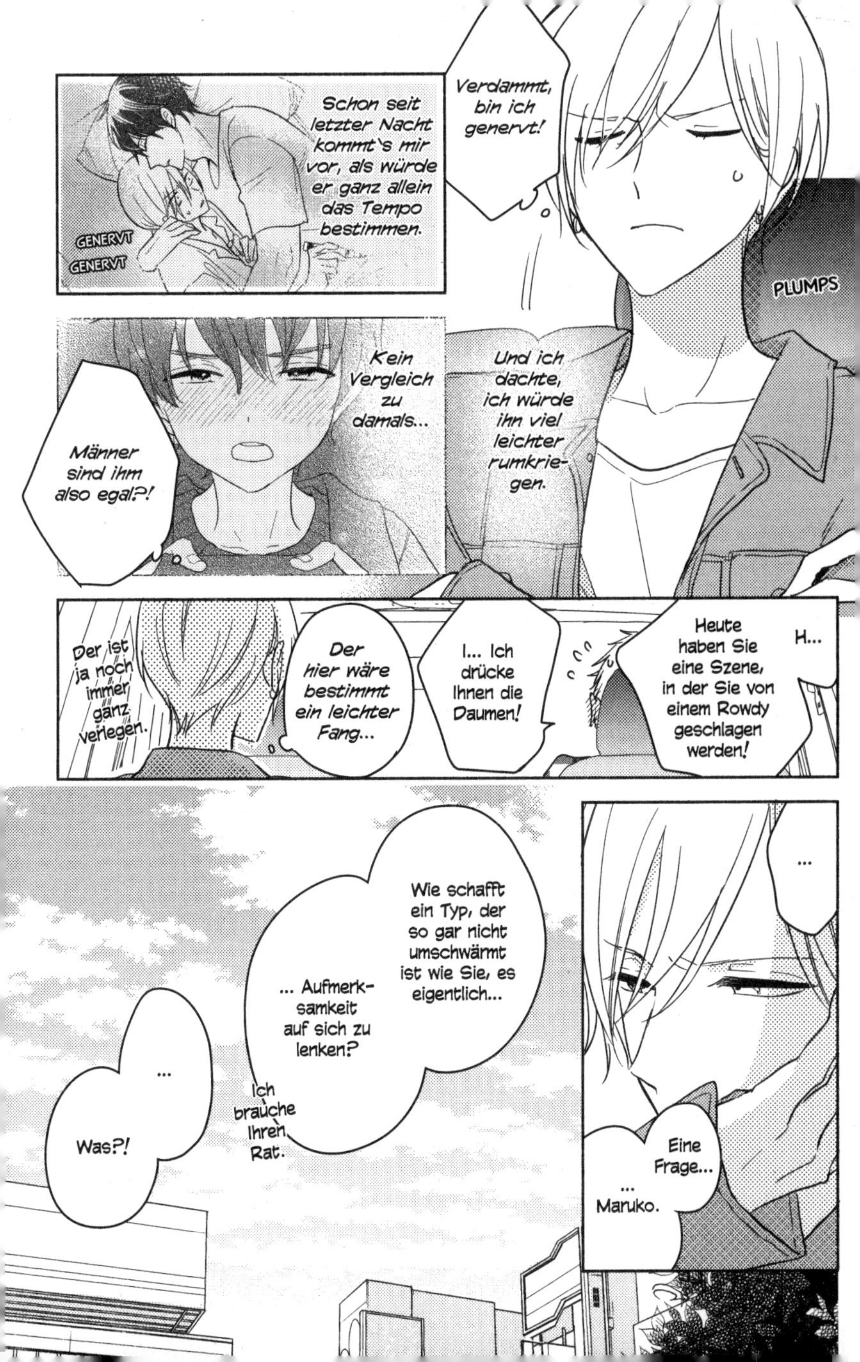
Verdammt, bin ich genervt!
Schon seit letzter Nacht kommt's mir vor, als würde er ganz allein das Tempo bestimmen.
GENERVT
GENERVT
PLUMPS
Und ich dachte, ich würde ihn viel leichter rumkriegen.
Kein Vergleich zu damals...
Männer sind ihm also egal?!
H...
Heute haben Sie eine Szene, in der Sie von einem Rowdy geschlagen werden!
I... Ich drücke Ihnen die Daumen!
Der hier wäre bestimmt ein leichter Fang...
Der ist ja noch immer ganz verlegen.
...
Eine Frage... ... Maruko.
Wie schafft ein Typ, der so gar nicht umschwärmt ist wie Sie, es eigentlich...
... Aufmerksamkeit auf sich zu lenken?
Ich brauche Ihren Rat.
...
Was?!

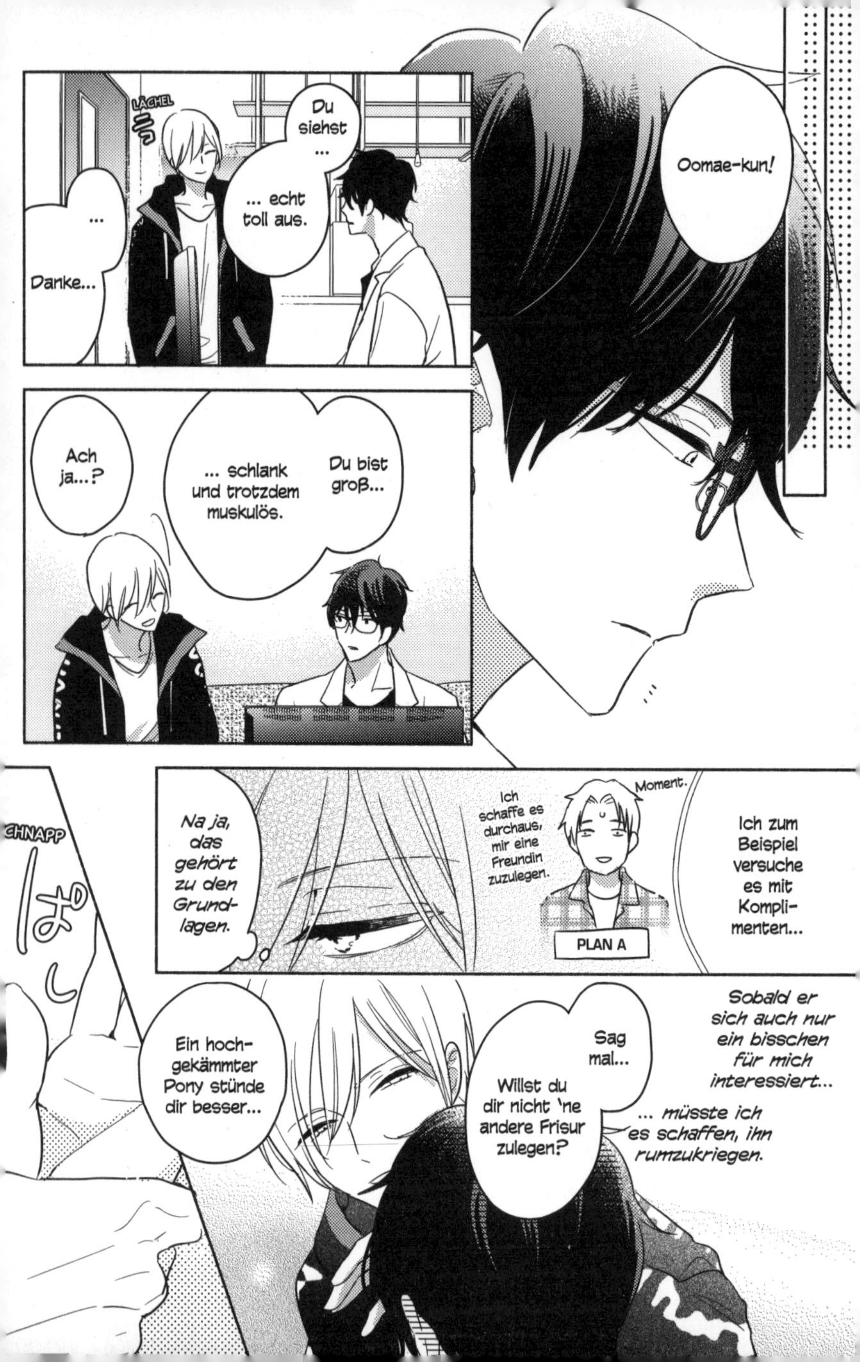
Oomae-kun!
Du siehst ...
... echt toll aus.
LÄCHEL
... Danke...
Du bist groß...
... schlank und trotzdem muskulös.
Ach ja...?
Ich zum Beispiel versuche es mit Komplimenten...
Moment.
Ich schaffe es durchaus, mir eine Freundin zuzulegen.
PLAN A
Na ja, das gehört zu den Grundlagen.
Sobald er sich auch nur ein bisschen für mich interessiert...
... müsste ich es schaffen, ihn rumzukriegen.
Sag mal...
Willst du dir nicht 'ne andere Frisur zulegen?
Ein hochgekämmter Pony stünde dir besser...
CHNAPP
ぱし

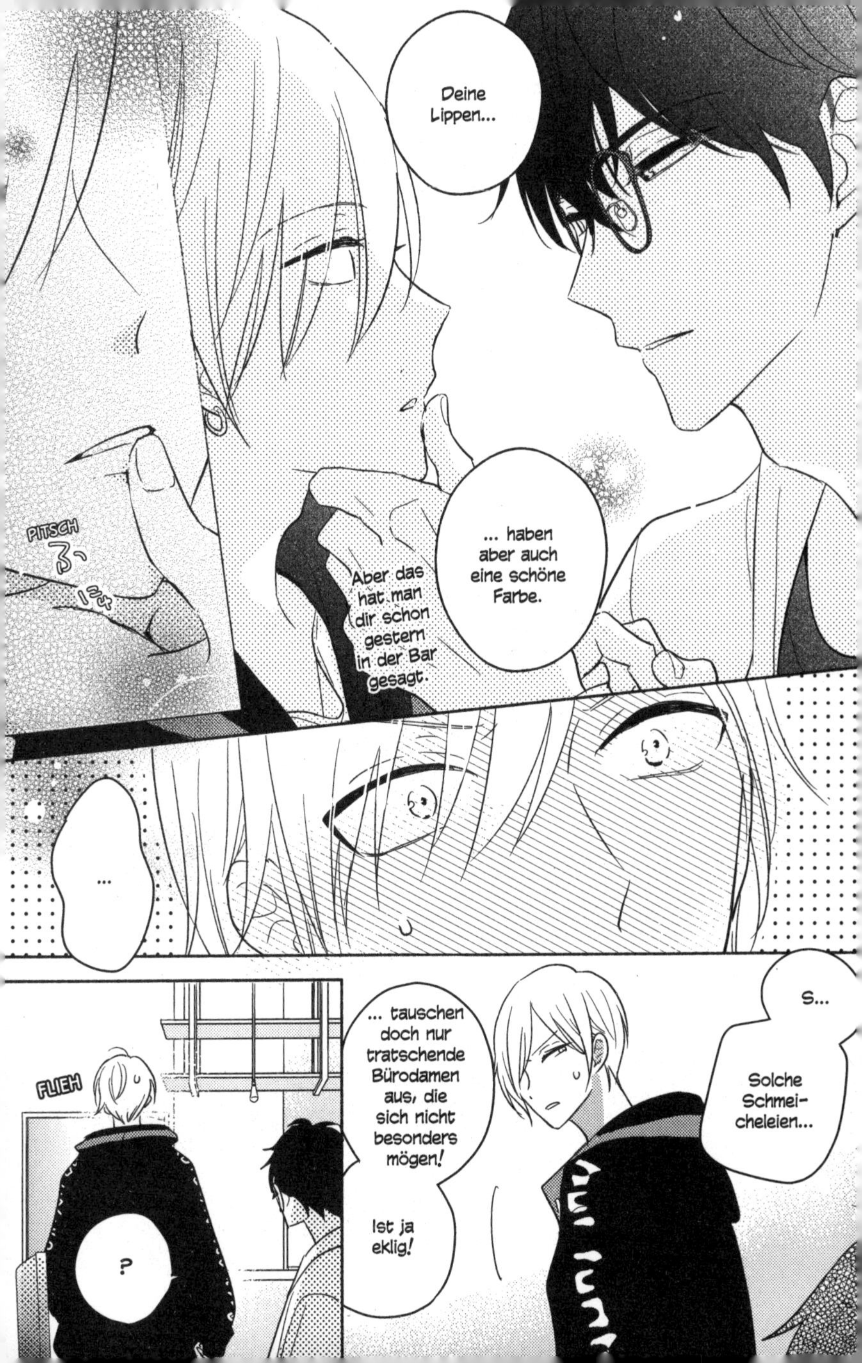
Deine Lippen...
... haben aber auch eine schöne Farbe.
Aber das hat man dir schon gestern in der Bar gesagt.
PITSCH
ふ
...
S...
Solche Schmei-cheleien...
... tauschen doch nur tratschende Bürodamen aus, die sich nicht besonders mögen!
Ist ja eklig!
FLIEH
?

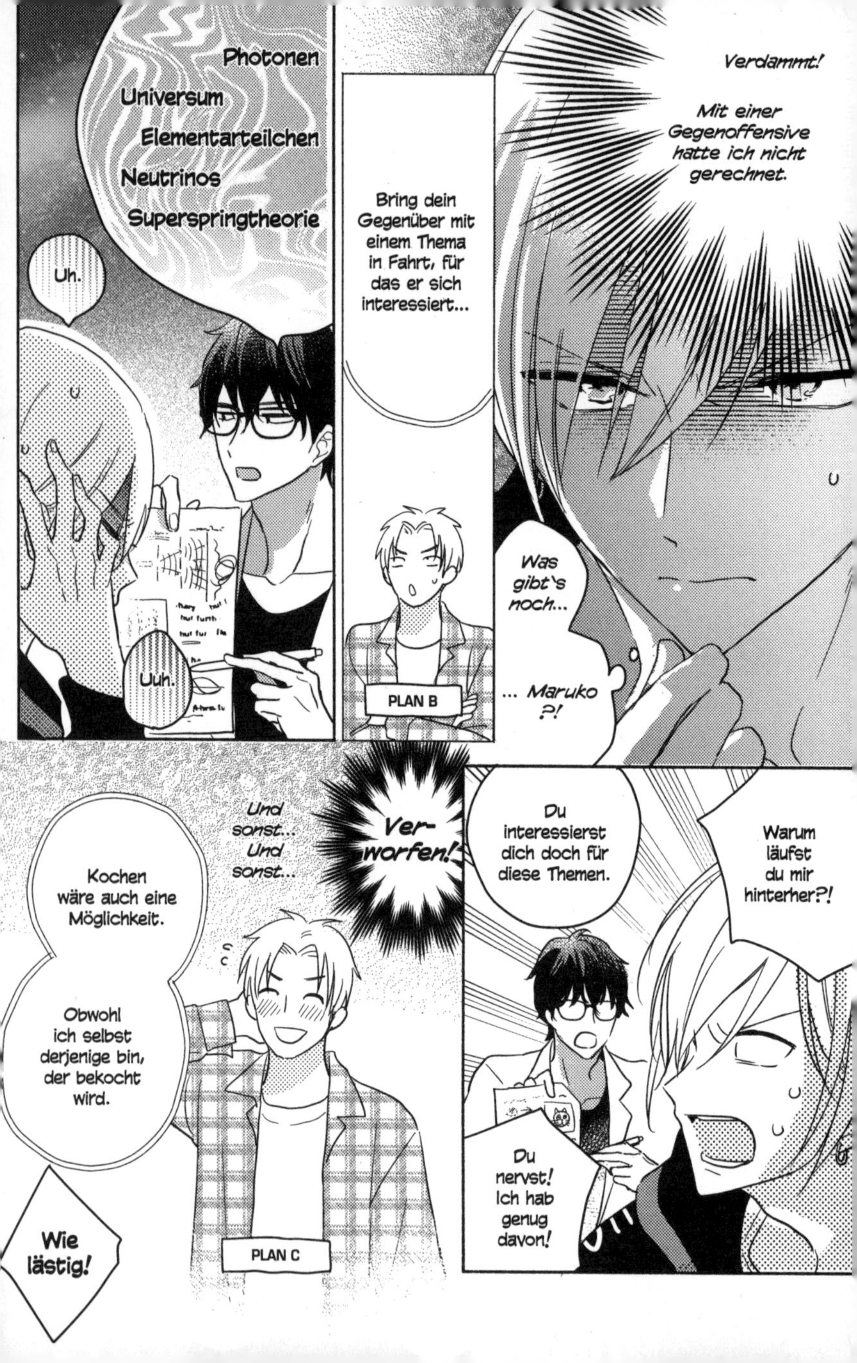
Bring dein Gegenüber mit einem Thema in Fahrt, für das er sich interessiert...
PLAN B
Photonen
Universum
Elementarteilchen
Neutrinos
Superspringtheorie
Uh.
Uuh.
Verdammt!
Mit einer Gegenoffensive hatte ich nicht gerechnet.
Was gibt's noch...
... Maruko ?!
Und sonst... Und sonst...
Ver-worfen!
Kochen wäre auch eine Möglichkeit.
Obwohl ich selbst derjenige bin, der bekocht wird.
PLAN C
Wie lästig!
Warum läufst du mir hinterher?!
Du interessierst dich doch für diese Themen.
Du nervst! Ich hab genug davon!

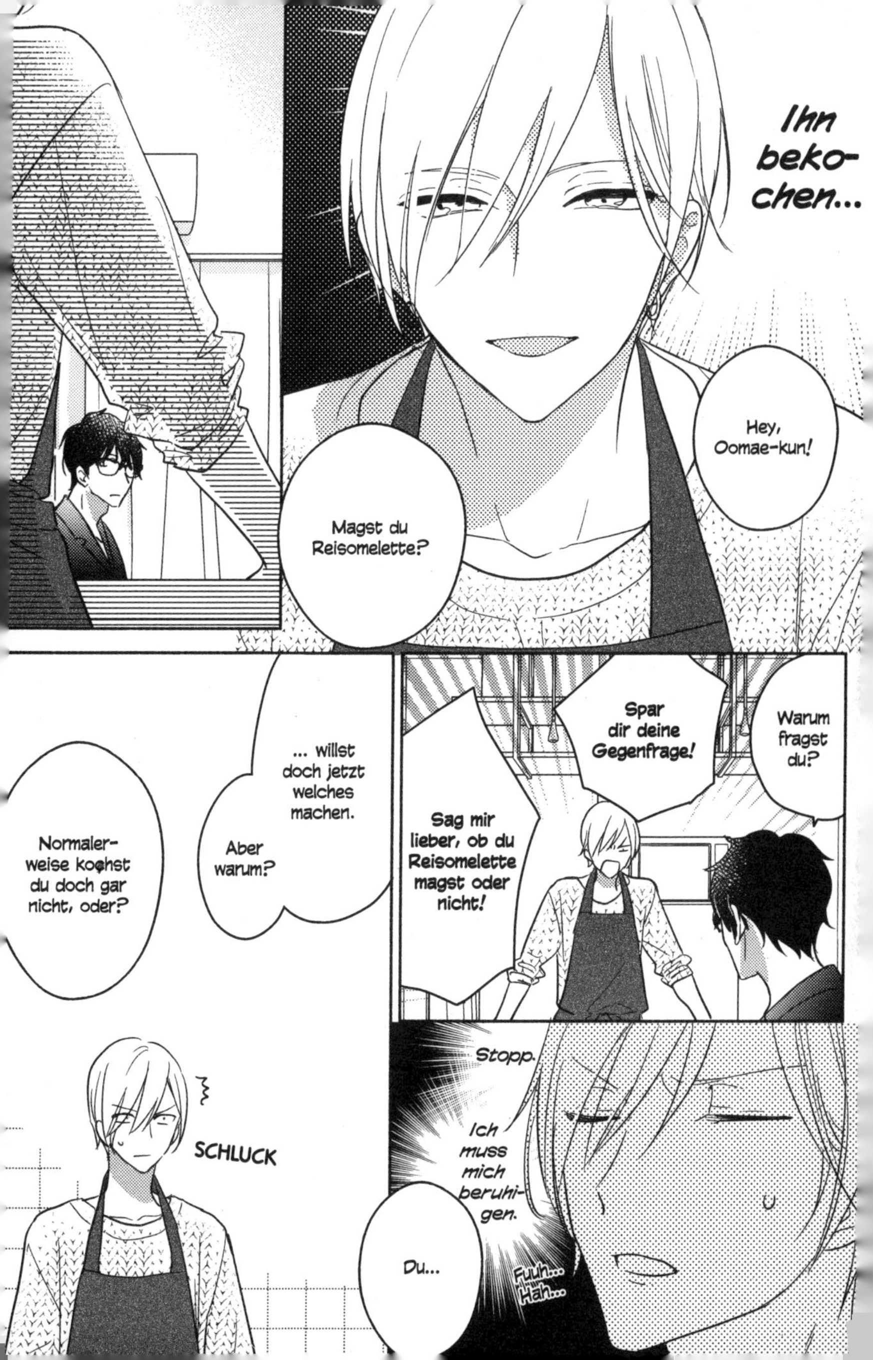

Ihn bekochen...
Hey, Oomae-kun!
Magst du Reisomelette?
Warum fragst du?
Spar dir deine Gegenfrage!
Sag mir lieber, ob du Reisomelette magst oder nicht!
... willst doch jetzt welches machen.
Aber warum?
Normalerweise kochst du doch gar nicht, oder?
Stopp.
Ich muss mich beruhigen.
Fuuh... Hah...
Du...
SCHLUCK

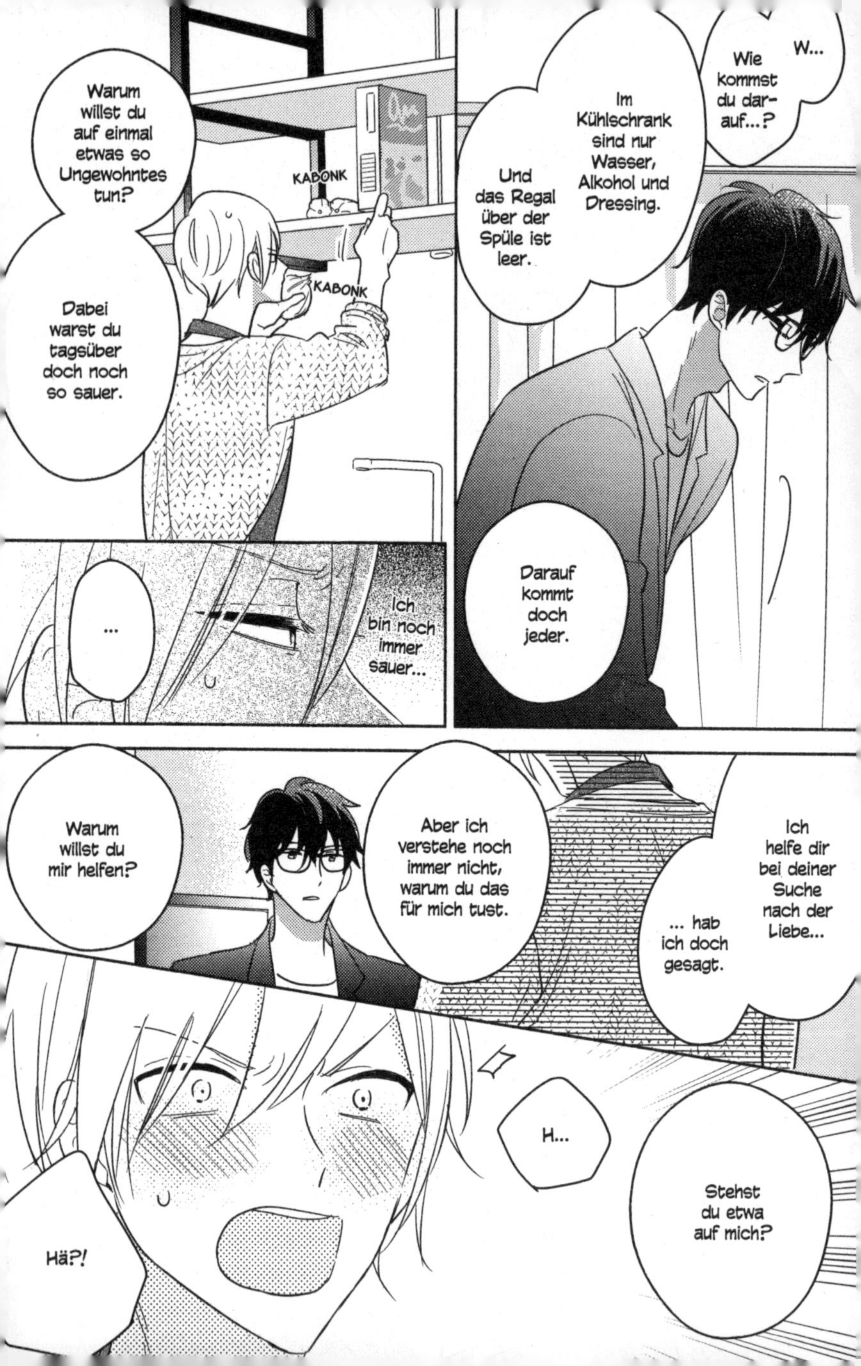
W...
Wie kommst du darauf...?
Im Kühlschrank sind nur Wasser, Alkohol und Dressing.
Und das Regal über der Spüle ist leer.
KABONK
KABONK
Warum willst du auf einmal etwas so Ungewohntes tun?
Dabei warst du tagsüber doch noch so sauer.
Darauf kommt doch jeder.
Ich bin noch immer sauer...
...
Ich helfe dir bei deiner Suche nach der Liebe...
... hab ich doch gesagt.
Aber ich verstehe noch immer nicht, warum du das für mich tust.
Warum willst du mir helfen?
Stehst du etwa auf mich?
H...
Hä?!

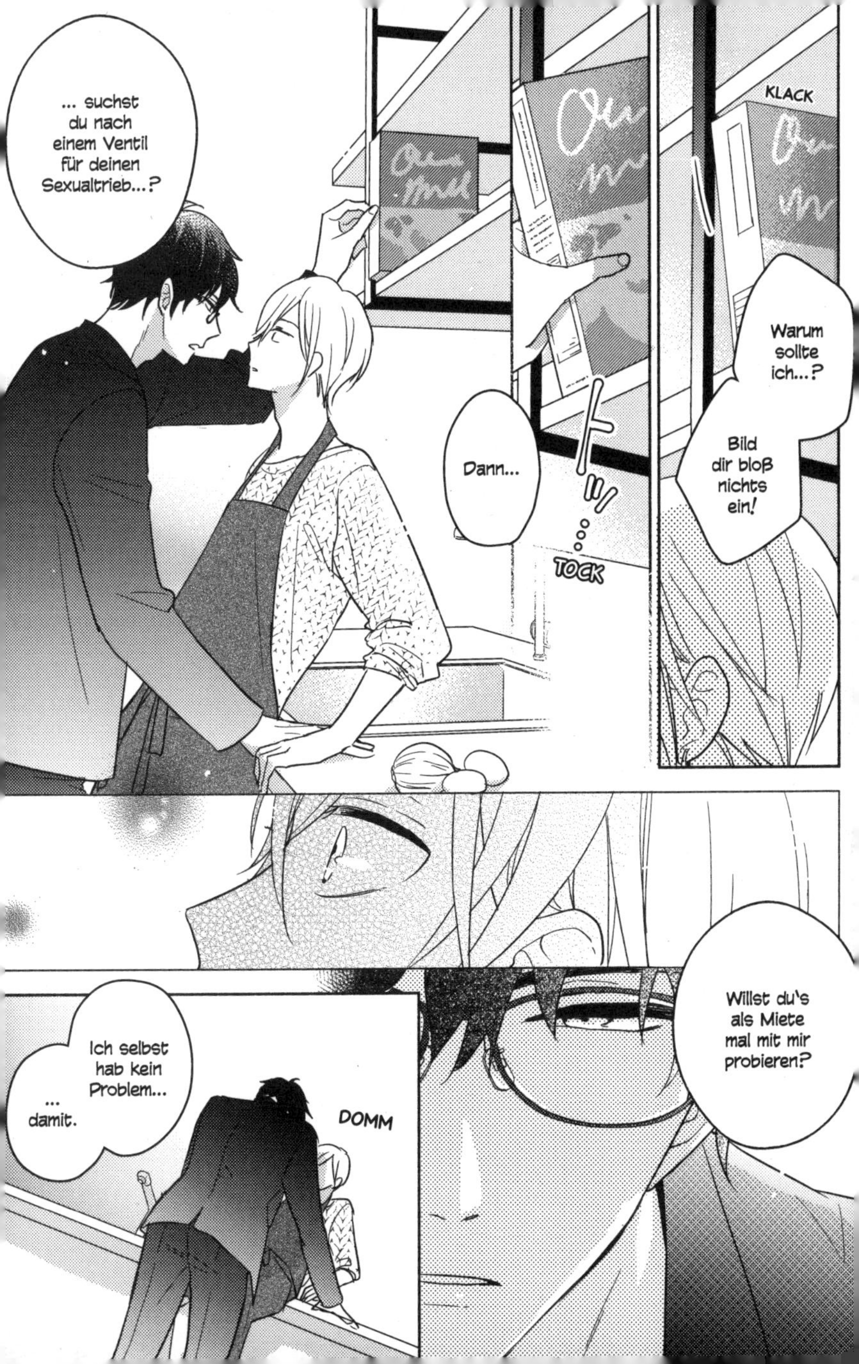
KLACK
Warum sollte ich...?
Bild dir bloß nichts ein!
Dann...
TOCK
... suchst du nach einem Ventil für deinen Sexualtrieb...?
Willst du's als Miete mal mit mir probieren?
DOMM
Ich selbst hab kein Problem...
... damit.

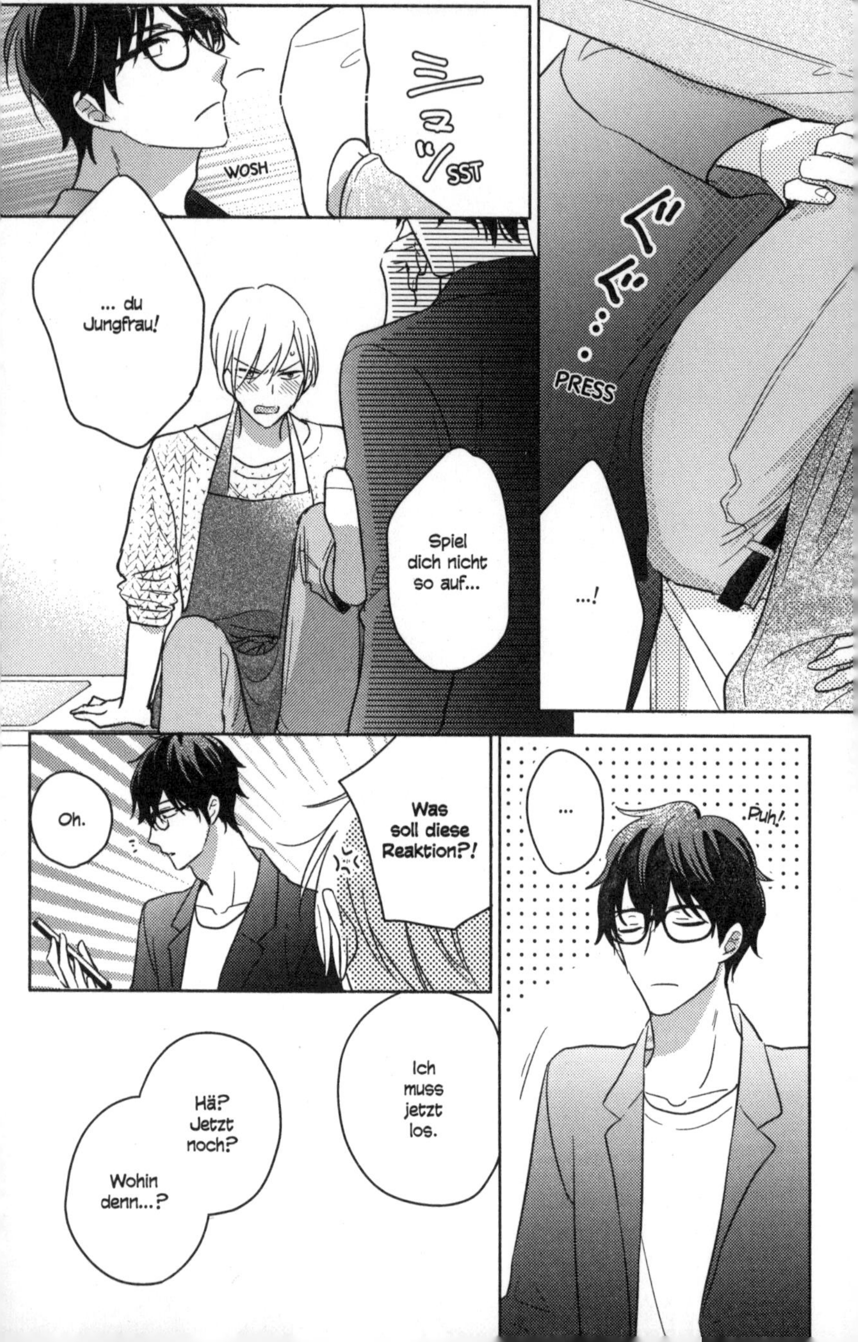

WOSH
SST
PRESS
...!
Spiel dich nicht so auf...
... du Jungfrau!
Oh.
Was soll diese Reaktion?!
...
Puh!
Ich muss jetzt los.
Hä? Jetzt noch?
Wohin denn...?

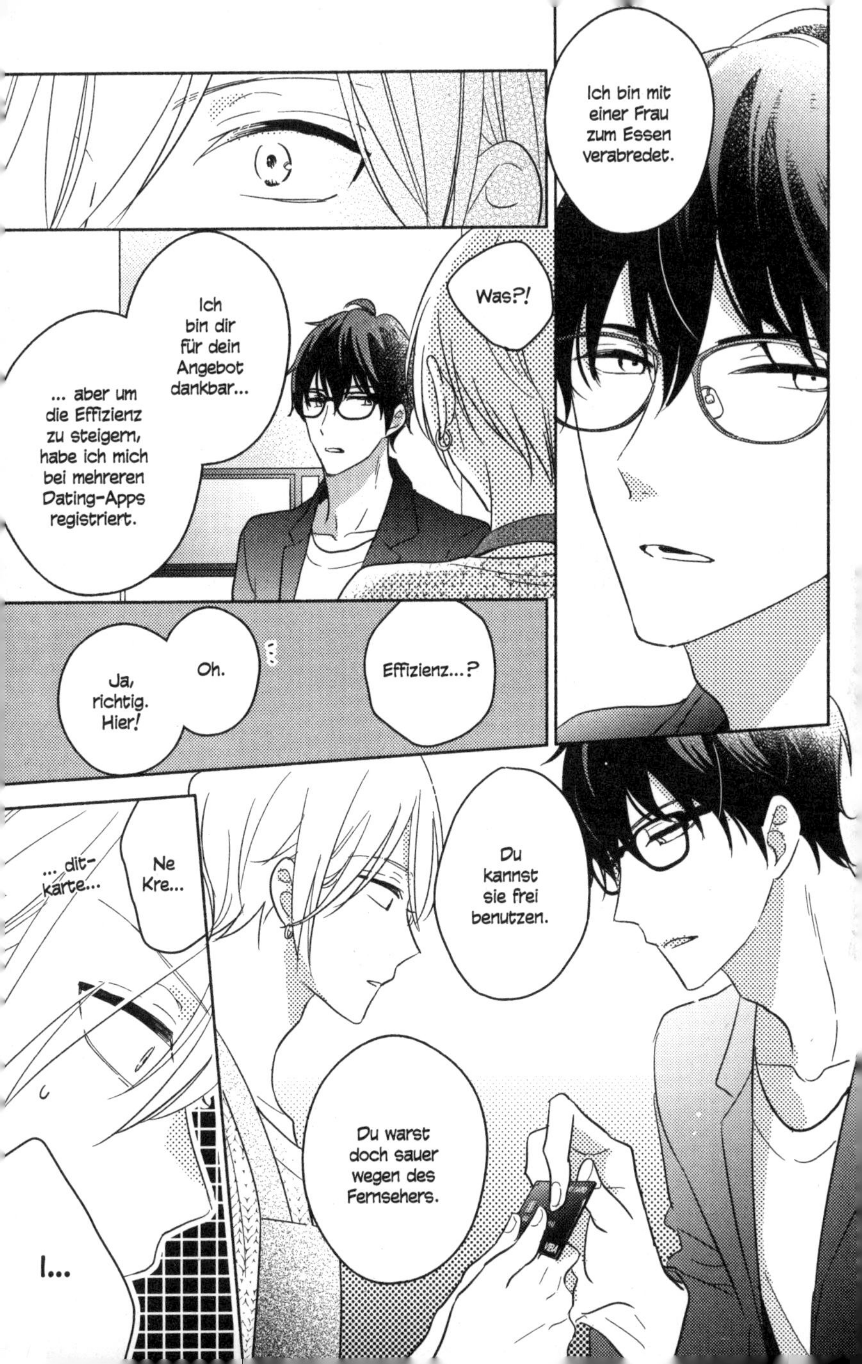
Ich bin mit einer Frau zum Essen verabredet.
Was?!
Ich bin dir für dein Angebot dankbar...
... aber um die Effizienz zu steigern, habe ich mich bei mehreren Dating-Apps registriert.
Effizienz...?
...
Oh.
Ja, richtig. Hier!
Du kannst sie frei benutzen.
Du warst doch sauer wegen des Fernsehers.
Ne Kre...
... dit-karte...
I...

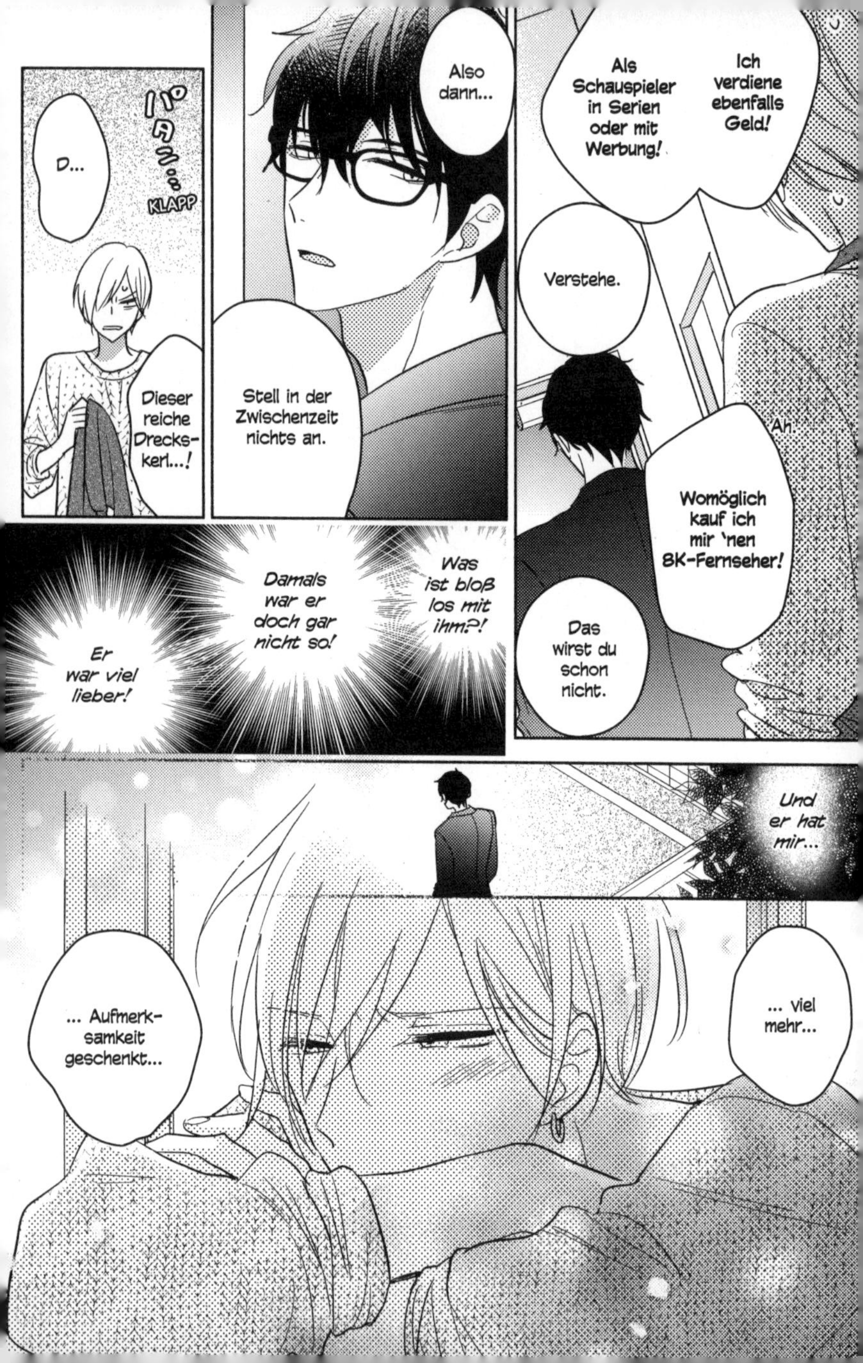
Ich verdiene ebenfalls Geld!
Als Schauspieler in Serien oder mit Werbung!
Verstehe.
Ah.
Womöglich kauf ich mir 'nen 8K-Fernseher!
Das wirst du schon nicht.
Also dann...
Stell in der Zwischenzeit nichts an.
パタン…
KLAPP
D...
Dieser reiche Dreckskerl...!
Was ist bloß los mit ihm?!
Damals war er doch gar nicht so!
Er war viel lieber!
Und er hat mir...
... viel mehr...
... Aufmerksamkeit geschenkt...

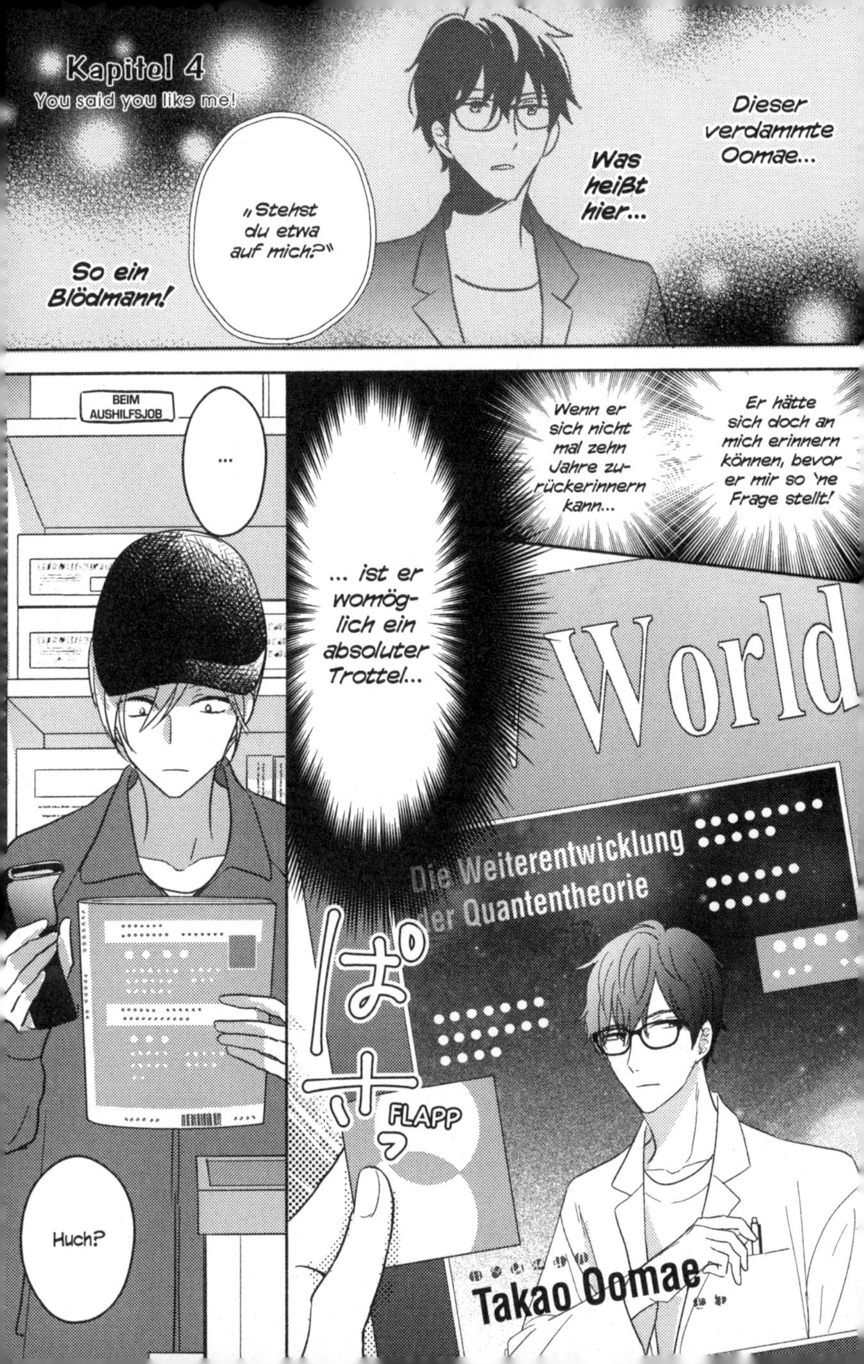
Kapitel 4
You said you like me!
Dieser verdammte Oomae...
Was heißt hier...
„Stehst du etwa auf mich?"
So ein Blödmann!
BEIM AUSHILFSJOB
Er hätte sich doch an mich erinnern können, bevor er mir so 'ne Frage stellt!
Wenn er sich nicht mal zehn Jahre zurückerinnern kann...
...
... ist er womöglich ein absoluter Trottel...
World
Die Weiterentwicklung der Quantentheorie
ぱっ
FLAPP
Huch?
Takao Oomae

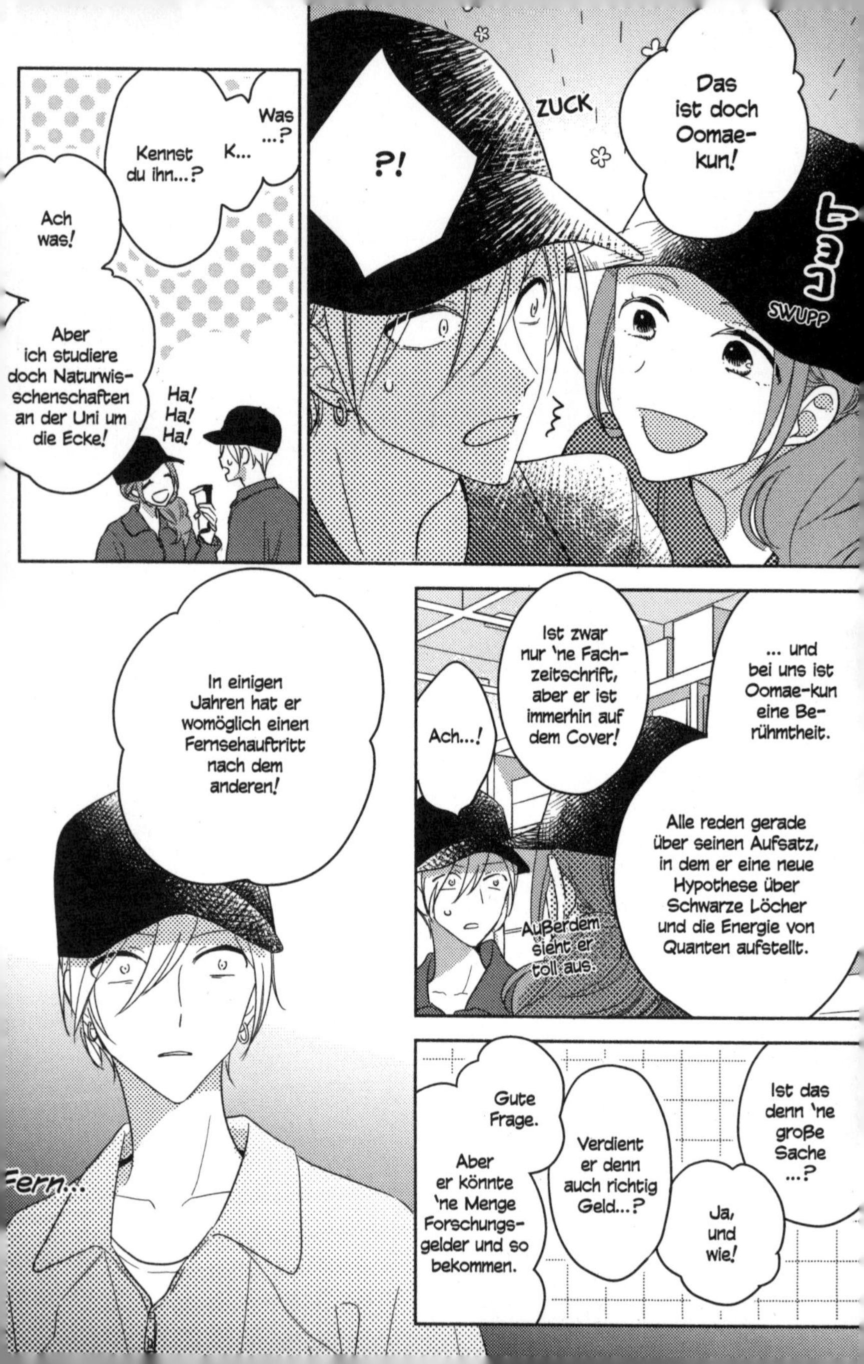
Das ist doch Oomae-kun!
ZUCK
?!
SWUPP
Was ...?
K...
Kennst du ihn...?
Ach was!
Aber ich studiere doch Naturwis-schenschaften an der Uni um die Ecke!
Ha! Ha! Ha!
... und bei uns ist Oomae-kun eine Be-rühmtheit.
Alle reden gerade über seinen Aufsatz, in dem er eine neue Hypothese über Schwarze Löcher und die Energie von Quanten aufstellt.
Ist zwar nur 'ne Fach-zeitschrift, aber er ist immerhin auf dem Cover!
Ach...!
Außerdem sieht er toll aus.
Ist das denn 'ne große Sache ...?
Ja, und wie!
Verdient er denn auch richtig Geld...?
Gute Frage.
Aber er könnte 'ne Menge Forschungs-gelder und so bekommen.
In einigen Jahren hat er womöglich einen Fernsehauftritt nach dem anderen!
Fern...

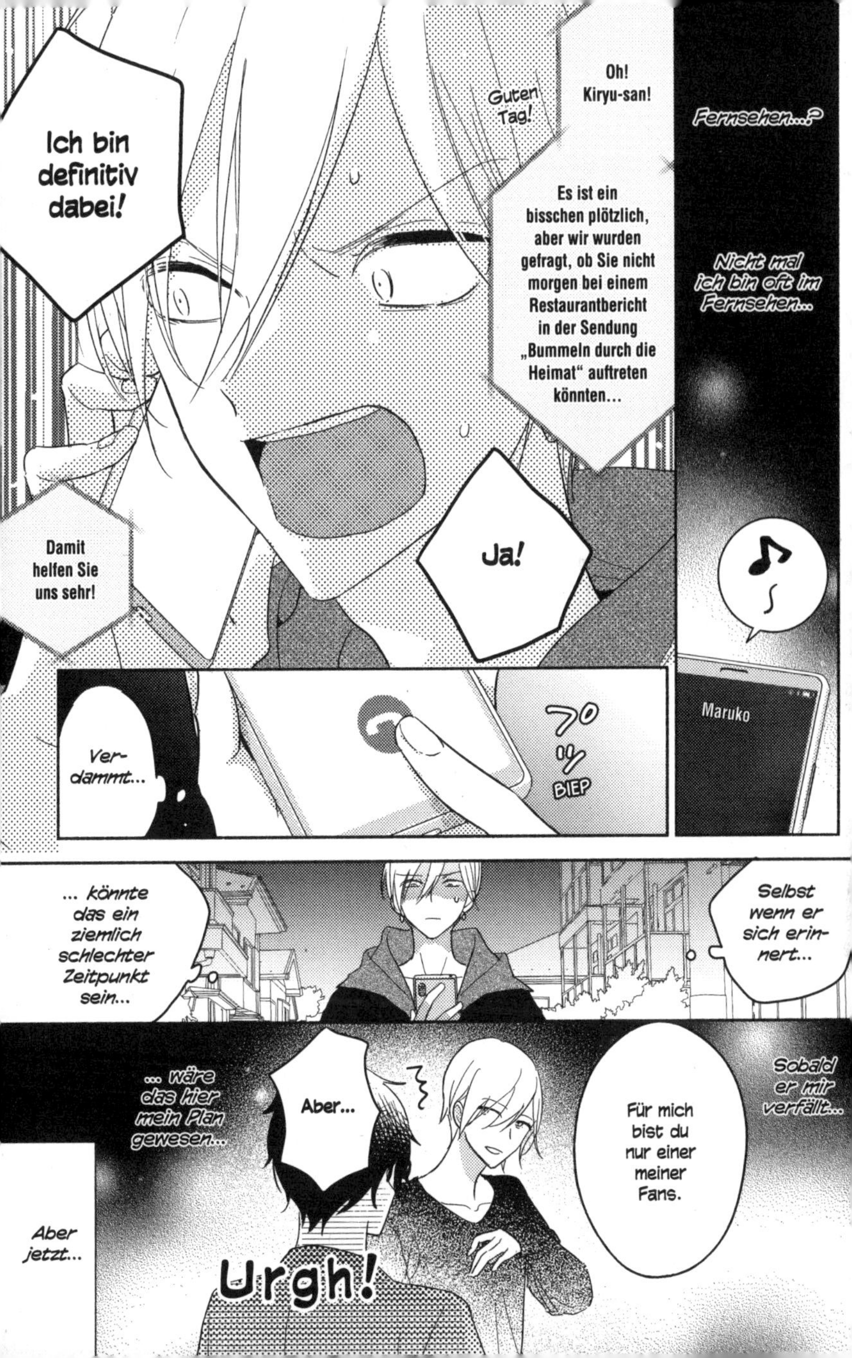

Fernsehen...?
Nicht mal ich bin oft im Fernsehen...
♪
Maruko
Oh! Kiryu-san!
Guten Tag!
Es ist ein bisschen plötzlich, aber wir wurden gefragt, ob Sie nicht morgen bei einem Restaurantbericht in der Sendung „Bummeln durch die Heimat“ auftreten könnten...
Ja!
Ich bin definitiv dabei!
Damit helfen Sie uns sehr!
BIEP
Ver-dammt...
Selbst wenn er sich erin-nert...
... könnte das ein ziemlich schlechter Zeitpunkt sein...
Sobald er mir verfällt...
Für mich bist du nur einer meiner Fans.
Aber...
... wäre das hier mein Plan gewesen...
Urgh!
Aber jetzt...

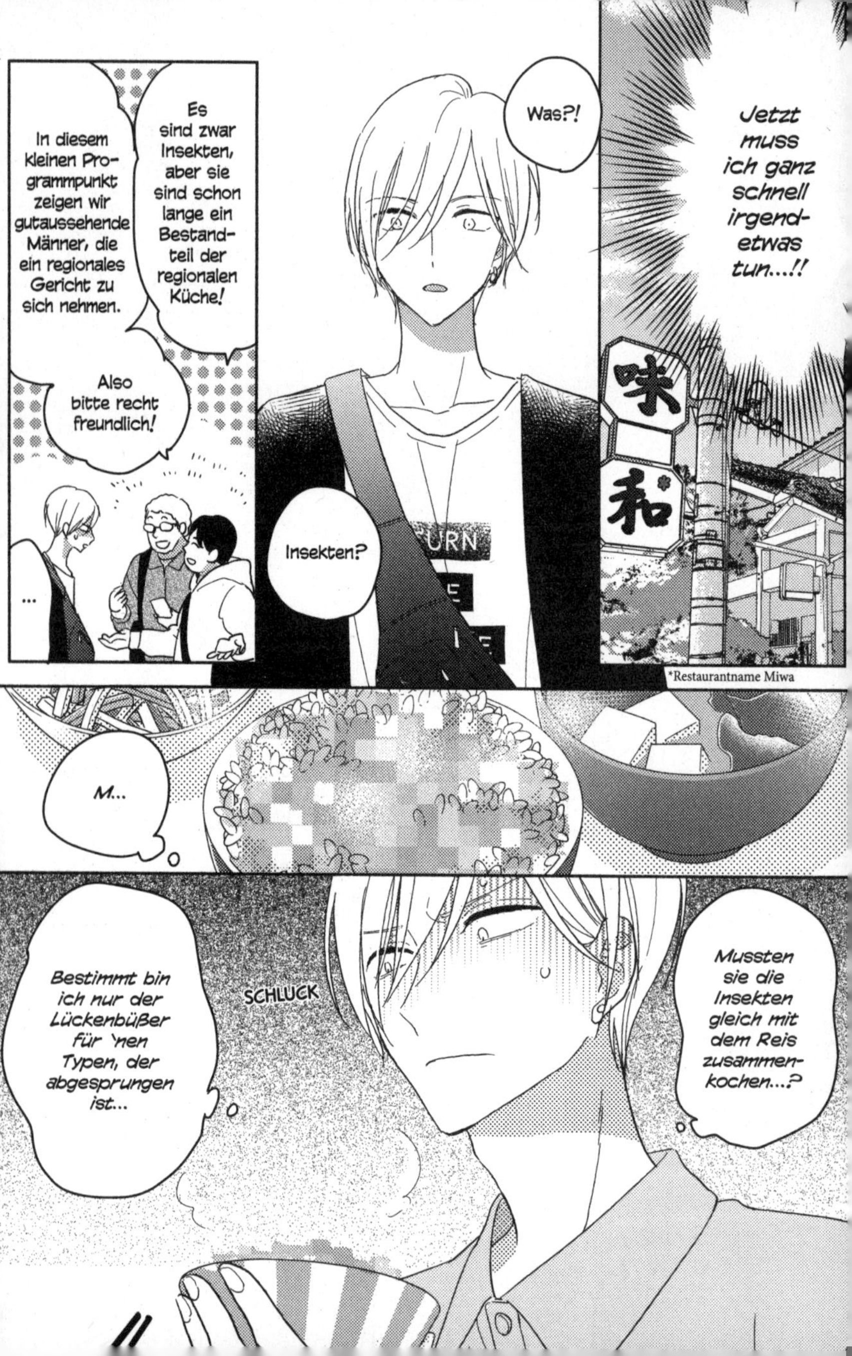

*Restaurantname Miwa

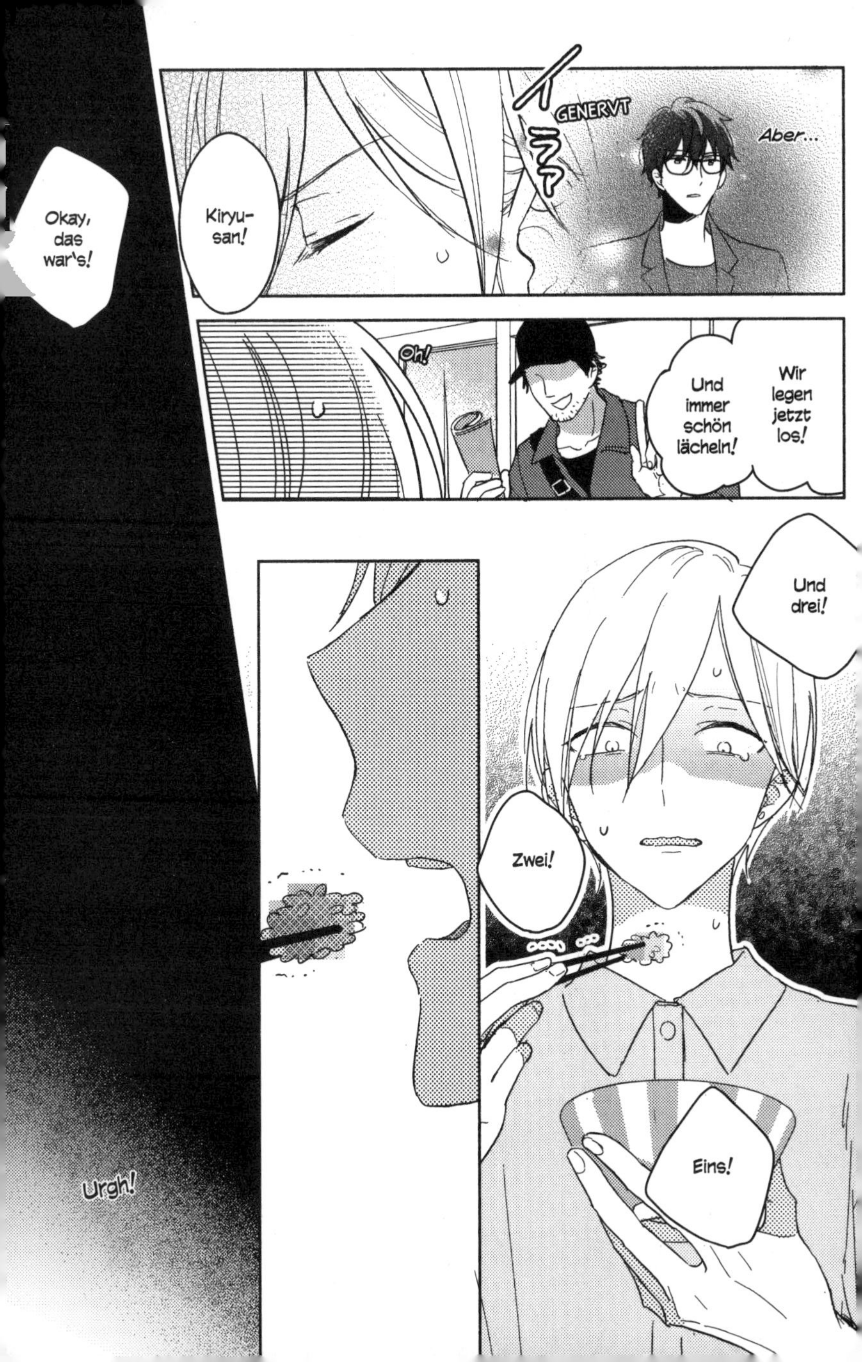
Aber…
GENERVT
Kiryu-san!
Okay, das war's!
Wir legen jetzt los!
Und immer schön lächeln!
Oh!
Und drei!
Zwei!
Eins!
Urgh!

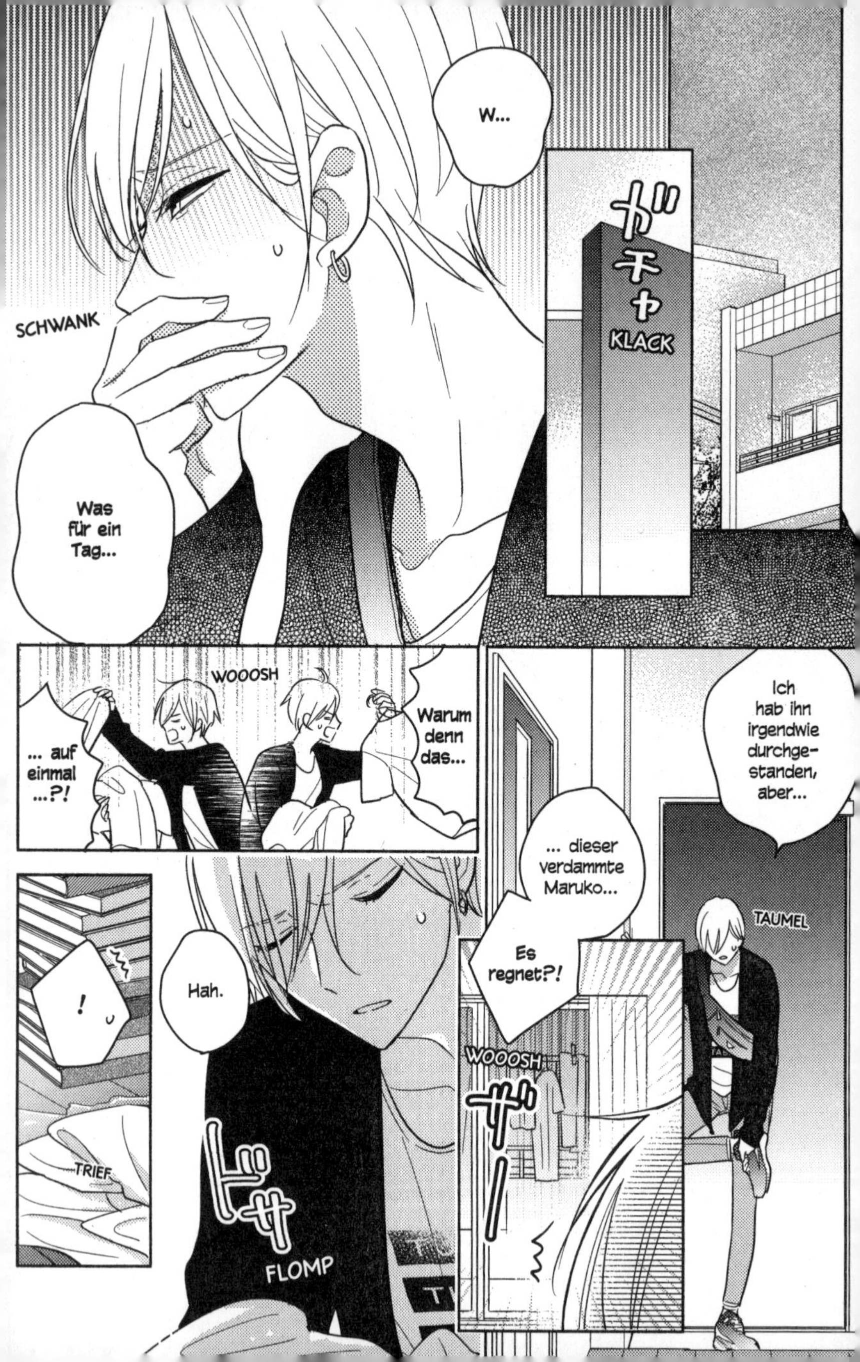
KLACK
W...
SCHWANK
Was für ein Tag...
Ich hab ihn irgendwie durchge-standen, aber...
... dieser verdammte Maruko...
TAUMEL
Warum denn das...
WOOOSH
... auf einmal ...?!
Es regnet?!
WOOOSH
Hah.
FLOMP
!
TRIEF

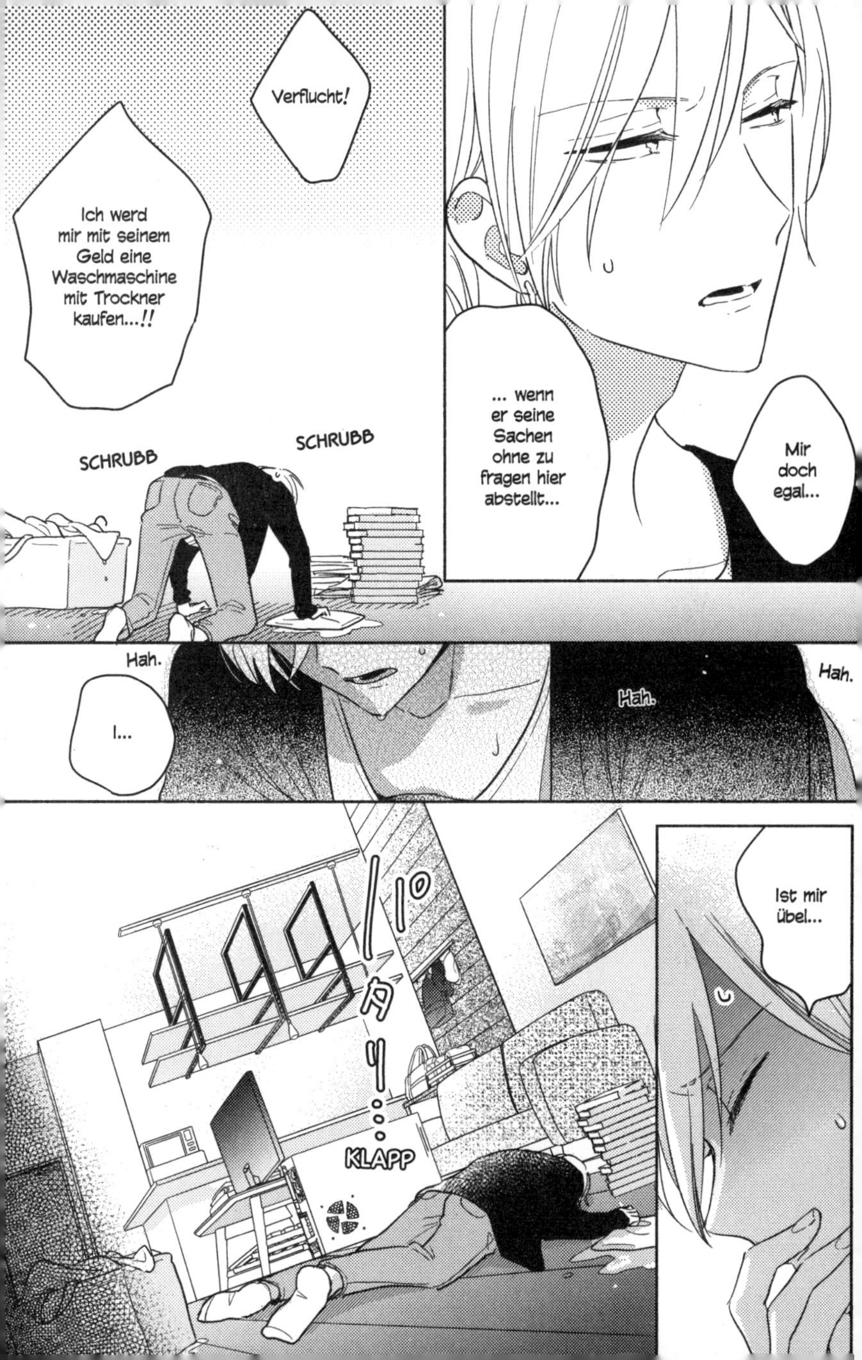
Mir doch egal...
... wenn er seine Sachen ohne zu fragen hier abstellt...
Verflucht!
Ich werd mir mit seinem Geld eine Waschmaschine mit Trockner kaufen...!!
SCHRUBB
SCHRUBB
Hah.
Hah.
Hah.
I...
Ist mir übel...
KLAPP

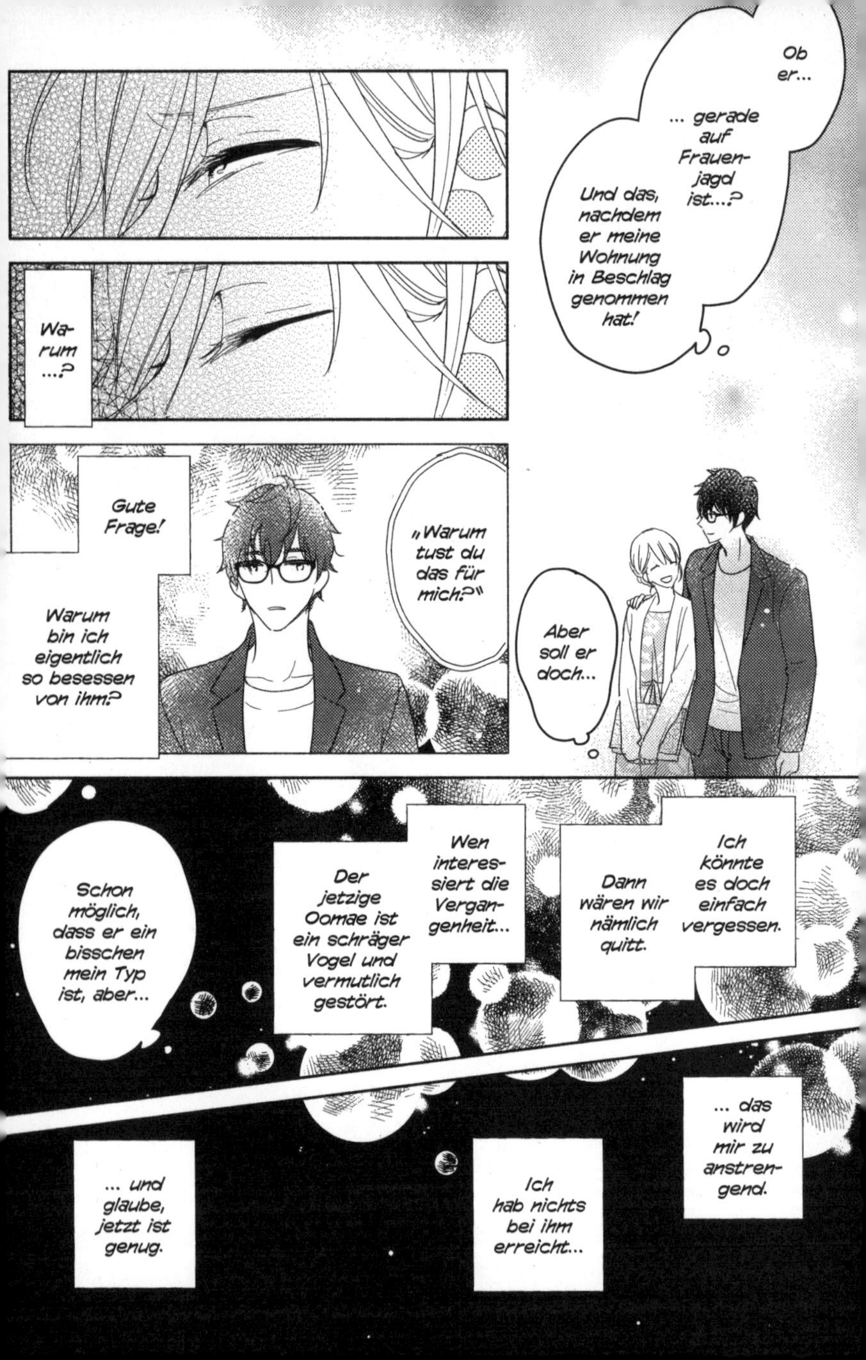
Ob er...
... gerade auf Frauen-jagd ist...?
Und das, nachdem er meine Wohnung in Beschlag genommen hat!
Wa-rum ...?
Aber soll er doch...
„Warum tust du das für mich?"
Gute Frage!
Warum bin ich eigentlich so besessen von ihm?
Ich könnte es doch einfach vergessen.
Dann wären wir nämlich quitt.
Wen interes-siert die Vergan-genheit...
Der jetzige Oomae ist ein schräger Vogel und vermutlich gestört.
Schon möglich, dass er ein bisschen mein Typ ist, aber...
... das wird mir zu anstren-gend.
Ich hab nichts bei ihm erreicht...
... und glaube, jetzt ist genug.

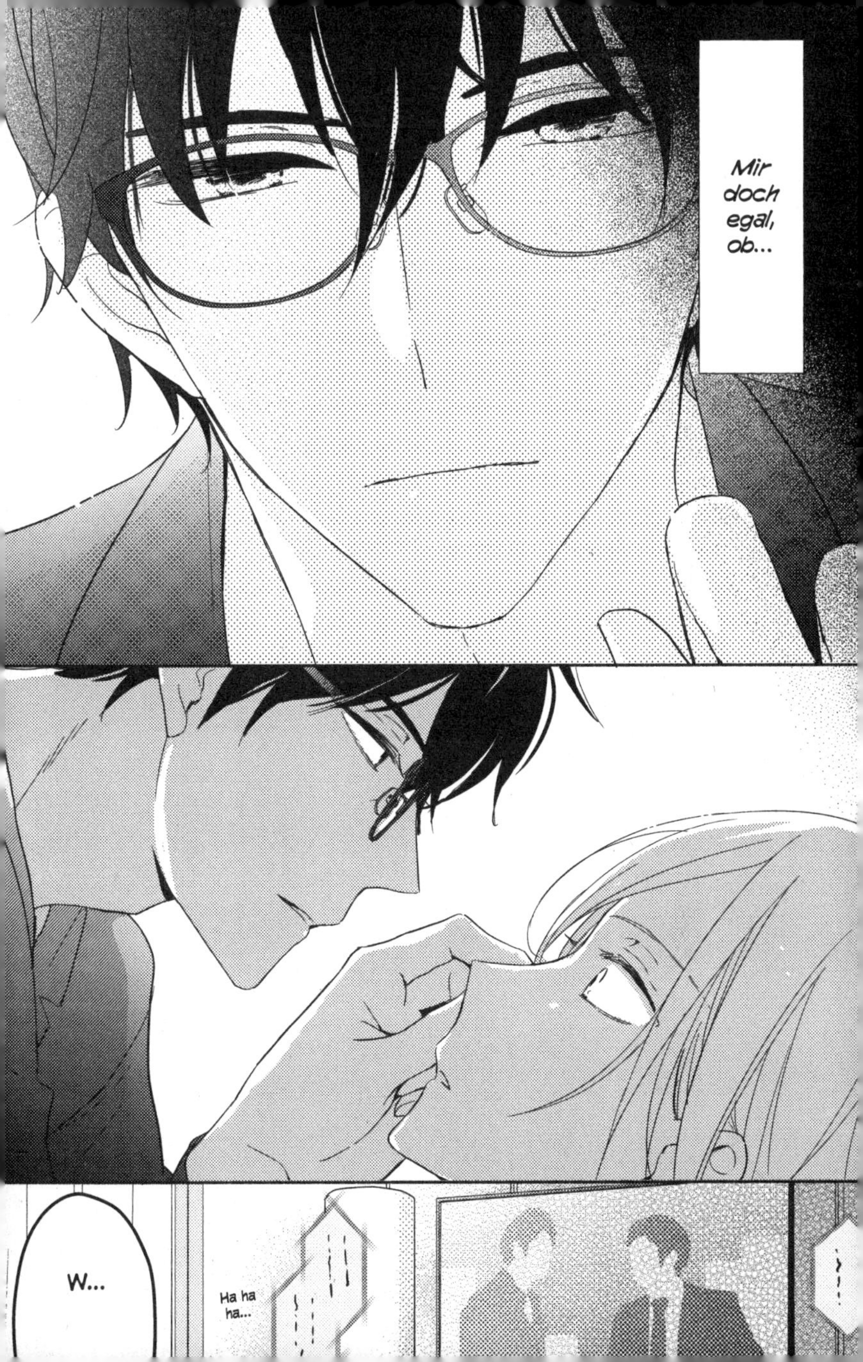
Mir doch egal, ob...
Ha ha ha...
W...

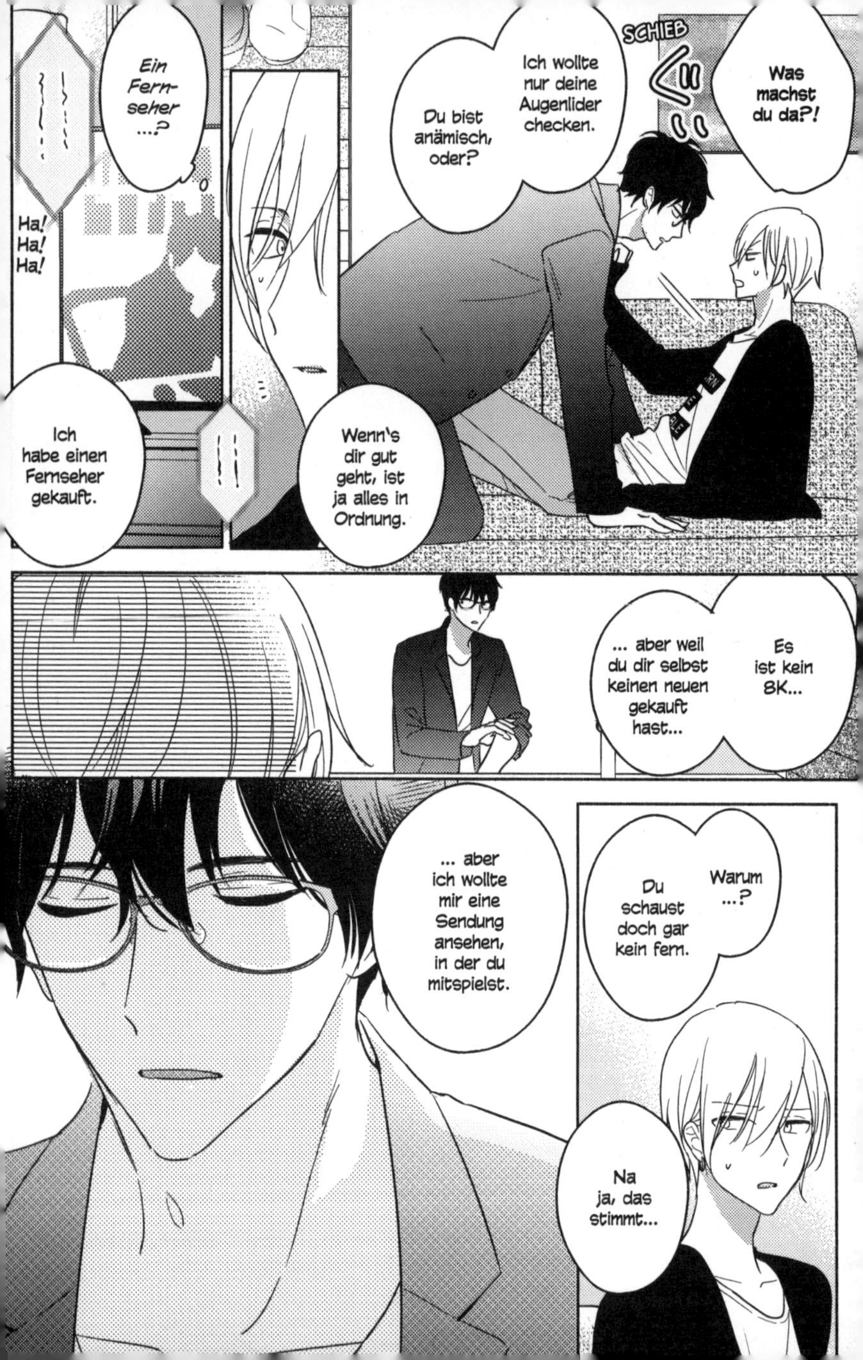

Was machst du da?!
SCHIEB
Ich wollte nur deine Augenlider checken.
Du bist anämisch, oder?
Ein Fern-seher ...?
Ha! Ha! Ha!
Wenn's dir gut geht, ist ja alles in Ordnung.
Ich habe einen Fernseher gekauft.
Es ist kein 8K...
... aber weil du dir selbst keinen neuen gekauft hast...
Warum ...?
Du schaust doch gar kein fern.
Na ja, das stimmt...
... aber ich wollte mir eine Sendung ansehen, in der du mitspielst.

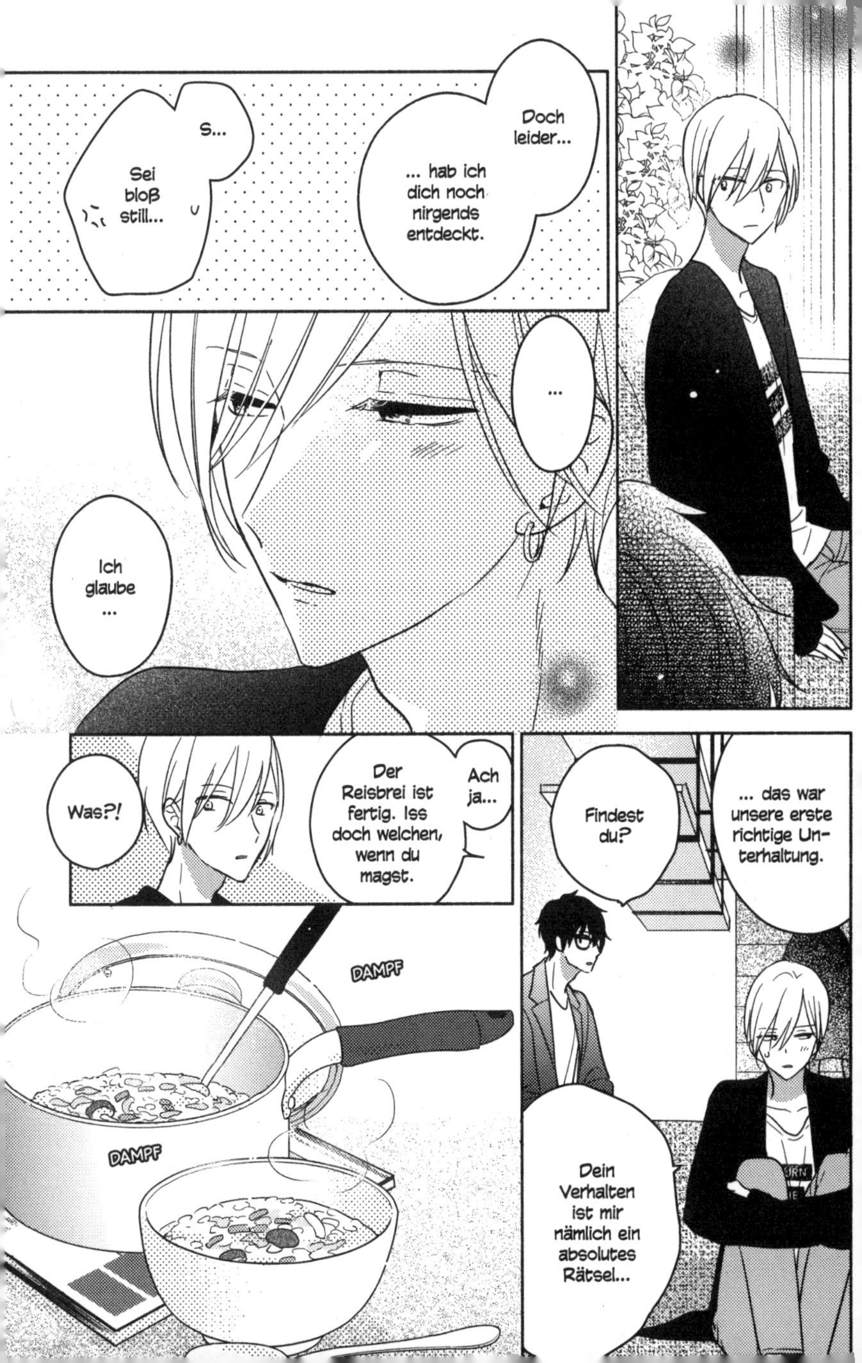
Doch leider...
... hab ich dich noch nirgends entdeckt.
S...
Sei bloß still...
...
Ich glaube ...
Ach ja...
Der Reisbrei ist fertig. Iss doch welchen, wenn du magst.
Was?!
DAMPF
DAMPF
... das war unsere erste richtige Unterhaltung.
Findest du?
Dein Verhalten ist mir nämlich ein absolutes Rätsel...

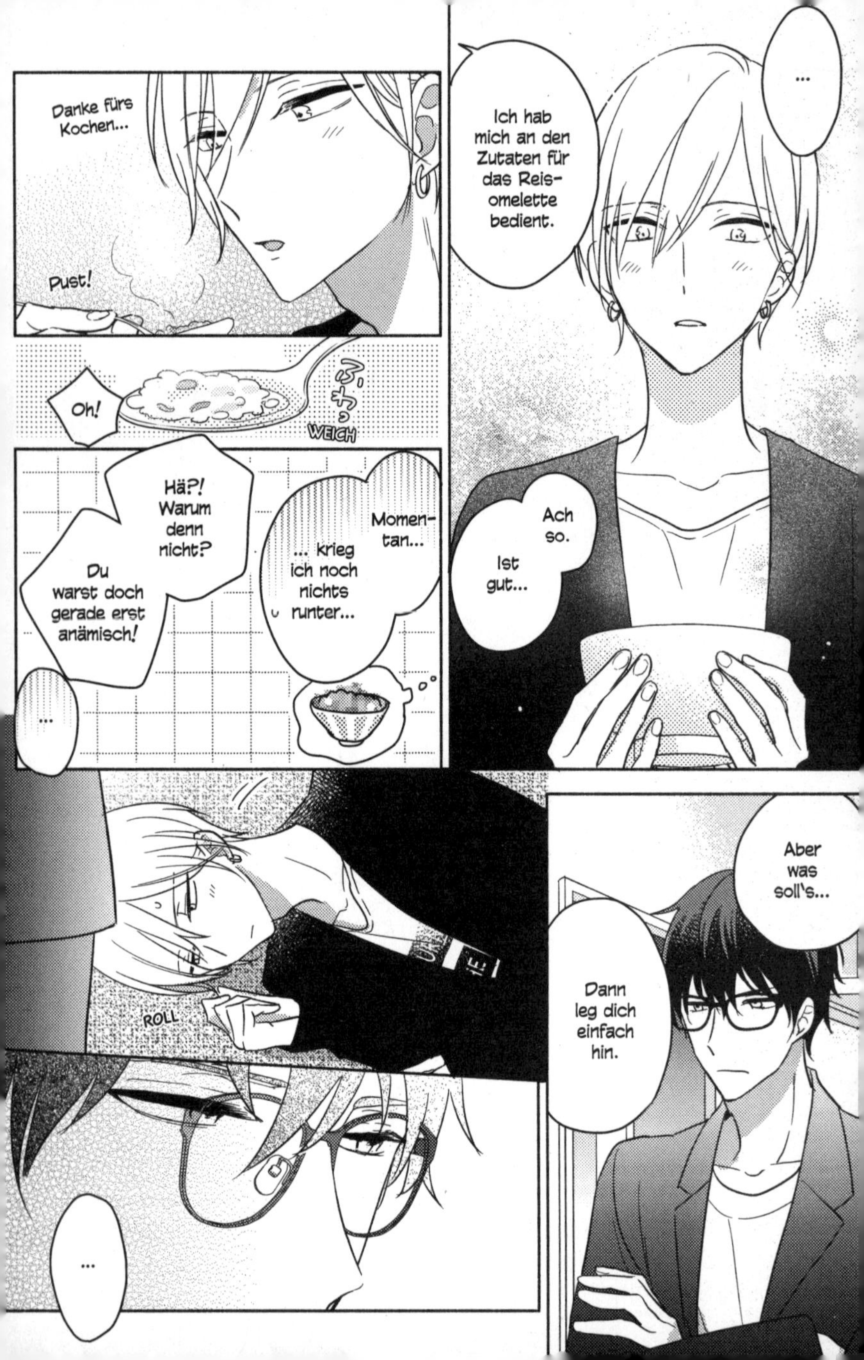

...
Ich hab mich an den Zutaten für das Reis-omelette bedient.
Ach so.
Ist gut...
Danke fürs Kochen...
Pust!
Oh!
WEICH
Momentan...
... krieg ich noch nichts runter...
Hä?! Warum denn nicht?
Du warst doch gerade erst anämisch!
...
Aber was soll's...
Dann leg dich einfach hin.
ROLL
...

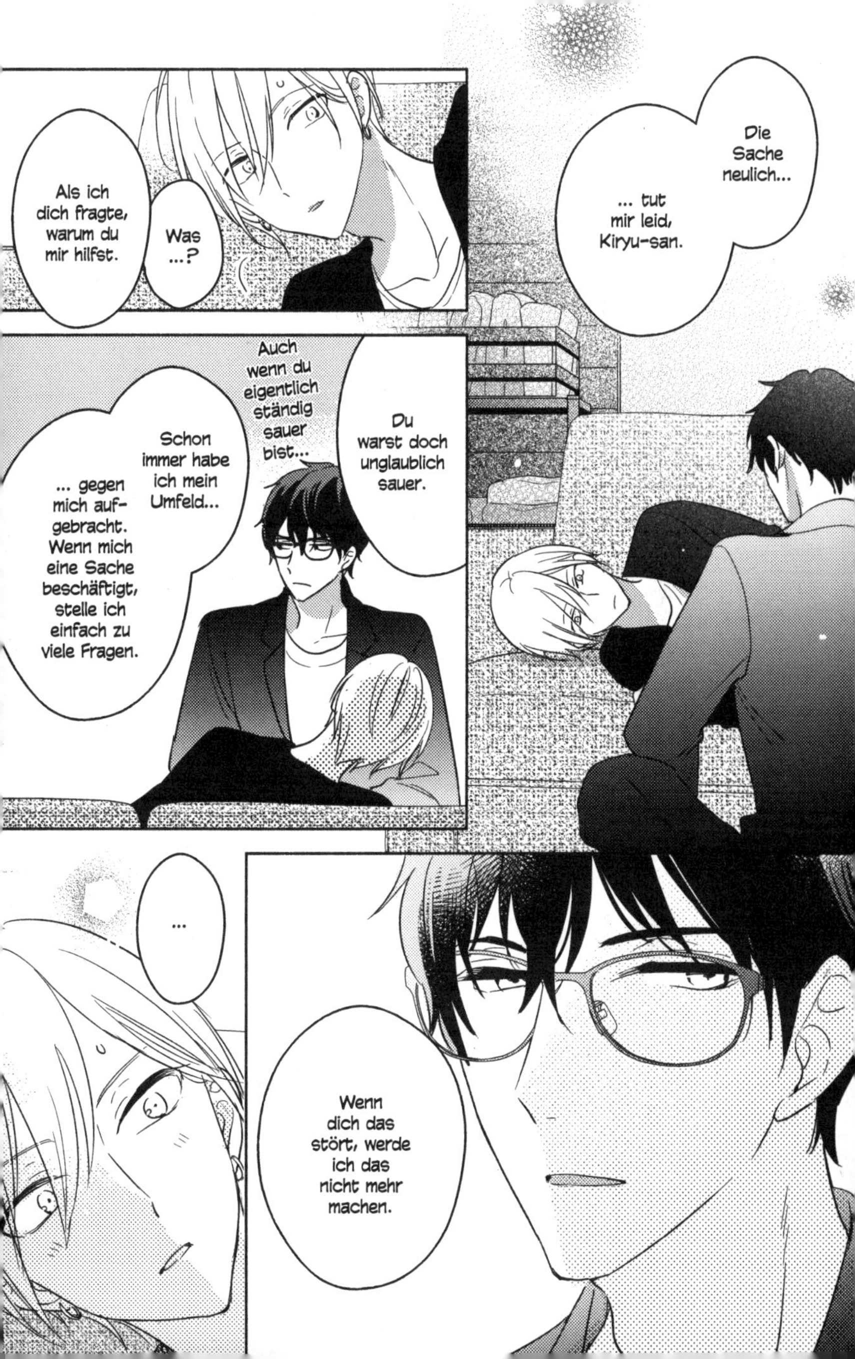
Die Sache neulich...
... tut mir leid, Kiryu-san.
Was ...?
Als ich dich fragte, warum du mir hilfst.
Du warst doch unglaublich sauer.
Auch wenn du eigentlich ständig sauer bist...
Schon immer habe ich mein Umfeld...
... gegen mich aufgebracht. Wenn mich eine Sache beschäftigt, stelle ich einfach zu viele Fragen.
Wenn dich das stört, werde ich das nicht mehr machen.
...

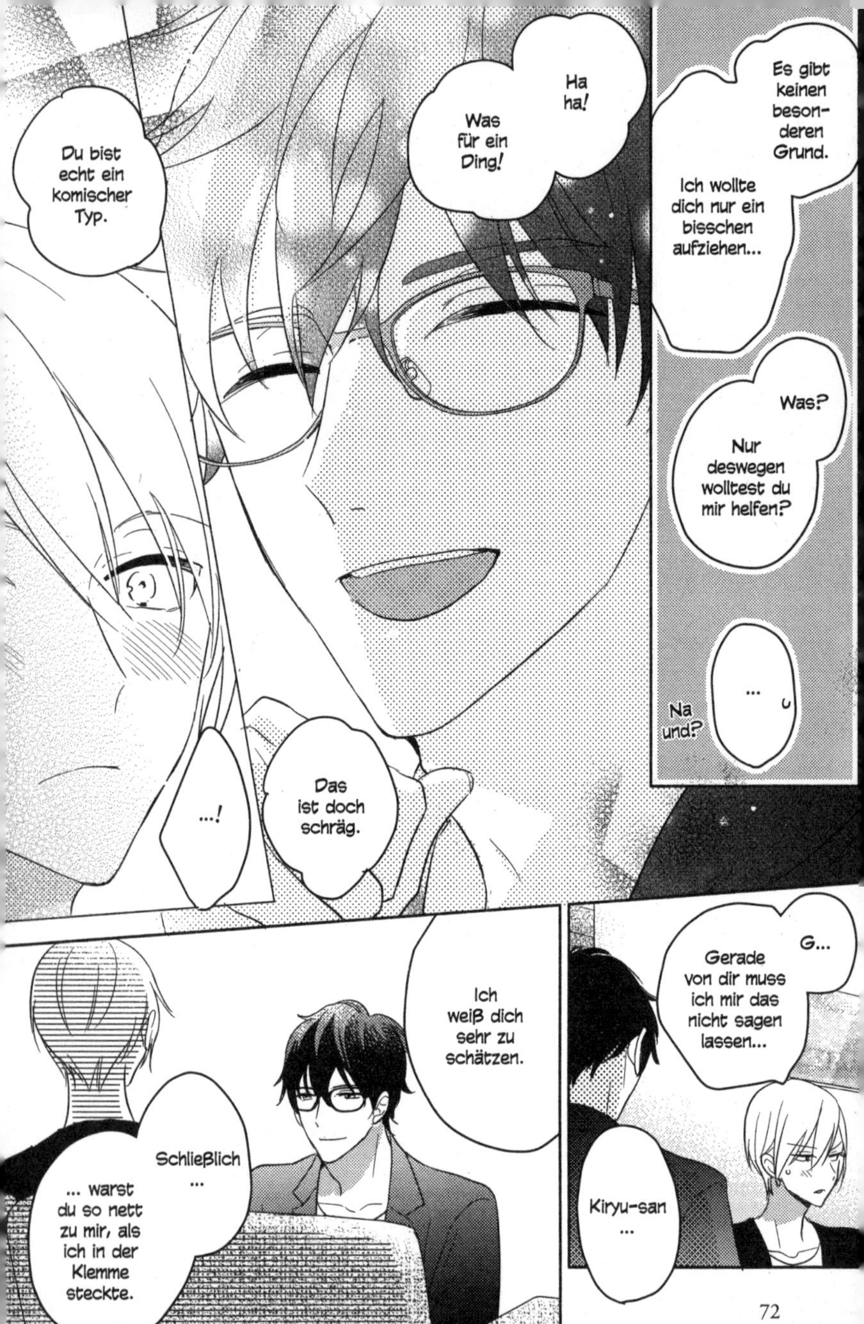
Es gibt keinen besonderen Grund.
Ich wollte dich nur ein bisschen aufziehen...
Was?
Nur deswegen wolltest du mir helfen?
...
Na und?
Ha ha!
Was für ein Ding!
Du bist echt ein komischer Typ.
Das ist doch schräg.
...!
G...
Gerade von dir muss ich mir das nicht sagen lassen...
Kiryu-san ...
Ich weiß dich sehr zu schätzen.
Schließlich ...
... warst du so nett zu mir, als ich in der Klemme steckte.

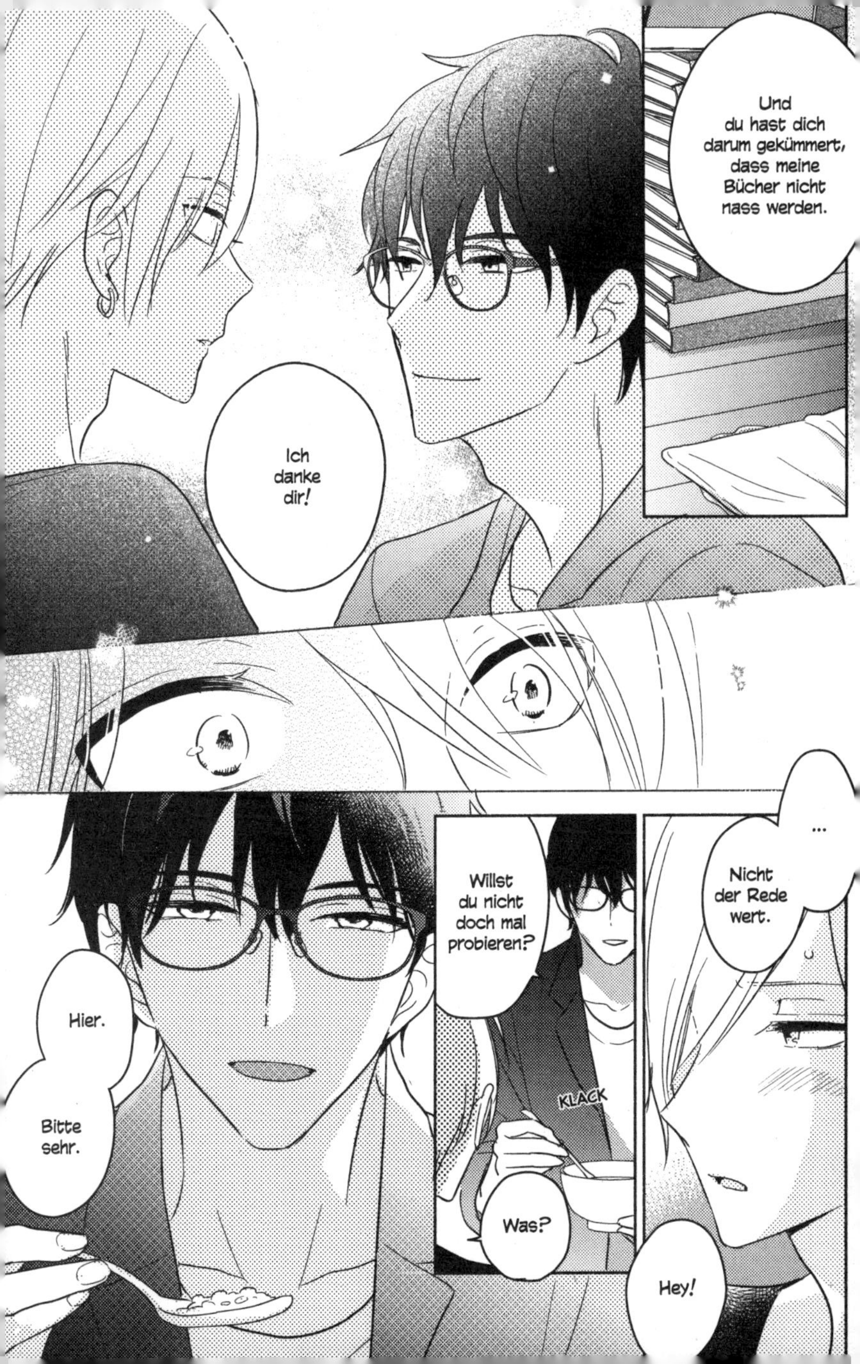
Und du hast dich darum gekümmert, dass meine Bücher nicht nass werden.
Ich danke dir!
...
Nicht der Rede wert.
Willst du nicht doch mal probieren?
KLACK
Was?
Hey!
Hier.
Bitte sehr.

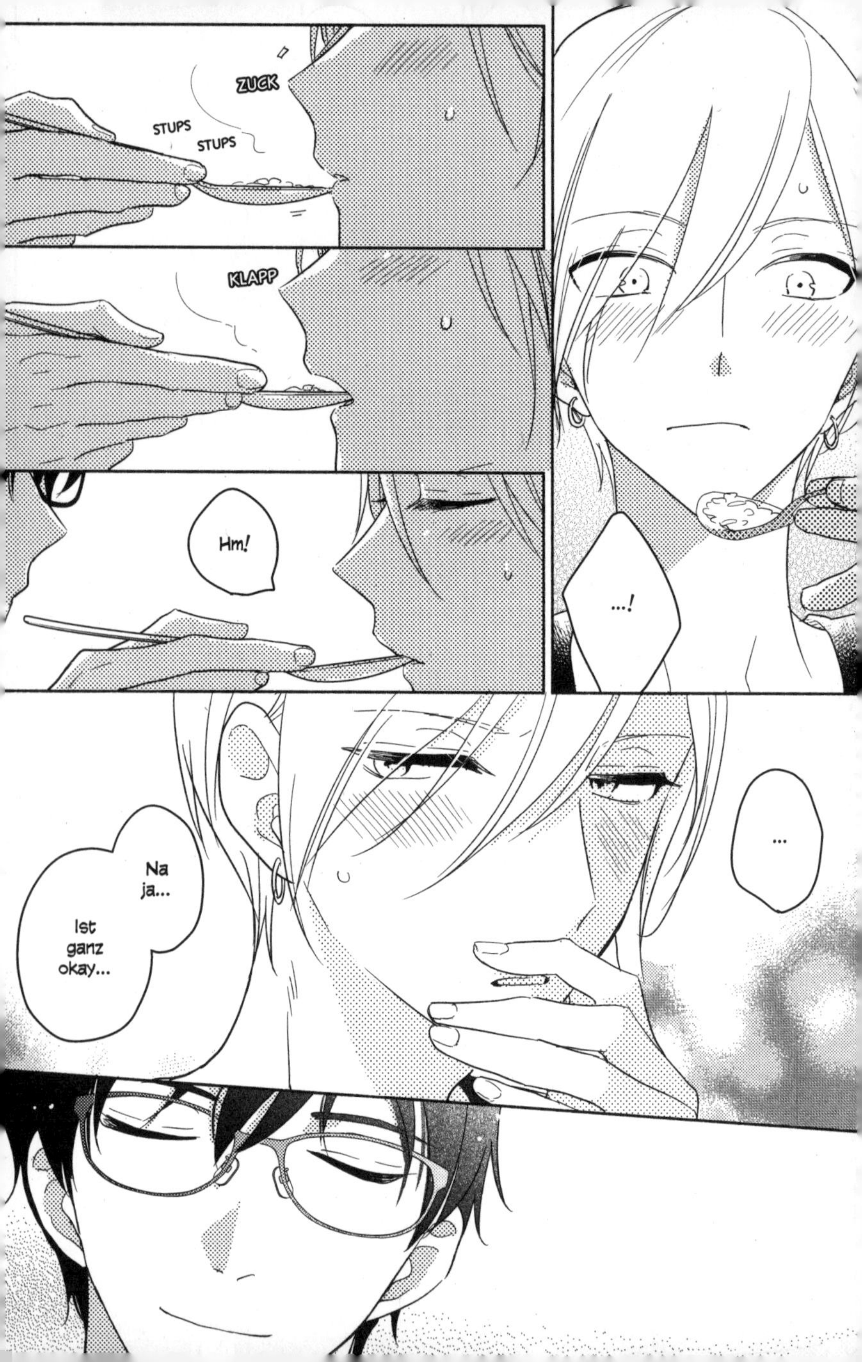
ZUCK
STUPS
STUPS
...!
KLAPP
Hm!
...
Na ja... Ist ganz okay...

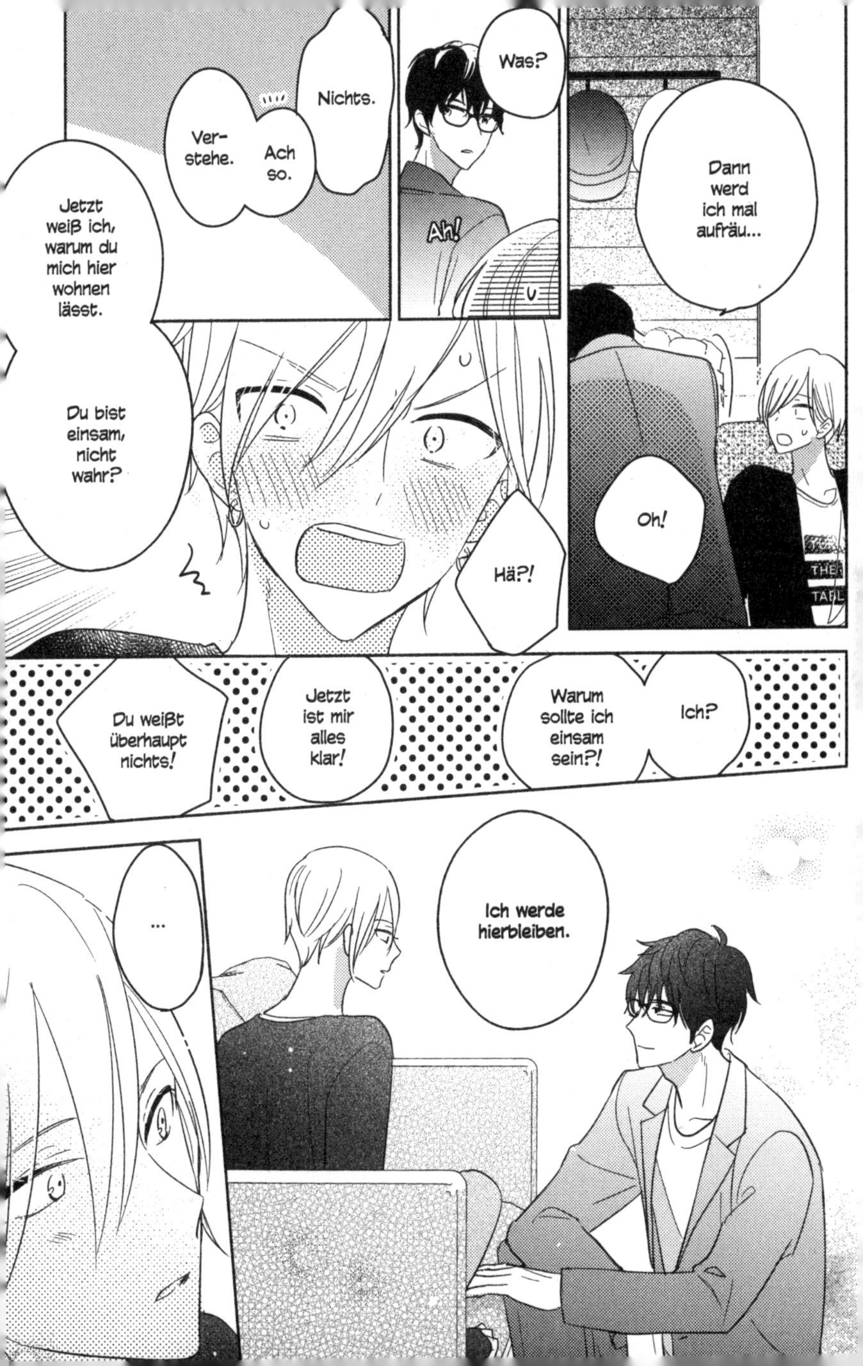
Dann werd ich mal aufräu...
Oh!
Was?
Ah!
Nichts.
Ach so.
Ver-stehe.
Jetzt weiß ich, warum du mich hier wohnen lässt.
Du bist einsam, nicht wahr?
Hä?!
Ich?
Warum sollte ich einsam sein?!
Jetzt ist mir alles klar!
Du weißt überhaupt nichts!
Ich werde hierbleiben.
...

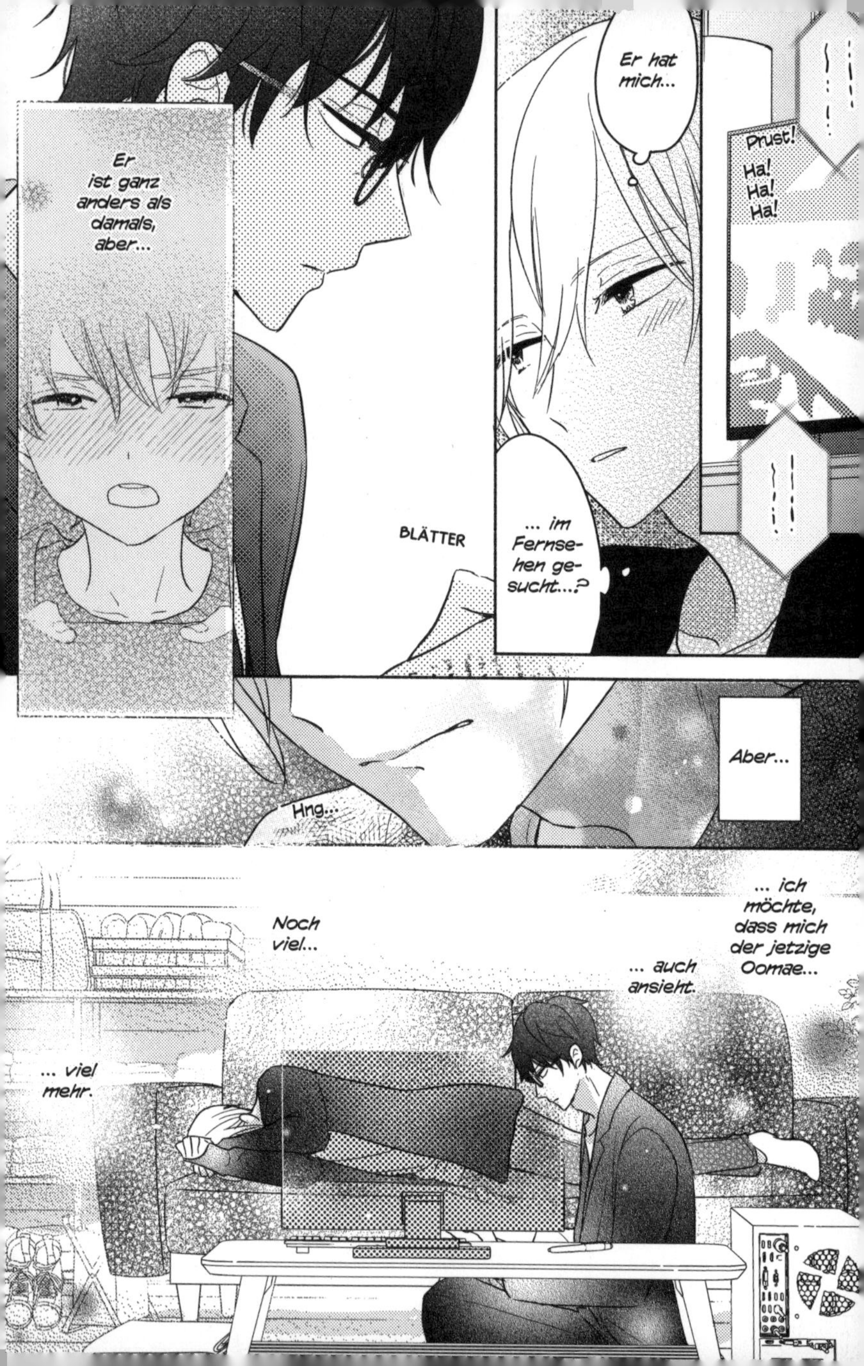
Prust!
Ha! Ha! Ha!
Er hat mich…
… im Fernsehen gesucht…?
BLÄTTER
Er ist ganz anders als damals, aber…
Aber…
Hng…
… ich möchte, dass mich der jetzige Oomae…
… auch ansieht.
Noch viel…
… viel mehr.

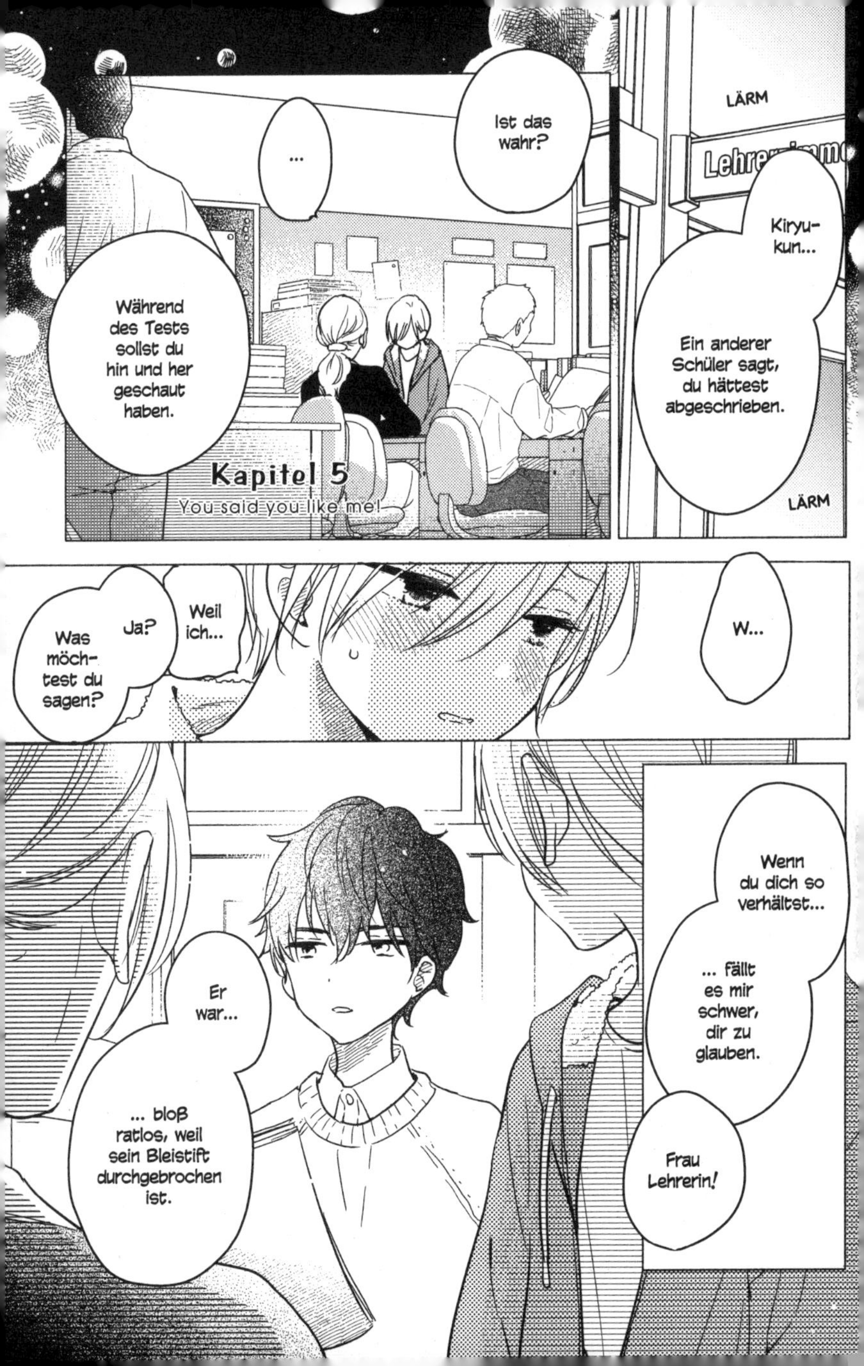
LÄRM
Kiryu-kun...
Ein anderer Schüler sagt, du hättest abgeschrieben.
LÄRM
Ist das wahr?
...
Während des Tests sollst du hin und her geschaut haben.
Kapitel 5
You said you like me!
W...
Weil ich...
Ja?
Was möchtest du sagen?
Wenn du dich so verhältst...
... fällt es mir schwer, dir zu glauben.
Frau Lehrerin!
Er war...
... bloß ratlos, weil sein Bleistift durchgebrochen ist.

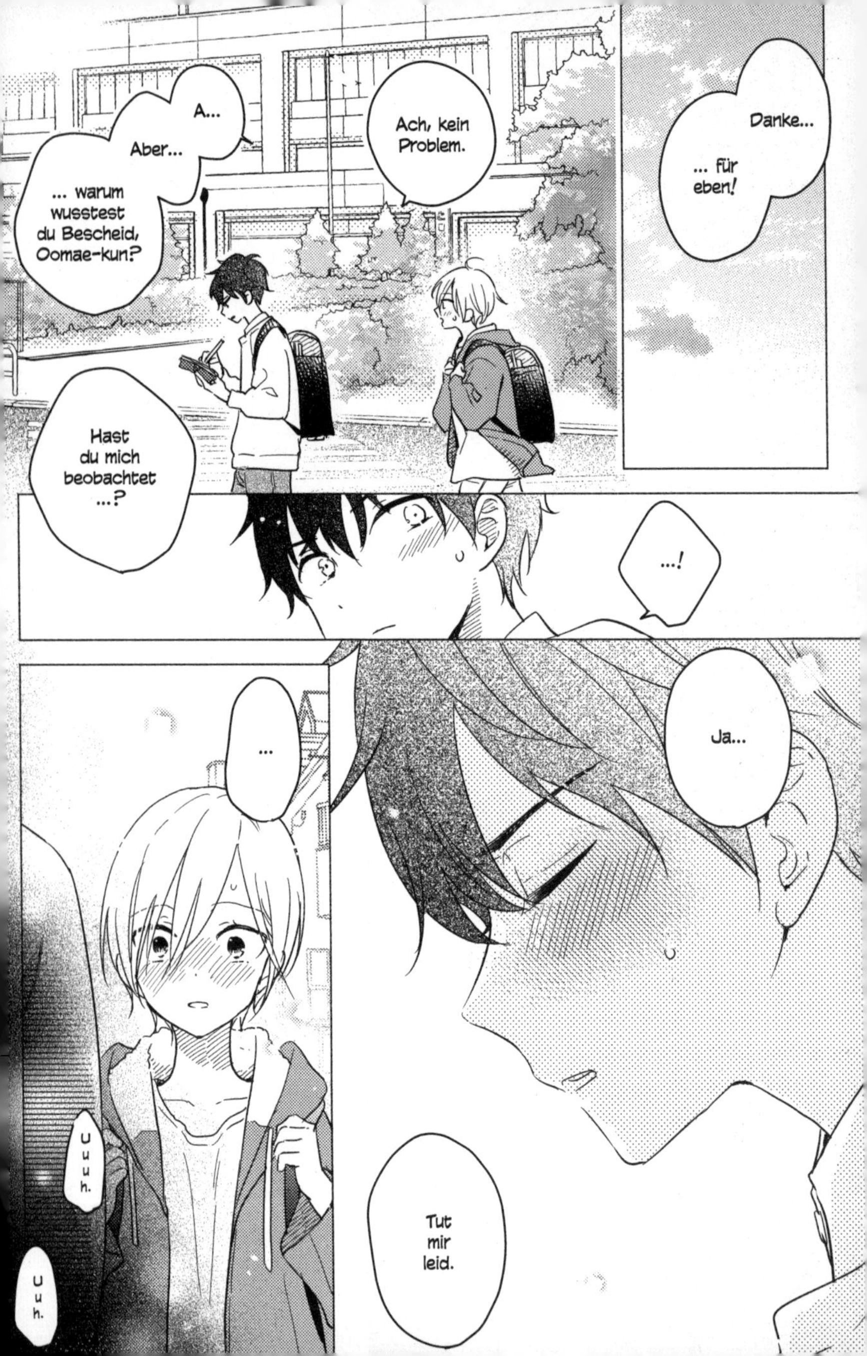
Danke...
... für eben!
Ach, kein Problem.
A...
Aber...
... warum wusstest du Bescheid, Oomae-kun?
Hast du mich beobachtet ...?
...!
Ja...
Tut mir leid.
...
Uuuh.
Uuh.

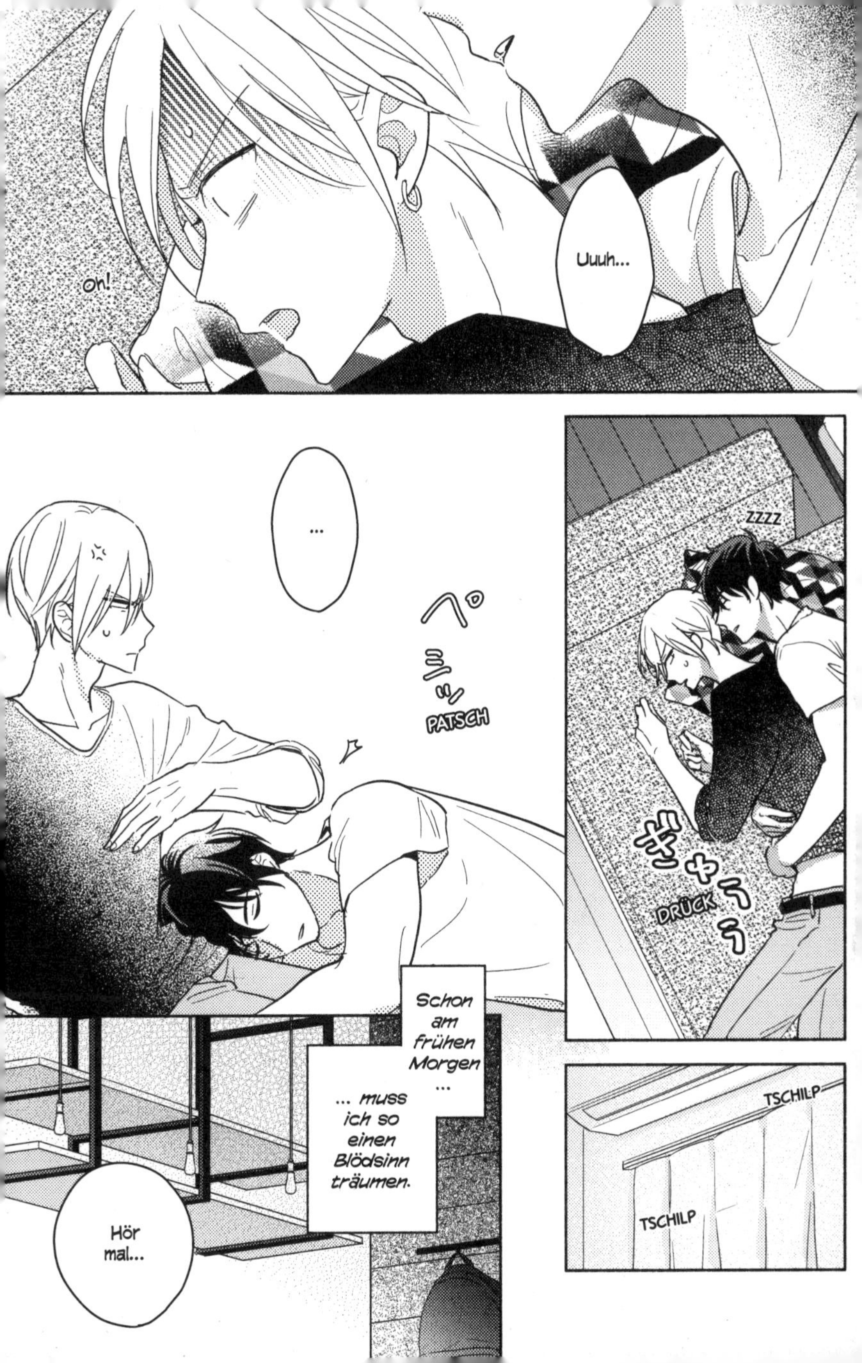
Uuuh...
Oh!
ZZZZ
DRÜCK
...
PATSCH
TSCHILP
TSCHILP
Schon am frühen Morgen ...
... muss ich so einen Blödsinn träumen.
Hör mal...

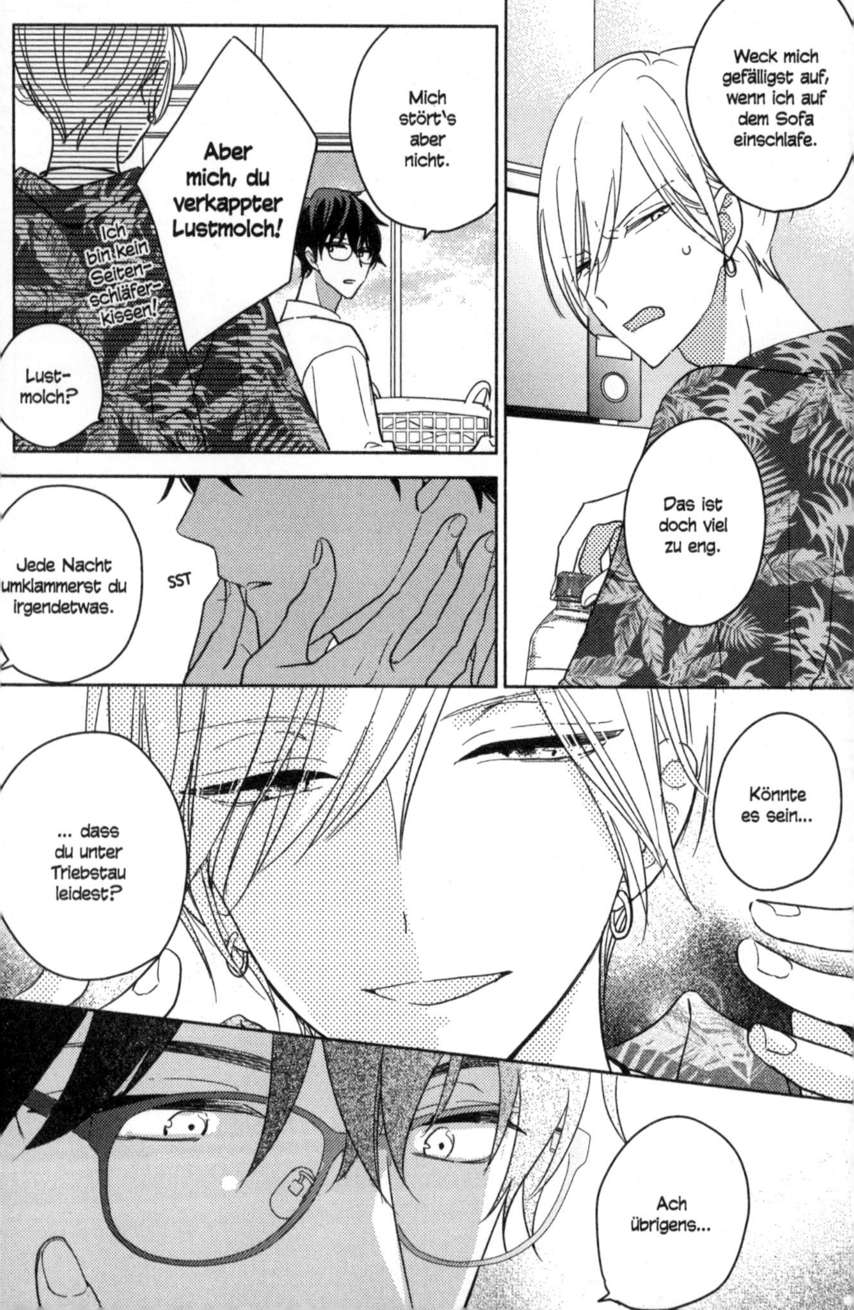
Weck mich gefälligst auf, wenn ich auf dem Sofa einschlafe.
Das ist doch viel zu eng.
Mich stört's aber nicht.
Aber mich, du verkappter Lustmolch!
Ich bin kein Seiten-schläfer-kissen!
Lust-molch?
Jede Nacht umklammerst du irgendetwas.
SST
Könnte es sein...
... dass du unter Triebstau leidest?
Ach übrigens...

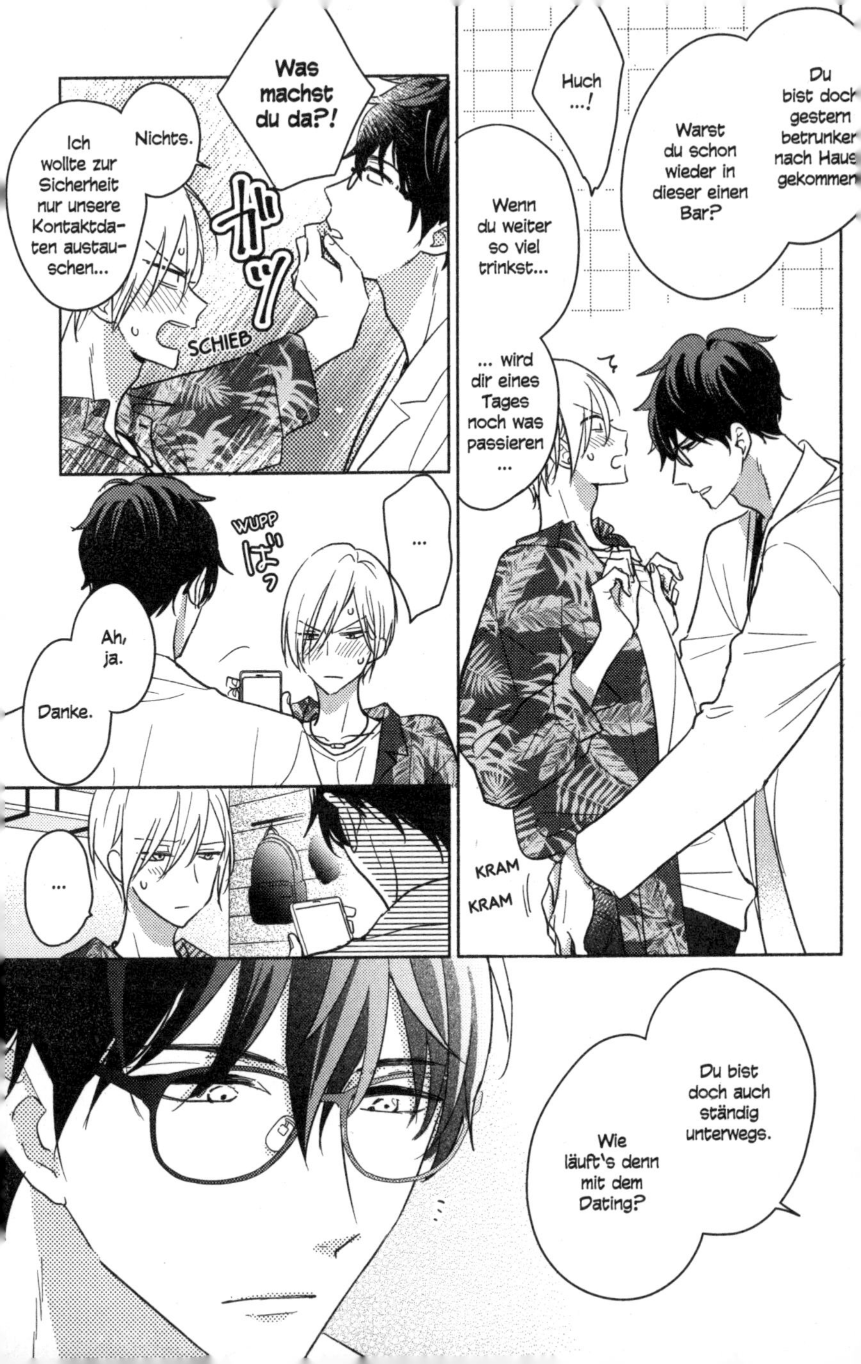
Du bist doch gestern betrunken nach Hause gekommen.
Warst du schon wieder in dieser einen Bar?
Huch ...!
Wenn du weiter so viel trinkst...
... wird dir eines Tages noch was passieren ...
KRAM
KRAM
Was machst du da?!
Nichts.
Ich wollte zur Sicherheit nur unsere Kontaktdaten austauschen...
SCHIEB
...
WUPP
Ah, ja.
Danke.
...
Du bist doch auch ständig unterwegs.
Wie läuft's denn mit dem Dating?

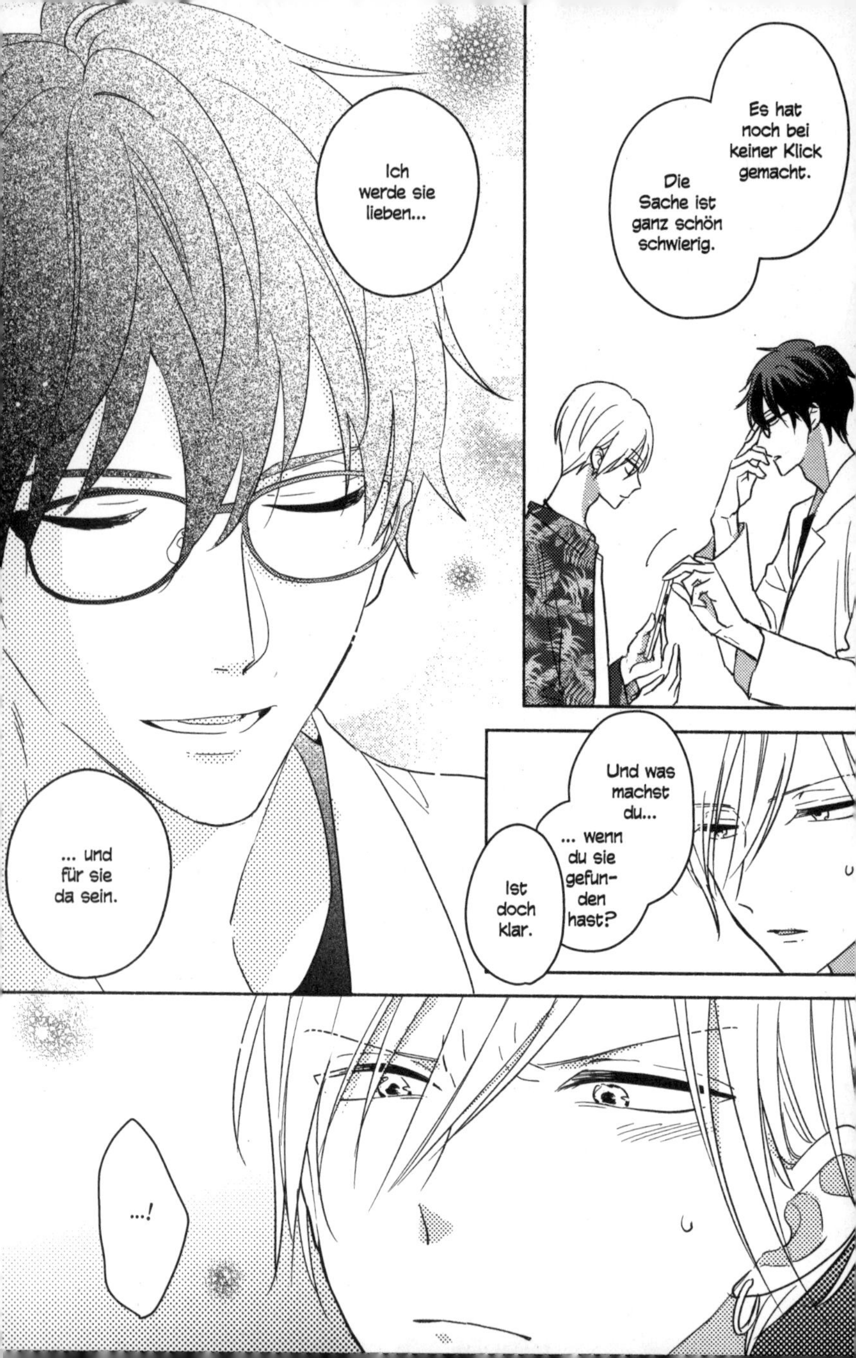
Es hat noch bei keiner Klick gemacht.
Die Sache ist ganz schön schwierig.
Und was machst du...
... wenn du sie gefunden hast?
Ist doch klar.
Ich werde sie lieben...
... und für sie da sein.
...!

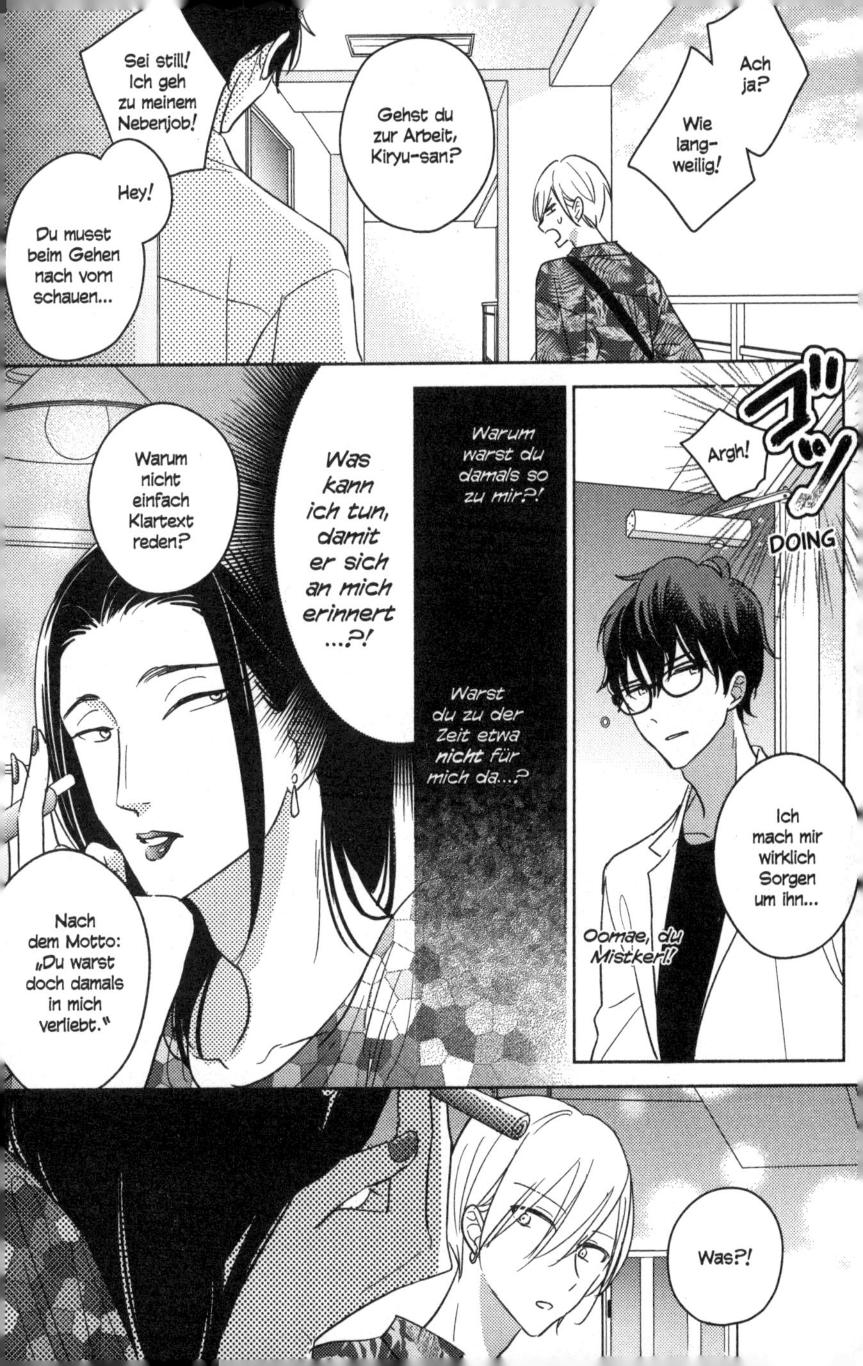

Gehst du zur Arbeit, Kiryu-san?
Sei still! Ich geh zu meinem Nebenjob!
Ach ja?
Wie lang-weilig!
Hey!
Du musst beim Gehen nach vorn schauen...
Argh!
DOING
Ich mach mir wirklich Sorgen um ihn...
Oomae, du Mistkerl!
Warum warst du damals so zu mir?!
Warst du zu der Zeit etwa *nicht* für mich da...?
Was kann ich tun, damit er sich an mich erinnert ...?!
Warum nicht einfach Klartext reden?
Nach dem Motto: „Du warst doch damals in mich verliebt."
Was?!

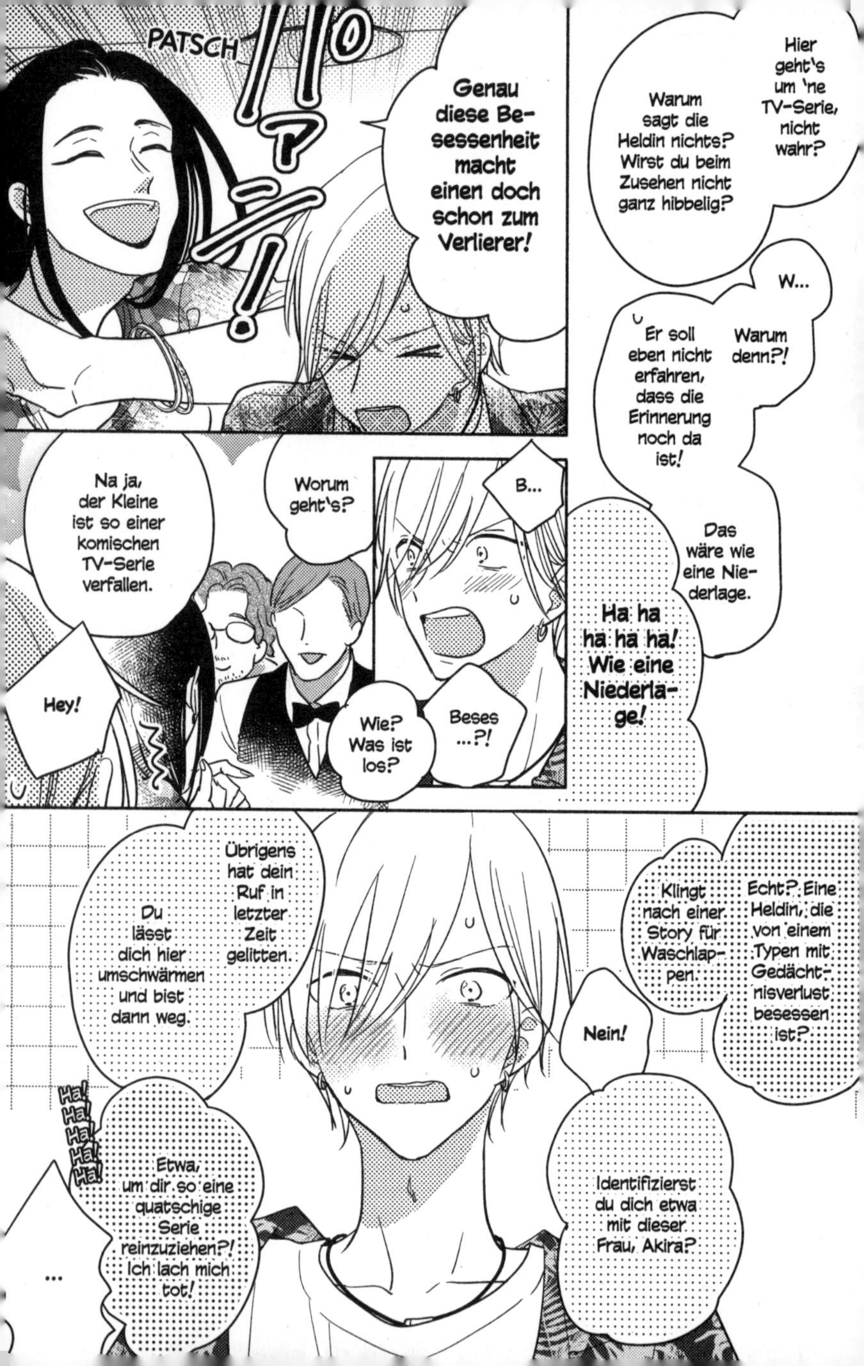
Hier geht's um 'ne TV-Serie, nicht wahr?
Warum sagt die Heldin nichts? Wirst du beim Zusehen nicht ganz hibbelig?
W...
Warum denn?!
Er soll eben nicht erfahren, dass die Erinnerung noch da ist!
Das wäre wie eine Niederlage.
Genau diese Besessenheit macht einen doch schon zum Verlierer!
PATSCH
Ha ha ha ha ha! Wie eine Niederlage!
B...
Beses ...?!
Worum geht's?
Wie? Was ist los?
Na ja, der Kleine ist so einer komischen TV-Serie verfallen.
Hey!
Echt? Eine Heldin, die von einem Typen mit Gedächtnisverlust besessen ist?
Klingt nach einer Story für Waschlappen.
Nein!
Übrigens hat dein Ruf in letzter Zeit gelitten.
Du lässt dich hier umschwärmen und bist dann weg.
Identifizierst du dich etwa mit dieser Frau, Akira?
Etwa, um dir so eine quatschige Serie reinzuziehen?! Ich lach mich tot!
Ha! Ha! Ha! Ha! Ha!
...

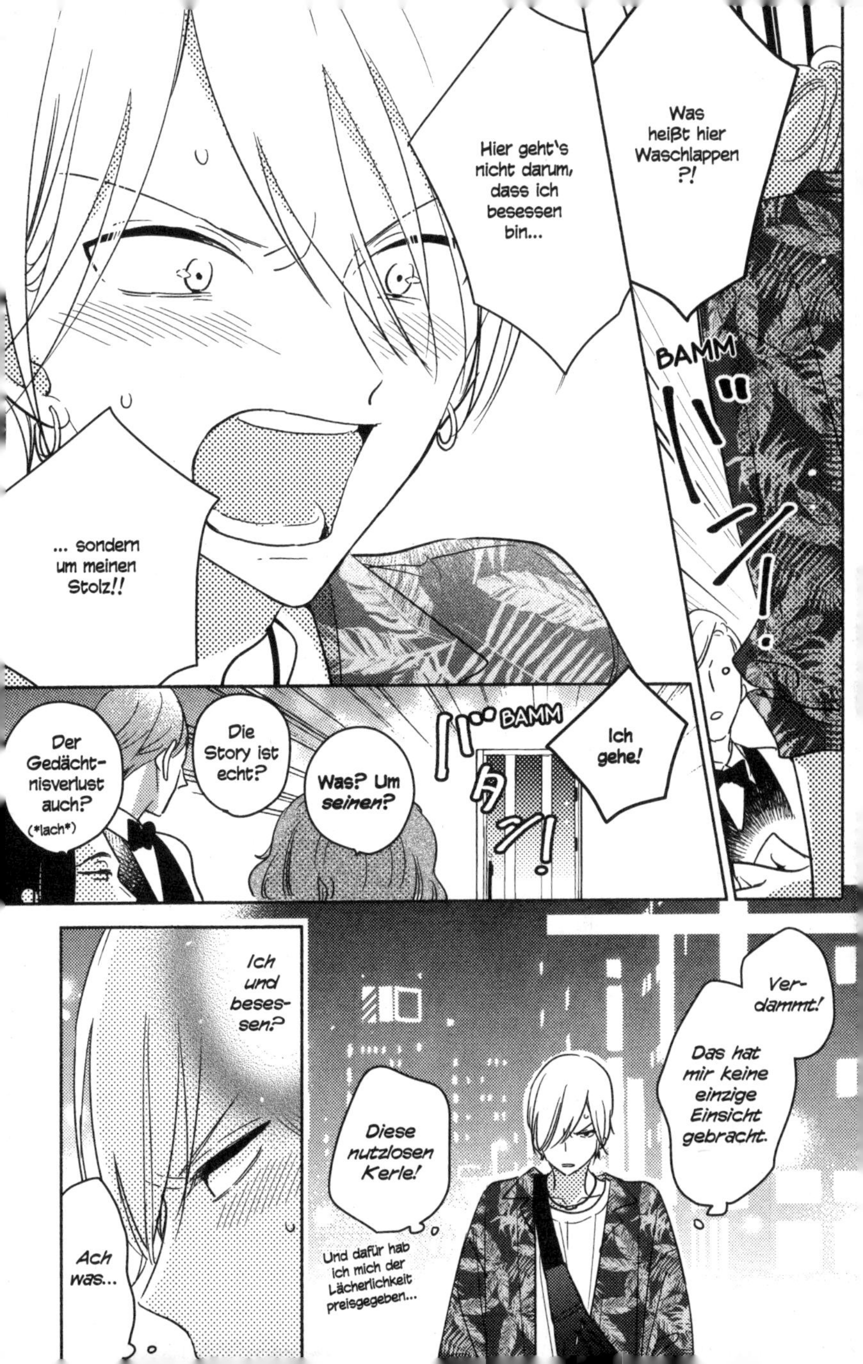
Was heißt hier Waschlappen ?!
Hier geht's nicht darum, dass ich besessen bin...
BAMM
... sondern um meinen Stolz!!
Ich gehe!
BAMM
Was? Um seinen?
Die Story ist echt?
Der Gedächtnisverlust auch?
(*lach*)
Verdammt!
Das hat mir keine einzige Einsicht gebracht.
Diese nutzlosen Kerle!
Und dafür hab ich mich der Lächerlichkeit preisgegeben...
Ich und besessen?
Ach was...

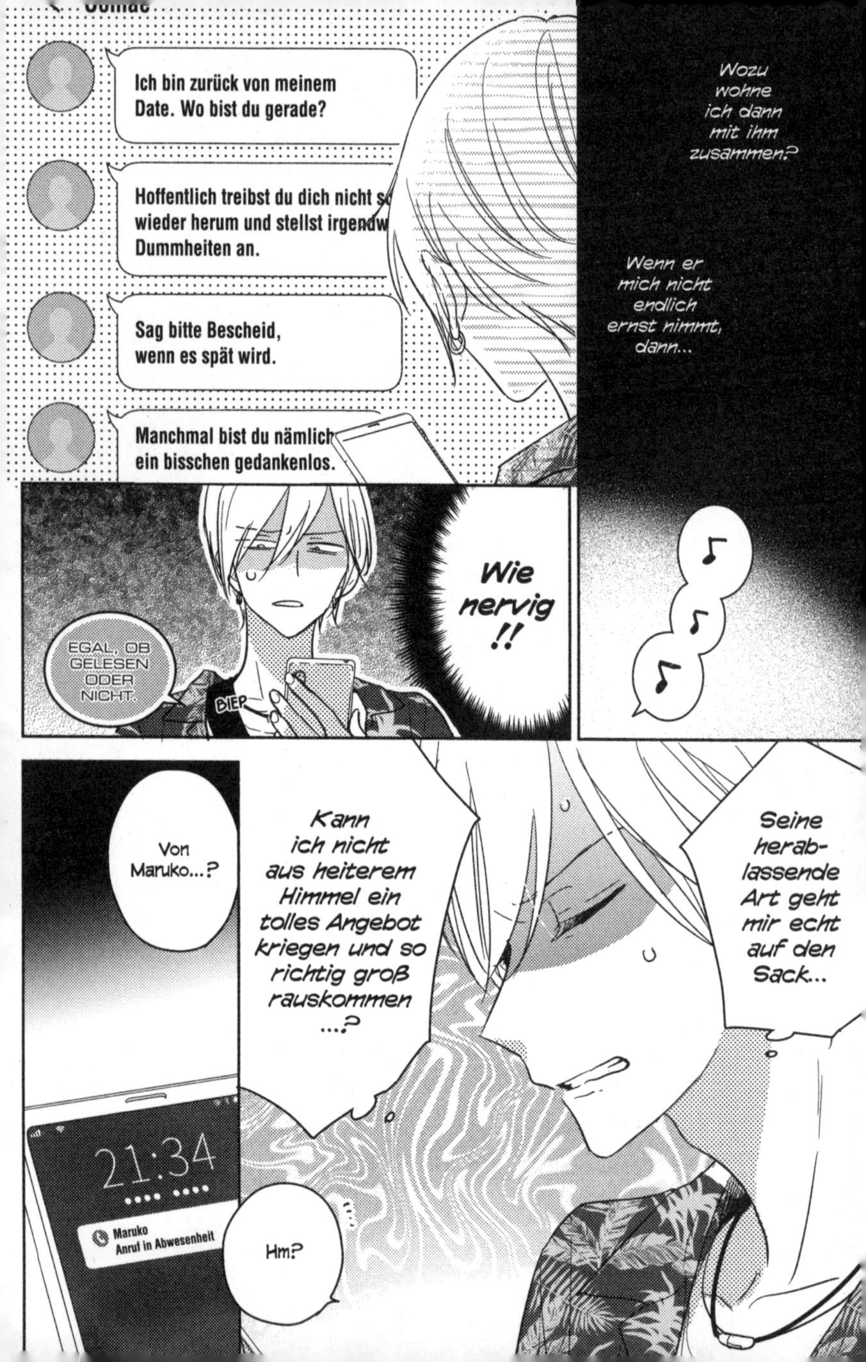
Wozu wohne ich dann mit ihm zusammen?
Wenn er mich nicht endlich ernst nimmt, dann...
Ich bin zurück von meinem Date. Wo bist du gerade?
Hoffentlich treibst du dich nicht s wieder herum und stellst irgendw Dummheiten an.
Sag bitte Bescheid, wenn es spät wird.
Manchmal bist du nämlich ein bisschen gedankenlos.
Wie nervig!!
BIEP
EGAL, OB GELESEN ODER NICHT.
Seine herablassende Art geht mir echt auf den Sack...
Kann ich nicht aus heiterem Himmel ein tolles Angebot kriegen und so richtig groß rauskommen ...?
Von Maruko...?
21:34
Maruko
Anruf in Abwesenheit
Hm?

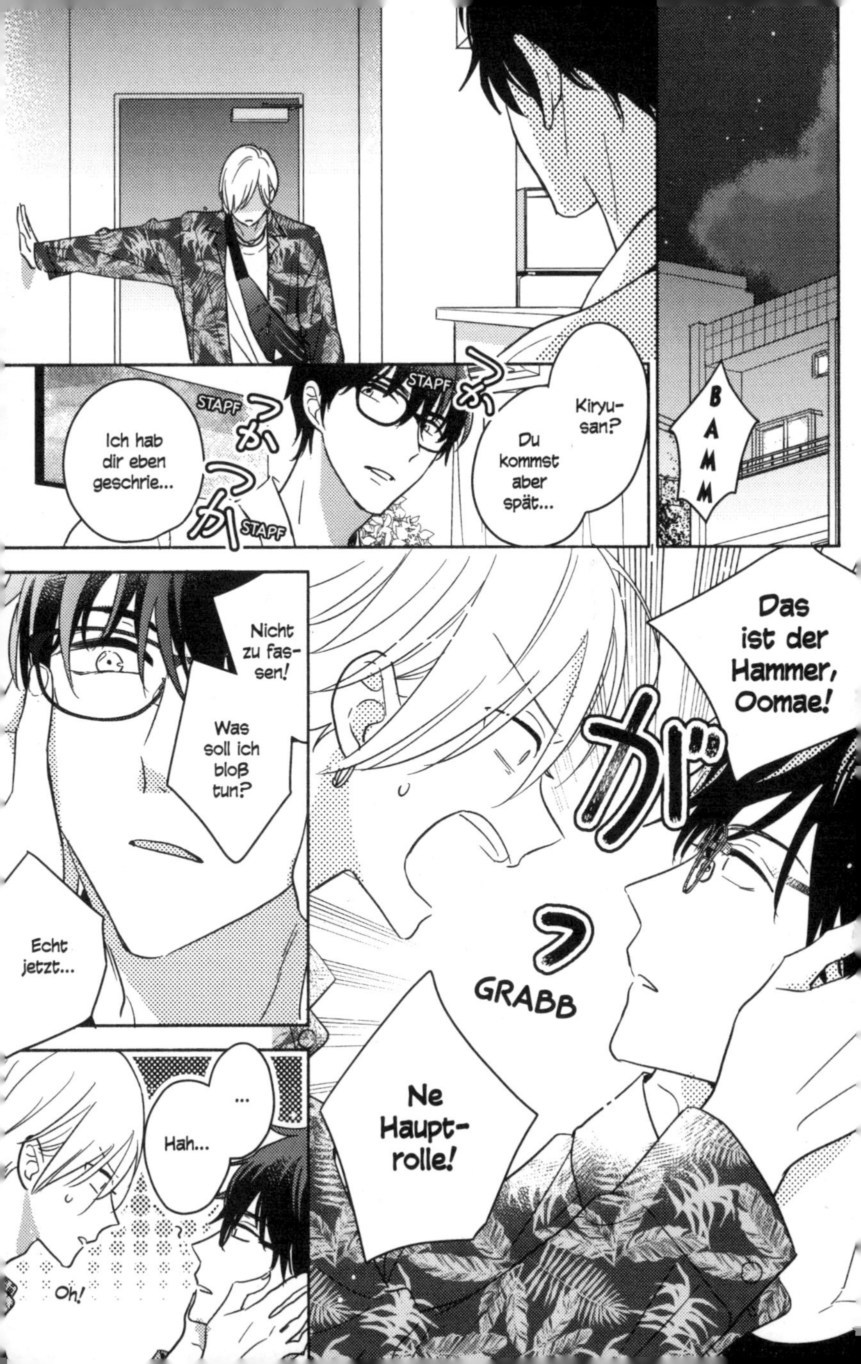
BAMM
Kiryu-san?
Du kommst aber spät...
STAPF
STAPF
Ich hab dir eben geschrie...
STAPF
Das ist der Hammer, Oomae!
GRABB
Ne Hauptrolle!
Nicht zu fassen!
Was soll ich bloß tun?
Echt jetzt...
...
Hah...
Oh!

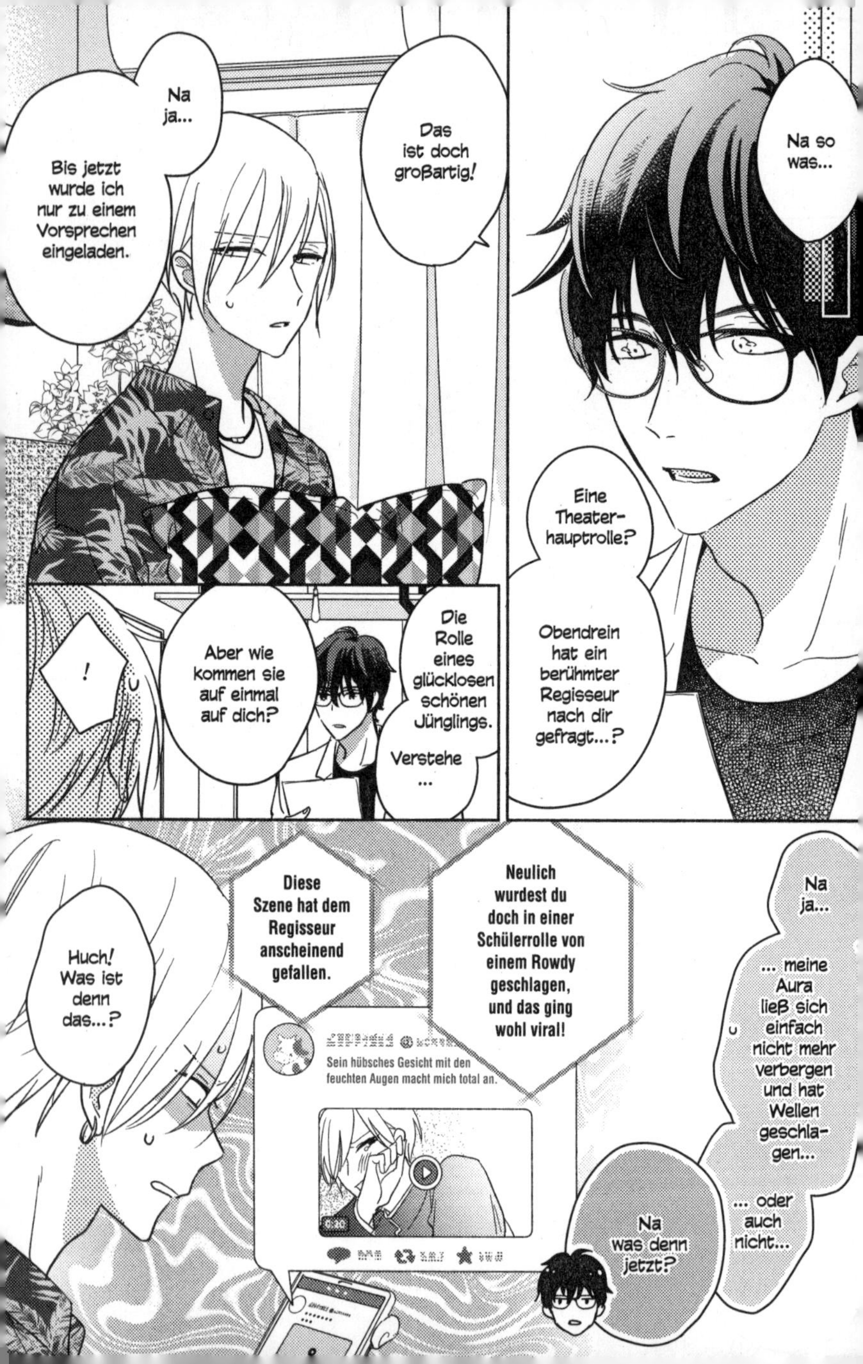
Na so was...
Eine Theaterhauptrolle?
Obendrein hat ein berühmter Regisseur nach dir gefragt...?
Das ist doch großartig!
Na ja...
Bis jetzt wurde ich nur zu einem Vorsprechen eingeladen.
Die Rolle eines glücklosen schönen Jünglings.
Verstehe ...
Aber wie kommen sie auf einmal auf dich?
!
Na ja...
... meine Aura ließ sich einfach nicht mehr verbergen und hat Wellen geschlagen...
... oder auch nicht...
Na was denn jetzt?
Neulich wurdest du doch in einer Schülerrolle von einem Rowdy geschlagen, und das ging wohl viral!
Diese Szene hat dem Regisseur anscheinend gefallen.
Sein hübsches Gesicht mit den feuchten Augen macht mich total an.
Huch! Was ist denn das...?

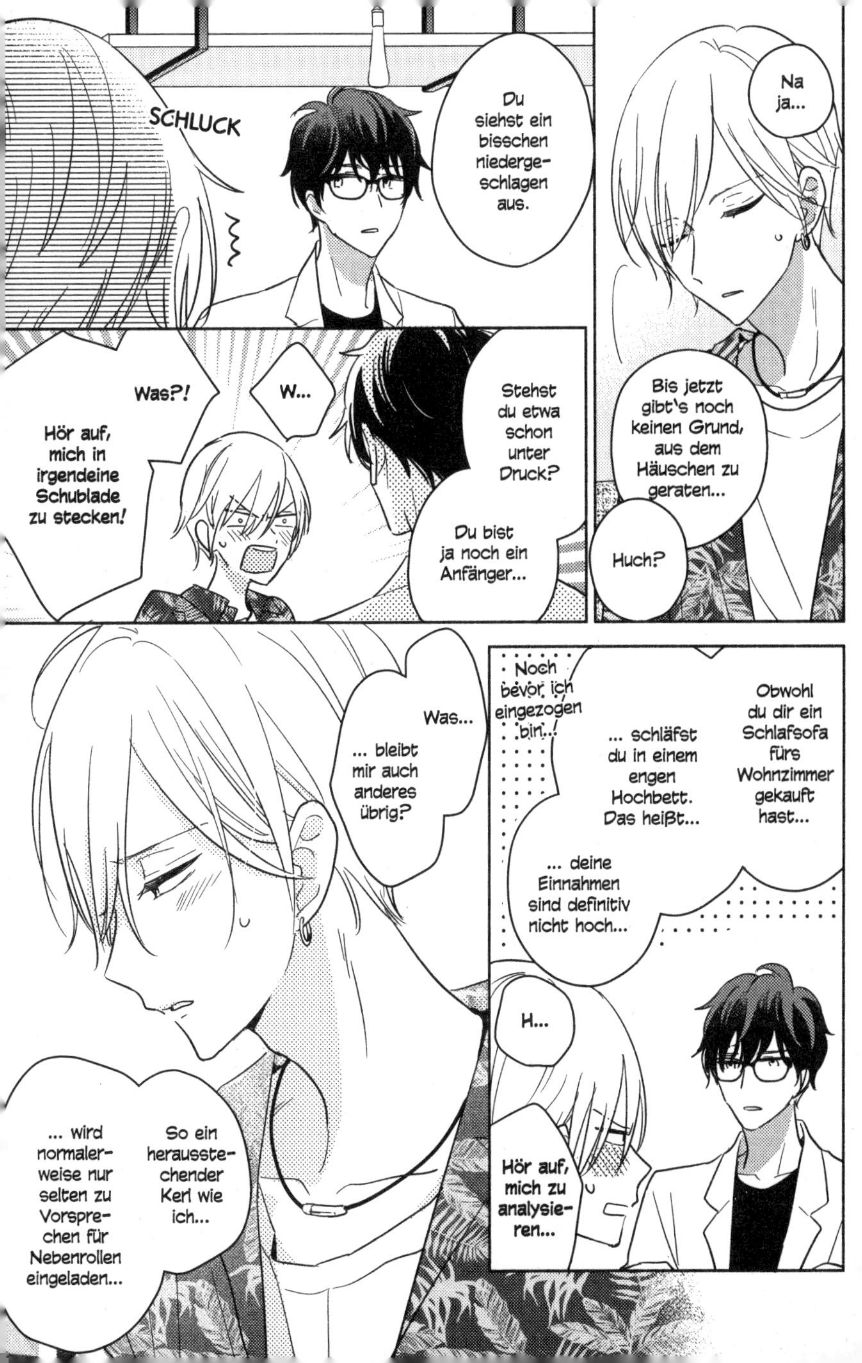
SCHLUCK
Du siehst ein bisschen niedergeschlagen aus.
Na ja...
Bis jetzt gibt's noch keinen Grund, aus dem Häuschen zu geraten...
Huch?
Stehst du etwa schon unter Druck?
Du bist ja noch ein Anfänger...
W...
Was?!
Hör auf, mich in irgendeine Schublade zu stecken!
Obwohl du dir ein Schlafsofa fürs Wohnzimmer gekauft hast...
... schläfst du in einem engen Hochbett. Das heißt...
Noch bevor ich eingezogen bin...
... deine Einnahmen sind definitiv nicht hoch...
H...
Hör auf, mich zu analysieren...
Was...
... bleibt mir auch anderes übrig?
So ein herausstechender Kerl wie ich...
... wird normalerweise nur selten zu Vorsprechen für Nebenrollen eingeladen...

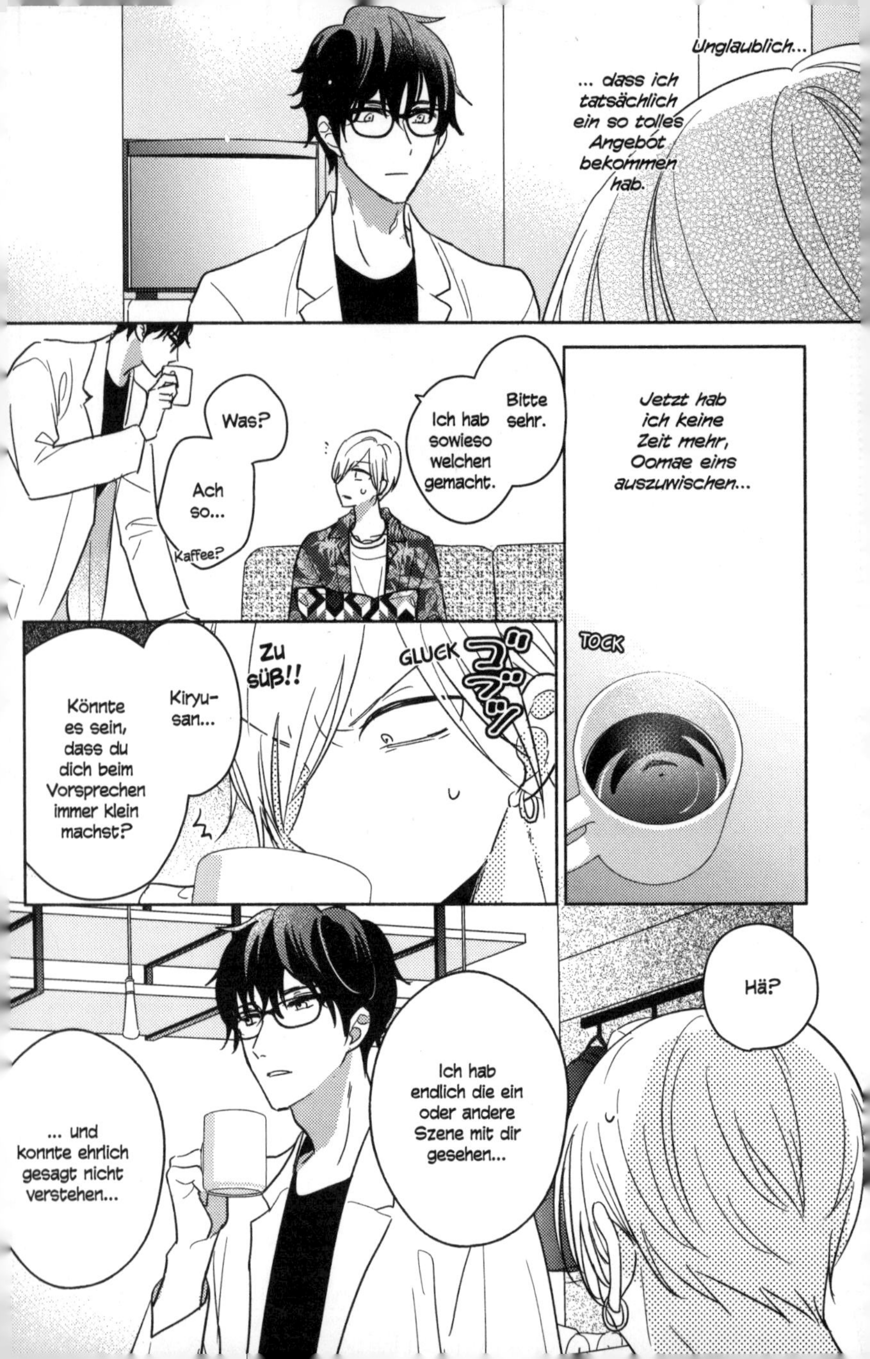
Unglaublich...
... dass ich tatsächlich ein so tolles Angebot bekommen hab.
Jetzt hab ich keine Zeit mehr, Oomae eins auszuwischen...
Bitte sehr.
Ich hab sowieso welchen gemacht.
Was?
Ach so...
Kaffee?
TOCK
GLUCK
Zu süß!!
Kiryu-san...
Könnte es sein, dass du dich beim Vorsprechen immer klein machst?
Hä?
Ich hab endlich die ein oder andere Szene mit dir gesehen...
... und konnte ehrlich gesagt nicht verstehen...

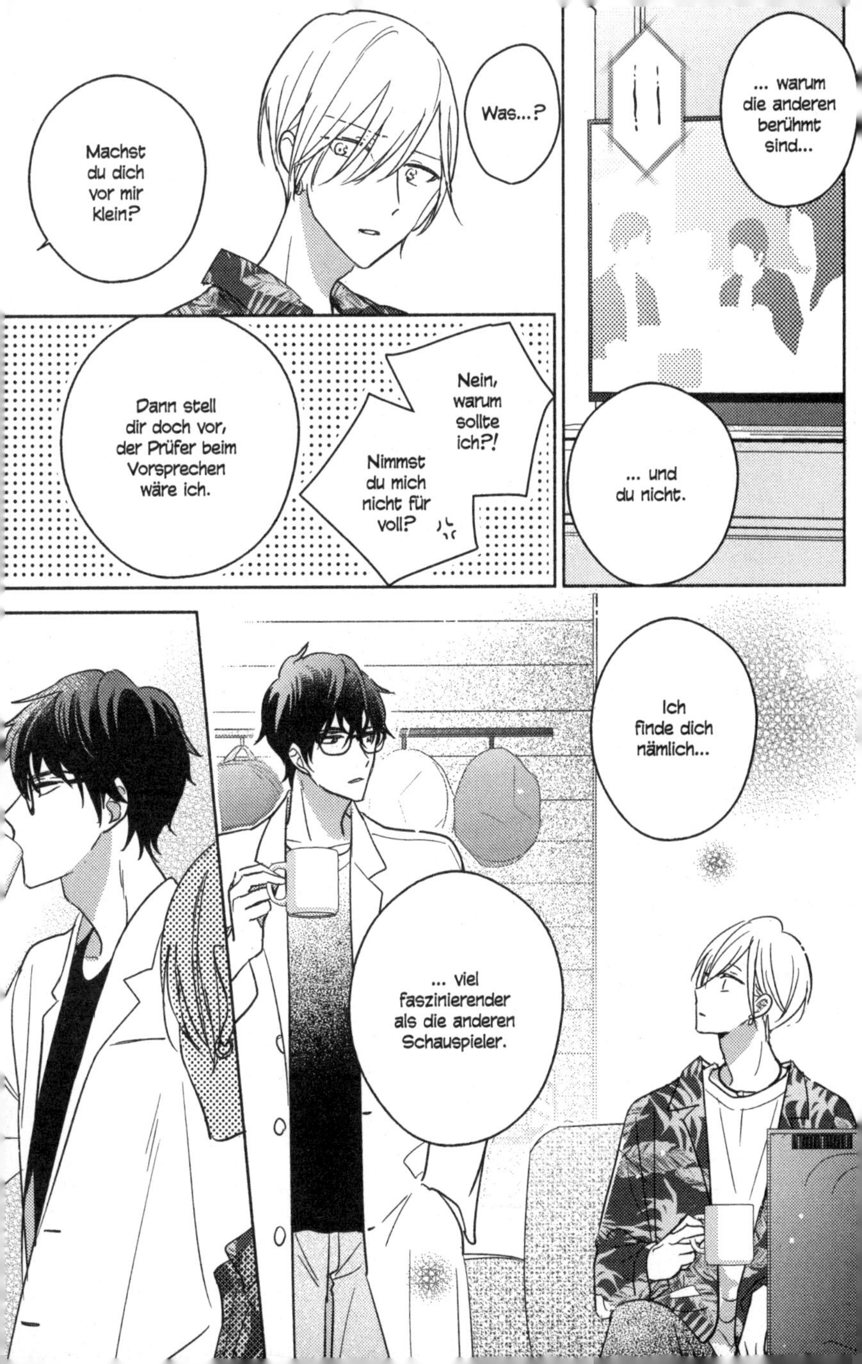
... warum die anderen berühmt sind...
... und du nicht.
Was...?
Machst du dich vor mir klein?
Nein, warum sollte ich?!
Nimmst du mich nicht für voll?
Dann stell dir doch vor, der Prüfer beim Vorsprechen wäre ich.
Ich finde dich nämlich...
... viel faszinierender als die anderen Schauspieler.

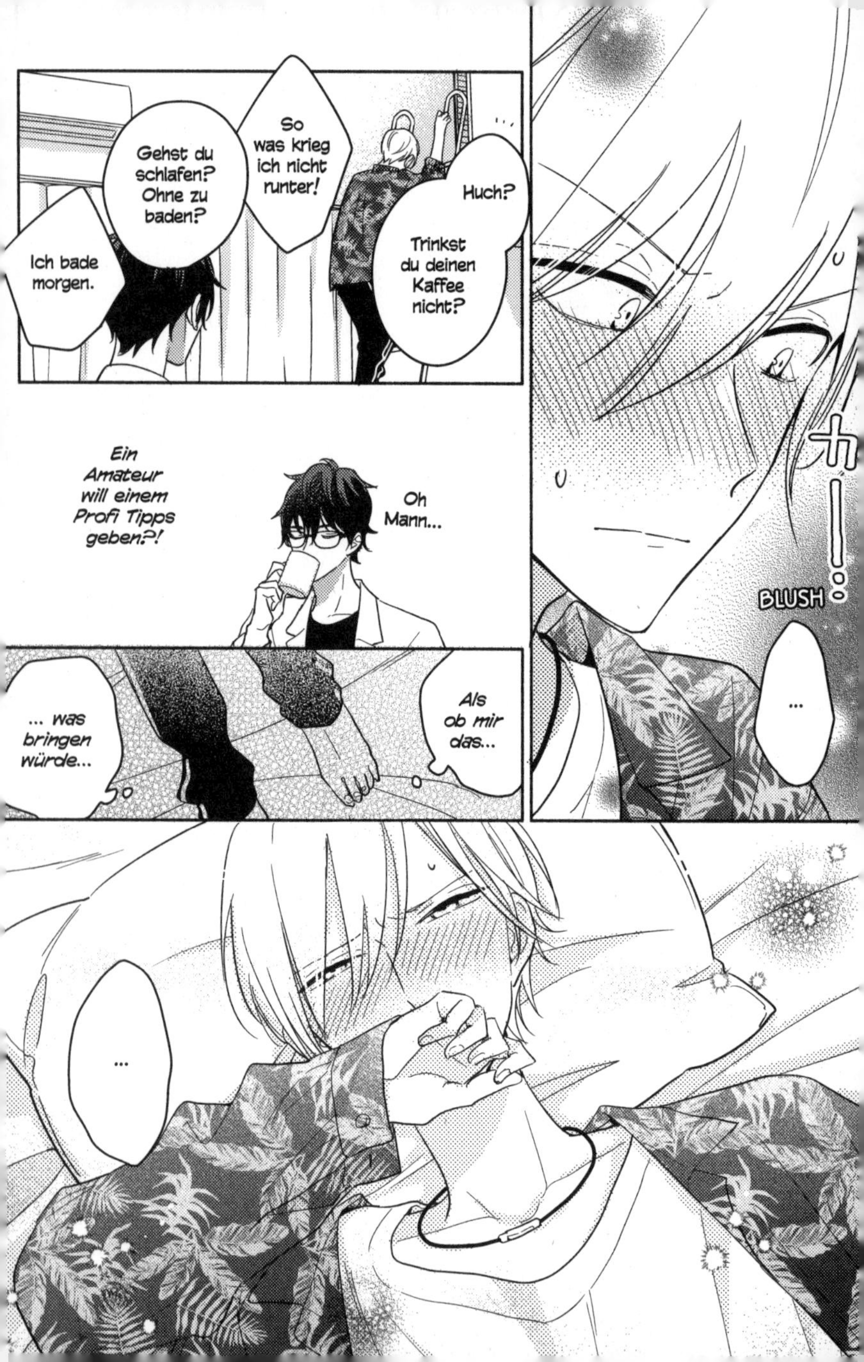
Huch?
Trinkst du deinen Kaffee nicht?
So was krieg ich nicht runter!
Gehst du schlafen? Ohne zu baden?
Ich bade morgen.
Oh Mann...
Ein Amateur will einem Profi Tipps geben?!
Als ob mir das...
... was bringen würde...
BLUSH
...
...

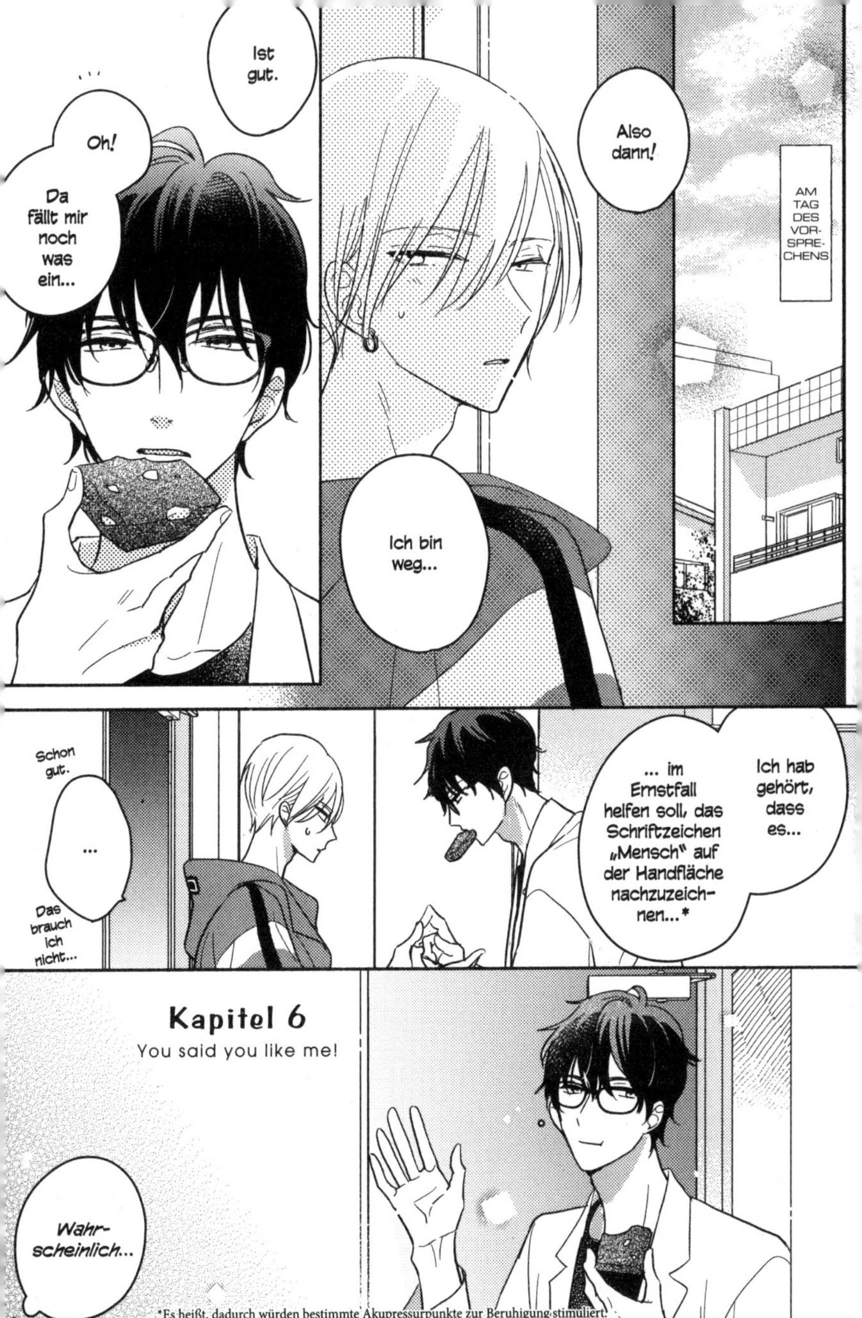

*Es heißt, dadurch würden bestimmte Akupressurpunkte zur Beruhigung stimuliert.

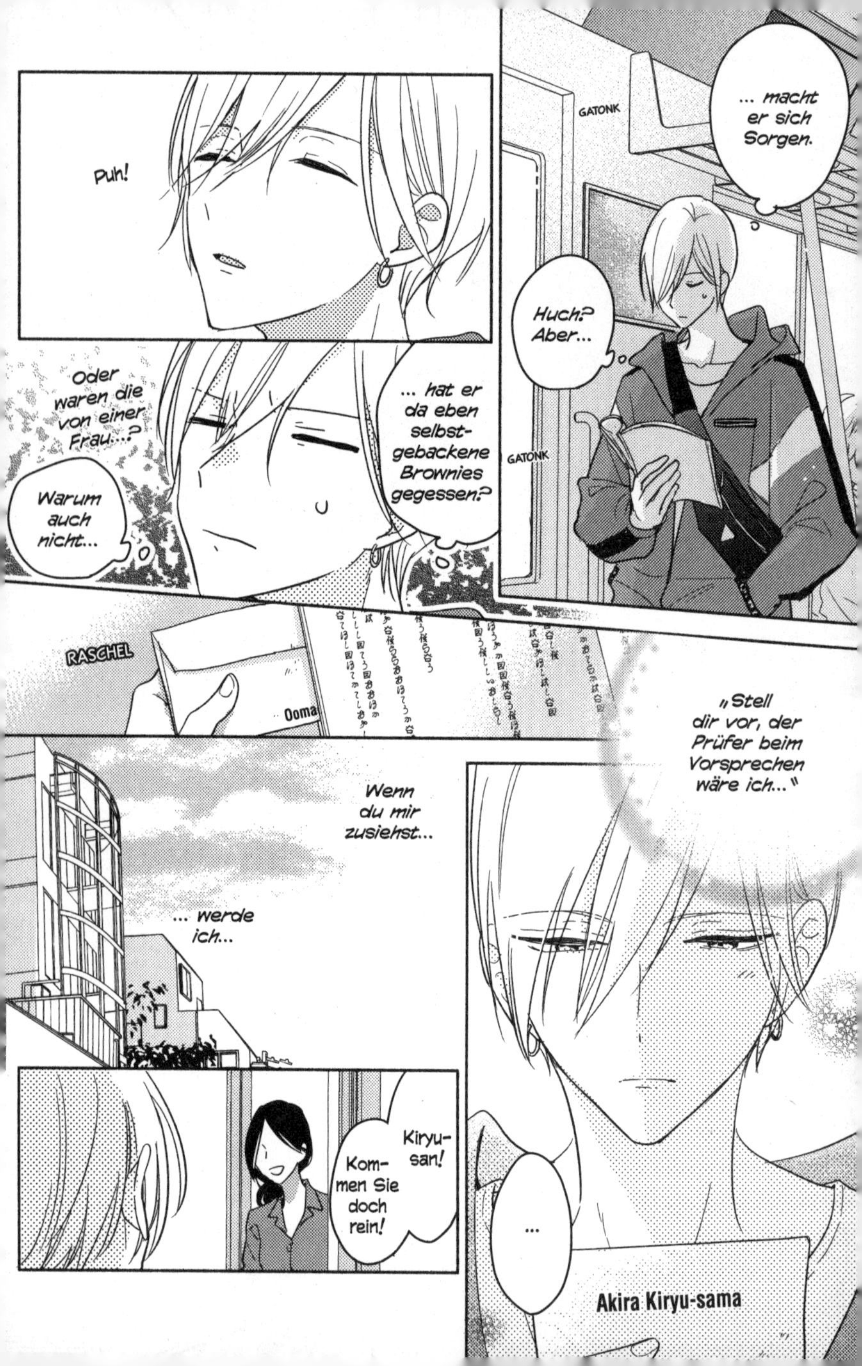
... macht er sich Sorgen.
GATONK
Huch? Aber...
GATONK
Puh!
... hat er da eben selbstgebackene Brownies gegessen?
Oder waren die von einer Frau...?
Warum auch nicht...
RASCHEL
Ooma
„Stell dir vor, der Prüfer beim Vorsprechen wäre ich...“
Wenn du mir zusiehst...
... werde ich...
...
Akira Kiryu-sama
Kiryu-san!
Kommen Sie doch rein!

Danke.
Ah!
DOMM
Oh.
Tut mir leid.
Nichts pas-siert...
Der sah ja toll aus!

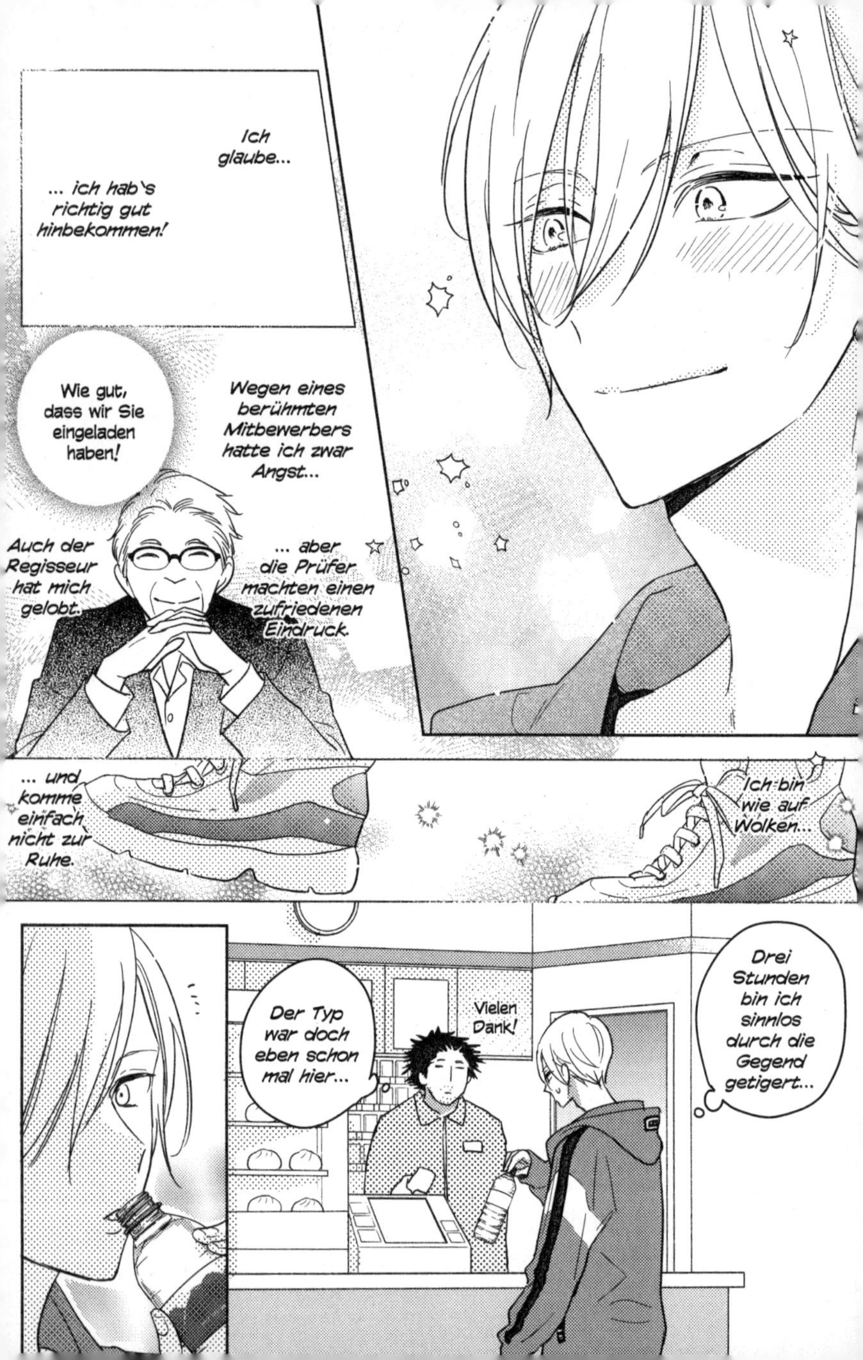
Ich glaube...
... ich hab's richtig gut hinbekommen!
Wegen eines berühmten Mitbewerbers hatte ich zwar Angst...
Wie gut, dass wir Sie eingeladen haben!
... aber die Prüfer machten einen zufriedenen Eindruck.
Auch der Regisseur hat mich gelobt.
Ich bin wie auf Wolken...
... und komme einfach nicht zur Ruhe.
Drei Stunden bin ich sinnlos durch die Gegend getigert...
Vielen Dank!
Der Typ war doch eben schon mal hier...
...

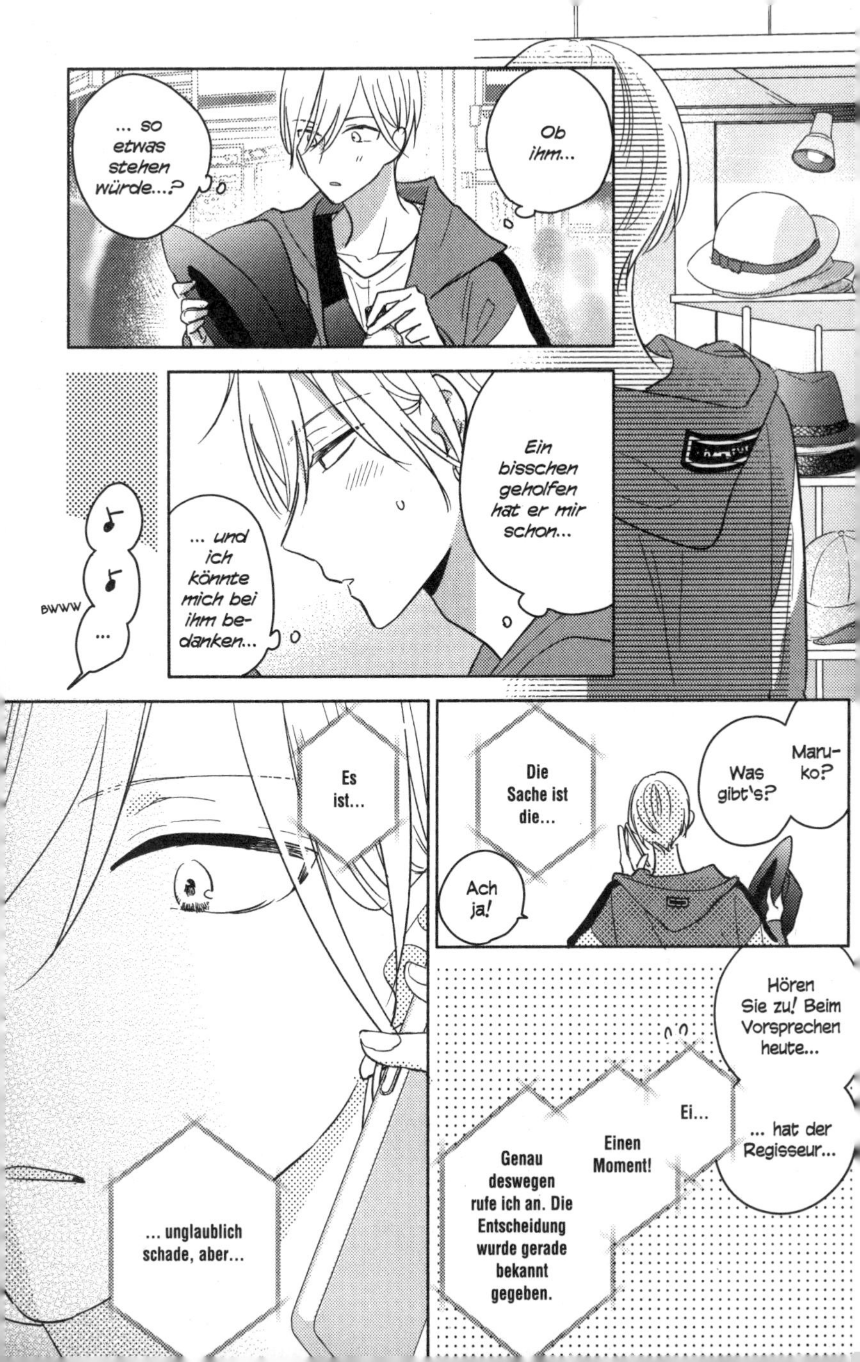
Ob ihm...
... so etwas stehen würde...?
Ein bisschen geholfen hat er mir schon...
... und ich könnte mich bei ihm bedanken...
♪ ♪ ...
BWWW
Maru-ko?
Was gibt's?
Ach ja!
Die Sache ist die...
Hören Sie zu! Beim Vorsprechen heute...
... hat der Regisseur...
Ei...
Einen Moment!
Genau deswegen rufe ich an. Die Entscheidung wurde gerade bekannt gegeben.
Es ist...
... unglaublich schade, aber...

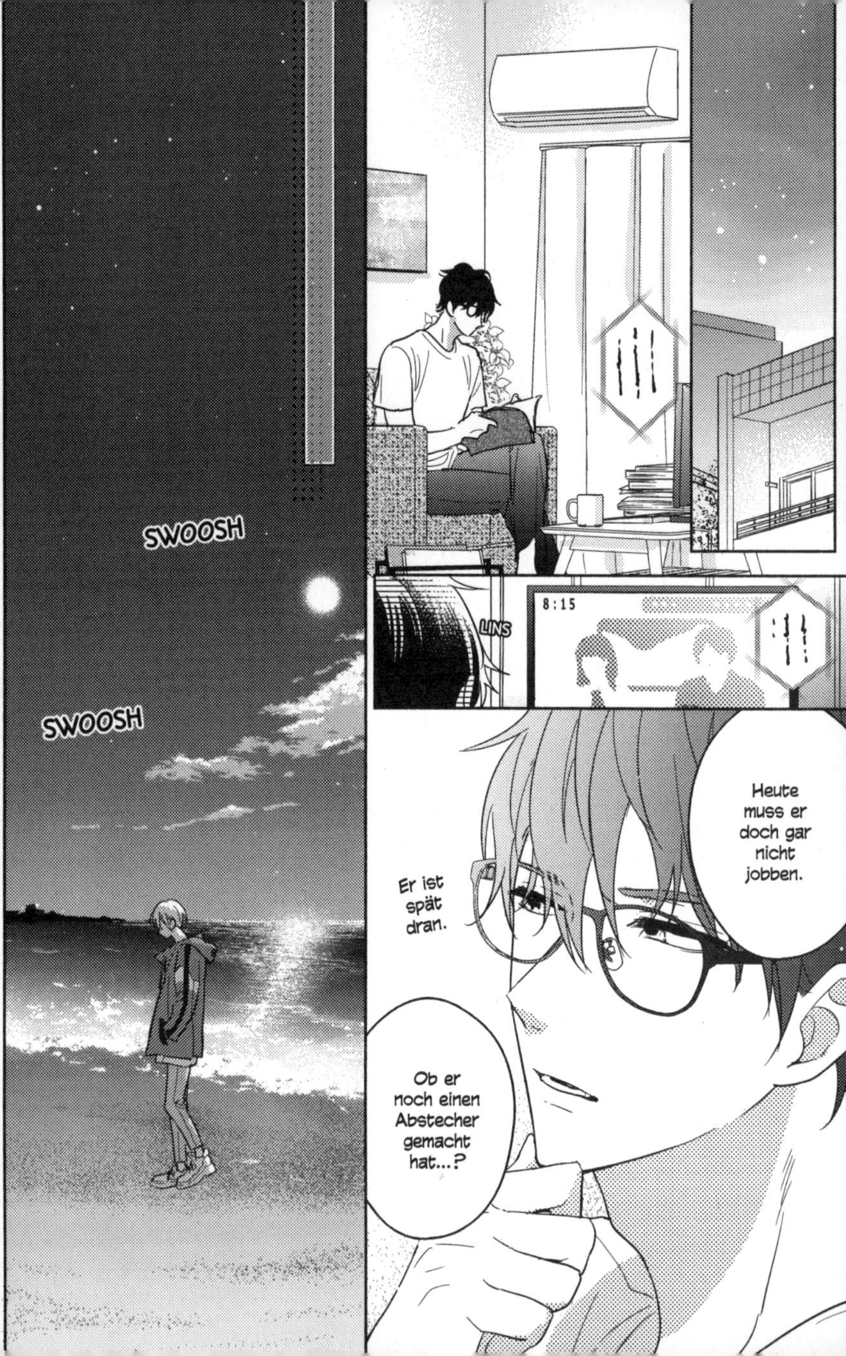
8:15
LINS
Heute muss er doch gar nicht jobben.
Er ist spät dran.
Ob er noch einen Abstecher gemacht hat...?
SWOOSH
SWOOSH

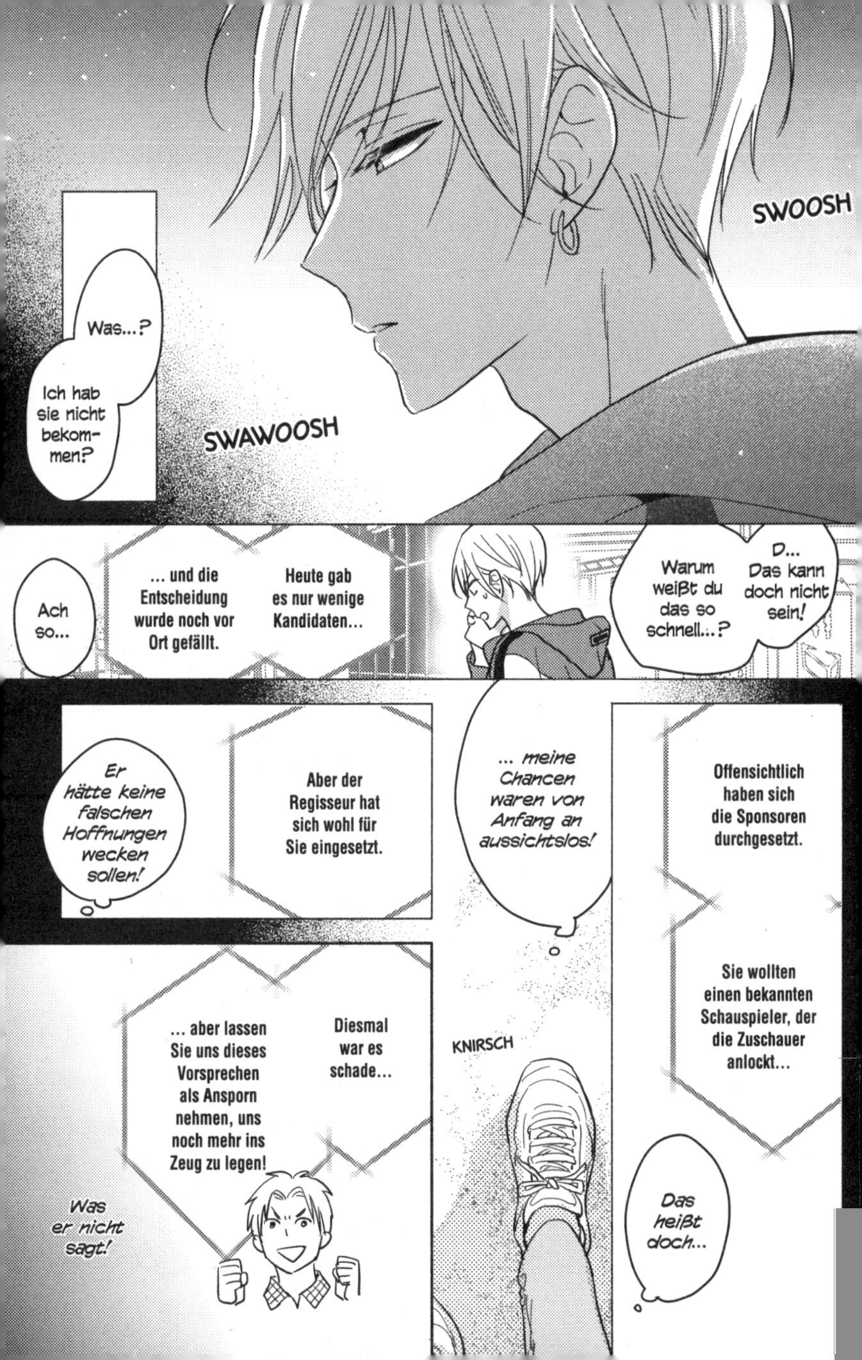
SWOOSH
Was...?
Ich hab sie nicht bekommen?
SWAWOOSH
D... Das kann doch nicht sein!
Warum weißt du das so schnell...?
Heute gab es nur wenige Kandidaten...
... und die Entscheidung wurde noch vor Ort gefällt.
Ach so...
Offensichtlich haben sich die Sponsoren durchgesetzt.
Sie wollten einen bekannten Schauspieler, der die Zuschauer anlockt...
... meine Chancen waren von Anfang an aussichtslos!
Das heißt doch...
KNIRSCH
Aber der Regisseur hat sich wohl für Sie eingesetzt.
Er hätte keine falschen Hoffnungen wecken sollen!
Diesmal war es schade...
... aber lassen Sie uns dieses Vorsprechen als Ansporn nehmen, uns noch mehr ins Zeug zu legen!
Was er nicht sagt!

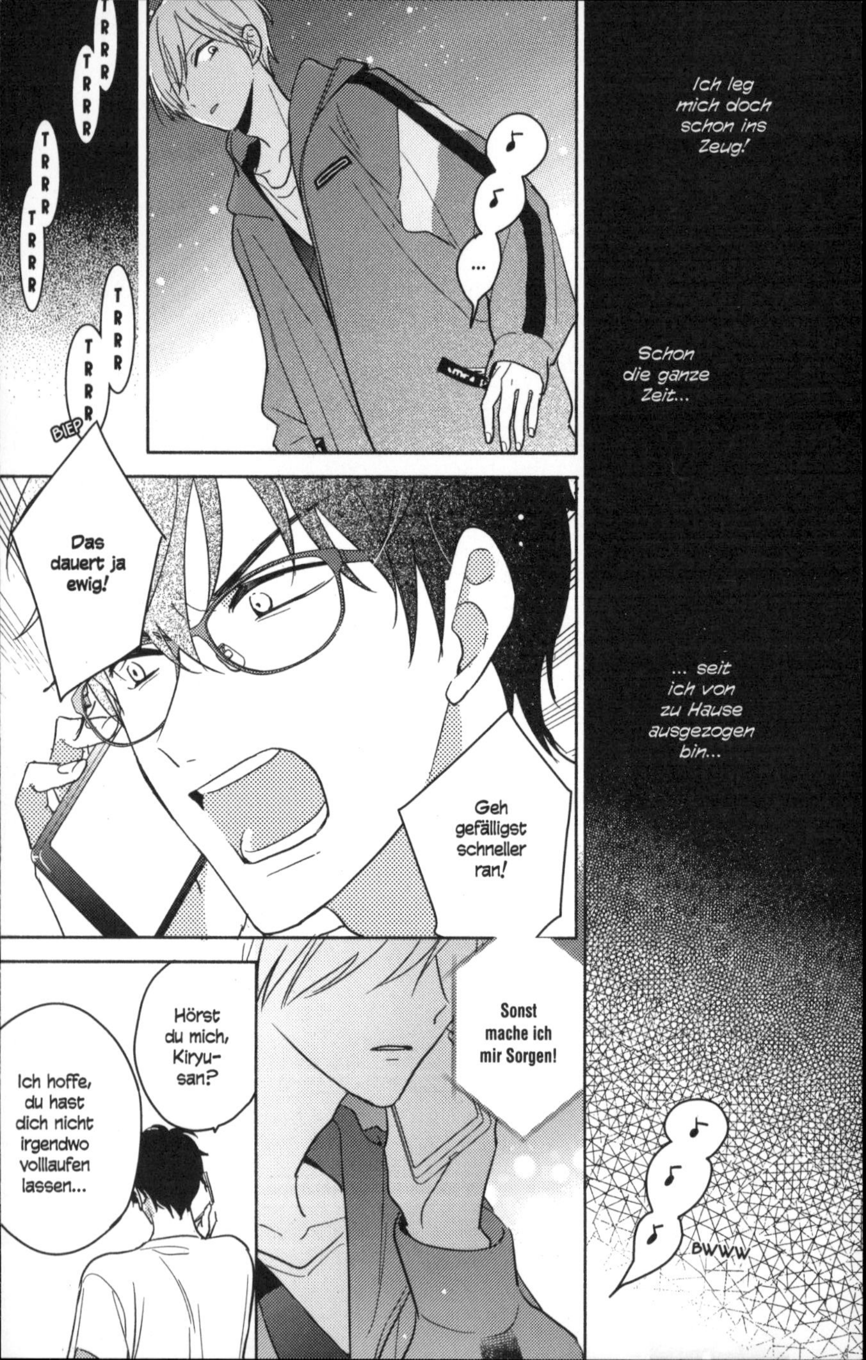

Ich leg mich doch schon ins Zeug!
TRRR
TRRR
TRRR
TRRR
TRRR
TRRR
Schon die ganze Zeit...
BIEP
... seit ich von zu Hause ausgezogen bin...
Das dauert ja ewig!
Geh gefälligst schneller ran!
Sonst mache ich mir Sorgen!
Hörst du mich, Kiryu-san?
Ich hoffe, du hast dich nicht irgendwo volllaufen lassen...
BWWW

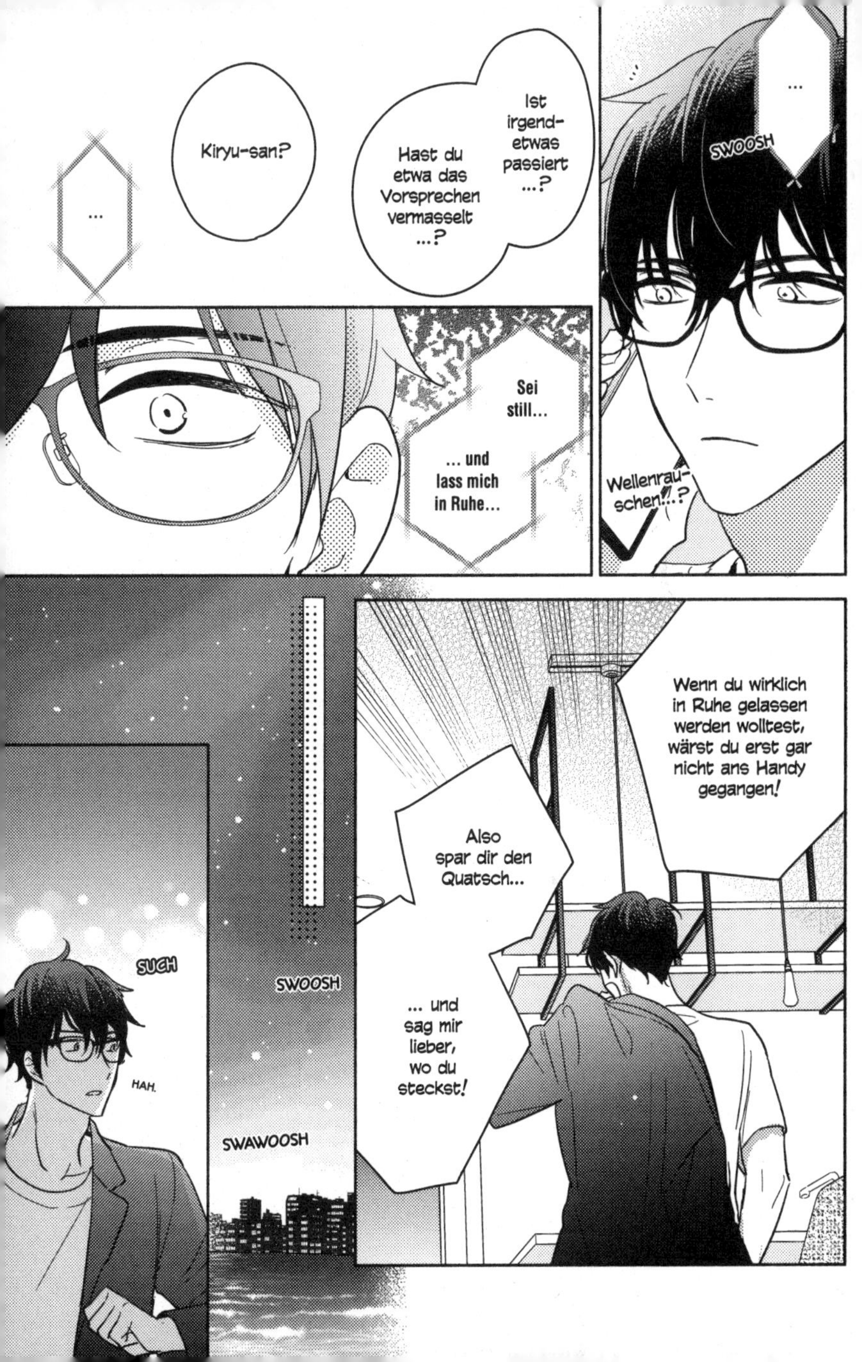
...
SWOOSH
Ist irgend-etwas passiert ...?
Hast du etwa das Vorsprechen vermasselt ...?
Kiryu-san?
...
Wellenrau-schen...?
Sei still...
... und lass mich in Ruhe...
Wenn du wirklich in Ruhe gelassen werden wolltest, wärst du erst gar nicht ans Handy gegangen!
Also spar dir den Quatsch...
... und sag mir lieber, wo du steckst!
SWOOSH
SWAWOOSH
SUCH
HAH.

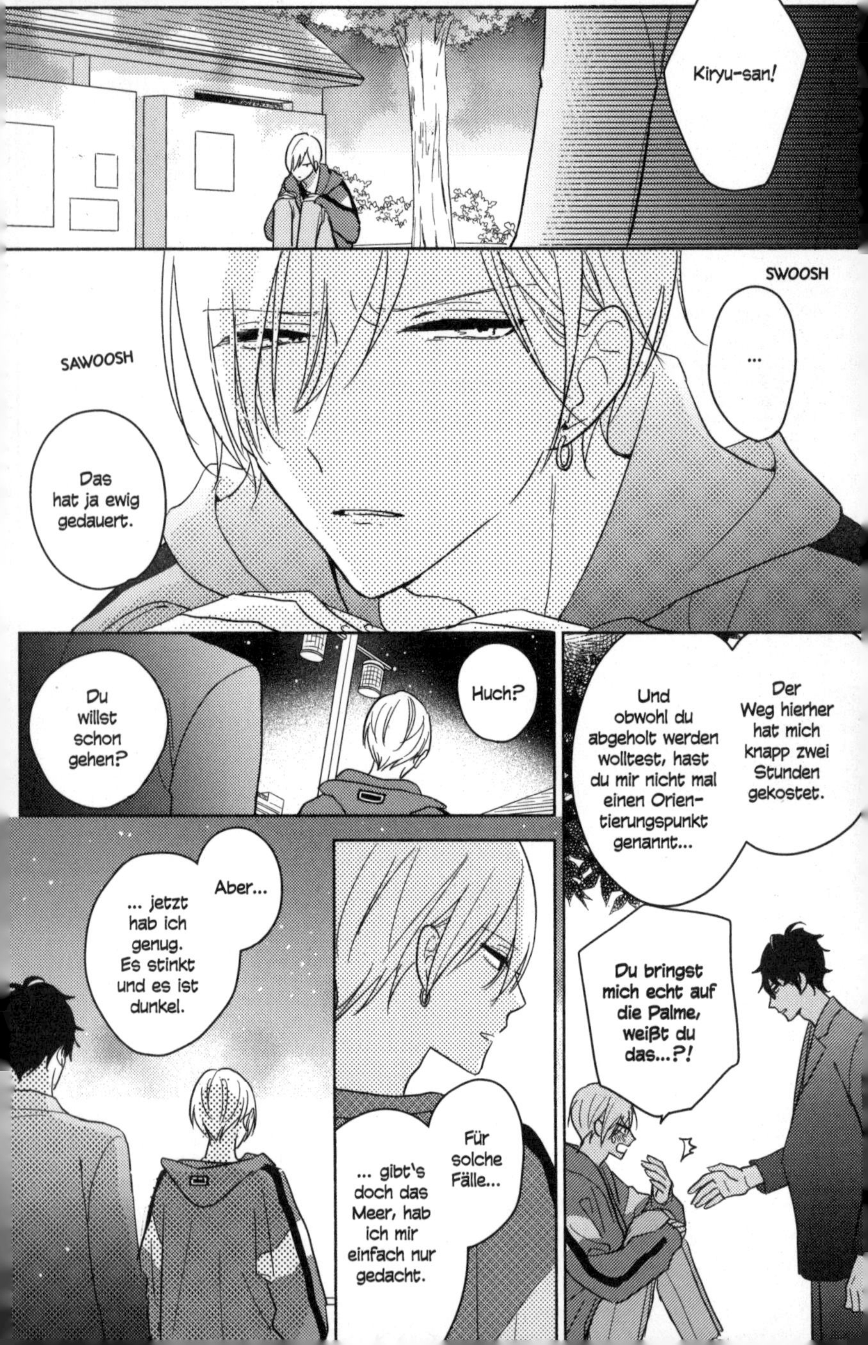

Kiryu-san!
SWOOSH
...
SAWOOSH
Das hat ja ewig gedauert.
Der Weg hierher hat mich knapp zwei Stunden gekostet.
Und obwohl du abgeholt werden wolltest, hast du mir nicht mal einen Orientierungspunkt genannt...
Huch?
Du willst schon gehen?
Du bringst mich echt auf die Palme, weißt du das...?!
Für solche Fälle...
... gibt's doch das Meer, hab ich mir einfach nur gedacht.
Aber...
... jetzt hab ich genug. Es stinkt und es ist dunkel.

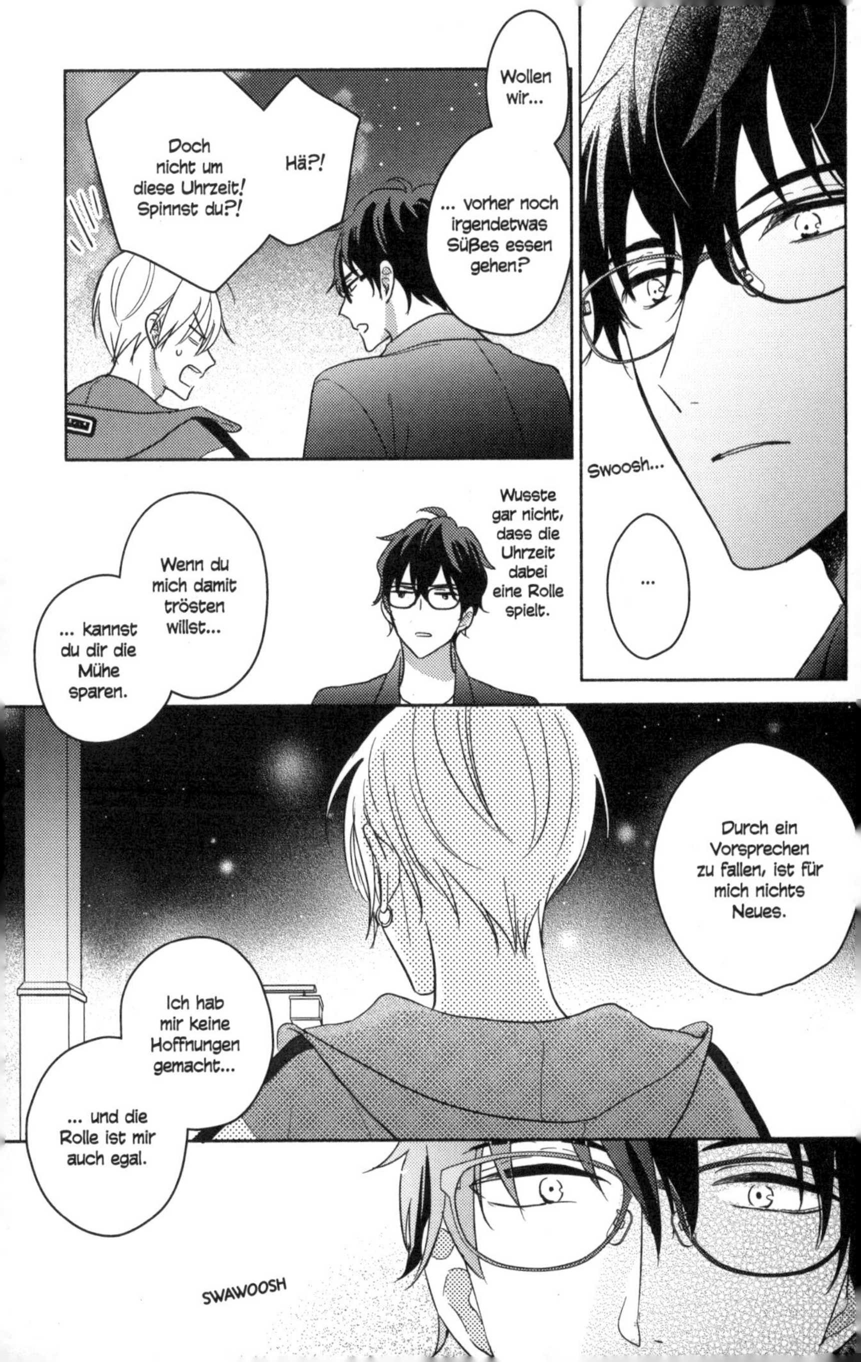
Wollen wir...
... vorher noch irgendetwas Süßes essen gehen?
Hä?!
Doch nicht um diese Uhrzeit! Spinnst du?!
Swoosh...
...
Wusste gar nicht, dass die Uhrzeit dabei eine Rolle spielt.
Wenn du mich damit trösten willst...
... kannst du dir die Mühe sparen.
Durch ein Vorsprechen zu fallen, ist für mich nichts Neues.
Ich hab mir keine Hoffnungen gemacht...
... und die Rolle ist mir auch egal.
SWAWOOSH

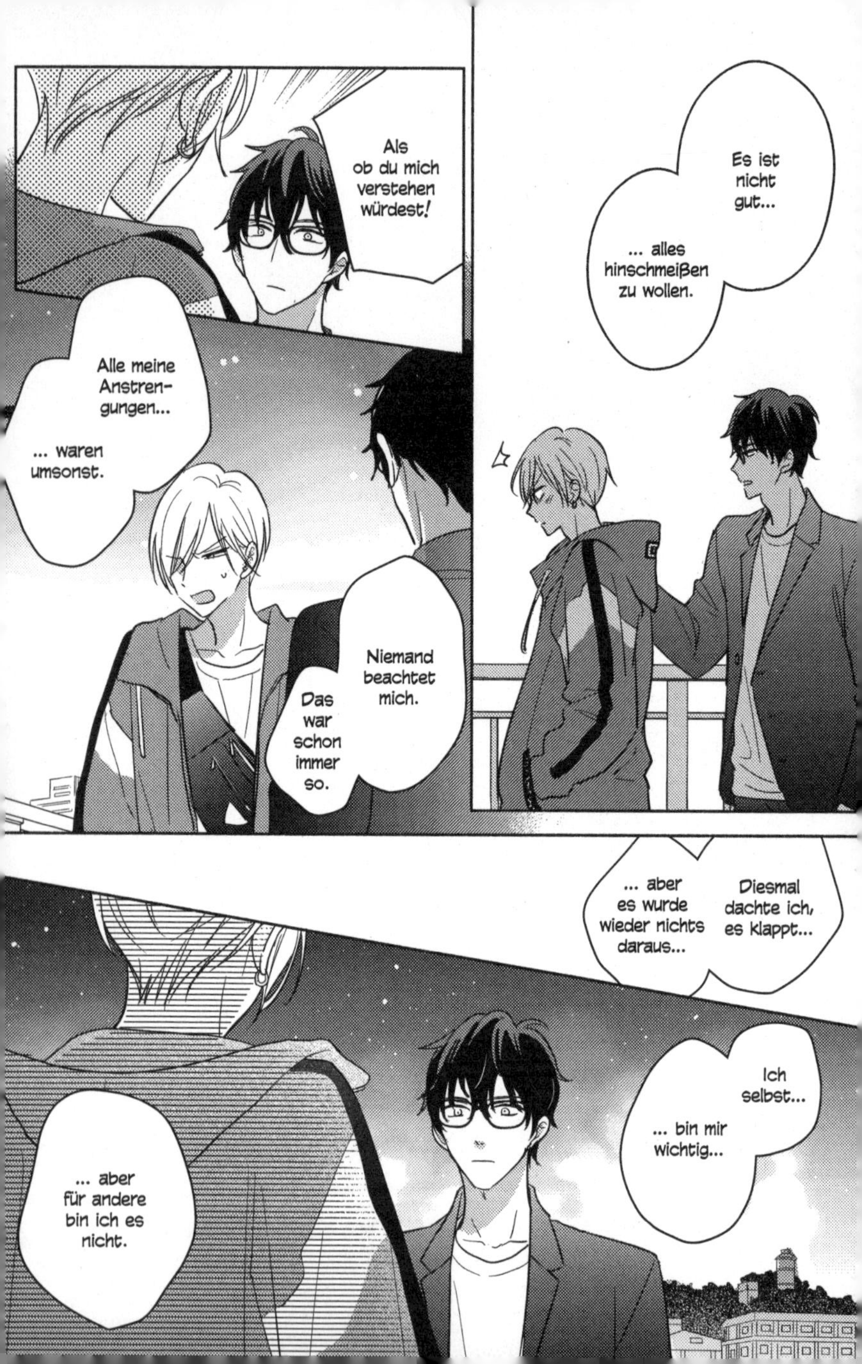
Es ist nicht gut...
... alles hinschmeißen zu wollen.
Als ob du mich verstehen würdest!
Alle meine Anstrengungen...
... waren umsonst.
Niemand beachtet mich.
Das war schon immer so.
Diesmal dachte ich, es klappt...
... aber es wurde wieder nichts daraus...
Ich selbst...
... bin mir wichtig...
... aber für andere bin ich es nicht.

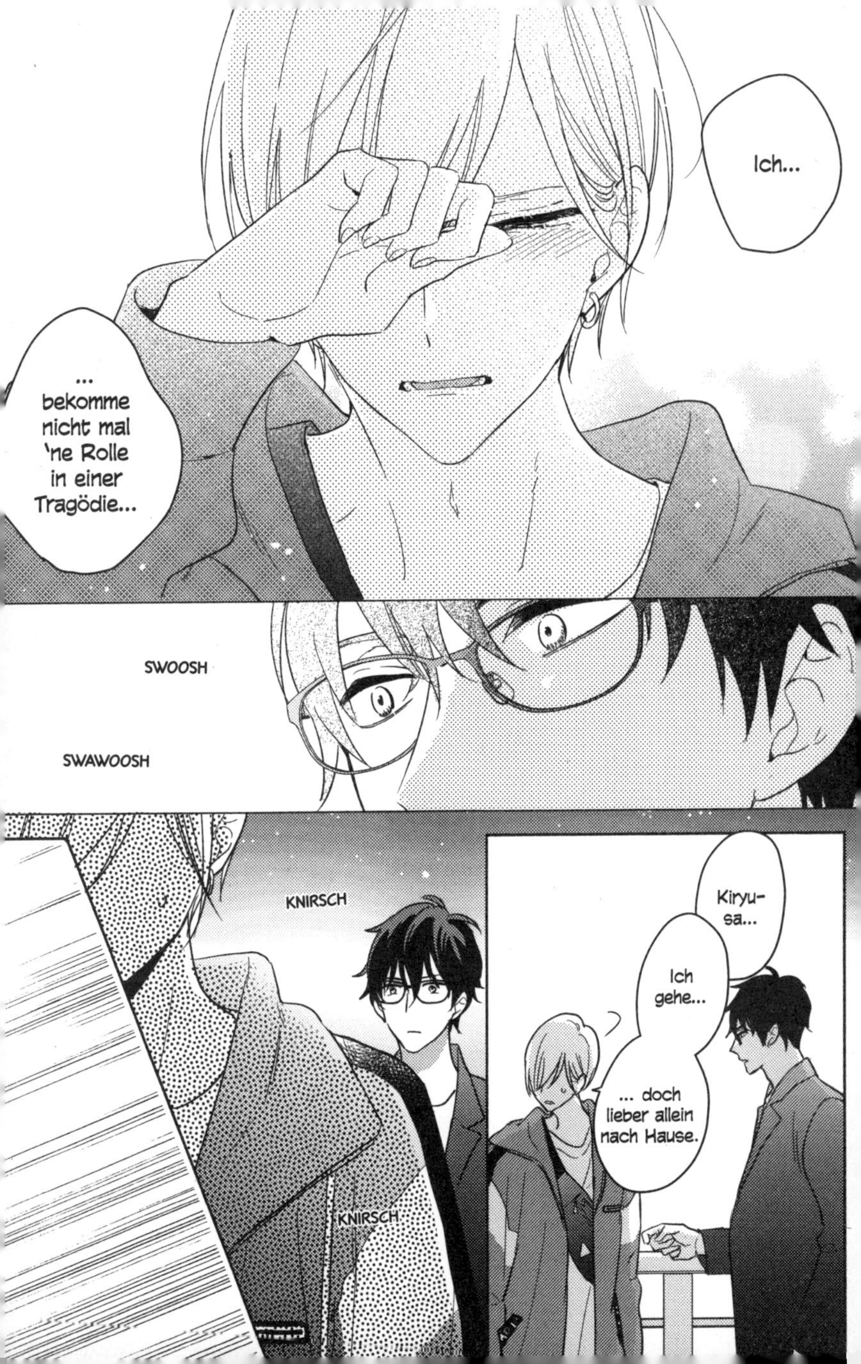

Ich...
... bekomme nicht mal 'ne Rolle in einer Tragödie...
SWOOSH
SWAWOOSH
Kiryu-sa...
Ich gehe...
... doch lieber allein nach Hause.
KNIRSCH
KNIRSCH

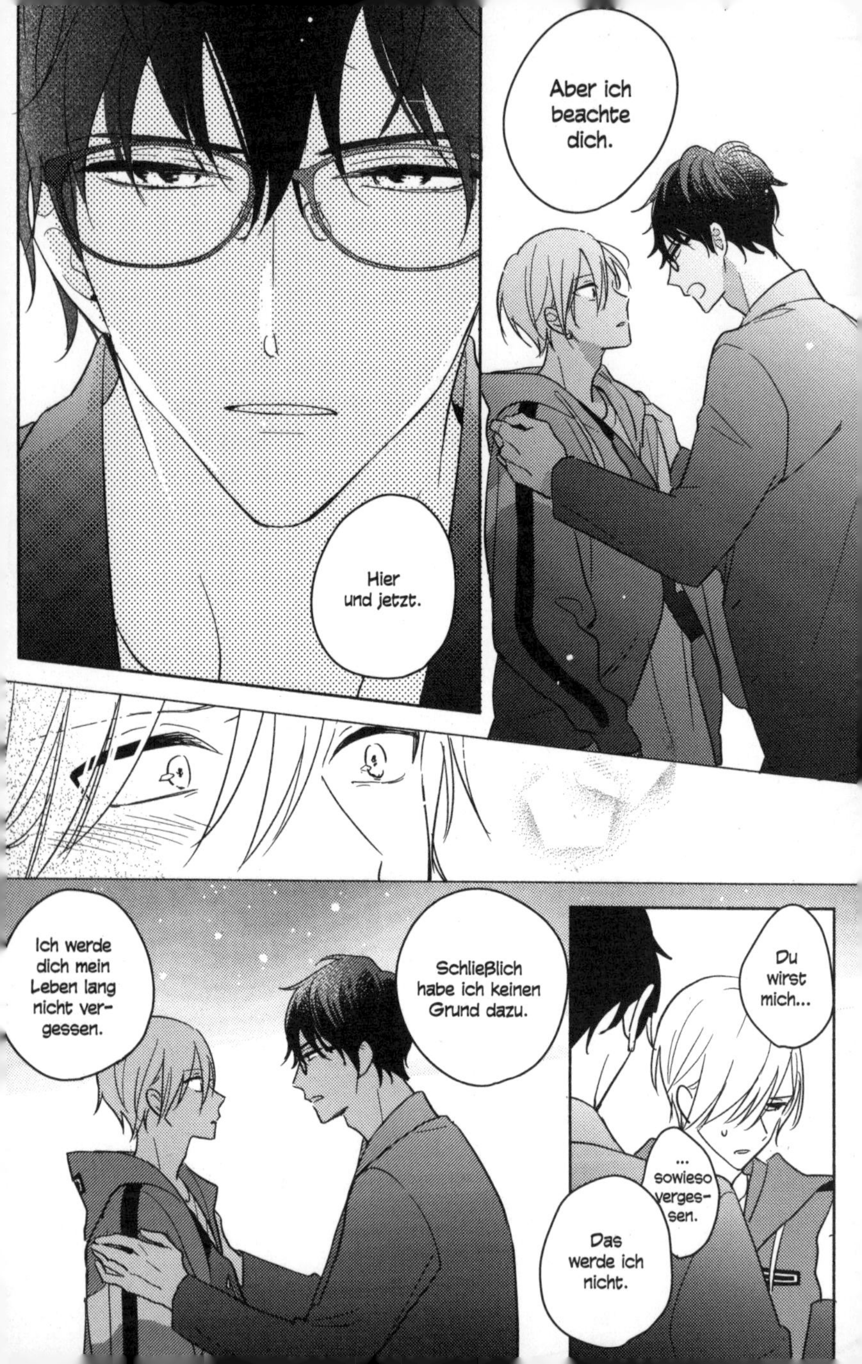
Aber ich beachte dich.
Hier und jetzt.
Du wirst mich...
... sowieso vergessen.
Das werde ich nicht.
Schließlich habe ich keinen Grund dazu.
Ich werde dich mein Leben lang nicht vergessen.

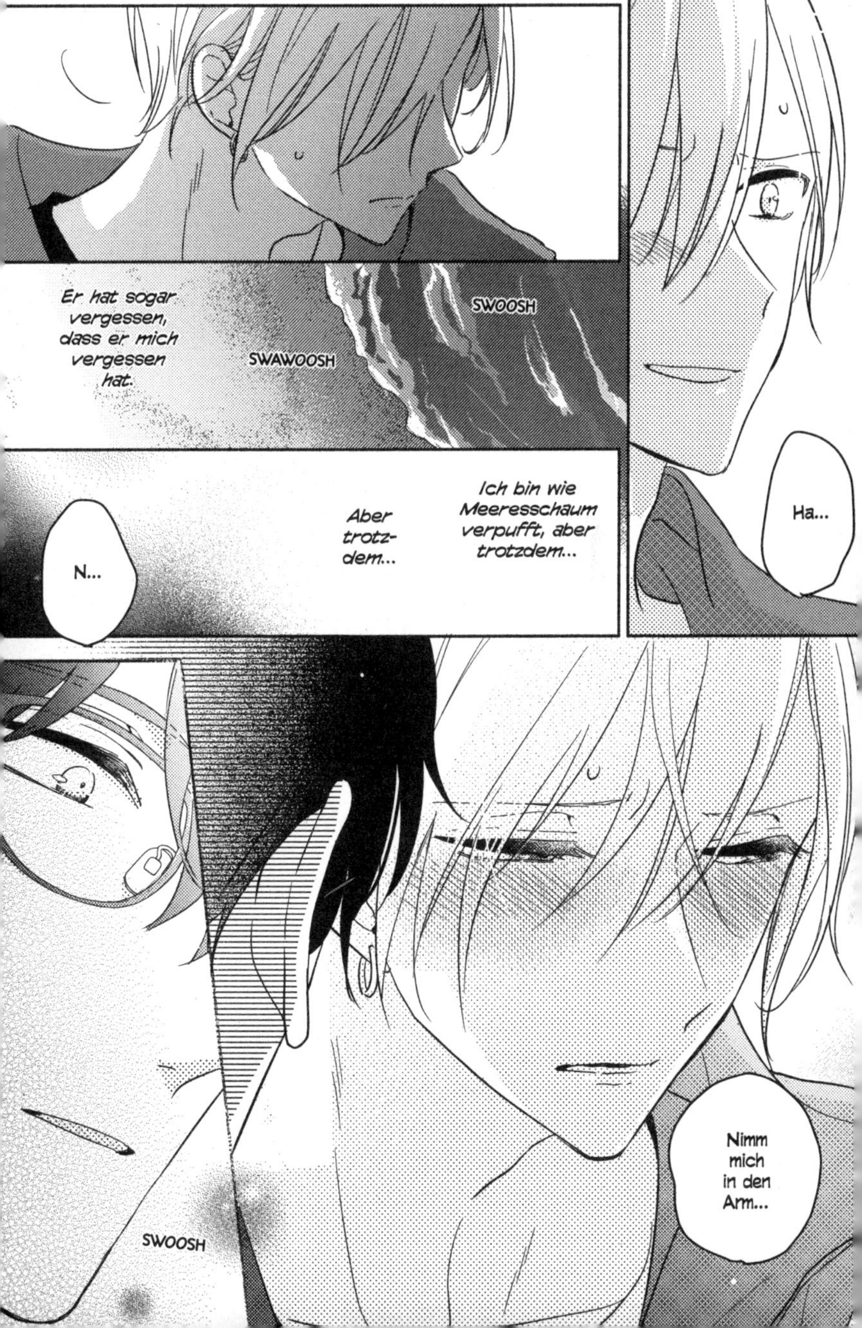
Er hat sogar vergessen, dass er mich vergessen hat.
SWOOSH
SWAWOOSH
Ha...
Ich bin wie Meeresschaum verpufft, aber trotzdem...
Aber trotz-dem...
N...
Nimm mich in den Arm...
SWOOSH

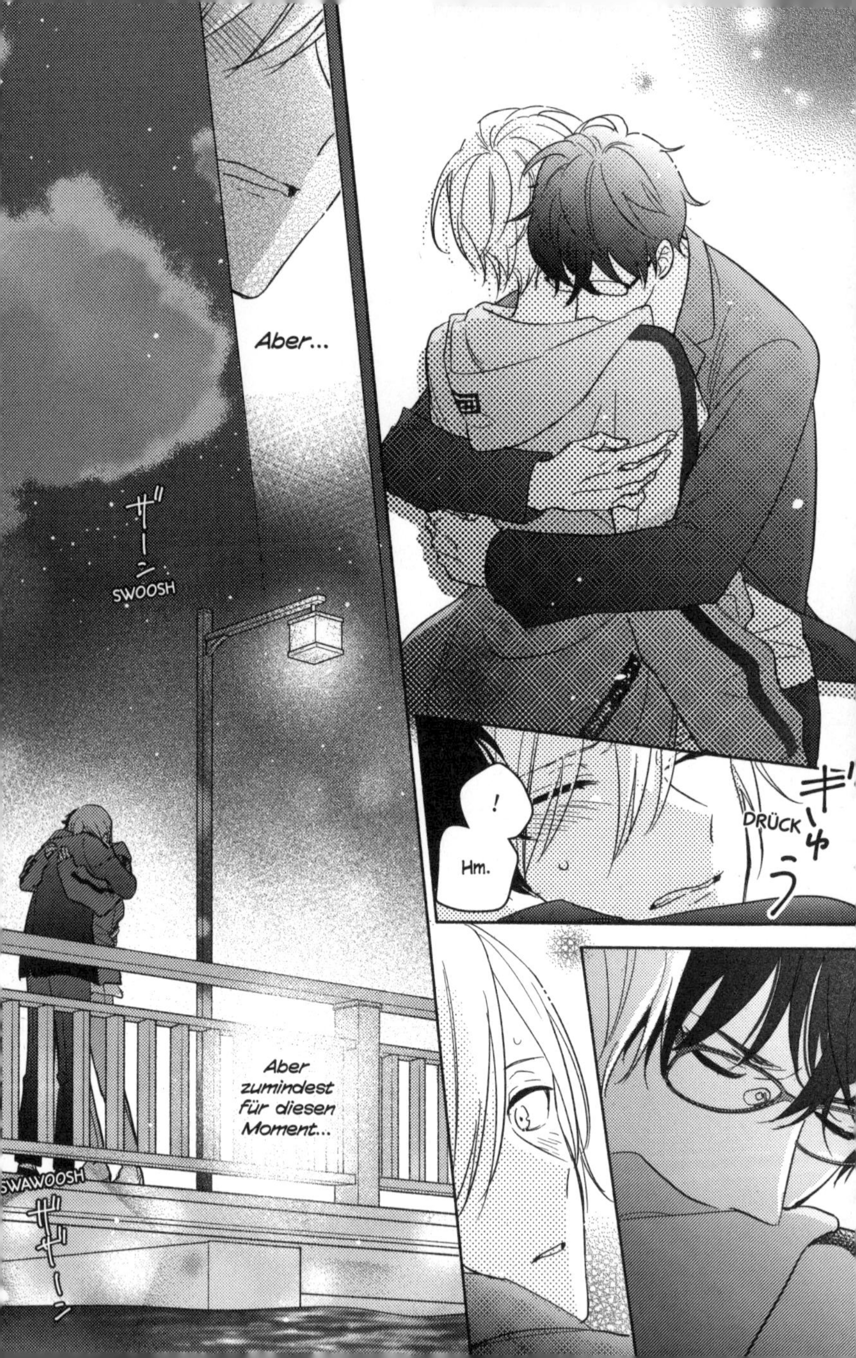
Aber…
DRÜCK
ぎゅう
!
Hm.
ザーー
SWOOSH
Aber zumindest für diesen Moment…
SWAWOOSH
ザザーー

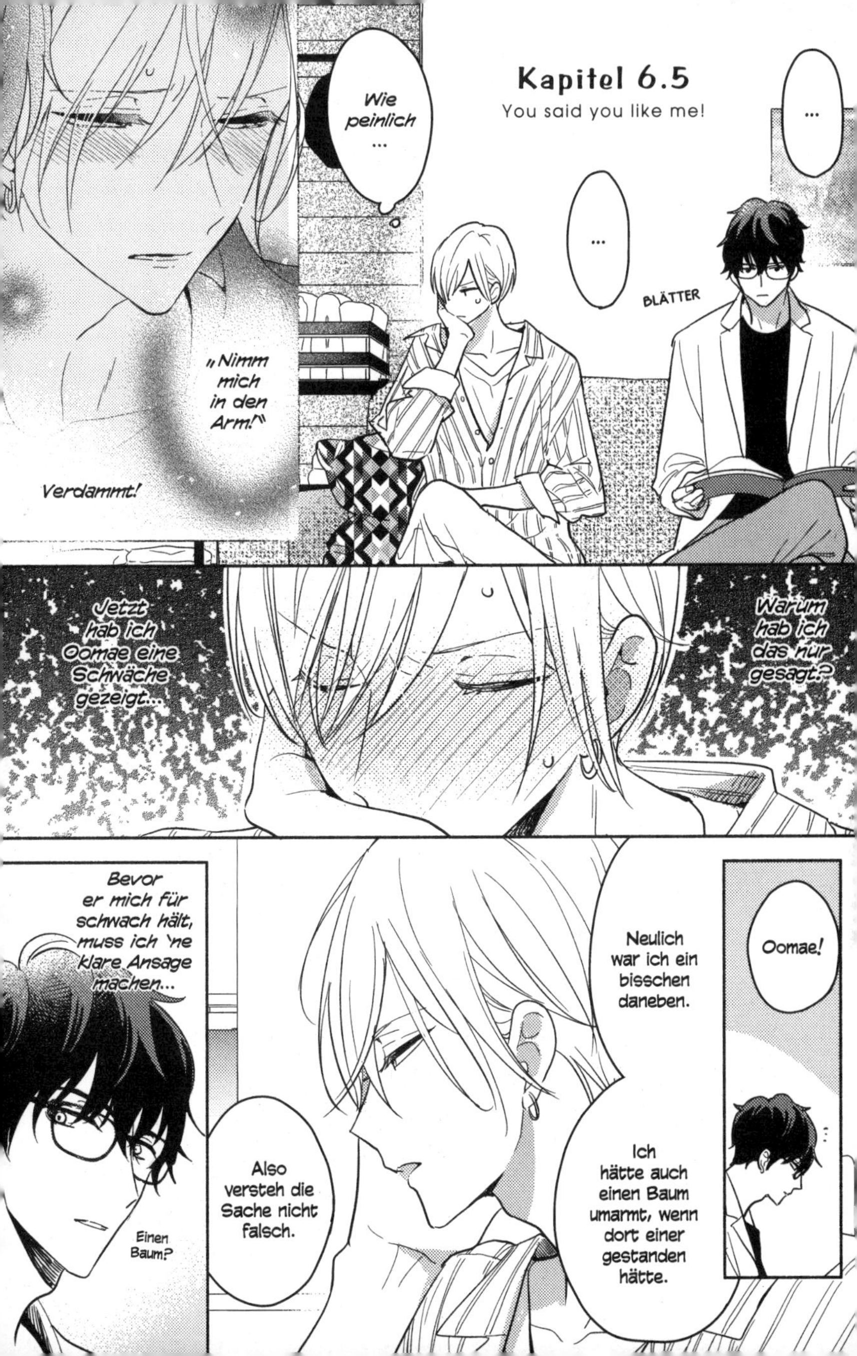

Kapitel 6.5
You said you like me!
...
...
BLÄTTER
Wie peinlich ...
„Nimm mich in den Arm!"
Verdammt!
Warum hab ich das nur gesagt?
Jetzt hab ich Oomae eine Schwäche gezeigt...
Oomae!
Neulich war ich ein bisschen daneben.
Bevor er mich für schwach hält, muss ich 'ne klare Ansage machen...
Ich hätte auch einen Baum umarmt, wenn dort einer gestanden hätte.
Also versteh die Sache nicht falsch.
Einen Baum?

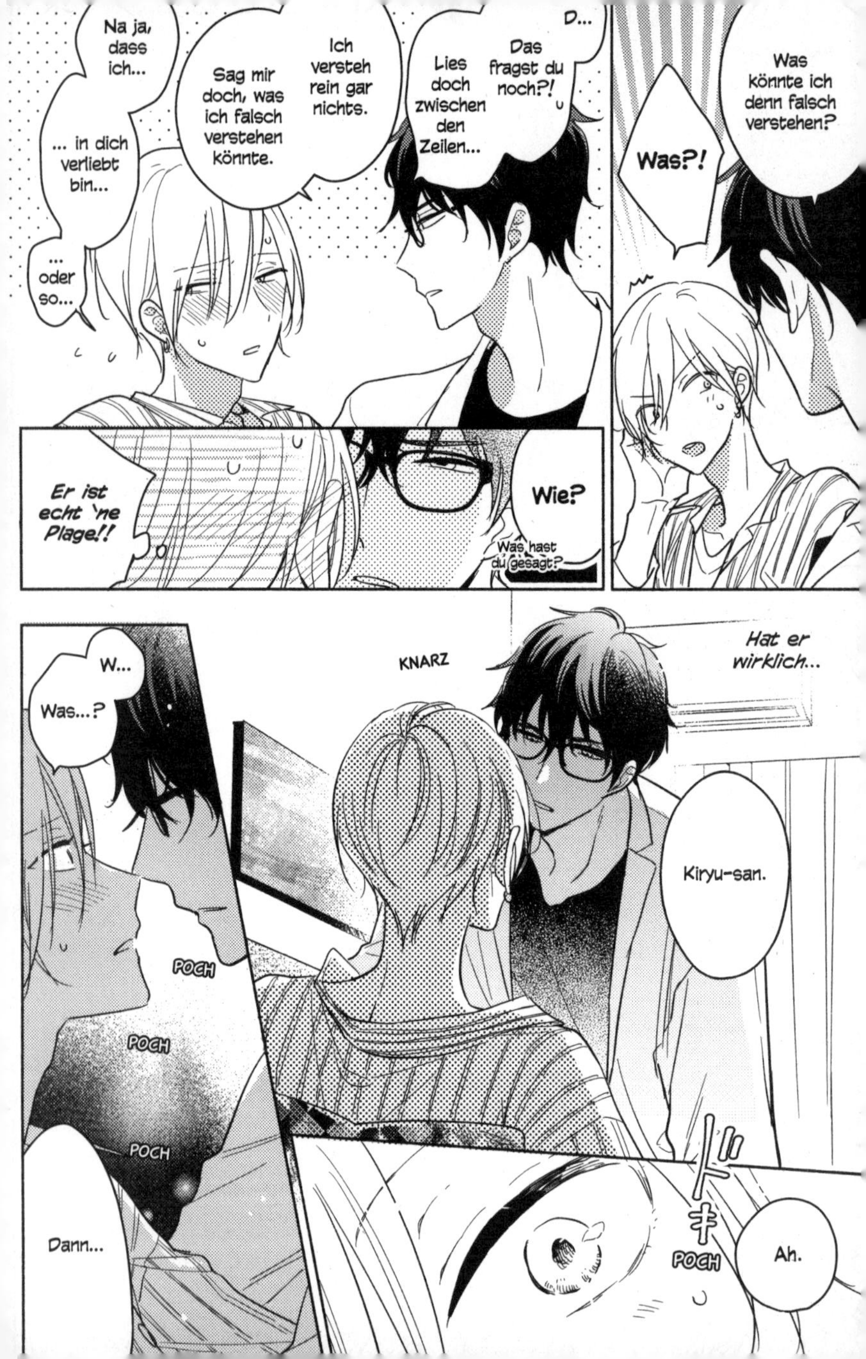
Was könnte ich denn falsch verstehen?
Was?!
D... Das fragst du noch?!
Lies doch zwischen den Zeilen...
Ich versteh rein gar nichts.
Sag mir doch, was ich falsch verstehen könnte.
Na ja, dass ich...
... in dich verliebt bin...
... oder so...
Wie?
Was hast du gesagt?
Er ist echt 'ne Plage!!
Hat er wirklich...
Kiryu-san.
KNARZ
W...
Was...?
POCH
POCH
POCH
Ah.
POCH
Dann...

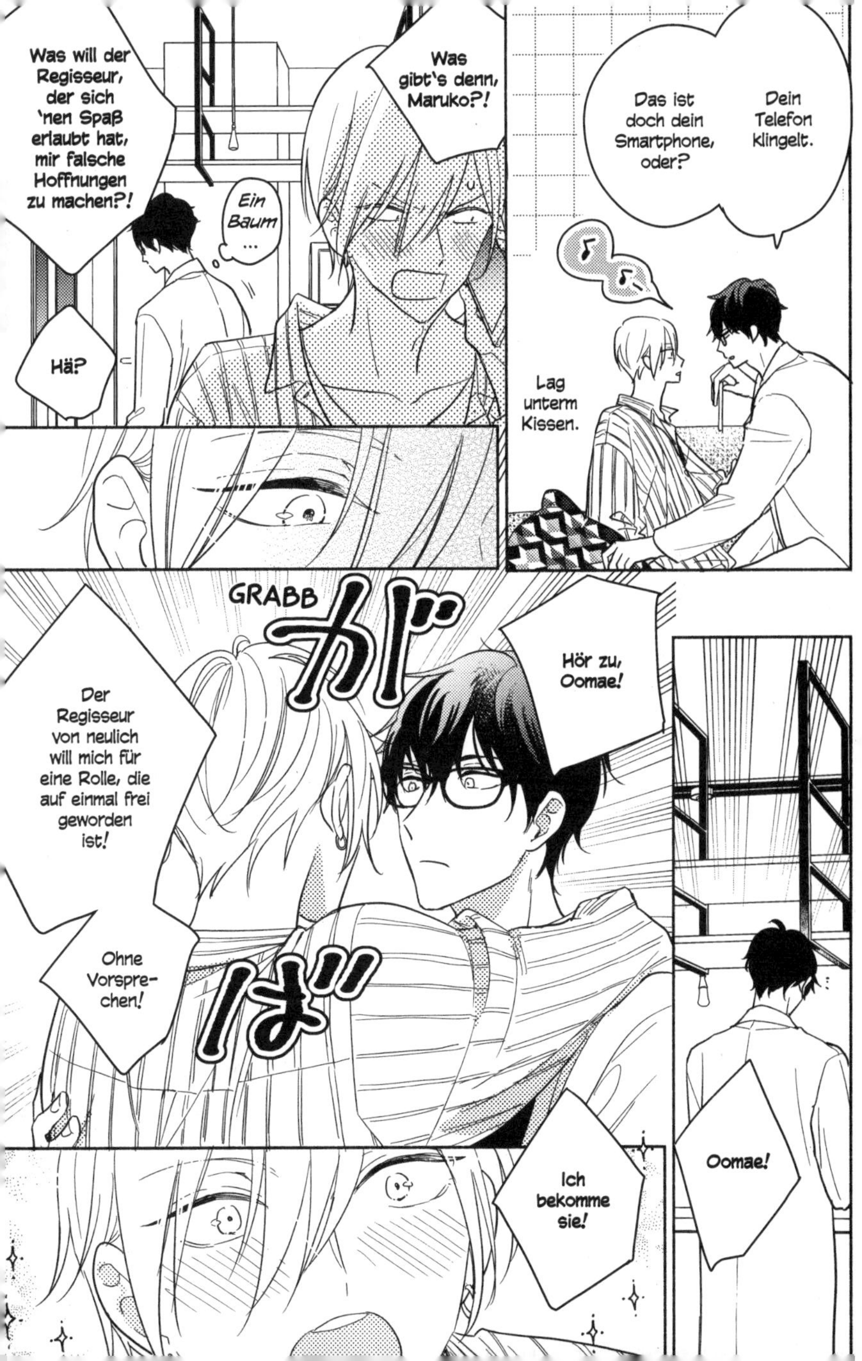
Dein Telefon klingelt.
Das ist doch dein Smartphone, oder?
Lag unterm Kissen.
Was gibt's denn, Maruko?!
Ein Baum …
Was will der Regisseur, der sich 'nen Spaß erlaubt hat, mir falsche Hoffnungen zu machen?!
Hä?
GRABB
Hör zu, Oomae!
Der Regisseur von neulich will mich für eine Rolle, die auf einmal frei geworden ist!
Ohne Vorsprechen!
Oomae!
Ich bekomme sie!

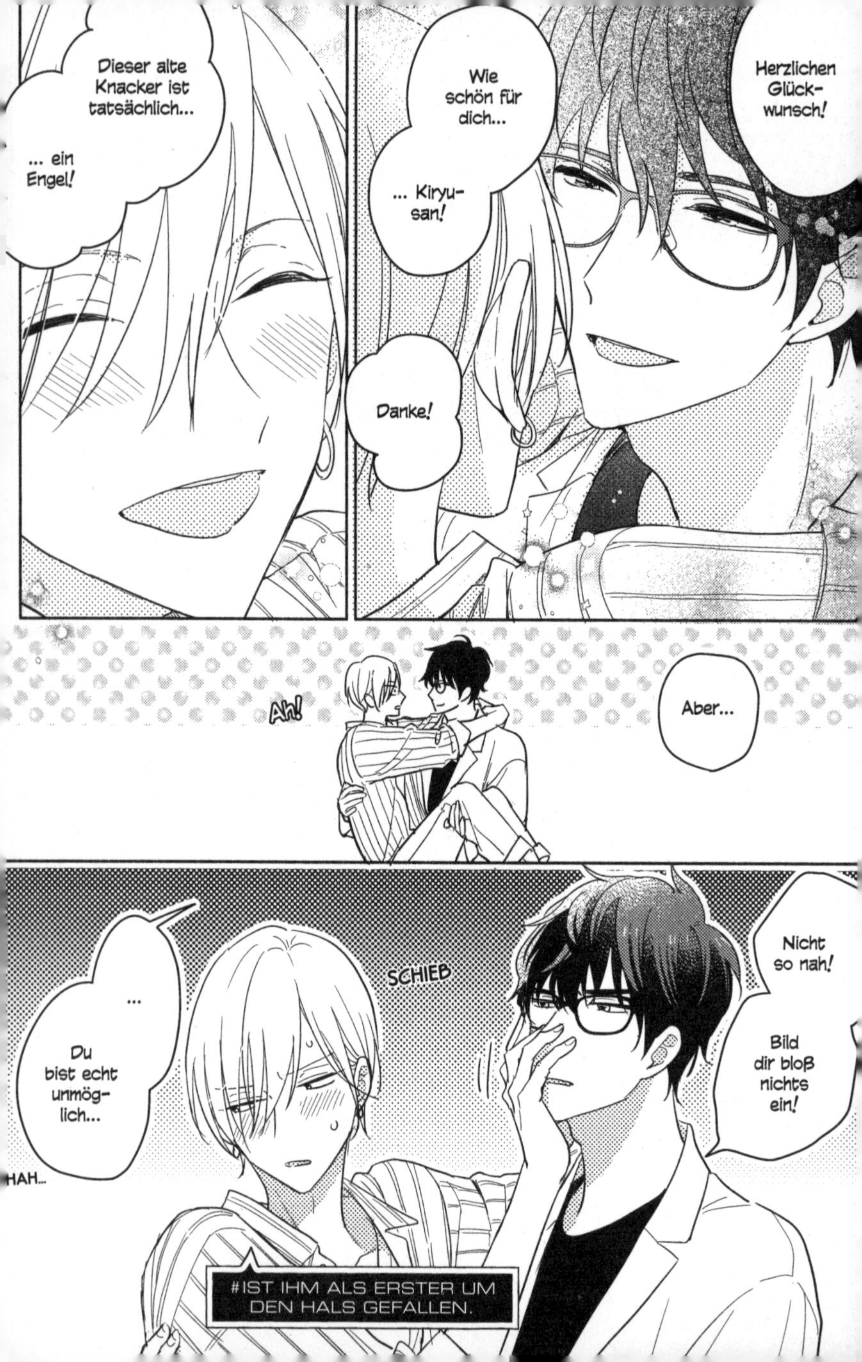
Herzlichen Glückwunsch!
Wie schön für dich...
... Kiryu-san!
Danke!
Dieser alte Knacker ist tatsächlich...
... ein Engel!
Aber...
Ah!
Nicht so nah!
Bild dir bloß nichts ein!
SCHIEB
...
Du bist echt unmöglich...
HAH...
#IST IHM ALS ERSTER UM DEN HALS GEFALLEN.

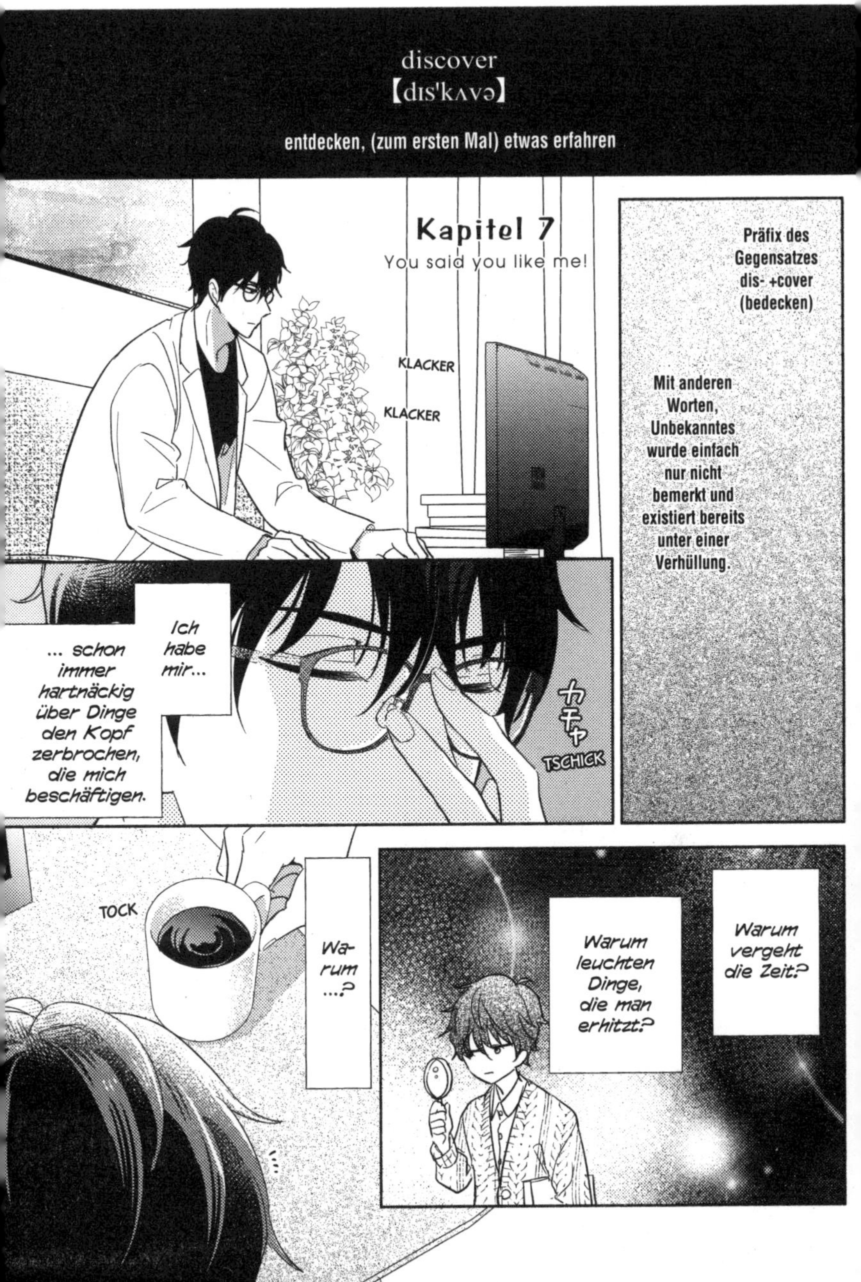
discover
【dɪs'kʌvə】
entdecken, (zum ersten Mal) etwas erfahren
Kapitel 7
You said you like me!
Präfix des Gegensatzes dis- +cover (bedecken)
Mit anderen Worten, Unbekanntes wurde einfach nur nicht bemerkt und existiert bereits unter einer Verhüllung.
KLACKER
KLACKER
カチャ
TSCHICK
Ich habe mir...
... schon immer hartnäckig über Dinge den Kopf zerbrochen, die mich beschäftigen.
Warum vergeht die Zeit?
Warum leuchten Dinge, die man erhitzt?
Wa-rum ...?
TOCK
...

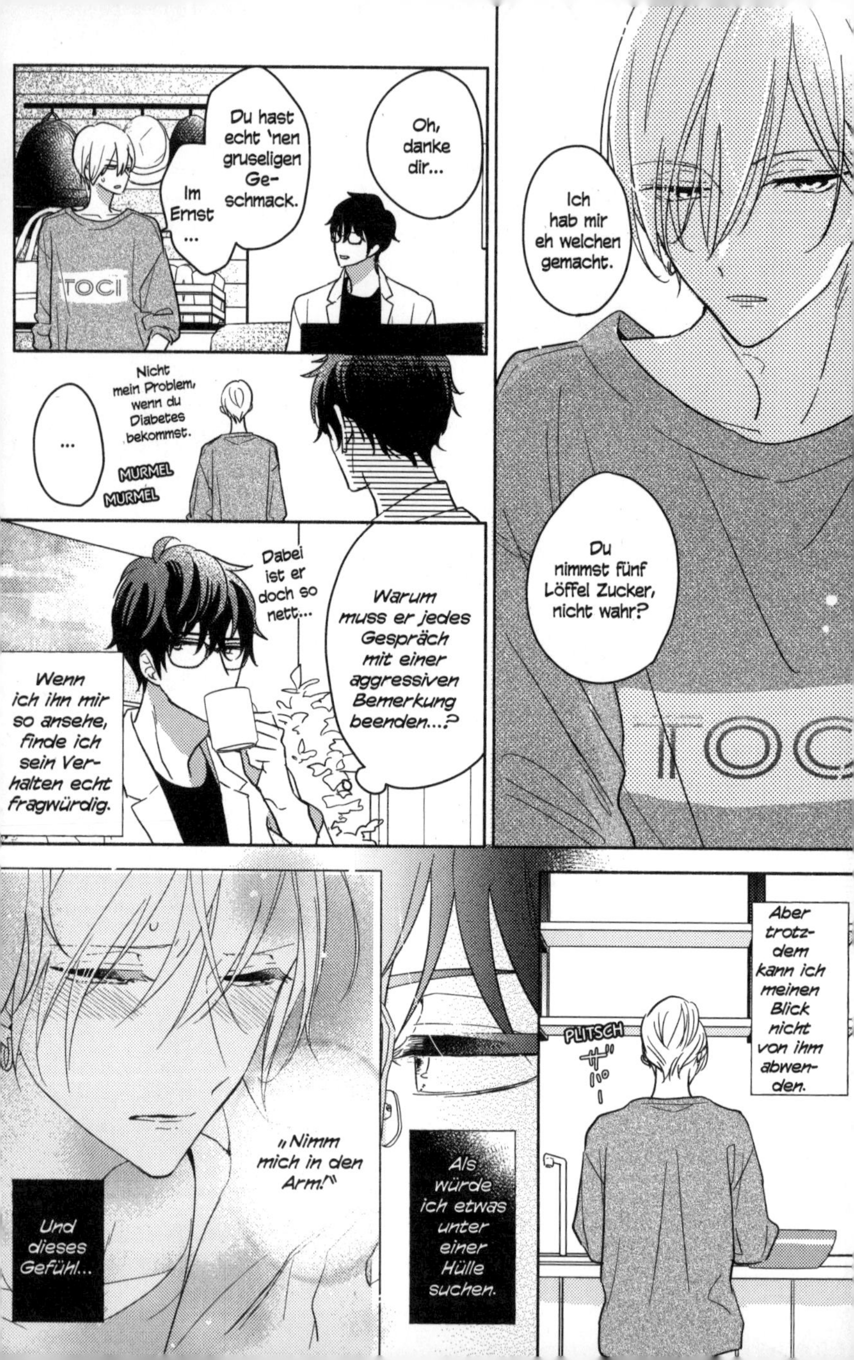
Ich hab mir eh welchen gemacht.
Du nimmst fünf Löffel Zucker, nicht wahr?
Oh, danke dir...
Du hast echt 'nen gruseligen Geschmack.
Im Ernst ...
...
Nicht mein Problem, wenn du Diabetes bekommst.
MURMEL MURMEL
Dabei ist er doch so nett...
Warum muss er jedes Gespräch mit einer aggressiven Bemerkung beenden...?
Wenn ich ihn mir so ansehe, finde ich sein Verhalten echt fragwürdig.
Aber trotzdem kann ich meinen Blick nicht von ihm abwenden.
PLITSCH
Als würde ich etwas unter einer Hülle suchen.
„Nimm mich in den Arm!"
Und dieses Gefühl...

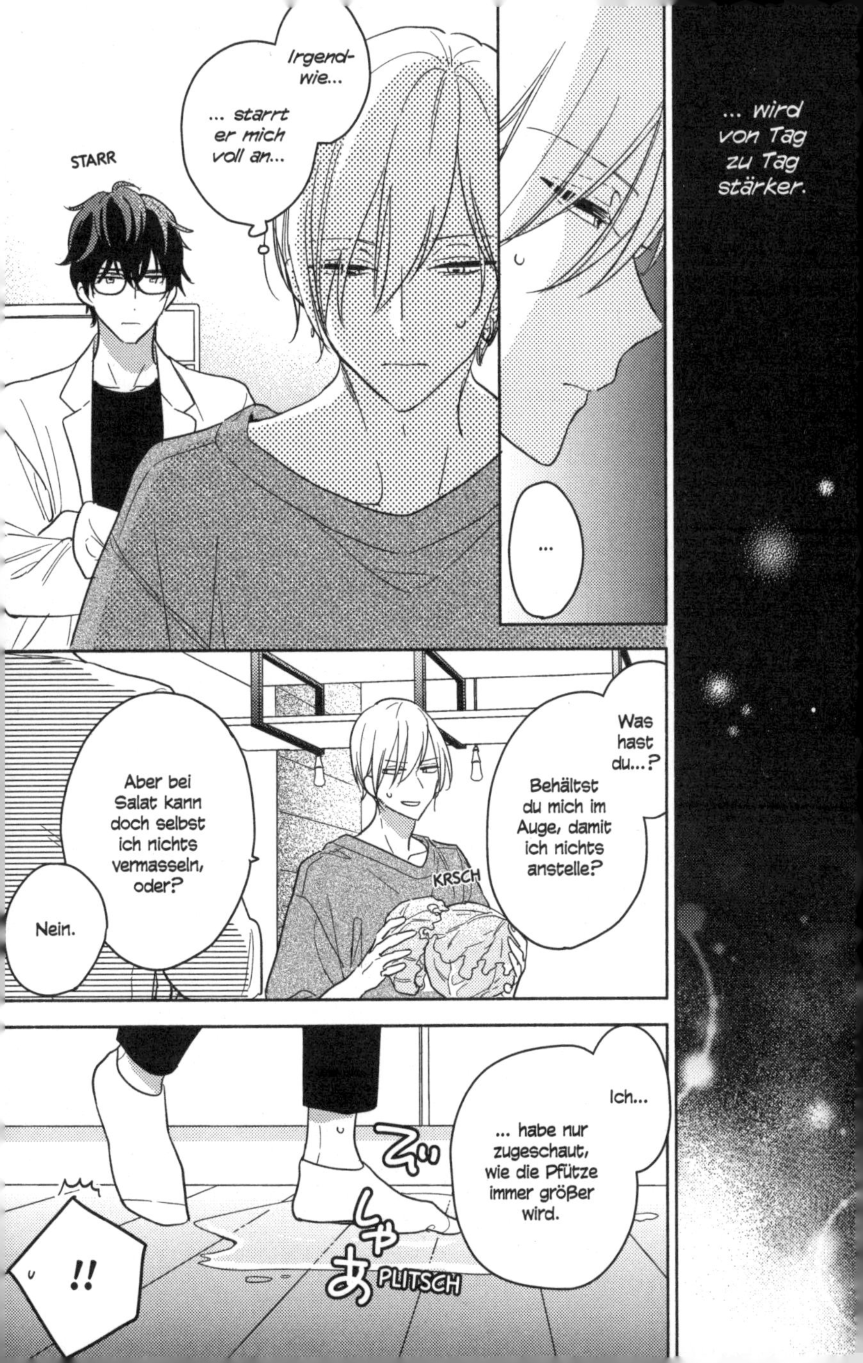
... wird von Tag zu Tag stärker.
...
Irgend-wie...
... starrt er mich voll an...
STARR
Was hast du...?
Behältst du mich im Auge, damit ich nichts anstelle?
KRSCH
Aber bei Salat kann doch selbst ich nichts vermasseln, oder?
Nein.
Ich...
... habe nur zugeschaut, wie die Pfütze immer größer wird.
PLITSCH
!!

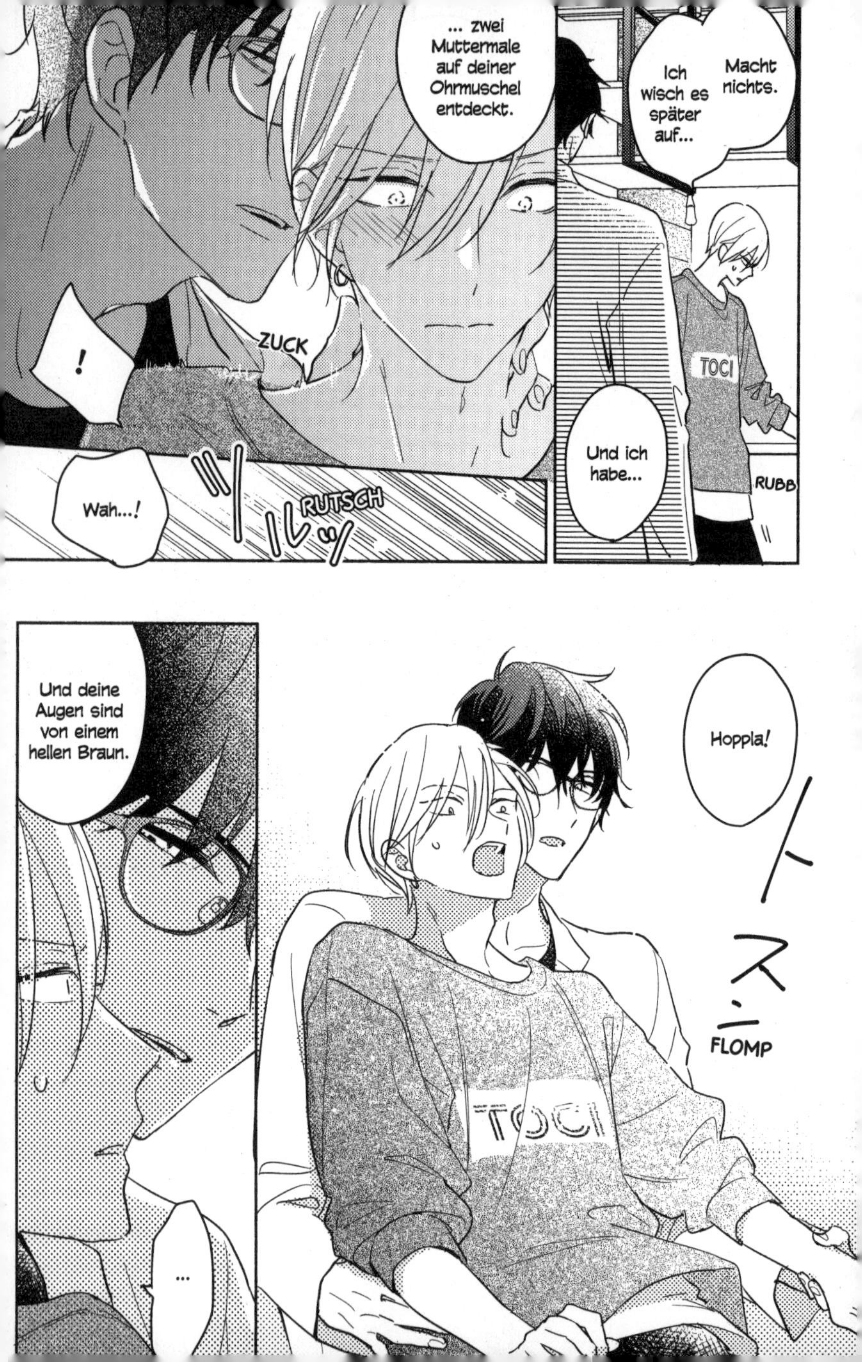
Macht nichts.
Ich wisch es später auf...
RUBB
Und ich habe...
... zwei Muttermale auf deiner Ohrmuschel entdeckt.
ZUCK
!
RUTSCH
Wah...!
Hoppla!
FLOMP
Und deine Augen sind von einem hellen Braun.
...

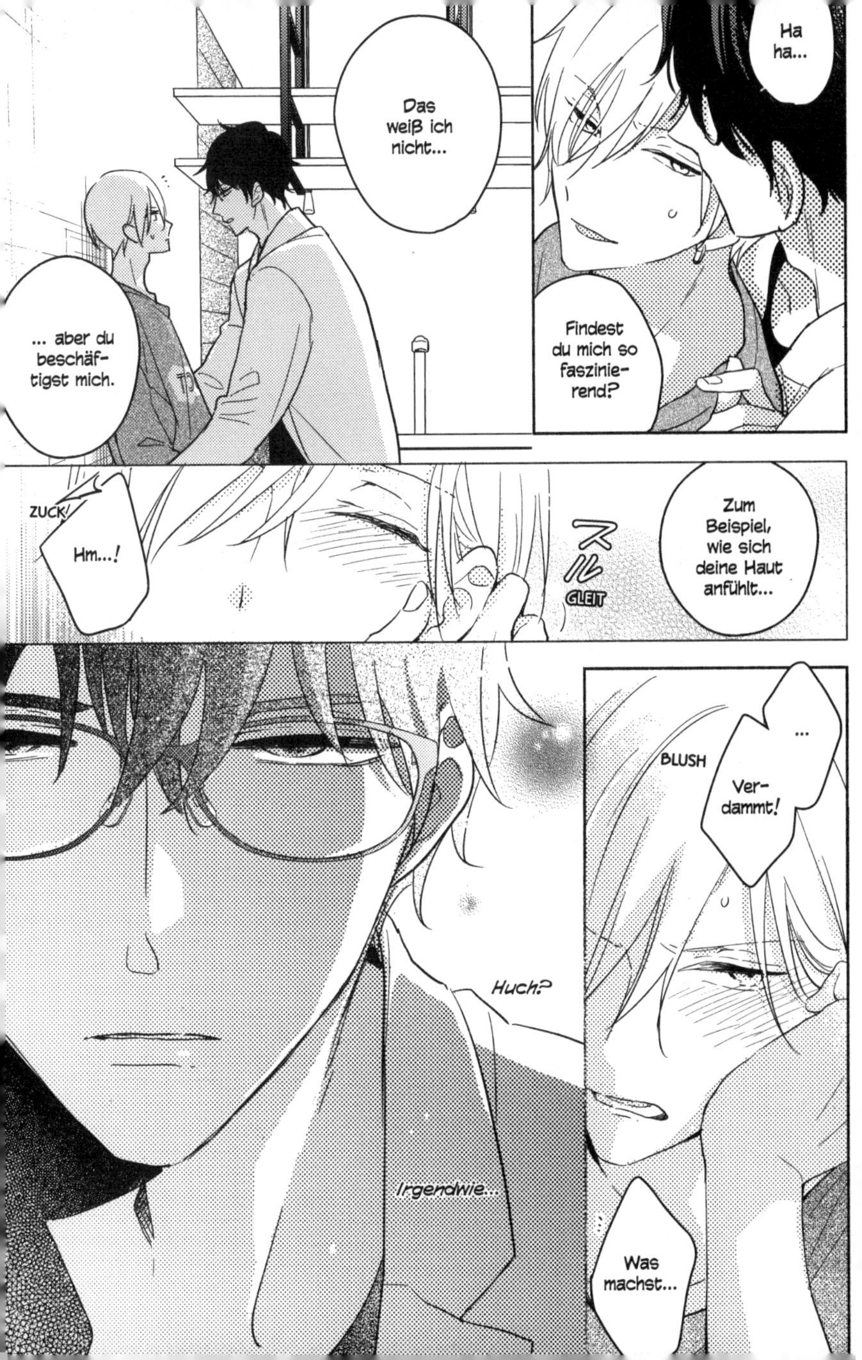
Ha ha...
Findest du mich so faszinierend?
Das weiß ich nicht...
... aber du beschäftigst mich.
Zum Beispiel, wie sich deine Haut anfühlt...
スル
GLEIT
ZUCK!
Hm...!
...
BLUSH
Verdammt!
Was machst...
Huch?
Irgendwie...

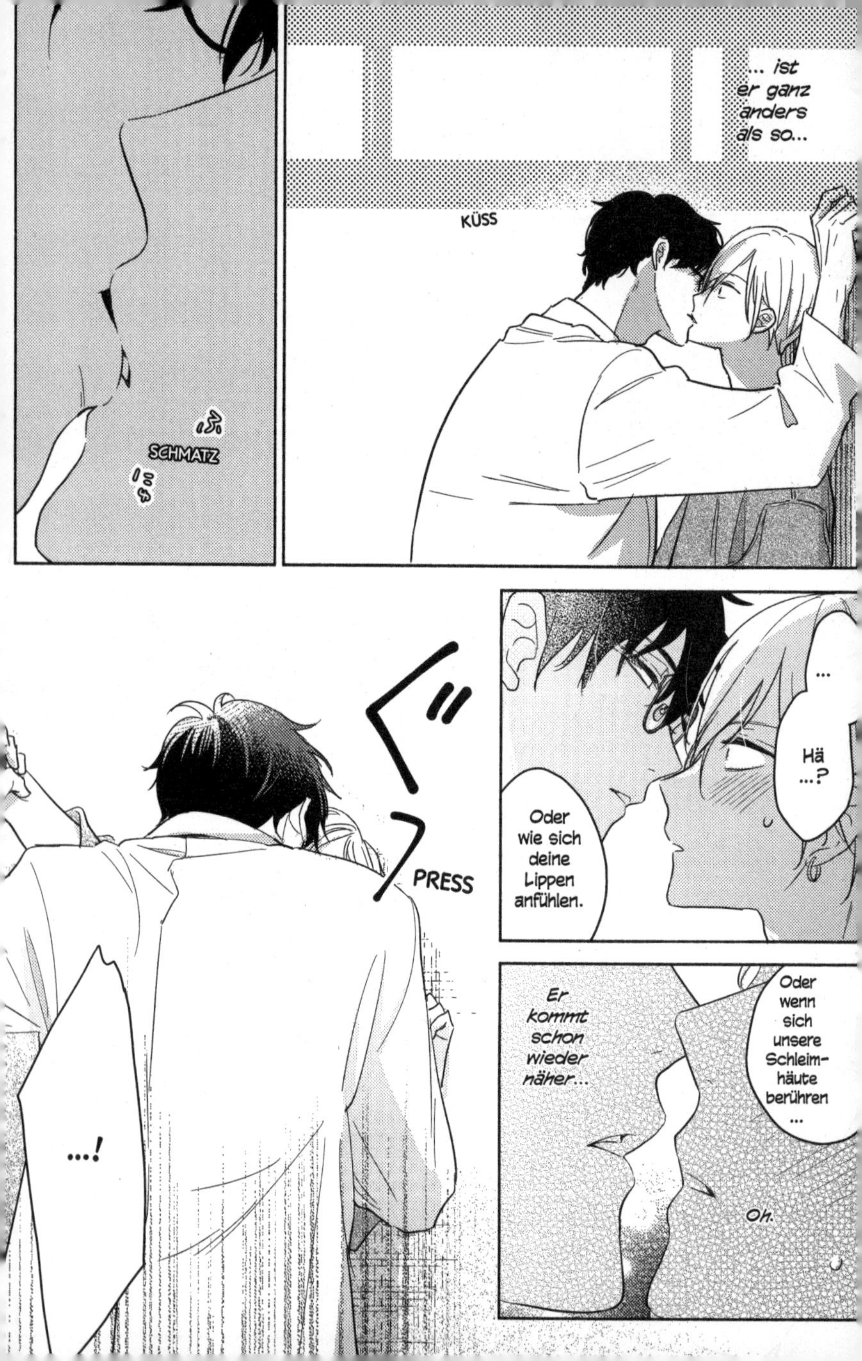

... ist er ganz anders als so...
KÜSS
SCHMATZ
Hä ...?
...
Oder wie sich deine Lippen anfühlen.
PRESS
...!
Oder wenn sich unsere Schleim-häute berühren ...
Er kommt schon wieder näher...
Oh.

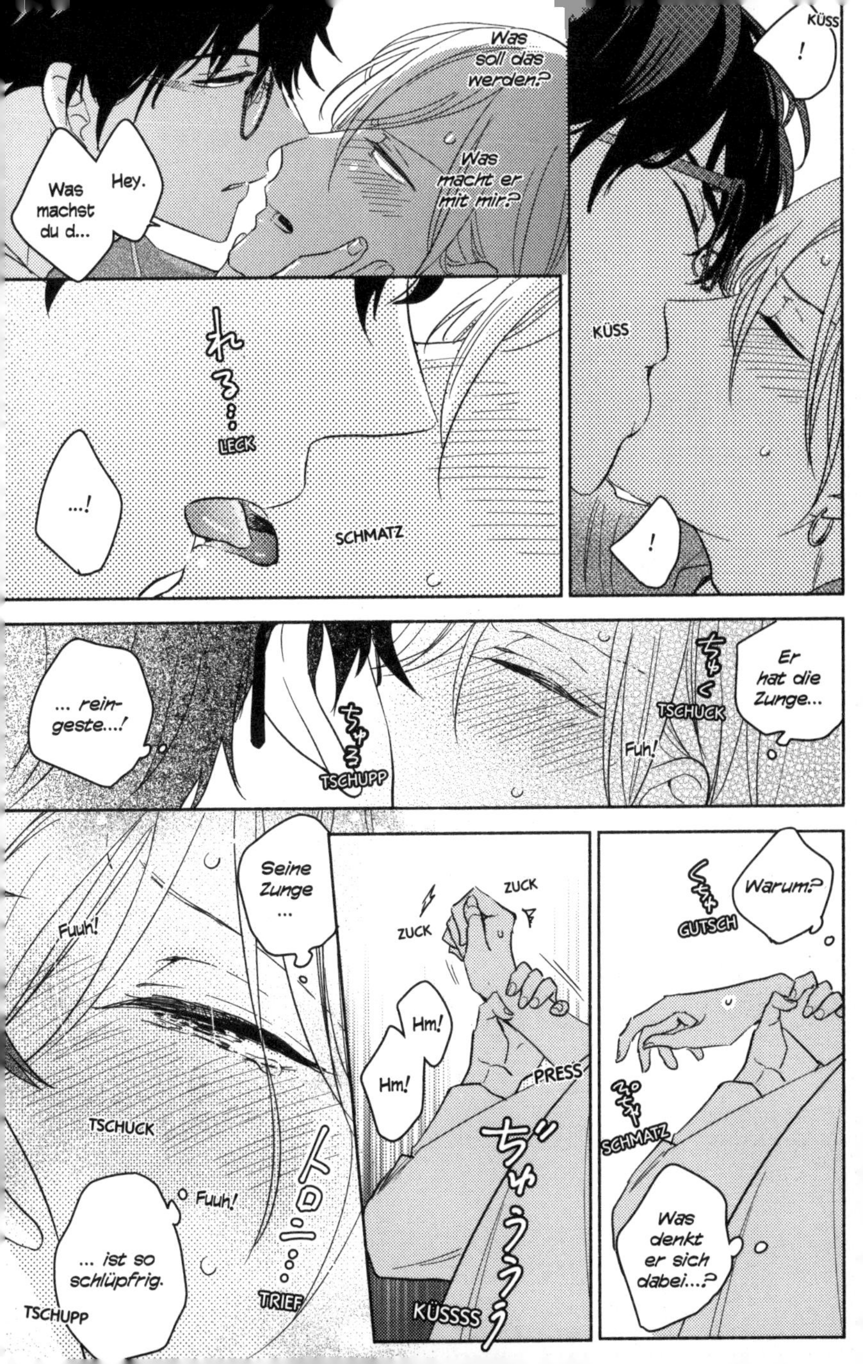

KÜSS
!
Was soll das werden?
Was macht er mit mir?
Hey.
Was machst du d...
KÜSS
!
れろ
LECK
SCHMATZ
...!
Er hat die Zunge...
ちゅく
TSCHUCK
Fuh!
ちゅる
TSCHUPP
... rein-geste...!
Warum?
くちゅ
GUTSCH
SCHMATZ
Was denkt er sich dabei...?
ZUCK
ZUCK
Hm!
Hm!
PRESS
ぢゅううう
KÜSSSS
Seine Zunge ...
Fuuh!
TSCHUCK
Fuuh!
... ist so schlüpfrig.
トロ
TRIEF
TSCHUPP

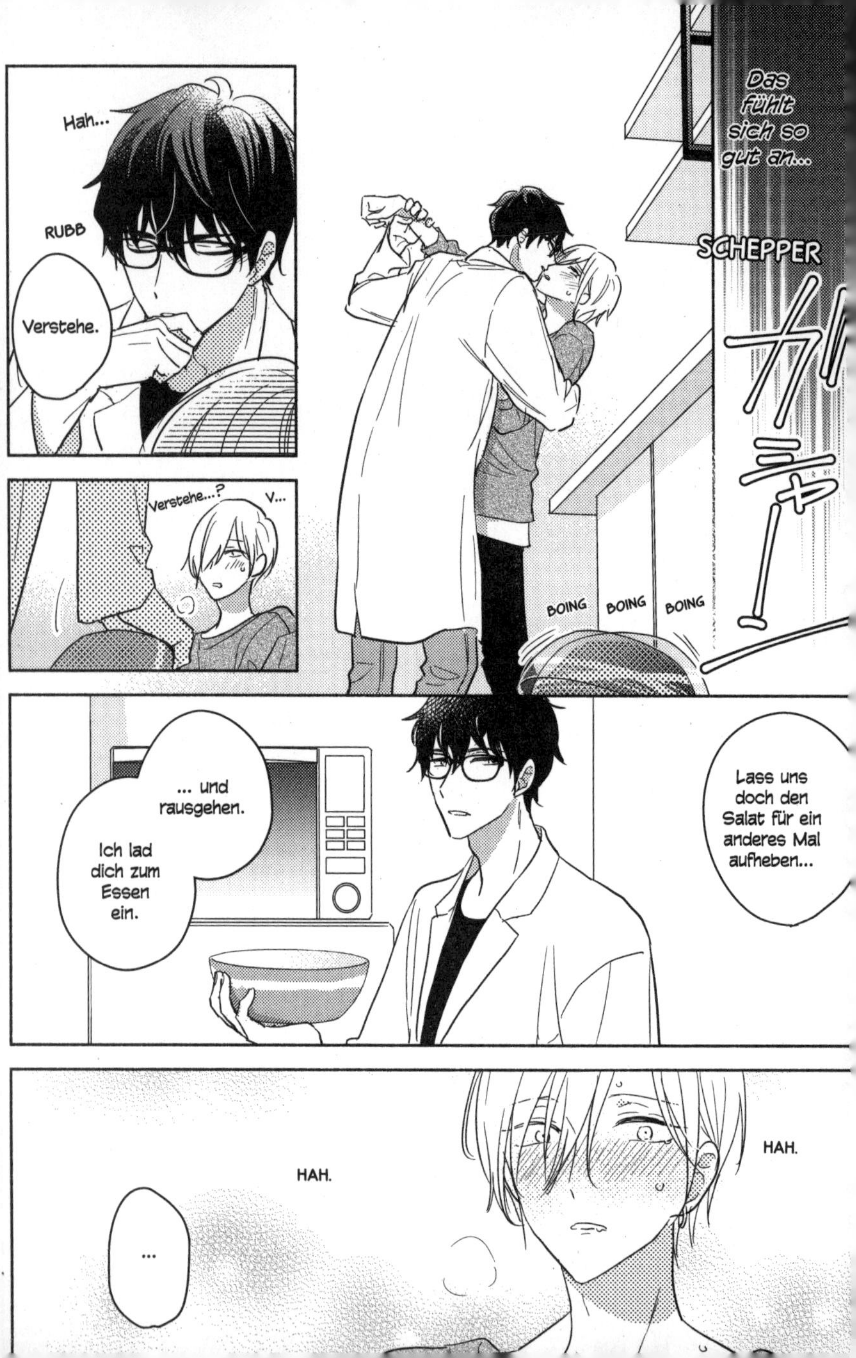
Das fühlt sich so gut an...
SCHEPPER
カシャーン
BOING
BOING
BOING
Hah...
RUBB
Verstehe.
V...
Verstehe...?
Lass uns doch den Salat für ein anderes Mal aufheben...
... und rausgehen.
Ich lad dich zum Essen ein.
HAH.
HAH.
...

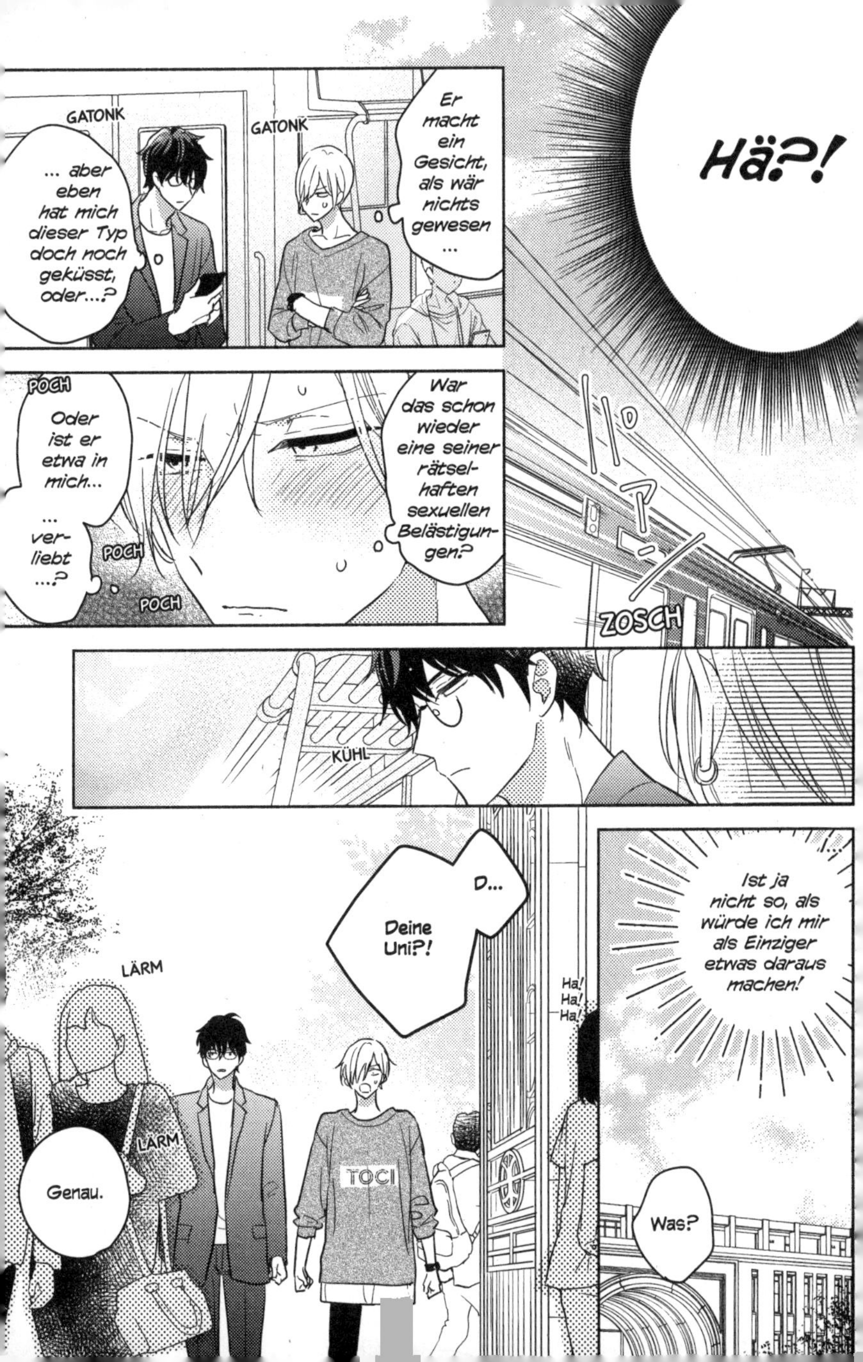
Hä?!
ZOSCH
Er macht ein Gesicht, als wär nichts gewesen ...
GATONK
GATONK
... aber eben hat mich dieser Typ doch noch geküsst, oder...?
War das schon wieder eine seiner rätselhaften sexuellen Belästigungen?
POCH
Oder ist er etwa in mich...
... verliebt ...?
POCH
POCH
KÜHL
I...
Ist ja nicht so, als würde ich mir als Einziger etwas daraus machen!
Ha! Ha! Ha!
Was?
D...
Deine Uni?!
LÄRM
LÄRM
Genau.
TOCI

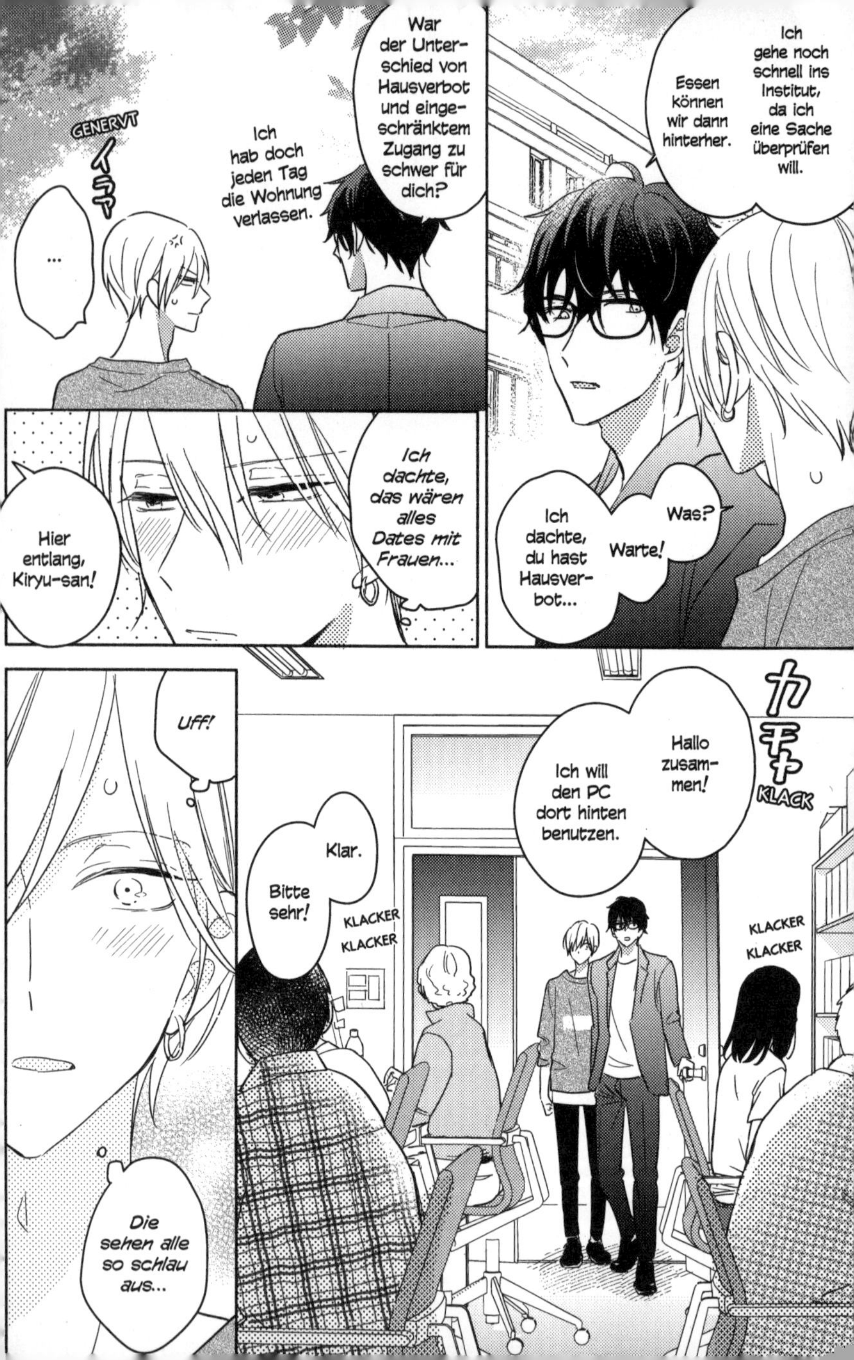

Ich gehe noch schnell ins Institut, da ich eine Sache überprüfen will.
Essen können wir dann hinterher.
War der Unterschied von Hausverbot und eingeschränktem Zugang zu schwer für dich?
Ich hab doch jeden Tag die Wohnung verlassen.
GENERVT
...
Was?
Warte!
Ich dachte, du hast Hausverbot...
Ich dachte, das wären alles Dates mit Frauen...
Hier entlang, Kiryu-san!
KLACK
Hallo zusammen!
Ich will den PC dort hinten benutzen.
Klar.
Bitte sehr!
KLACKER KLACKER
KLACKER KLACKER
Uff!
Die sehen alle so schlau aus...

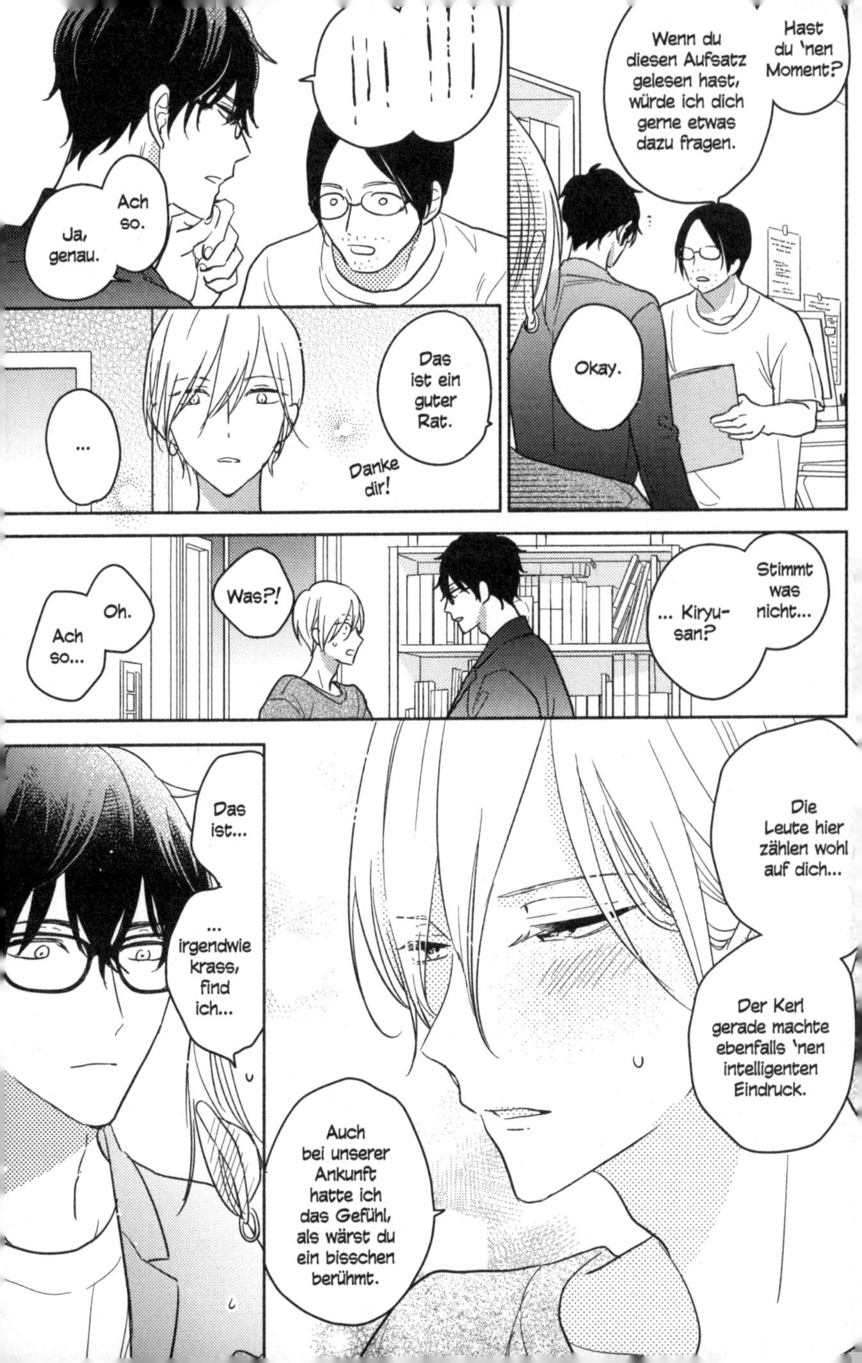
Hast du 'nen Moment?
Wenn du diesen Aufsatz gelesen hast, würde ich dich gerne etwas dazu fragen.
Okay.
Ach so.
Ja, genau.
Das ist ein guter Rat.
Danke dir!
...
Stimmt was nicht...
... Kiryu-san?
Was?!
Oh.
Ach so...
Die Leute hier zählen wohl auf dich...
Der Kerl gerade machte ebenfalls 'nen intelligenten Eindruck.
Auch bei unserer Ankunft hatte ich das Gefühl, als wärst du ein bisschen berühmt.
Das ist...
... irgendwie krass, find ich...

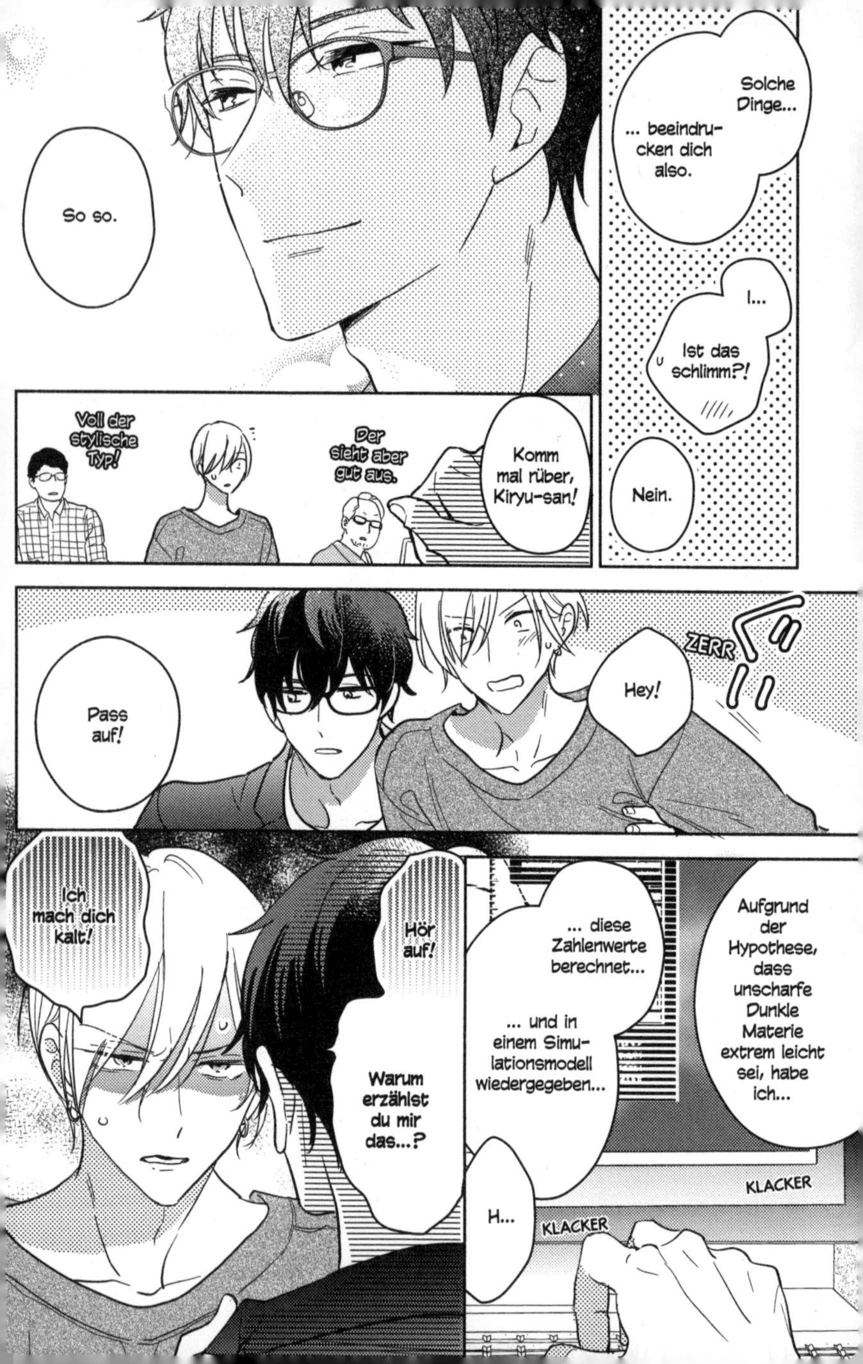
Solche Dinge...
... beeindrucken dich also.
So so.
I...
Ist das schlimm?!
Nein.
Komm mal rüber, Kiryu-san!
Der sieht aber gut aus.
Voll der stylische Typ!
ZERR
Hey!
Pass auf!
Aufgrund der Hypothese, dass unscharfe Dunkle Materie extrem leicht sei, habe ich...
... diese Zahlenwerte berechnet...
... und in einem Simulationsmodell wiedergegeben...
KLACKER
KLACKER
H...
Hör auf!
Warum erzählst du mir das...?
Ich mach dich kalt!

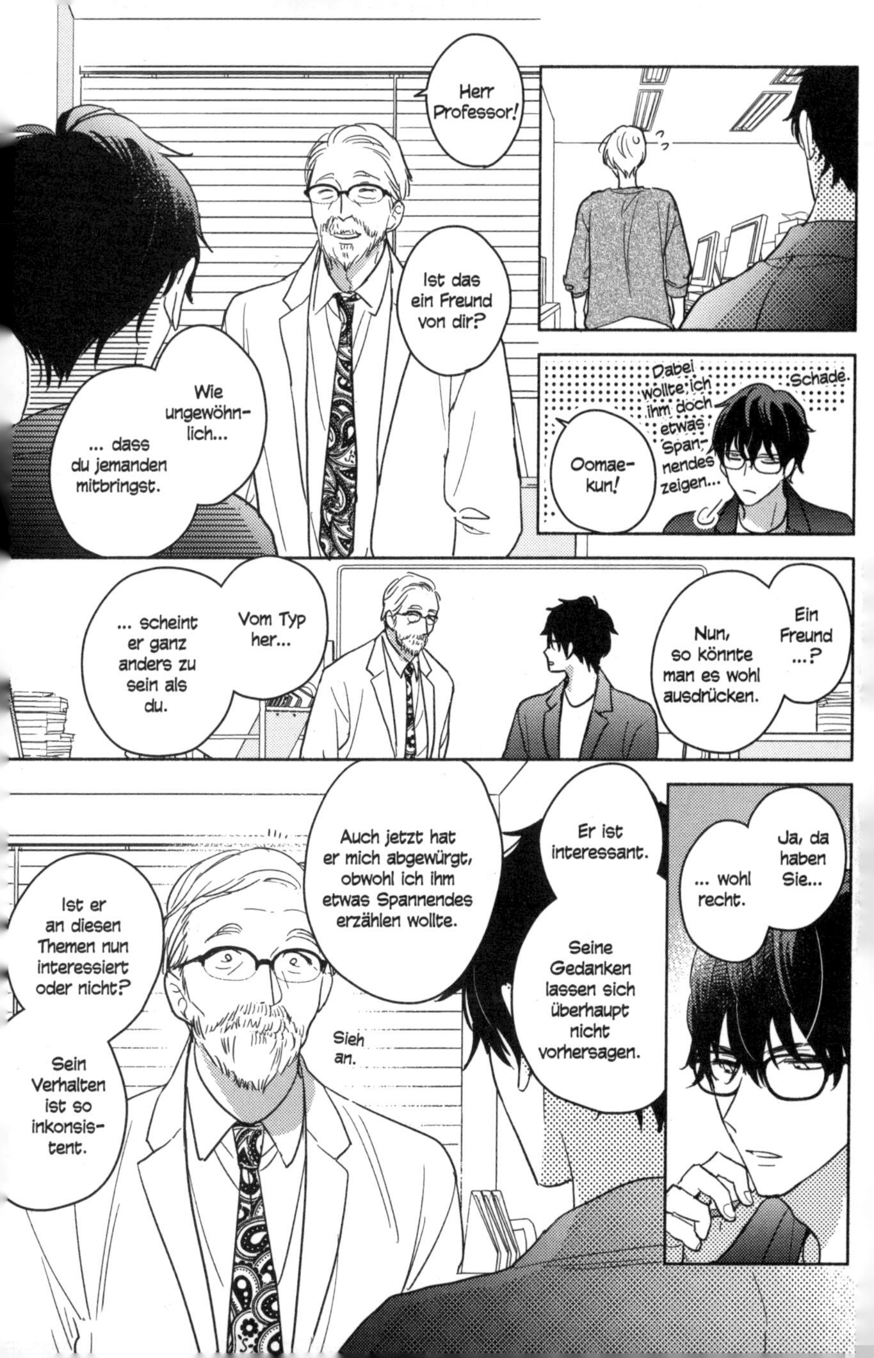
Schade.
Dabei wollte ich ihm doch etwas Spannendes zeigen...
Oomae-kun!
Herr Professor!
Ist das ein Freund von dir?
Wie ungewöhnlich...
... dass du jemanden mitbringst.
Ein Freund ...?
Nun, so könnte man es wohl ausdrücken.
Vom Typ her...
... scheint er ganz anders zu sein als du.
Ja, da haben Sie...
... wohl recht.
Er ist interessant.
Seine Gedanken lassen sich überhaupt nicht vorhersagen.
Auch jetzt hat er mich abgewürgt, obwohl ich ihm etwas Spannendes erzählen wollte.
Sieh an.
Ist er an diesen Themen nun interessiert oder nicht?
Sein Verhalten ist so inkonsistent.

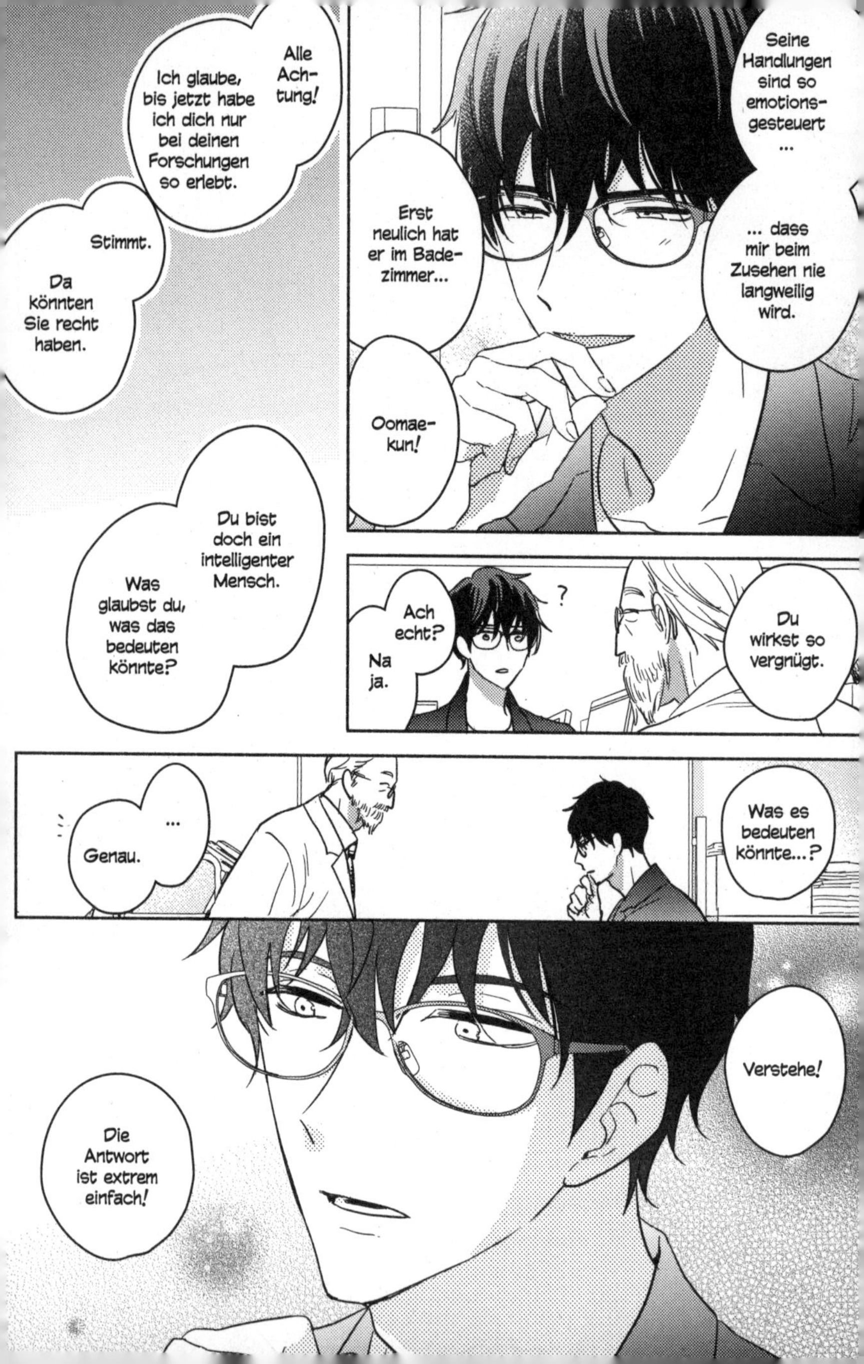
Seine Handlungen sind so emotionsgesteuert ...
... dass mir beim Zusehen nie langweilig wird.
Erst neulich hat er im Badezimmer...
Oomae-kun!
Du wirkst so vergnügt.
?
Ach echt?
Na ja.
Alle Achtung!
Ich glaube, bis jetzt habe ich dich nur bei deinen Forschungen so erlebt.
Stimmt.
Da könnten Sie recht haben.
Du bist doch ein intelligenter Mensch.
Was glaubst du, was das bedeuten könnte?
Was es bedeuten könnte...?
...
Genau.
Verstehe!
Die Antwort ist extrem einfach!

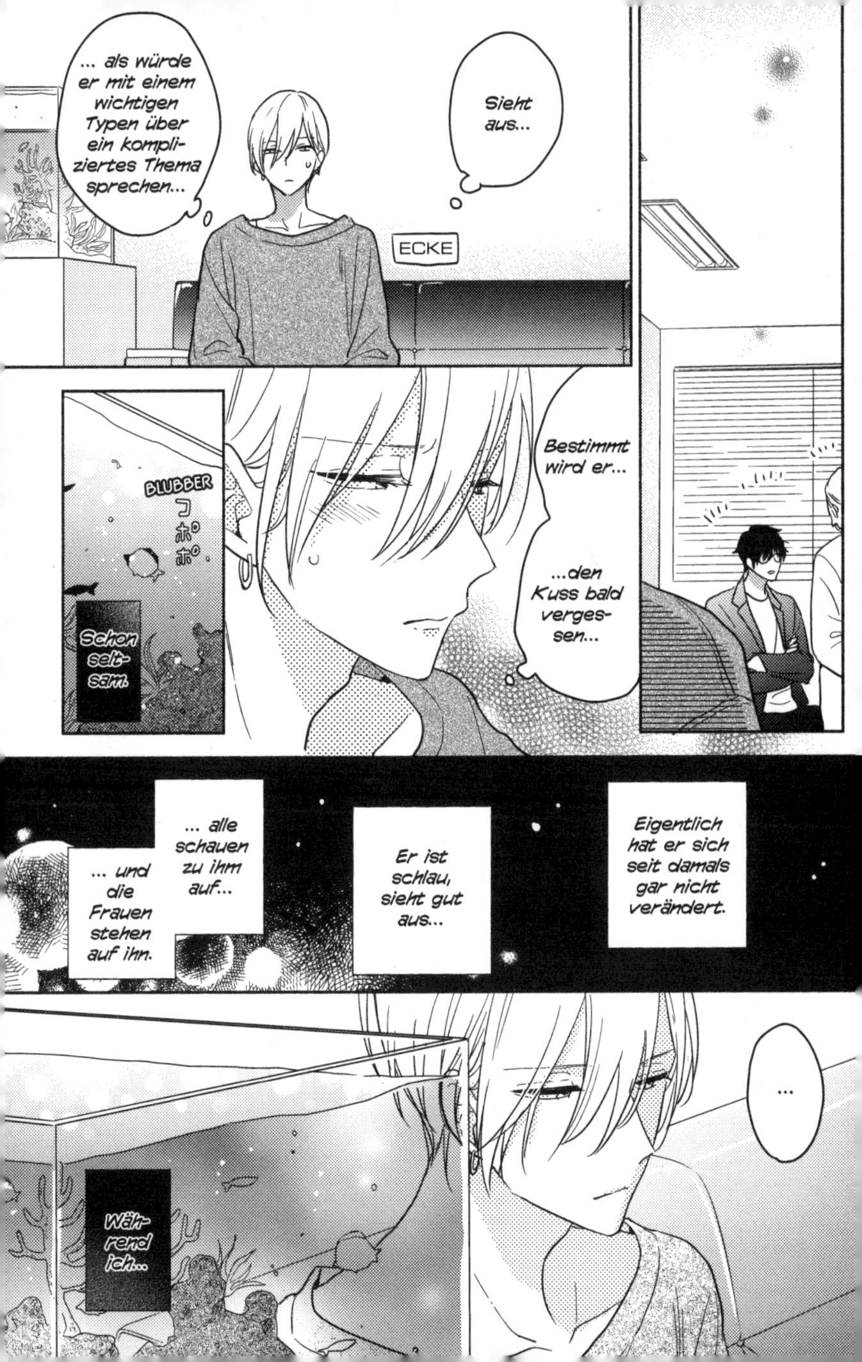
Sieht aus...
ECKE
... als würde er mit einem wichtigen Typen über ein kompliziertes Thema sprechen...
Bestimmt wird er...
...den Kuss bald vergessen...
BLUBBER
Schon seltsam.
Eigentlich hat er sich seit damals gar nicht verändert.
Er ist schlau, sieht gut aus...
... alle schauen zu ihm auf...
... und die Frauen stehen auf ihn.
...
Während ich...

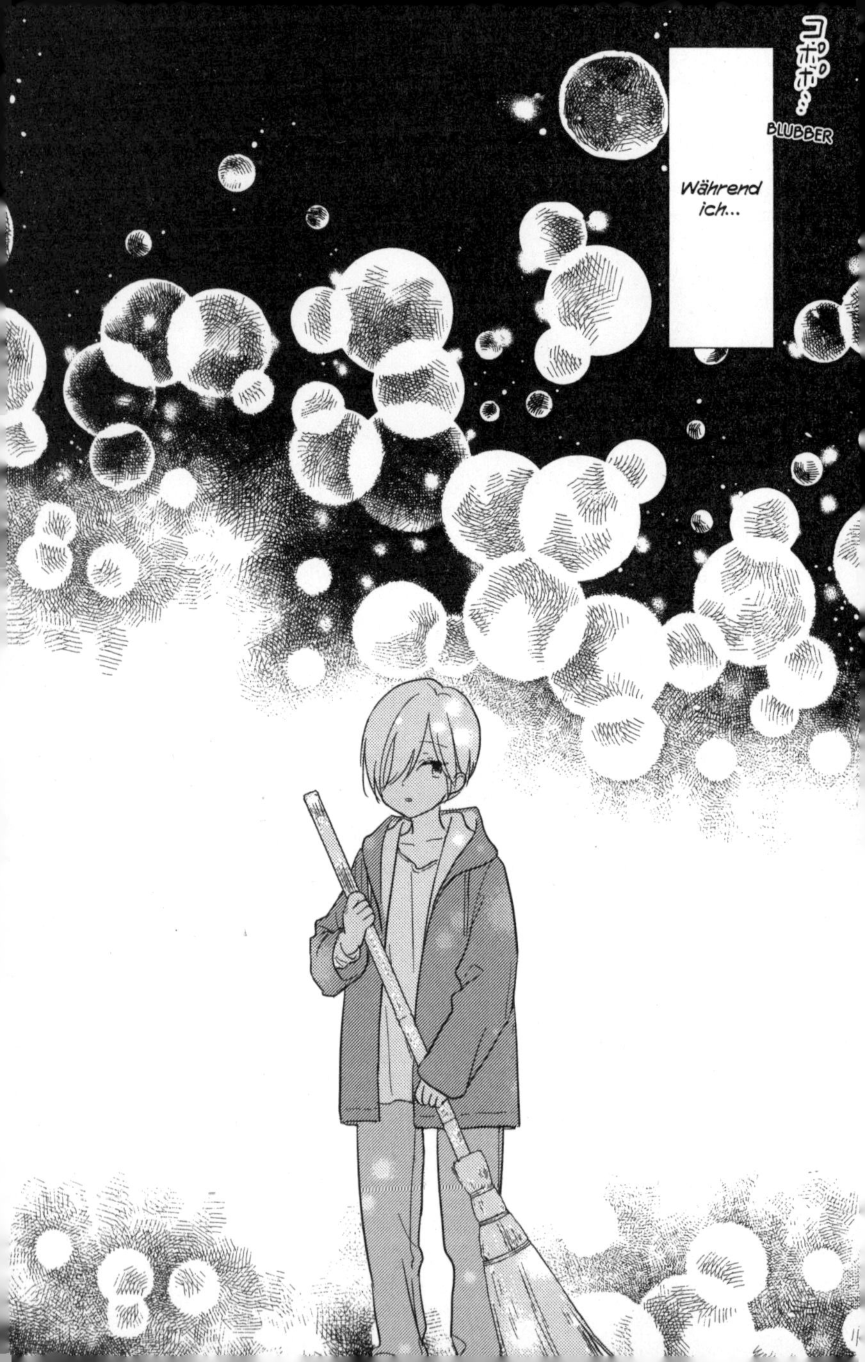
コポポ…
BLUBBER
Während ich…

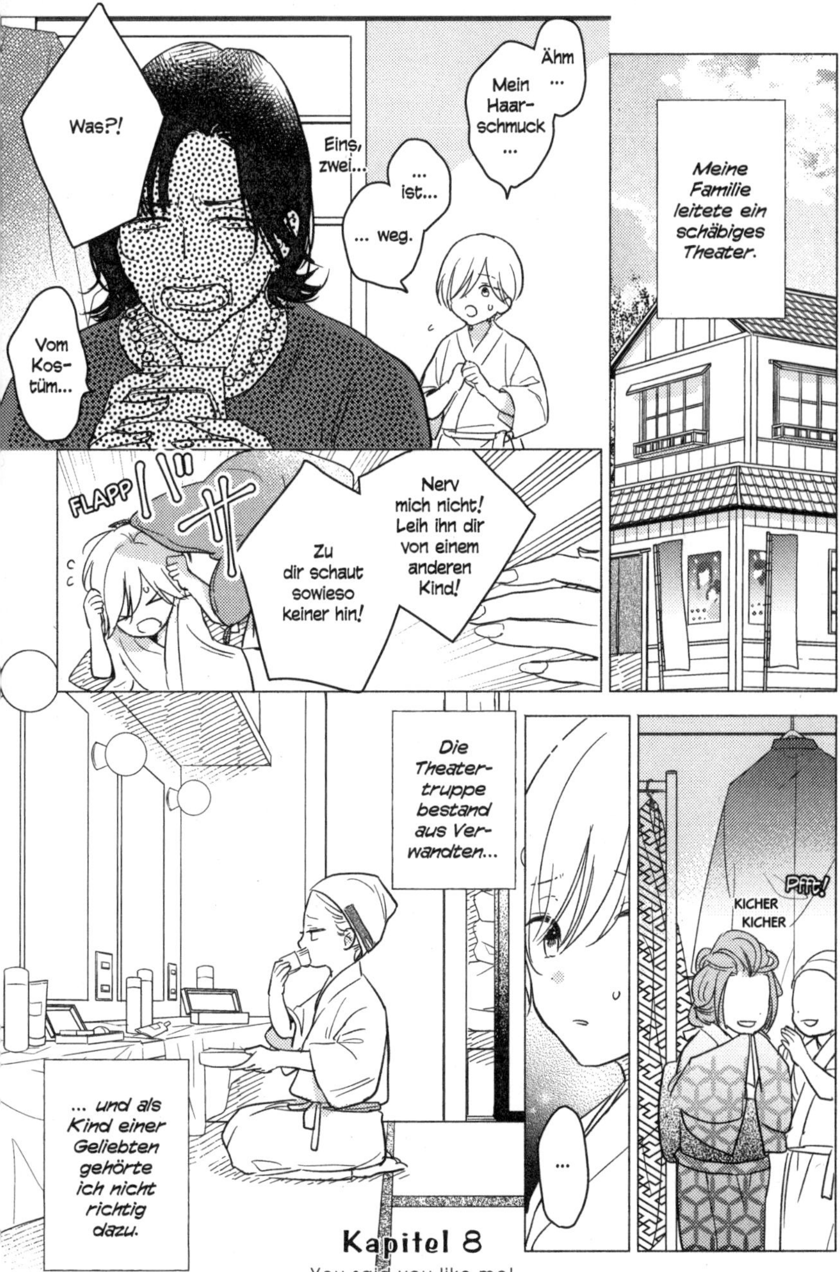

Kapitel 8

You said you like me!

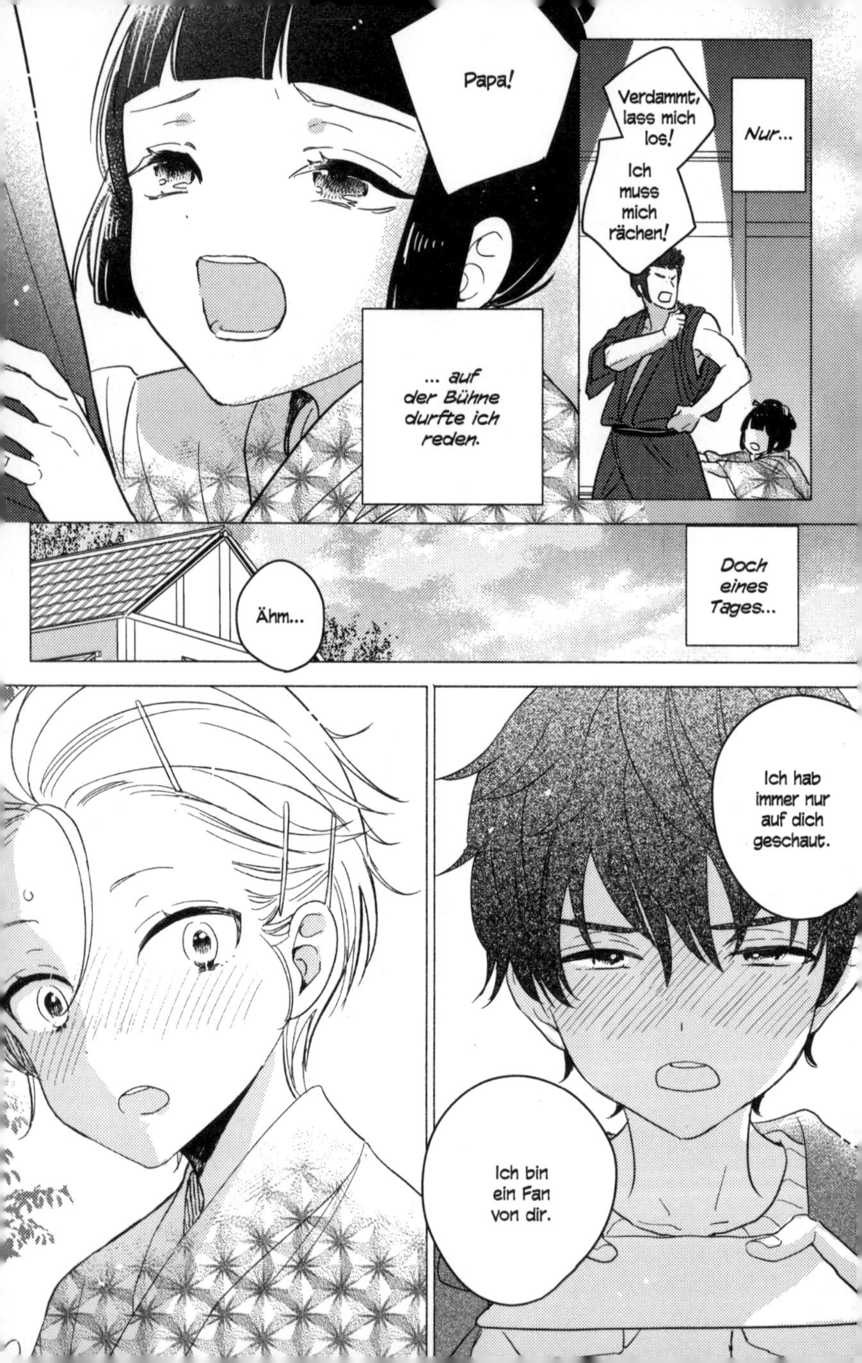

Nur...
Verdammt, lass mich los!
Ich muss mich rächen!
Papa!
... auf der Bühne durfte ich reden.
Doch eines Tages...
Ähm...
Ich hab immer nur auf dich geschaut.
Ich bin ein Fan von dir.

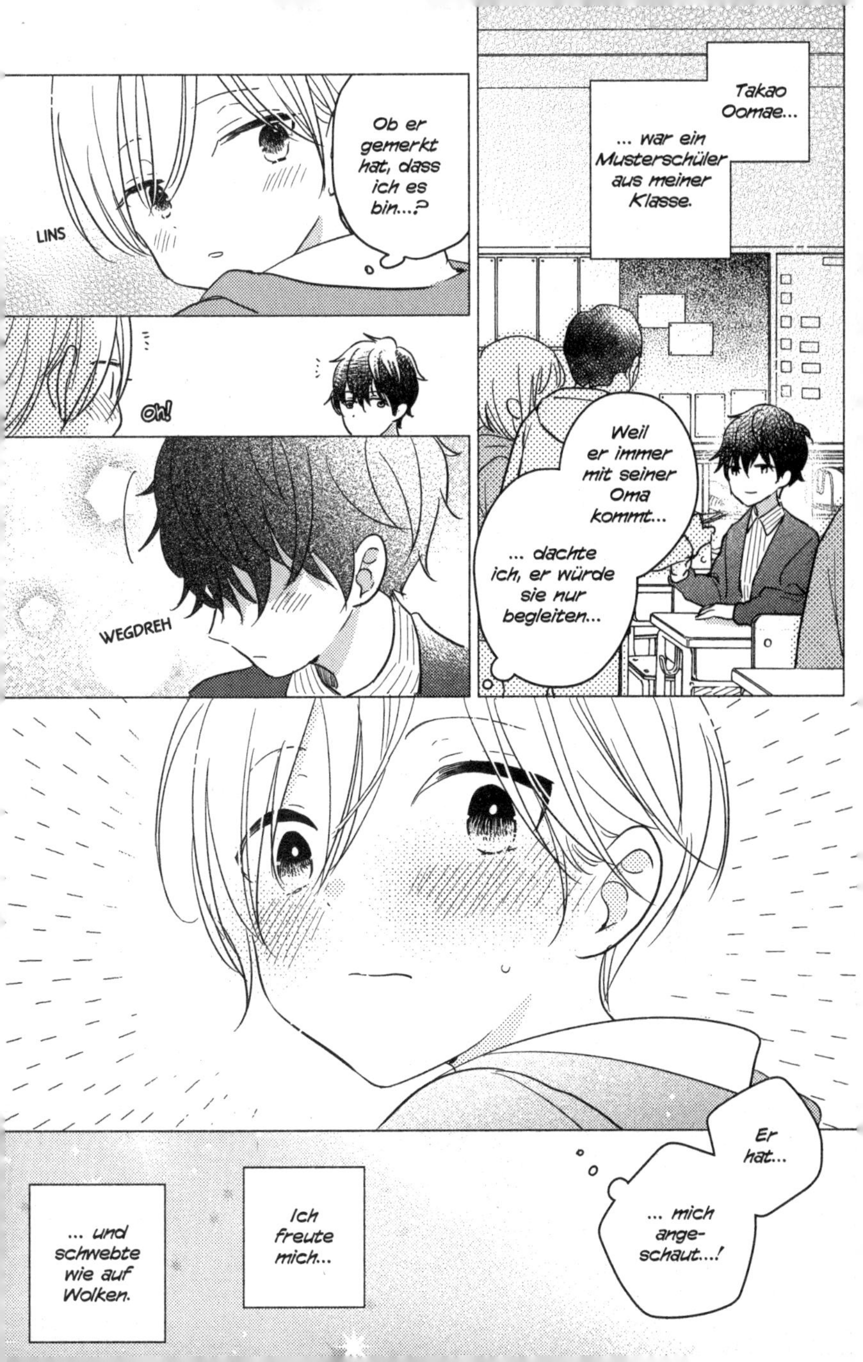
Takao Oomae...
... war ein Musterschüler aus meiner Klasse.
Weil er immer mit seiner Oma kommt...
... dachte ich, er würde sie nur begleiten...
Ob er gemerkt hat, dass ich es bin...?
LINS
Oh!
WEGDREH
Er hat...
... mich ange-schaut...!
Ich freute mich...
... und schwebte wie auf Wolken.

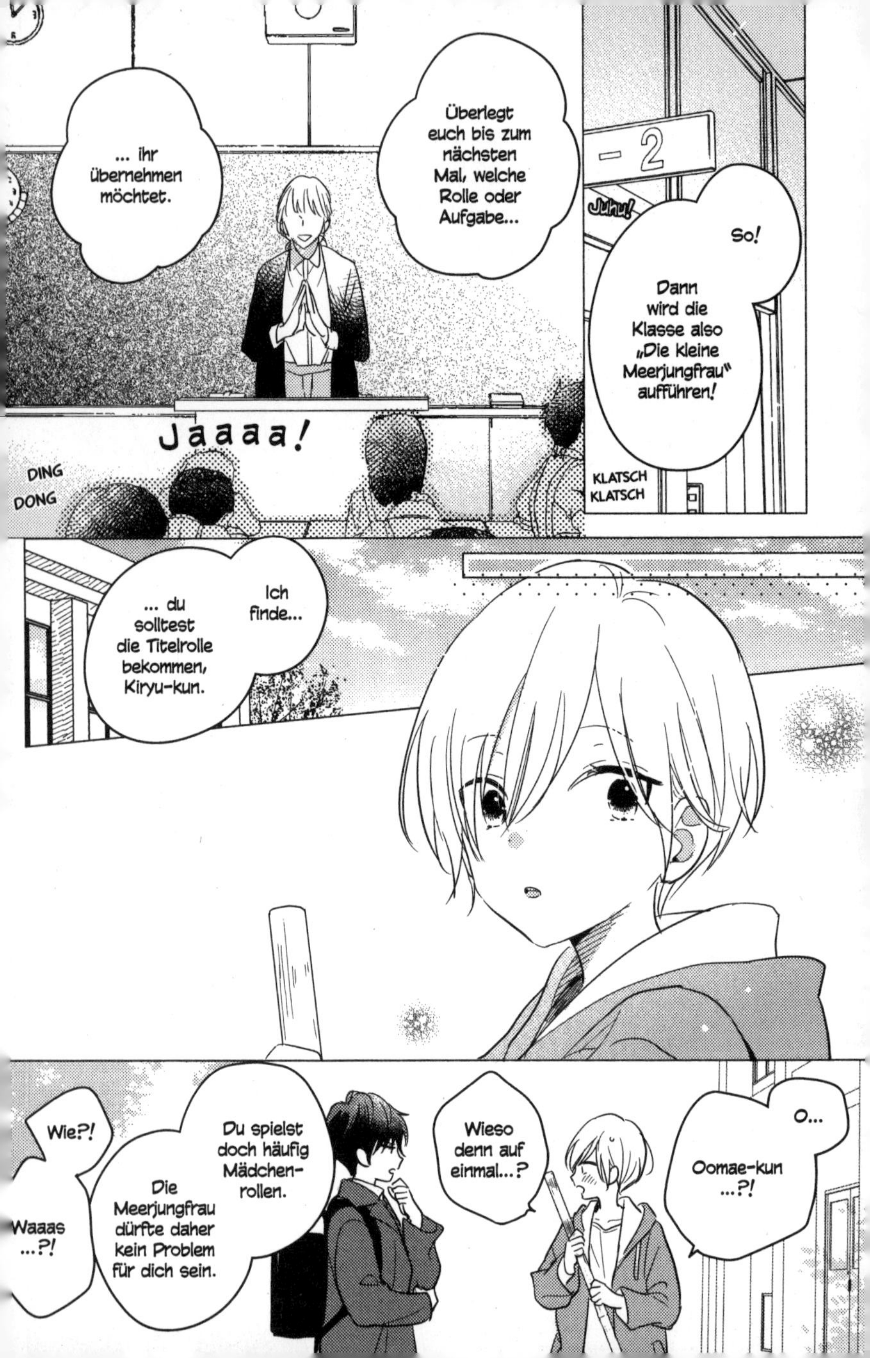
Juhu!
So!
Dann wird die Klasse also „Die kleine Meerjungfrau" aufführen!
KLATSCH KLATSCH
Überlegt euch bis zum nächsten Mal, welche Rolle oder Aufgabe...
... ihr übernehmen möchtet.
Jaaaaa!
DING DONG
Ich finde...
... du solltest die Titelrolle bekommen, Kiryu-kun.
O...
Oomae-kun ...?!
Wieso denn auf einmal...?
Du spielst doch häufig Mädchenrollen.
Die Meerjungfrau dürfte daher kein Problem für dich sein.
Wie?!
Waaas ...?!

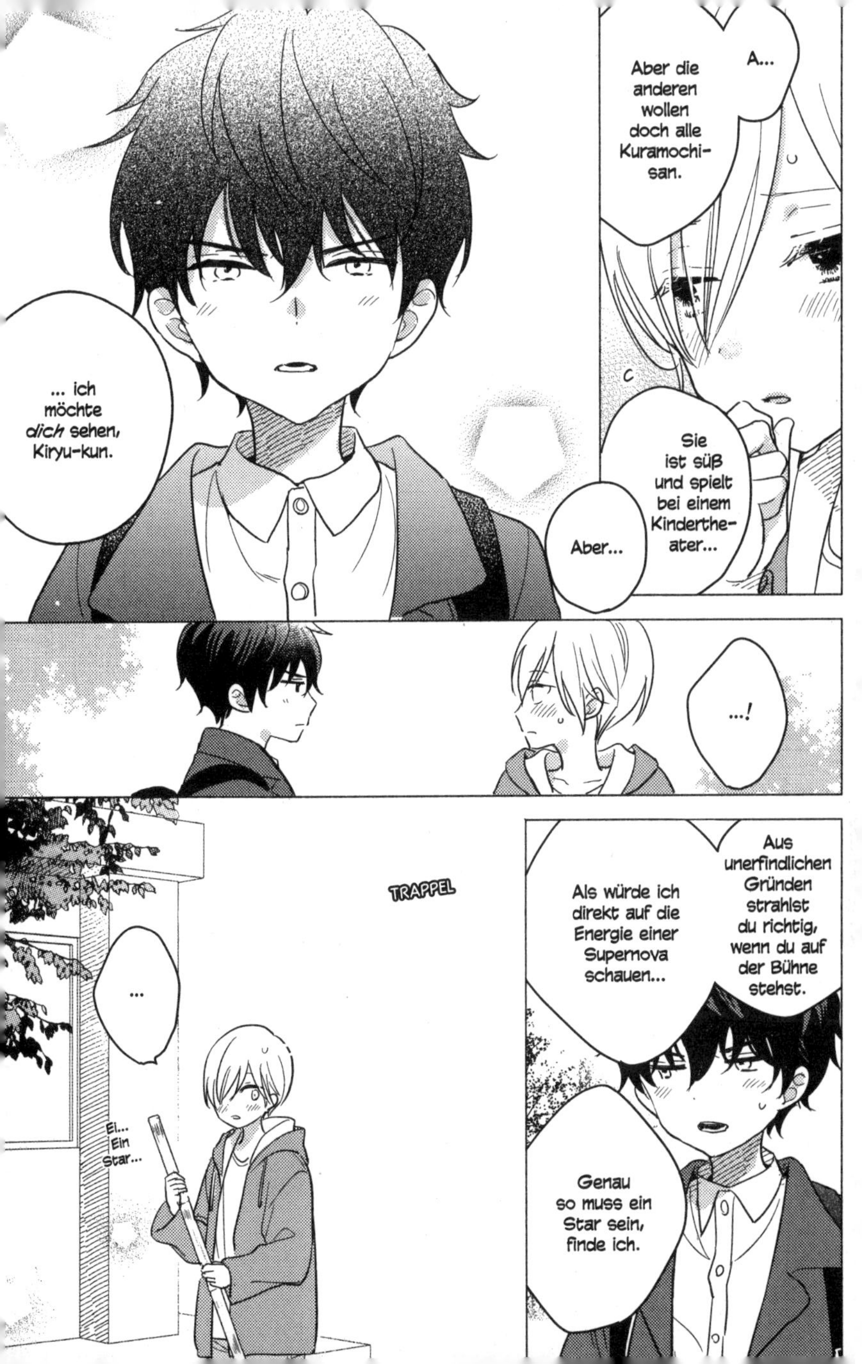
A...
Aber die anderen wollen doch alle Kuramochi-san.
Sie ist süß und spielt bei einem Kindertheater...
Aber...
... ich möchte *dich* sehen, Kiryu-kun.
...!
Aus unerfindlichen Gründen strahlst du richtig, wenn du auf der Bühne stehst.
Als würde ich direkt auf die Energie einer Supernova schauen...
TRAPPEL
Genau so muss ein Star sein, finde ich.
...
Ei... Ein Star...

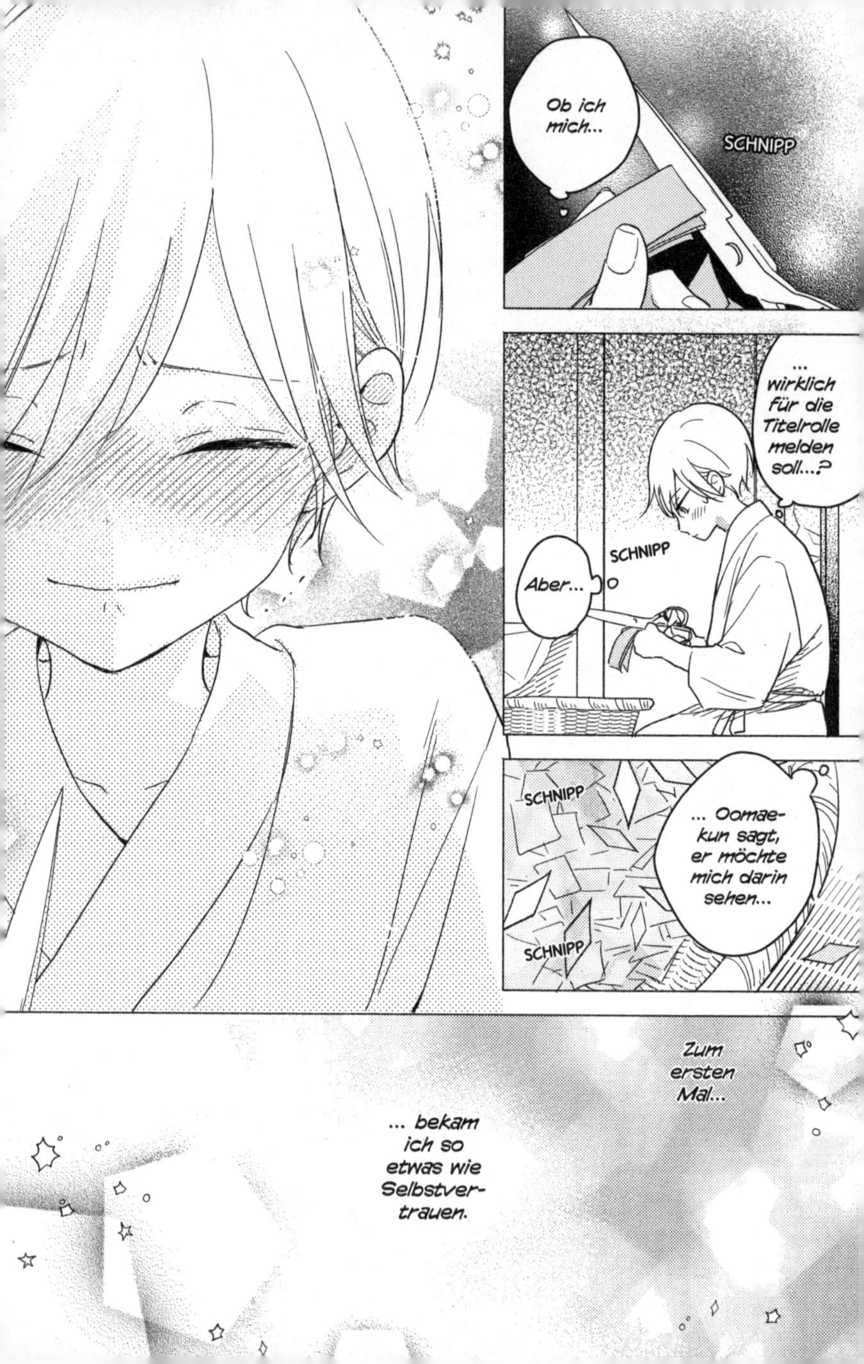
Ob ich mich...
SCHNIPP
... wirklich für die Titelrolle melden soll...?
SCHNIPP
Aber...
... Oomae-kun sagt, er möchte mich darin sehen...
SCHNIPP
SCHNIPP
Zum ersten Mal...
... bekam ich so etwas wie Selbstvertrauen.

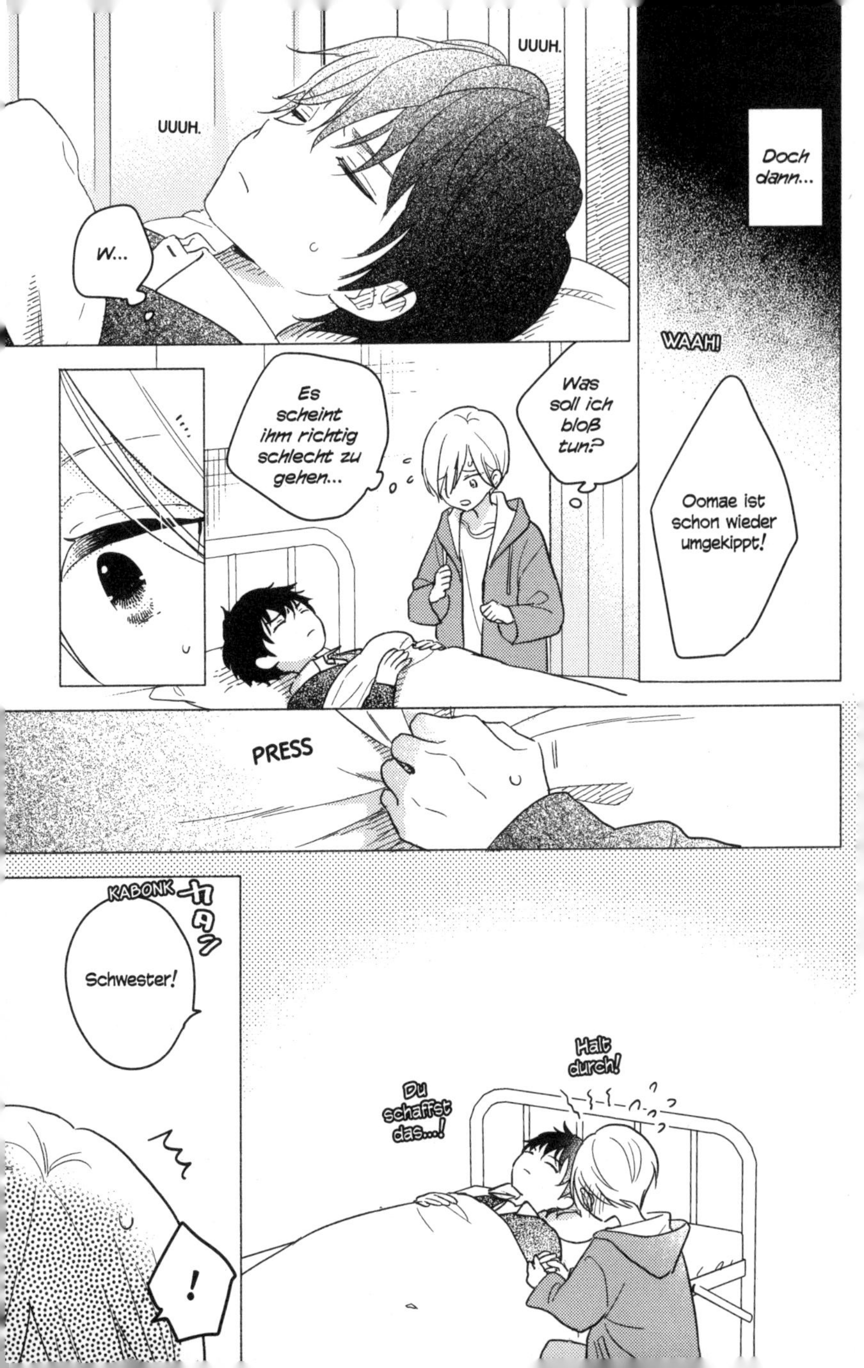

Doch dann...
UUUH.
UUUH.
W...
WAAH!
Oomae ist schon wieder umgekippt!
Was soll ich bloß tun?
Es scheint ihm richtig schlecht zu gehen...
PRESS
Halt durch!
Du schaffst das...!
KABONK
Schwester!
!

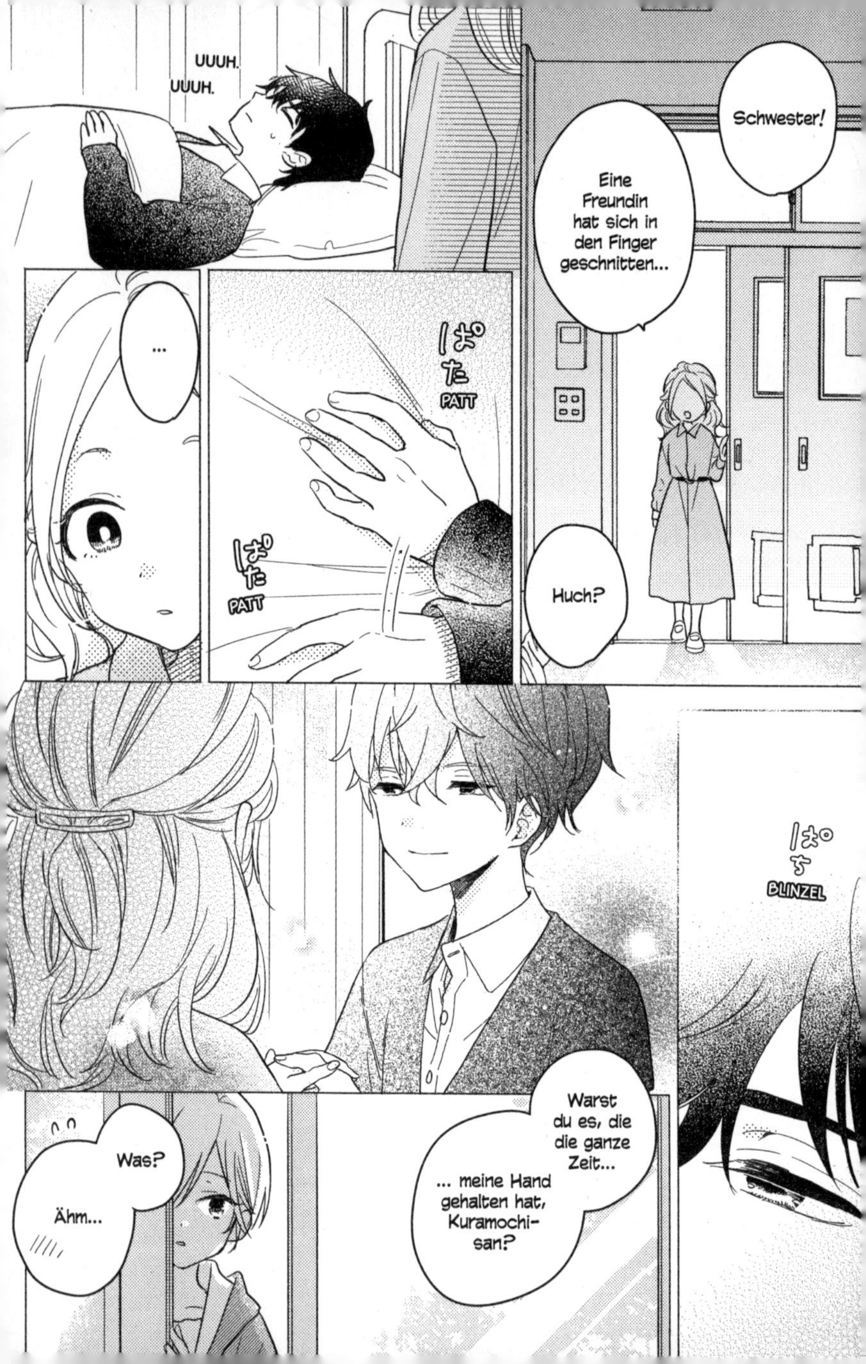

Schwester!
Eine Freundin hat sich in den Finger geschnitten...
UUUH.
UUUH.
Huch?
ぱた PATT
ぱた PATT
...
ぱち BLINZEL
Warst du es, die die ganze Zeit...
... meine Hand gehalten hat, Kuramochi-san?
Was?
Ähm...

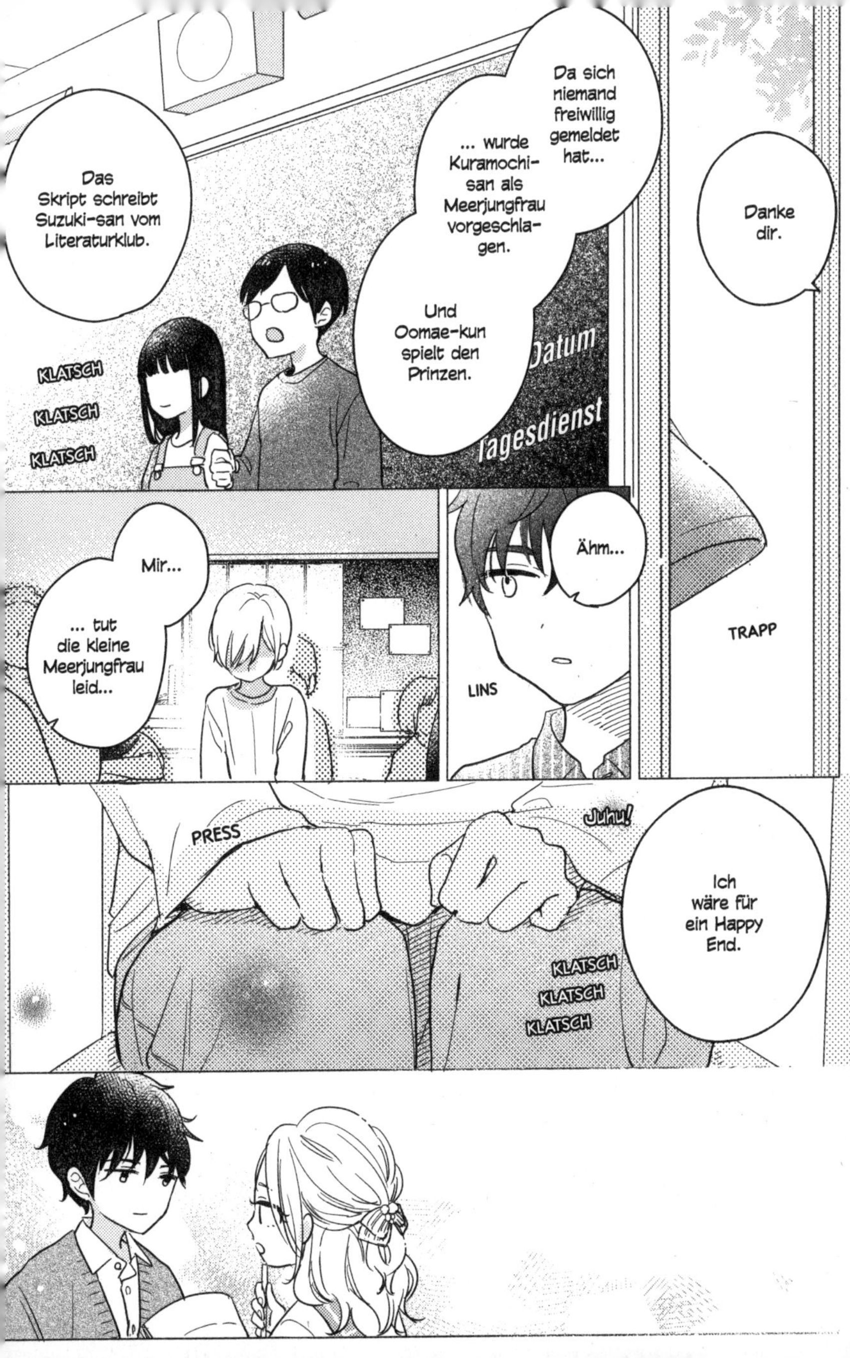
Danke dir.
Da sich niemand freiwillig gemeldet hat...
... wurde Kuramochi-san als Meerjungfrau vorgeschlagen.
Und Oomae-kun spielt den Prinzen.
Datum
Tagesdienst
Das Skript schreibt Suzuki-san vom Literaturklub.
KLATSCH
KLATSCH
KLATSCH
TRAPP
Ähm...
LINS
Mir...
... tut die kleine Meerjungfrau leid...
Ich wäre für ein Happy End.
Juhu!
KLATSCH
KLATSCH
KLATSCH
PRESS

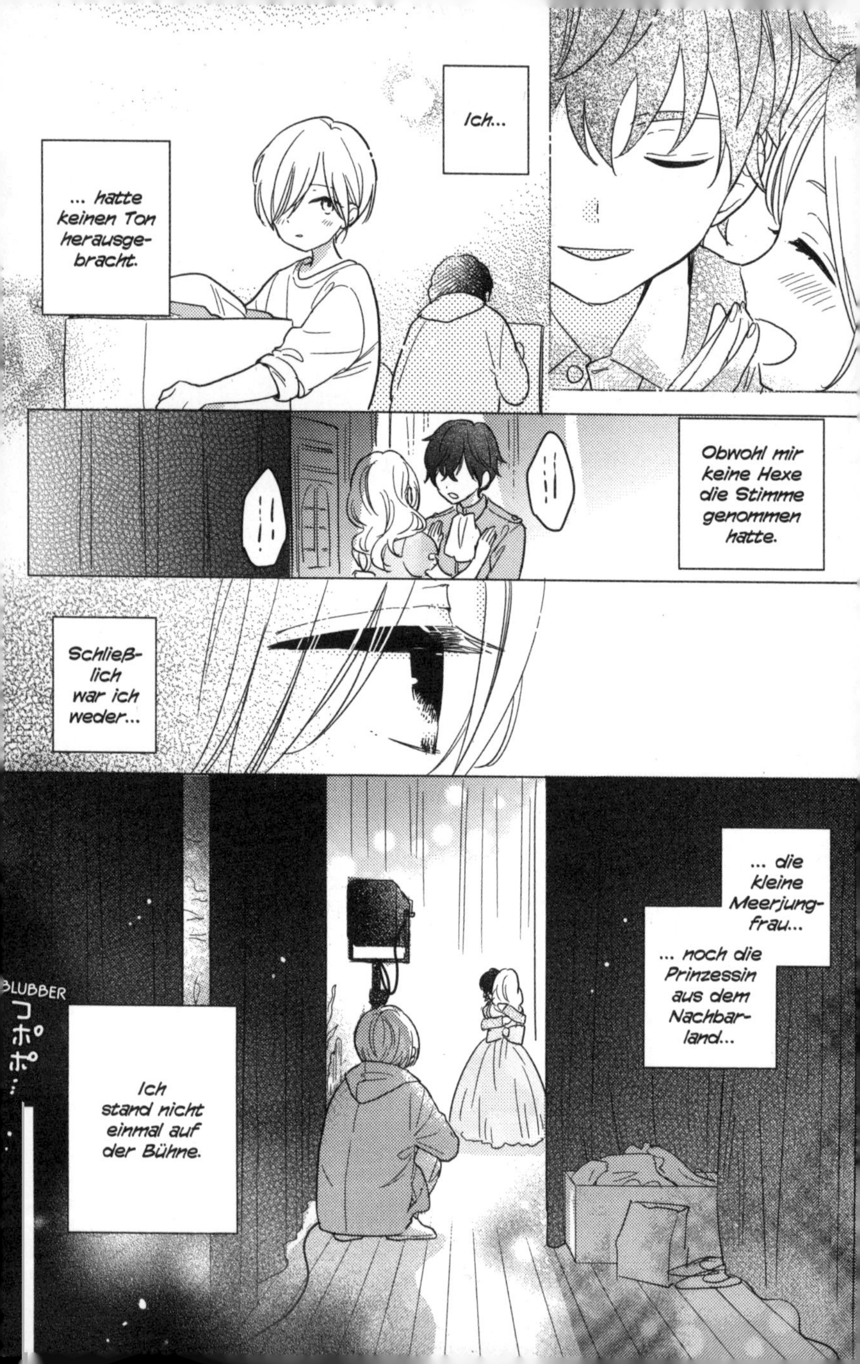
Ich...
... hatte keinen Ton herausgebracht.
Obwohl mir keine Hexe die Stimme genommen hatte.
!!
!!
Schließlich war ich weder...
... die kleine Meerjungfrau...
... noch die Prinzessin aus dem Nachbarland...
BLUBBER
コポポ…
Ich stand nicht einmal auf der Bühne.

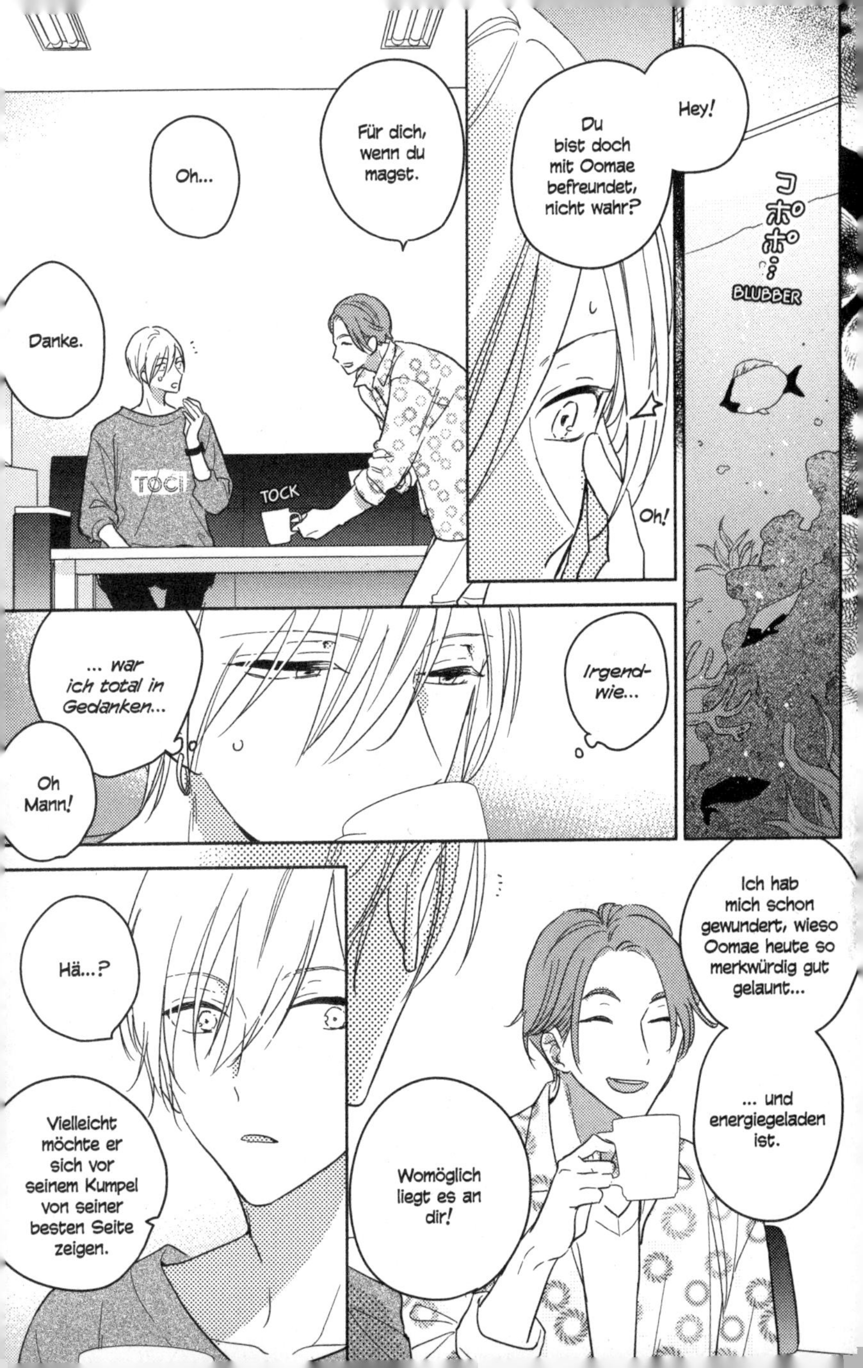
コポポ…
BLUBBER
Hey!
Du bist doch mit Oomae befreundet, nicht wahr?
Oh!
Für dich, wenn du magst.
Oh...
TOCK
Danke.
Irgendwie...
... war ich total in Gedanken...
Oh Mann!
Ich hab mich schon gewundert, wieso Oomae heute so merkwürdig gut gelaunt...
... und energiegeladen ist.
Hä...?
Womöglich liegt es an dir!
Vielleicht möchte er sich vor seinem Kumpel von seiner besten Seite zeigen.

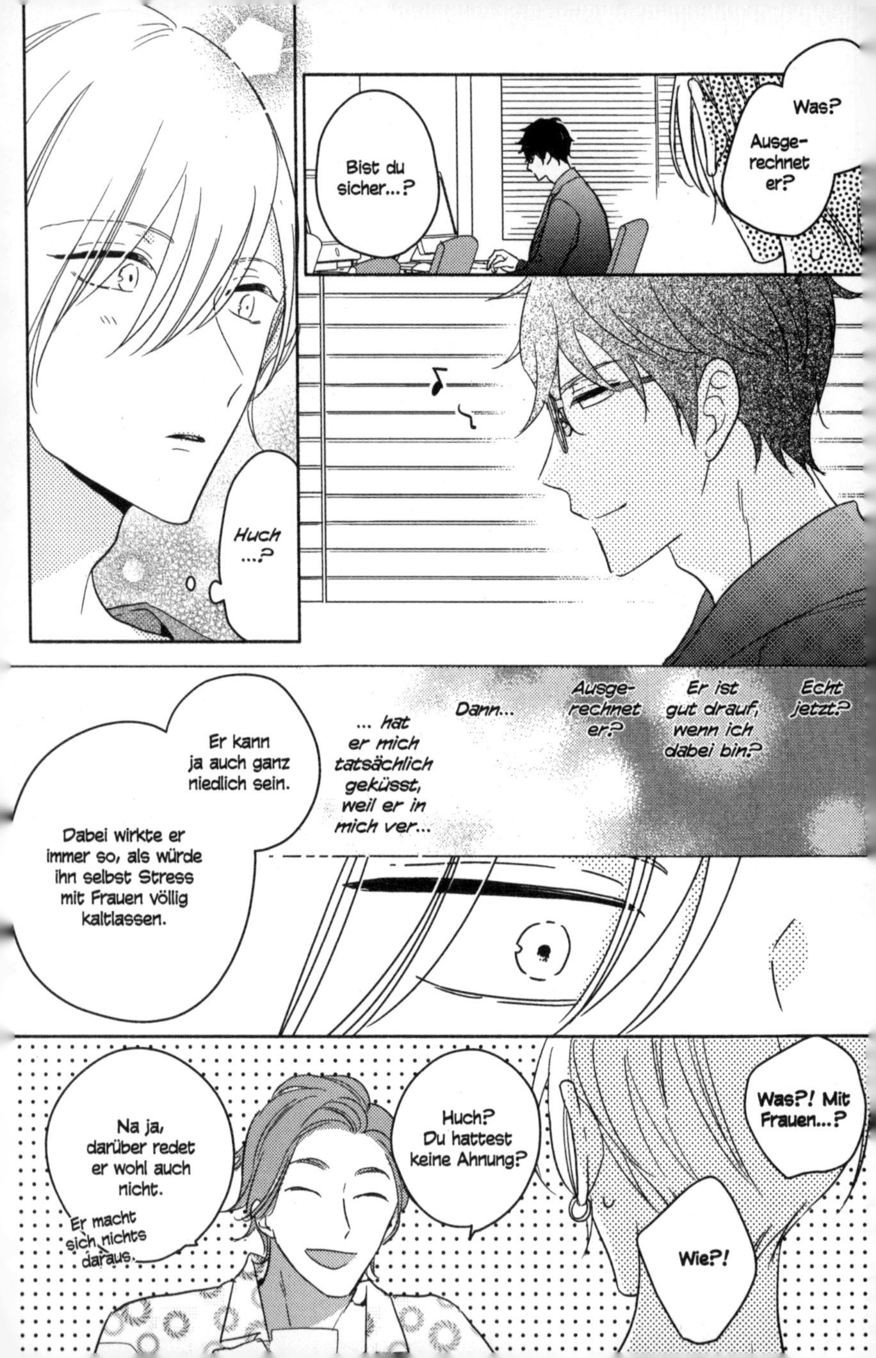
Was? Ausgerechnet er?
Bist du sicher...?
Huch ...?
Echt jetzt?
Er ist gut drauf, wenn ich dabei bin?
Ausgerechnet er?
Dann...
... hat er mich tatsächlich geküsst, weil er in mich ver...
Er kann ja auch ganz niedlich sein.
Dabei wirkte er immer so, als würde ihn selbst Stress mit Frauen völlig kaltlassen.
Was?! Mit Frauen...?
Wie?!
Huch? Du hattest keine Ahnung?
Na ja, darüber redet er wohl auch nicht.
Er macht sich nichts daraus.

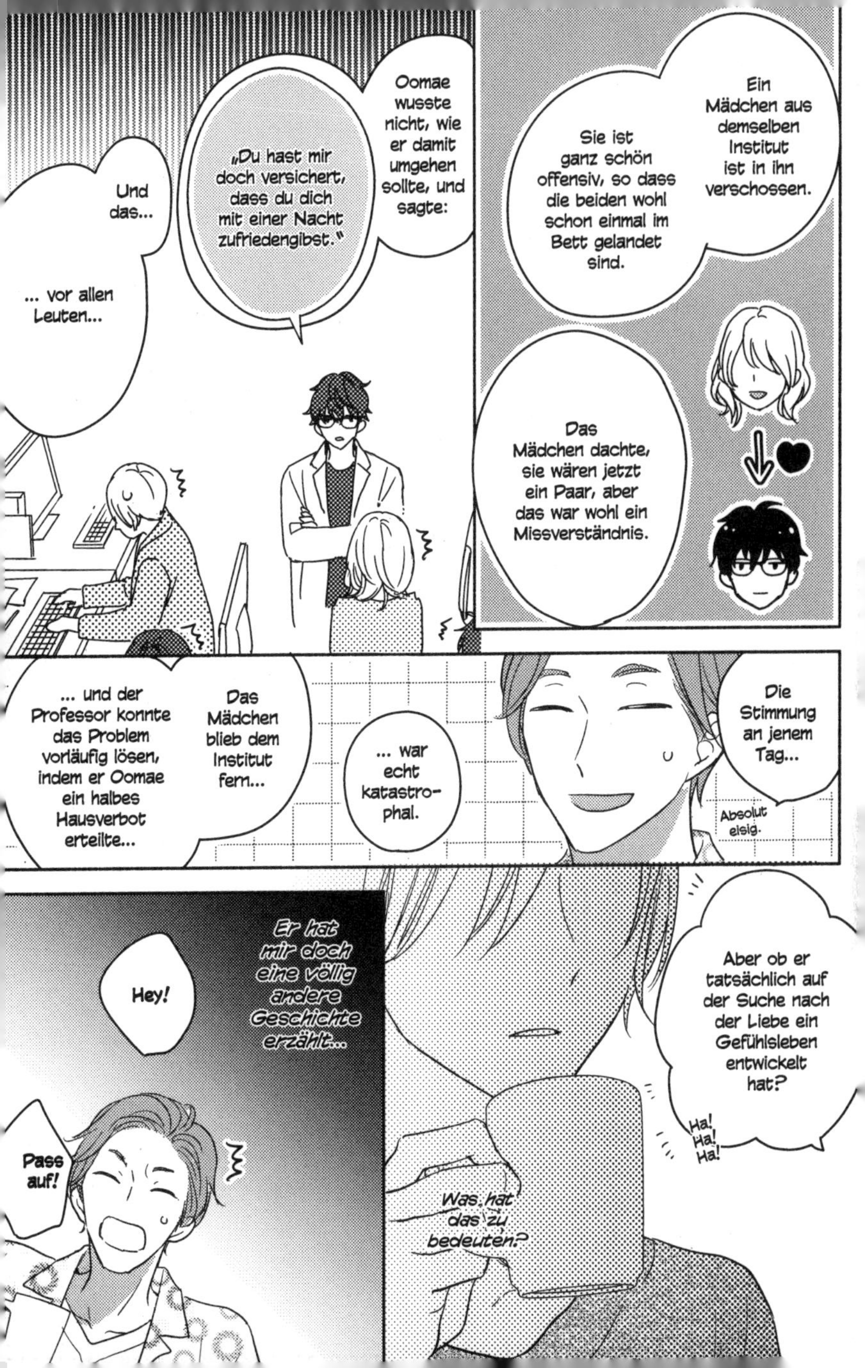
Ein Mädchen aus demselben Institut ist in ihn verschossen.
Sie ist ganz schön offensiv, so dass die beiden wohl schon einmal im Bett gelandet sind.
Das Mädchen dachte, sie wären jetzt ein Paar, aber das war wohl ein Missverständnis.
Oomae wusste nicht, wie er damit umgehen sollte, und sagte:
„Du hast mir doch versichert, dass du dich mit einer Nacht zufriedengibst."
Und das...
... vor allen Leuten...
Die Stimmung an jenem Tag...
Absolut eisig.
... war echt katastrophal.
Das Mädchen blieb dem Institut fern...
... und der Professor konnte das Problem vorläufig lösen, indem er Oomae ein halbes Hausverbot erteilte...
Aber ob er tatsächlich auf der Suche nach der Liebe ein Gefühlsleben entwickelt hat?
Ha! Ha! Ha!
Was hat das zu bedeuten?
Er hat mir doch eine völlig andere Geschichte erzählt...
Hey!
Pass auf!

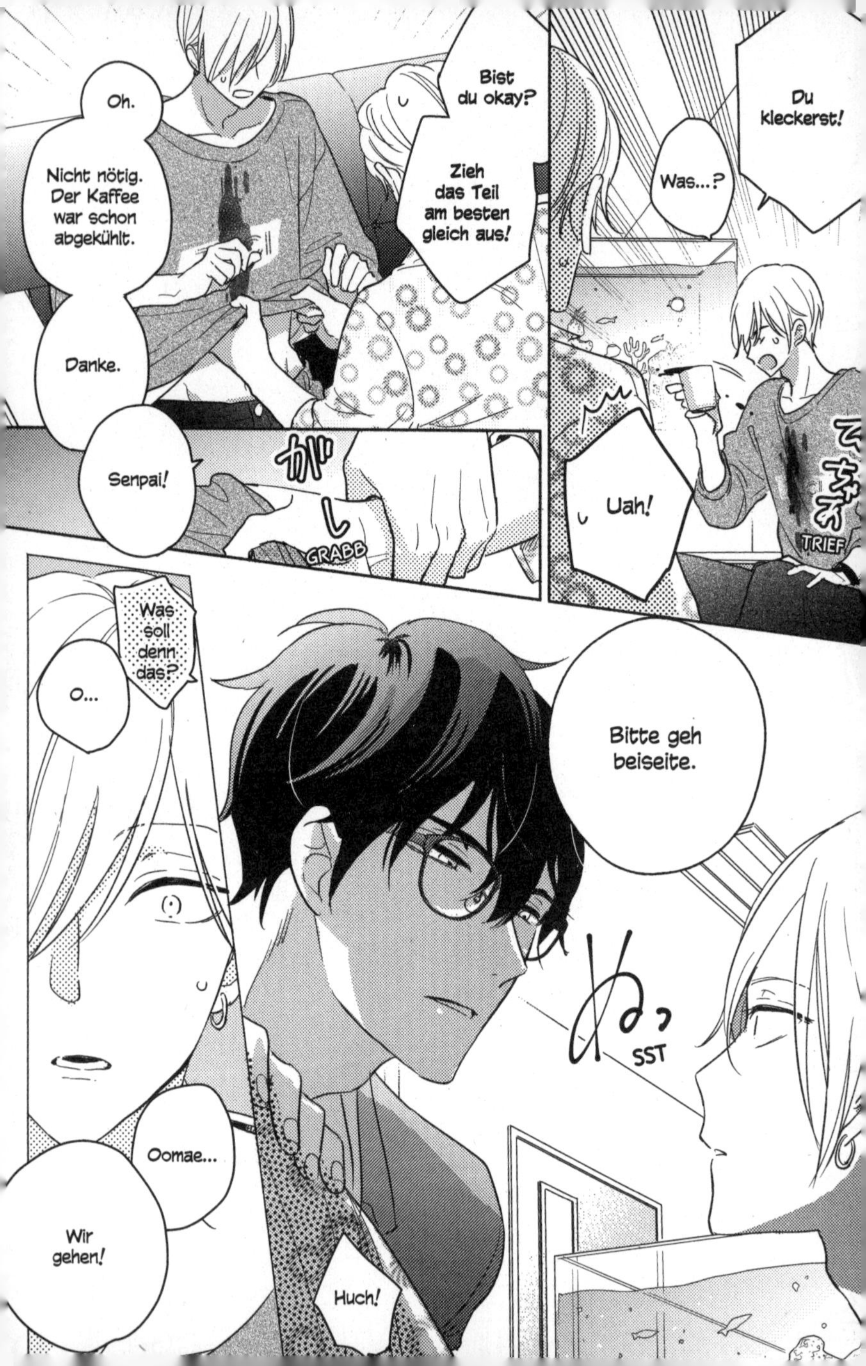
Du kleckerst!
Was...?
Uah!
TRIEF
Bist du okay?
Zieh das Teil am besten gleich aus!
Oh.
Nicht nötig. Der Kaffee war schon abgekühlt.
Danke.
Senpai!
GRABB
Bitte geh beiseite.
SST
Was soll denn das?
O...
Oomae...
Wir gehen!
Huch!

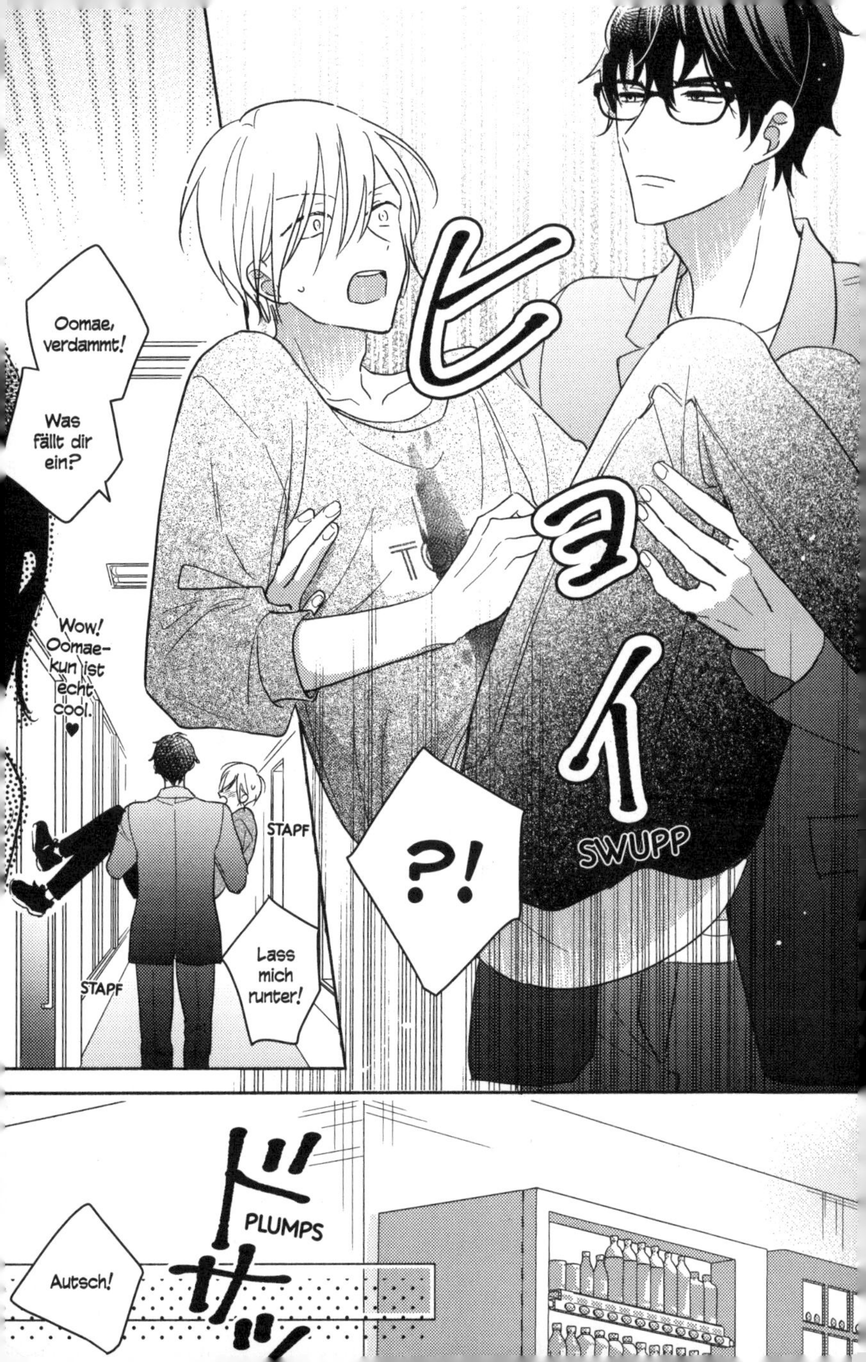

ヒョイ
SWUPP
?!
Oomae, verdammt!
Was fällt dir ein?
Lass mich runter!
STAPF
STAPF
Wow! Oomae-kun ist echt cool. ♥
ドサッ
PLUMPS
Autsch!

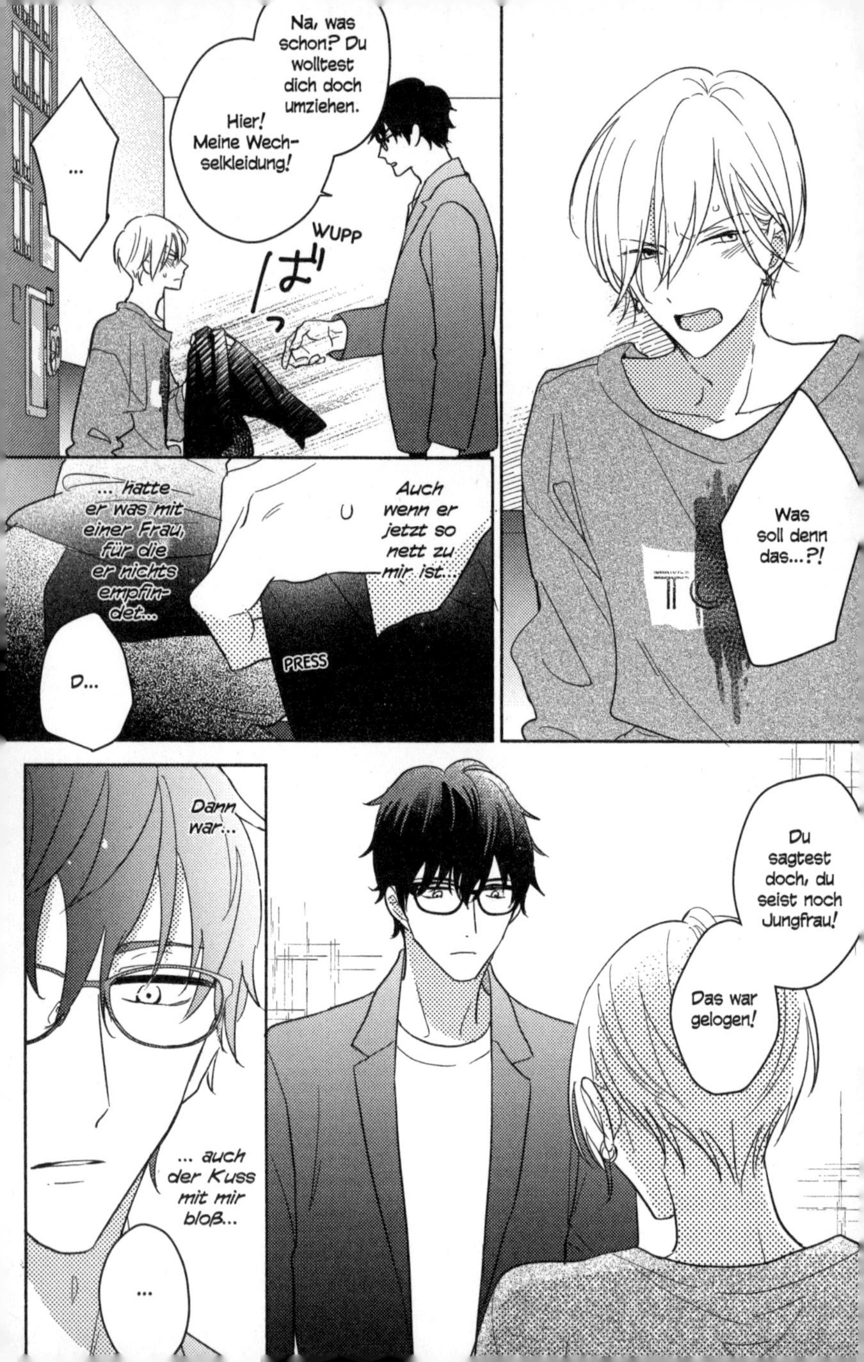
Was soll denn das...?!
Na, was schon? Du wolltest dich doch umziehen.
Hier! Meine Wechselkleidung!
WUPP
ばっ
...
Auch wenn er jetzt so nett zu mir ist...
... hatte er was mit einer Frau, für die er nichts empfindet...
PRESS
D...
Du sagtest doch, du seist noch Jungfrau!
Das war gelogen!
Dann war...
... auch der Kuss mit mir bloß...
...

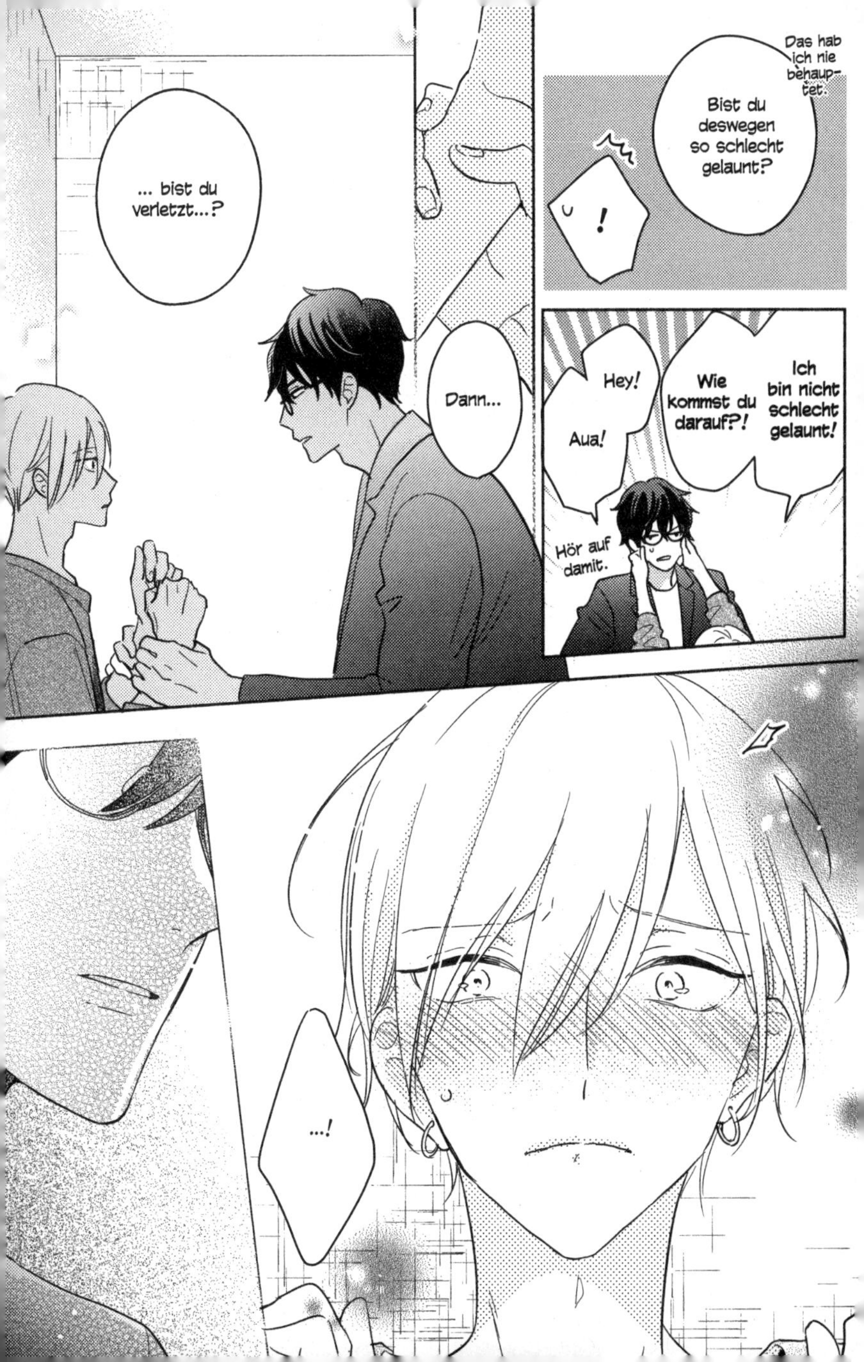
Das hab ich nie behauptet.
Bist du deswegen so schlecht gelaunt?
!
Dann...
... bist du verletzt...?
Ich bin nicht schlecht gelaunt!
Wie kommst du darauf?!
Hey!
Aua!
Hör auf damit.
...!

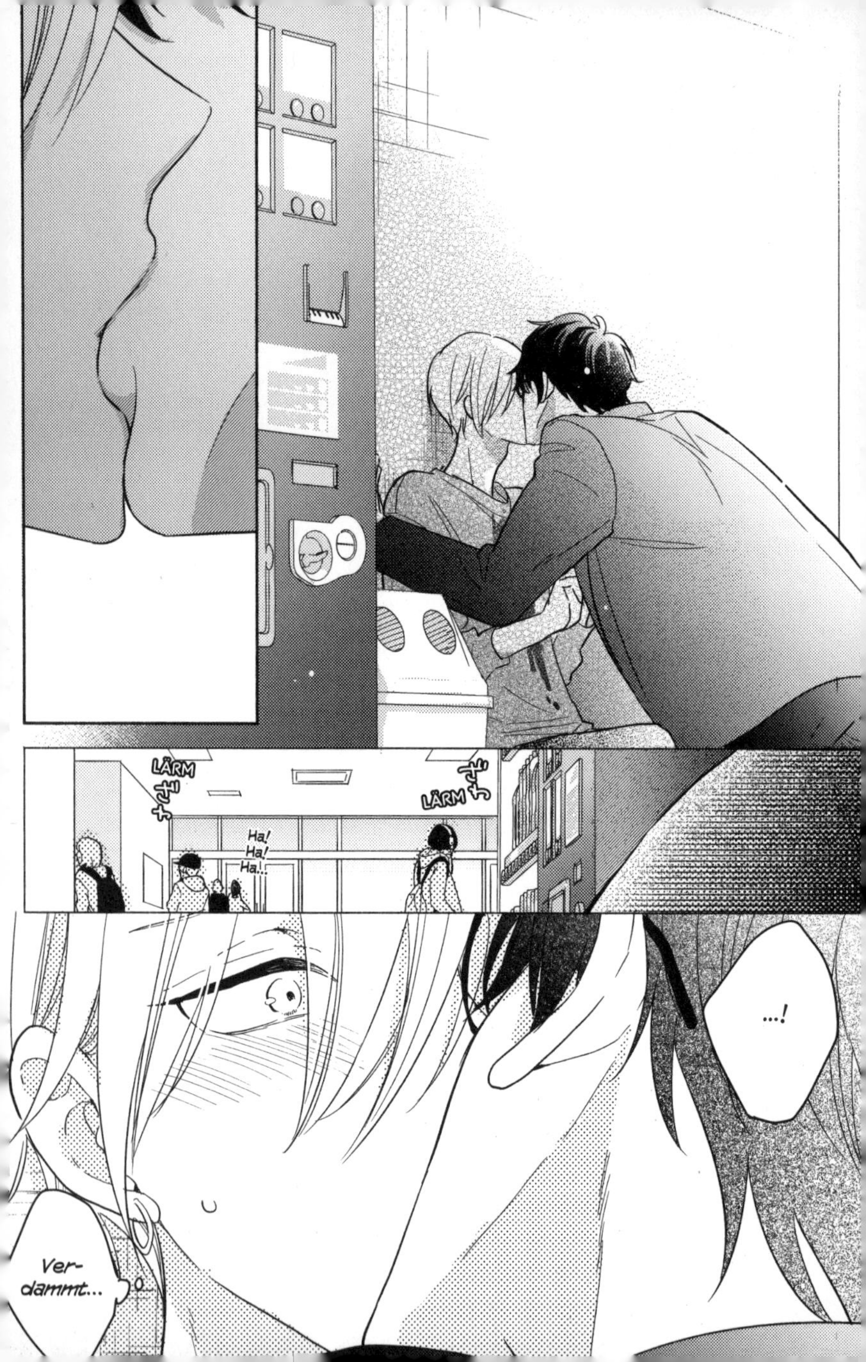
LÄRM
LÄRM
Ha!
Ha!
Ha!..
...!
Ver-
dammt...

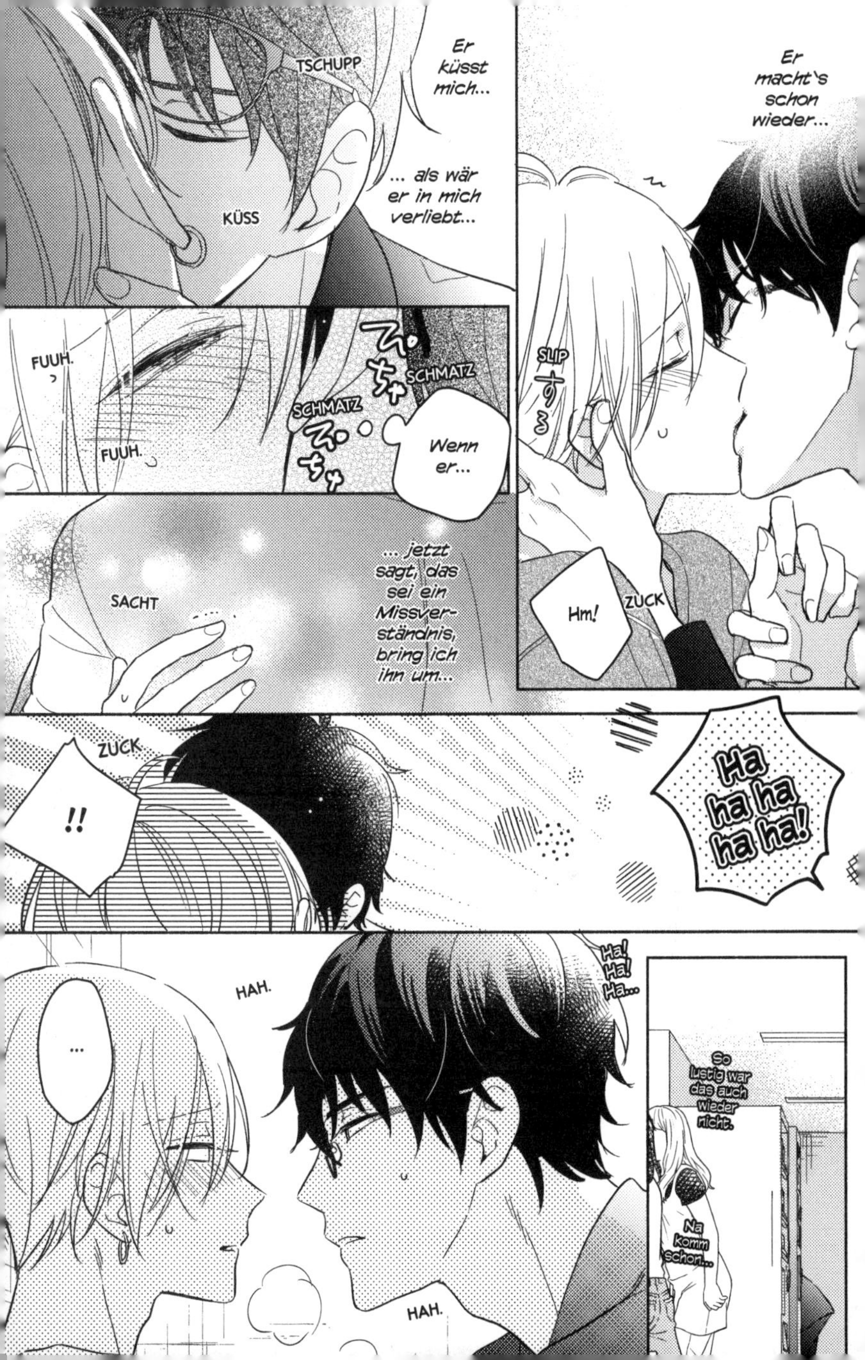

Er macht's schon wieder...
SLIP
する
Hm!
ZUCK
Er küsst mich...
TSCHUPP
... als wär er in mich verliebt...
KÜSS
SCHMATZ
SCHMATZ
FUUH.
FUUH.
Wenn er...
... jetzt sagt, das sei ein Missverständnis, bring ich ihn um...
SACHT
Ha ha ha ha ha!
ZUCK
!!
Ha! Ha! Ha...
So lustig war das auch wieder nicht.
Na komm schon...
HAH.
...
HAH.

You said you like me!

Miso Umeda presents

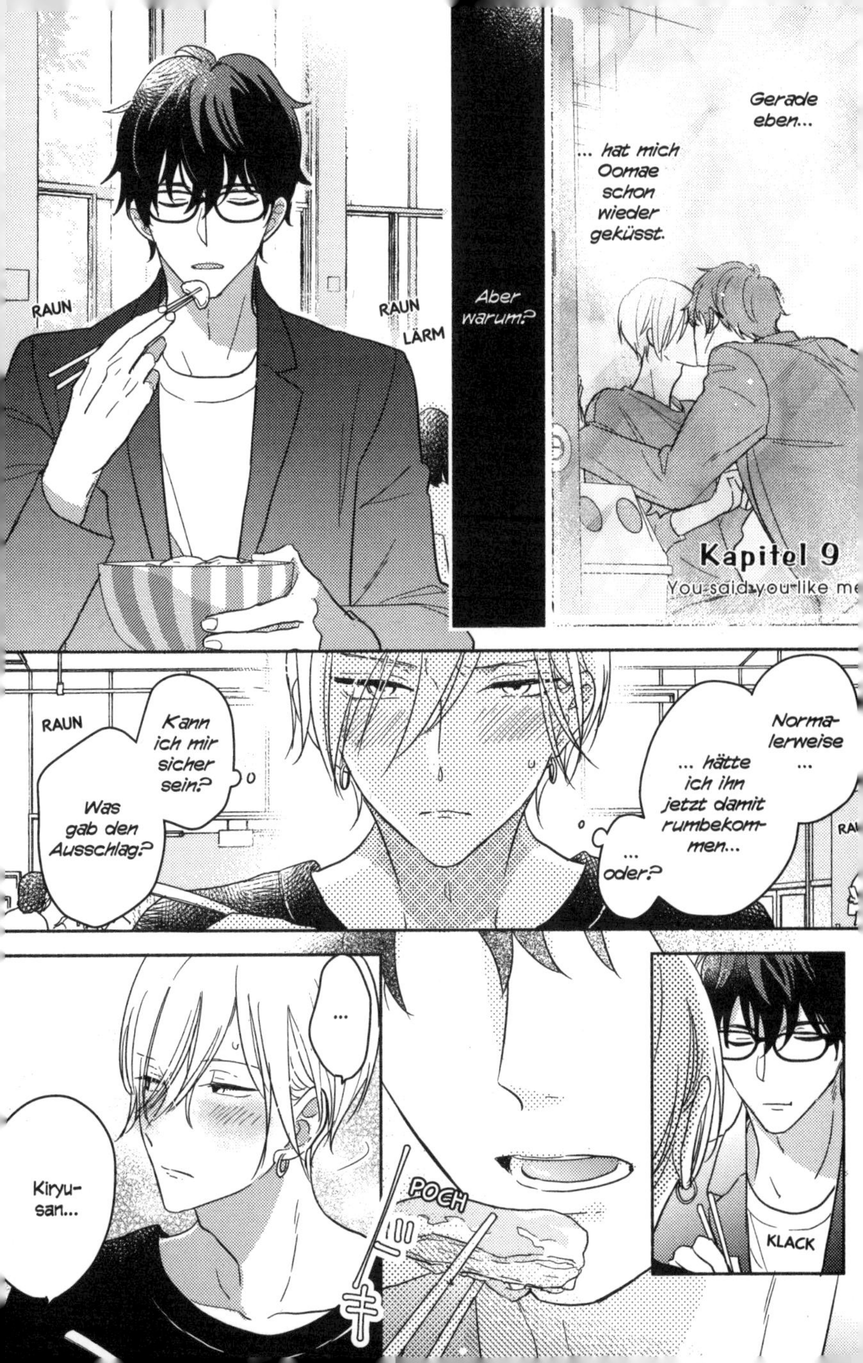
Gerade eben...
... hat mich Oomae schon wieder geküsst.
Kapitel 9
You said you like me
Aber warum?
RAUN
RAUN
LÄRM
RAUN
Normalerweise ...
... hätte ich ihn jetzt damit rumbekommen...
... oder?
Kann ich mir sicher sein?
Was gab den Ausschlag?
RAUN
KLACK
POCH
...
Kiryu-san...

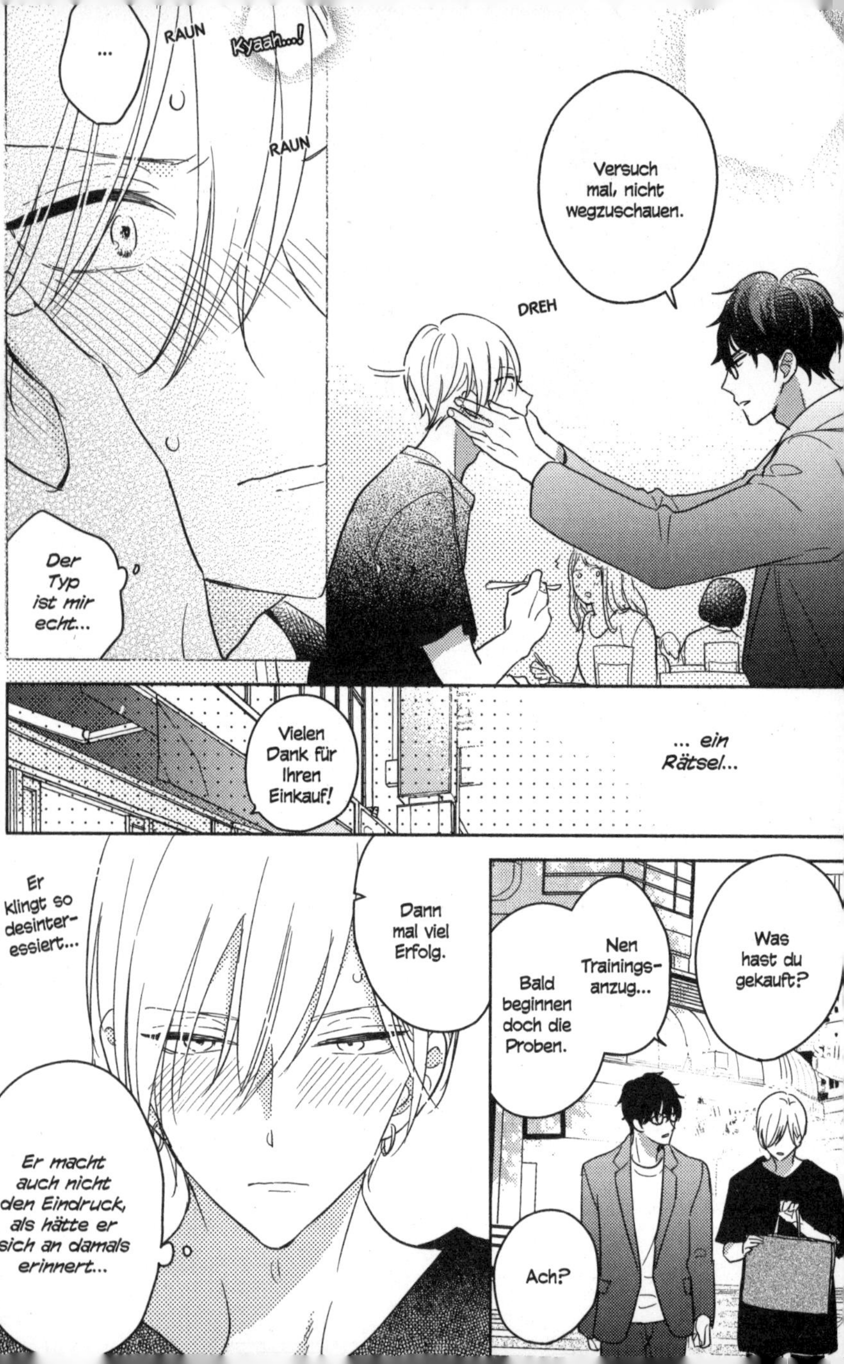
Versuch mal, nicht wegzuschauen.
DREH
...
RAUN
Kyaah...!
RAUN
Der Typ ist mir echt...
... ein Rätsel...
Vielen Dank für Ihren Einkauf!
Was hast du gekauft?
Nen Trainingsanzug...
Bald beginnen doch die Proben.
Ach?
Dann mal viel Erfolg.
Er klingt so desinteressiert...
Er macht auch nicht den Eindruck, als hätte er sich an damals erinnert...

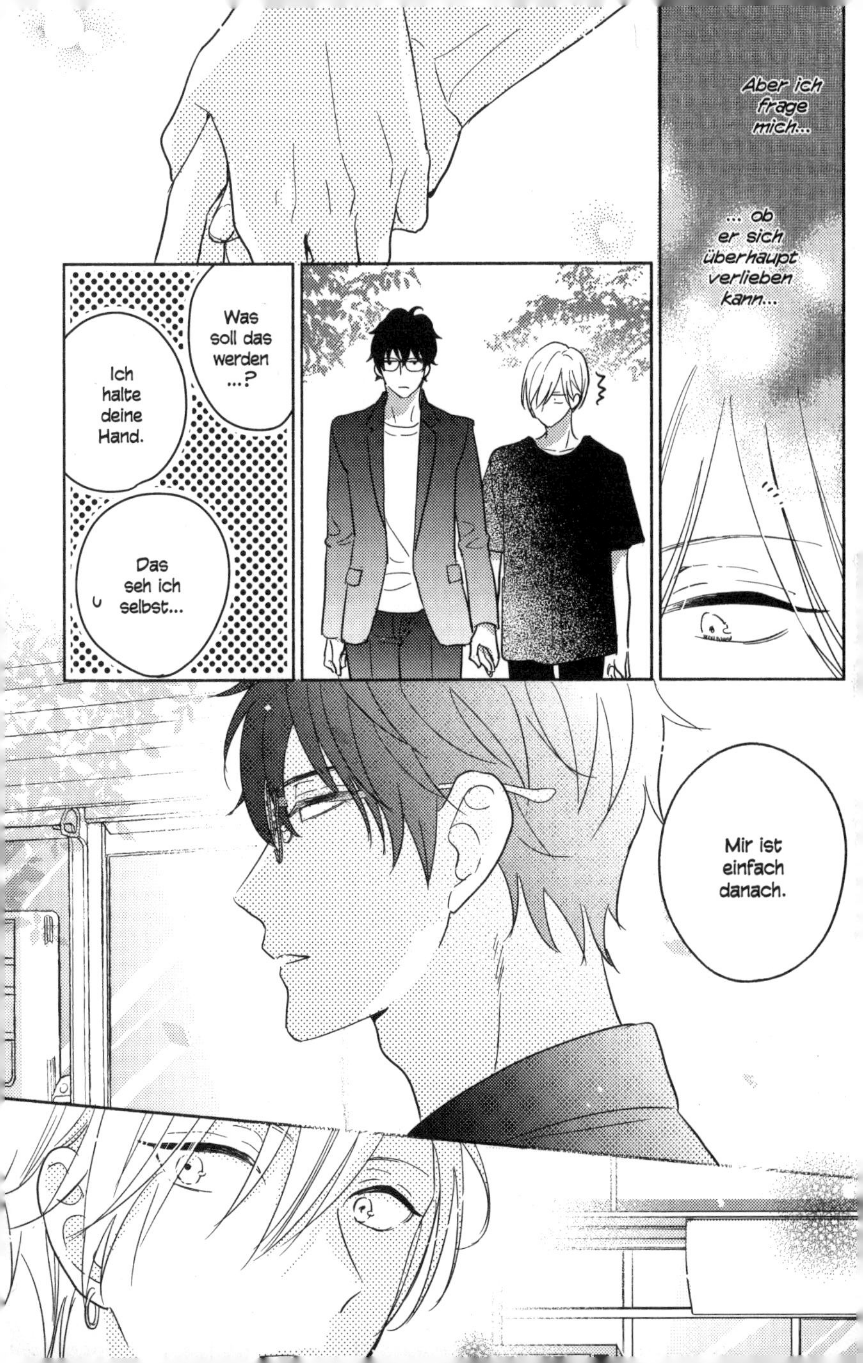
Aber ich frage mich...
... ob er sich überhaupt verlieben kann...
Was soll das werden ...?
Ich halte deine Hand.
Das seh ich selbst...
Mir ist einfach danach.

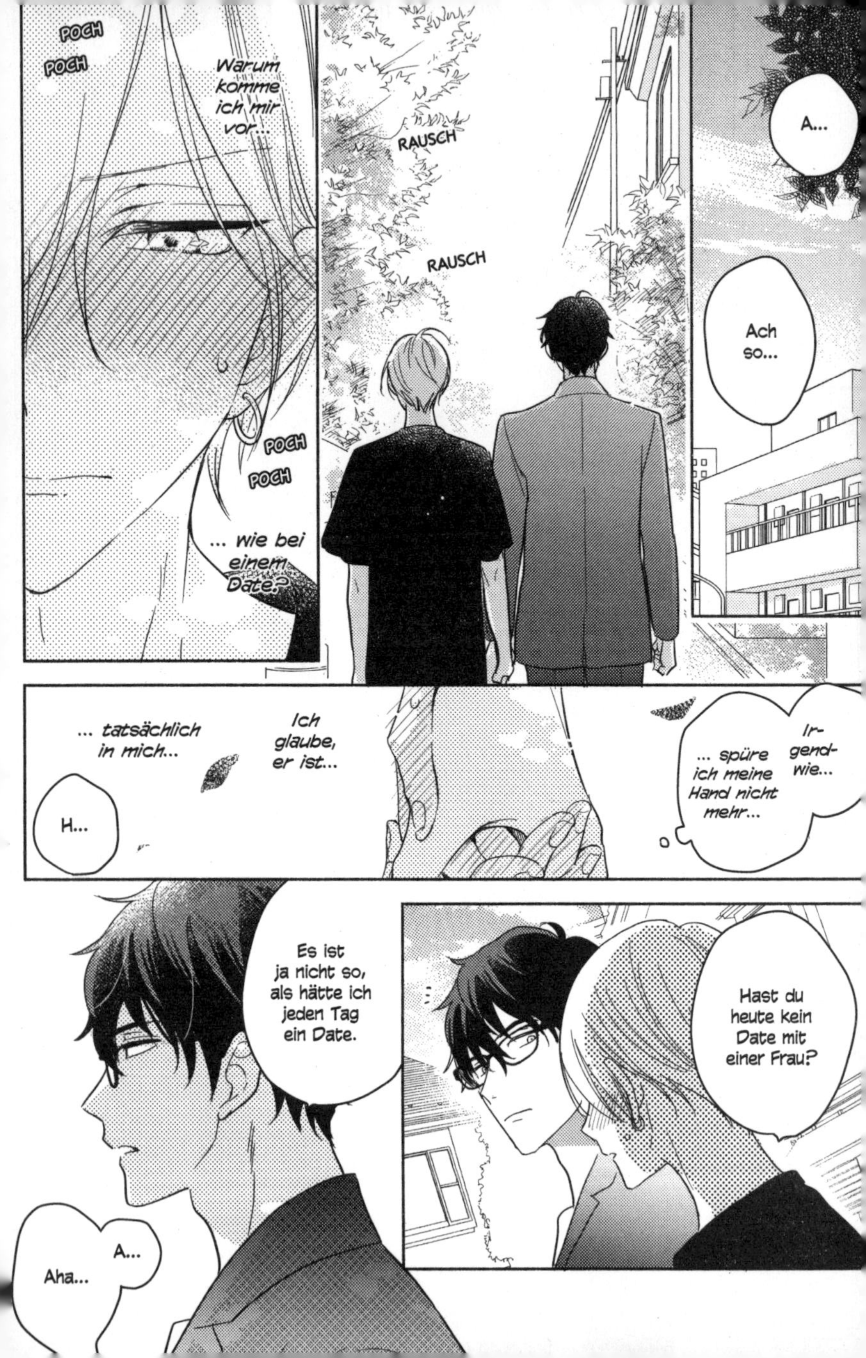
A...
Ach so...
RAUSCH
RAUSCH
POCH
POCH
Warum komme ich mir vor...
POCH
POCH
... wie bei einem Date?
Ir-gend-wie...
... spüre ich meine Hand nicht mehr...
Ich glaube, er ist...
... tatsächlich in mich...
H...
Hast du heute kein Date mit einer Frau?
Es ist ja nicht so, als hätte ich jeden Tag ein Date.
A...
Aha...

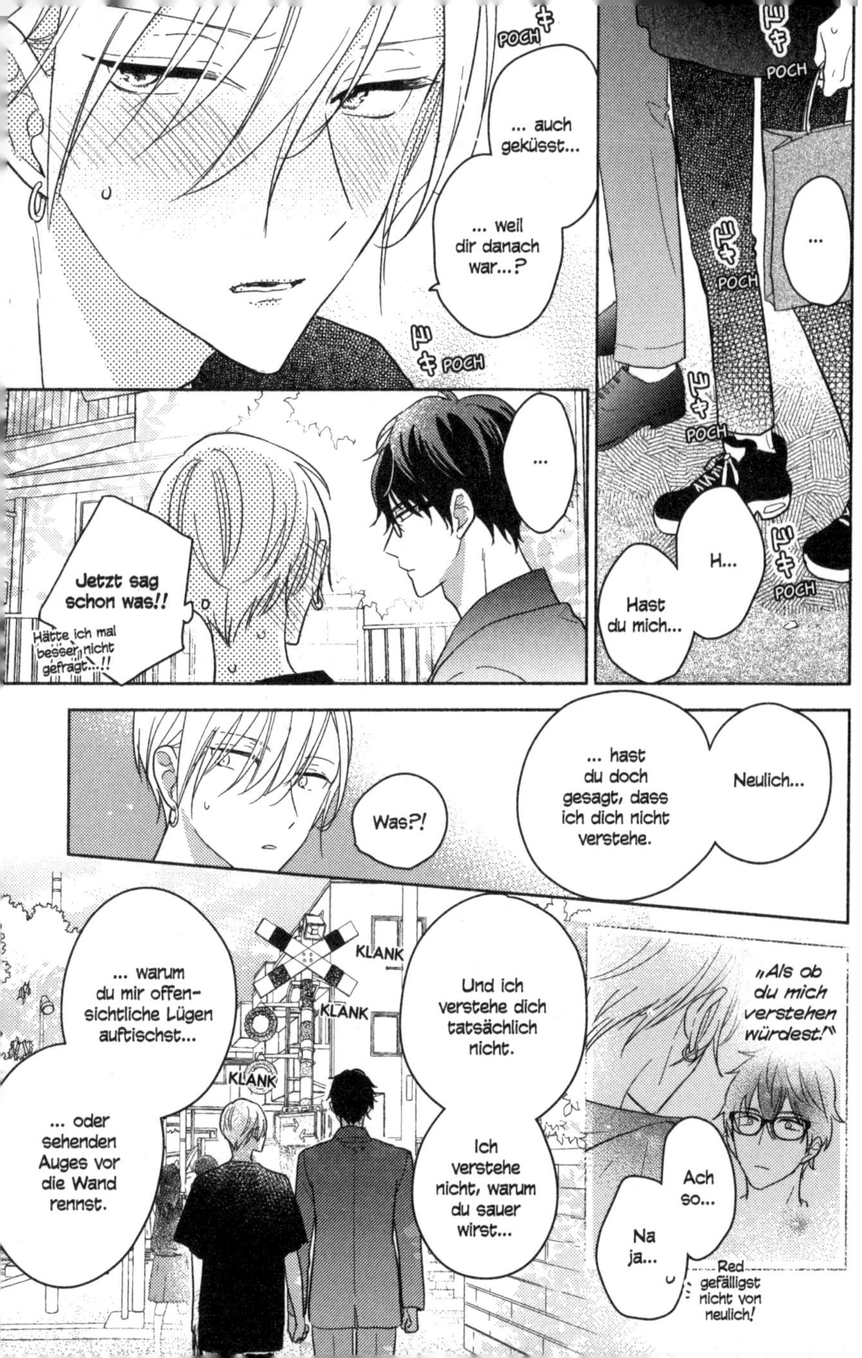

POCH
... auch geküsst...
... weil dir danach war...?
POCH
POCH
...
POCH
POCH
POCH
H...
Hast du mich...
...
Jetzt sag schon was!!
Hätte ich mal besser nicht gefragt...!!
Neulich...
... hast du doch gesagt, dass ich dich nicht verstehe.
Was?!
„Als ob du mich verstehen würdest!“
Ach so...
Na ja...
Red gefälligst nicht von neulich!
Und ich verstehe dich tatsächlich nicht.
Ich verstehe nicht, warum du sauer wirst...
KLANK
KLANK
KLANK
... warum du mir offensichtliche Lügen auftischst...
... oder sehenden Auges vor die Wand rennst.

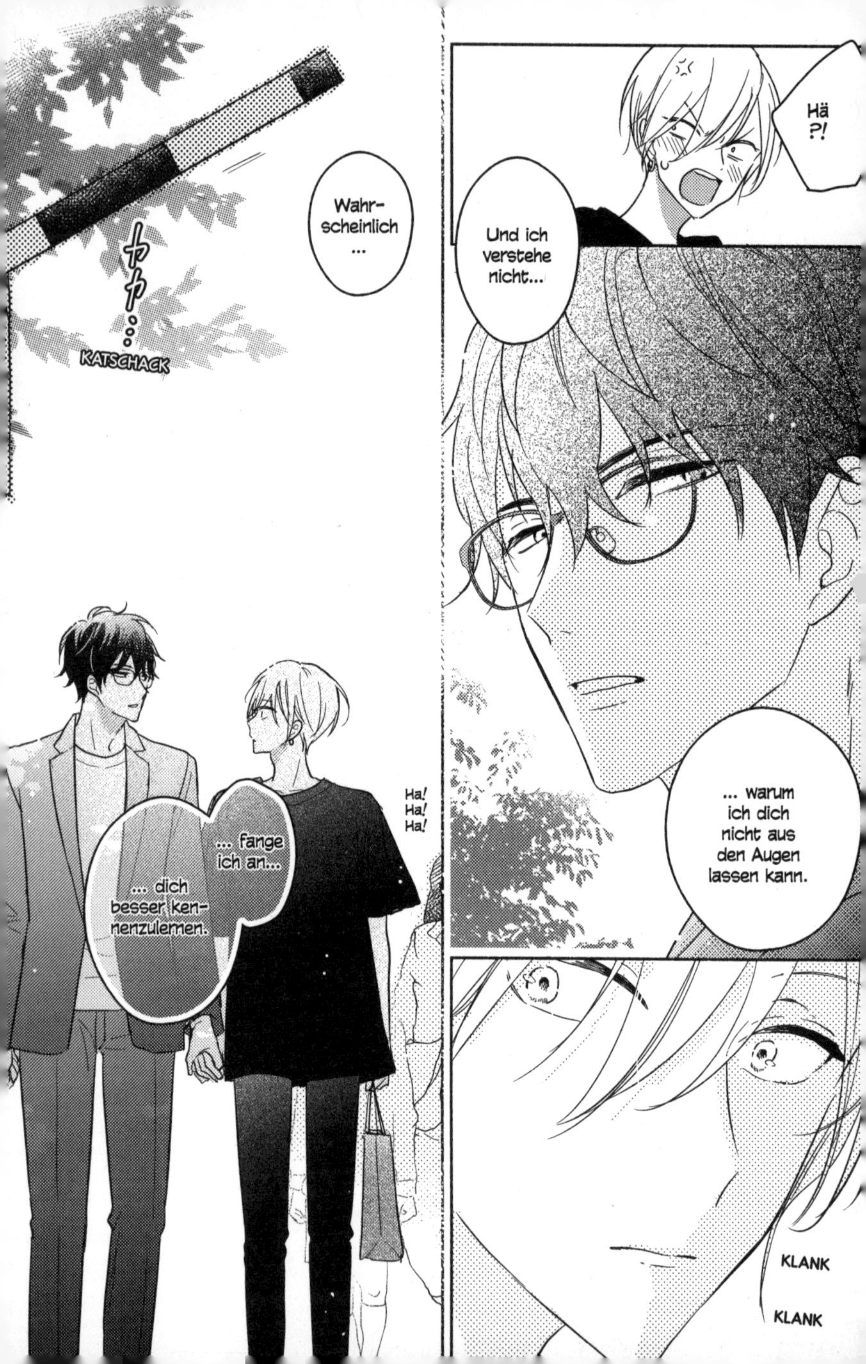
Hä ?!
Und ich verstehe nicht...
... warum ich dich nicht aus den Augen lassen kann.
KLANK
KLANK
Wahr-scheinlich ...
KATSCHACK
Ha! Ha! Ha!
... fange ich an...
... dich besser ken-nenzulernen.

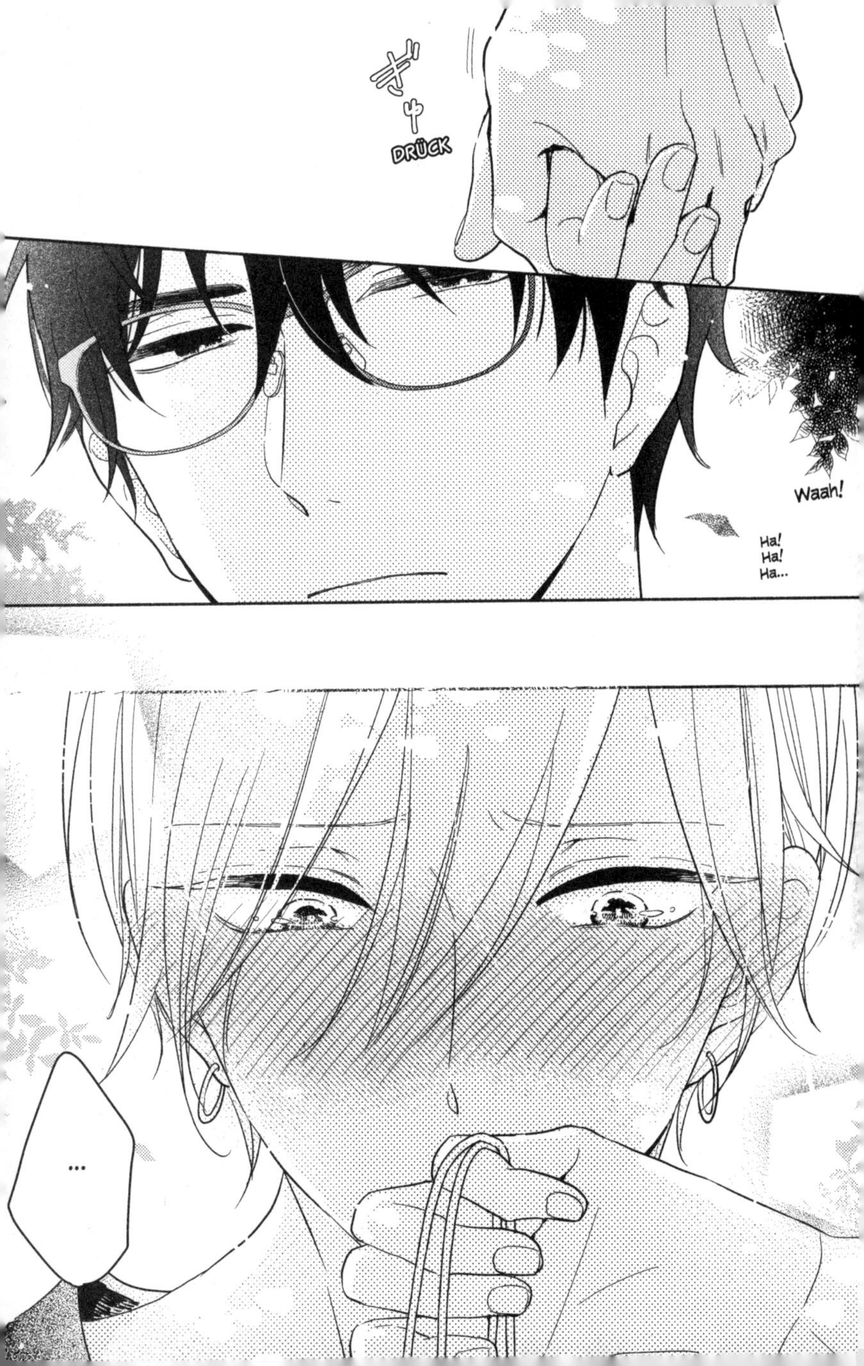
ぎゅ
DRÜCK
Waah!
Ha!
Ha!
Ha...
...

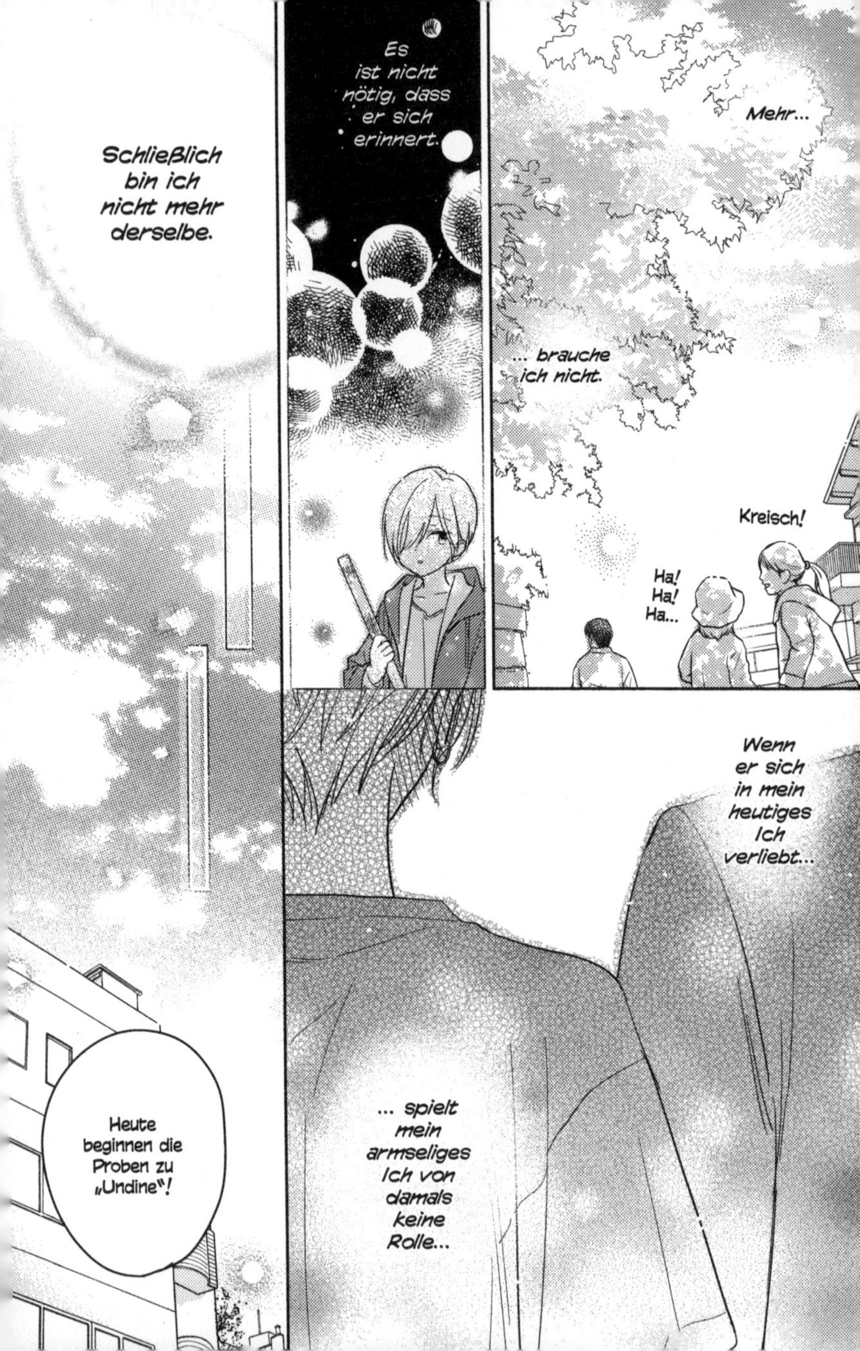
Mehr...
... brauche ich nicht.
Kreisch!
Ha! Ha! Ha...
Es ist nicht nötig, dass er sich erinnert.
Wenn er sich in mein heutiges Ich verliebt...
... spielt mein armseliges Ich von damals keine Rolle...
Schließlich bin ich nicht mehr derselbe.
Heute beginnen die Proben zu „Undine"!

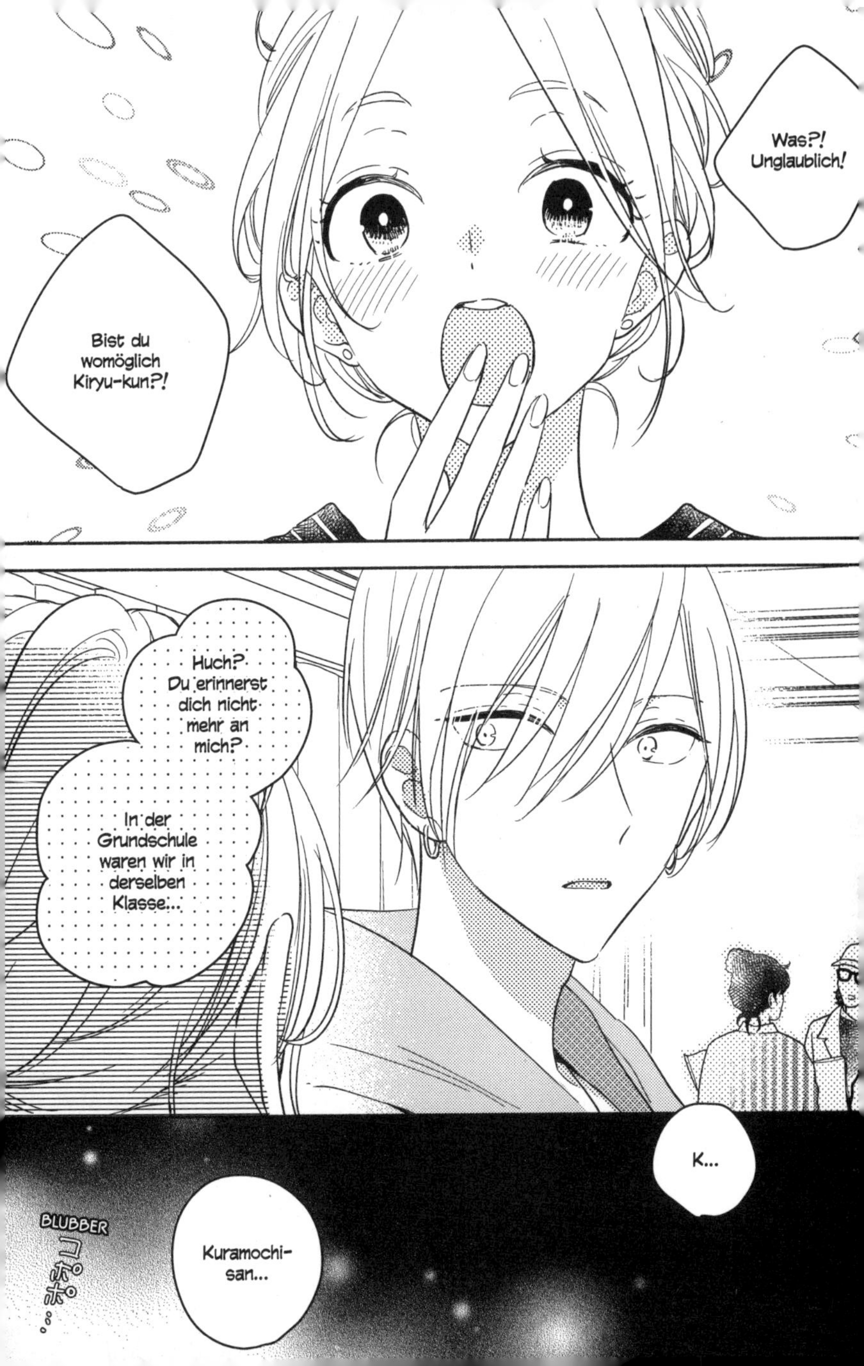
Was?! Unglaublich!
Bist du womöglich Kiryu-kun?!
Huch? Du erinnerst dich nicht mehr an mich?
In der Grundschule waren wir in derselben Klasse...
K...
Kuramochi-san...
BLUBBER
コポポ。。

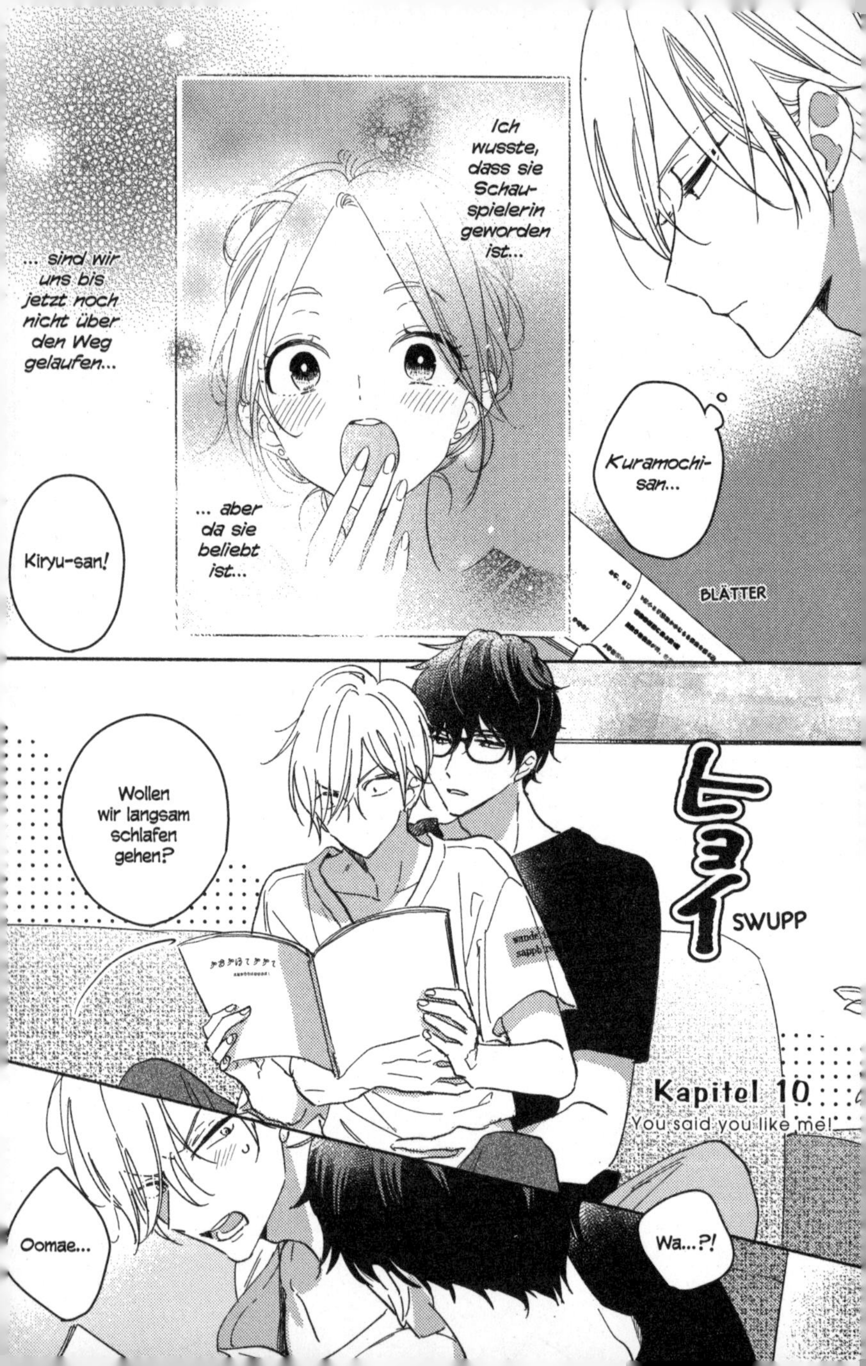
Kuramochi-san...
BLÄTTER
Ich wusste, dass sie Schauspielerin geworden ist...
... aber da sie beliebt ist...
... sind wir uns bis jetzt noch nicht über den Weg gelaufen...
Kiryu-san!
ヒョイ SWUPP
Wollen wir langsam schlafen gehen?
Kapitel 10
You said you like me!
Wa...?!
Oomae...

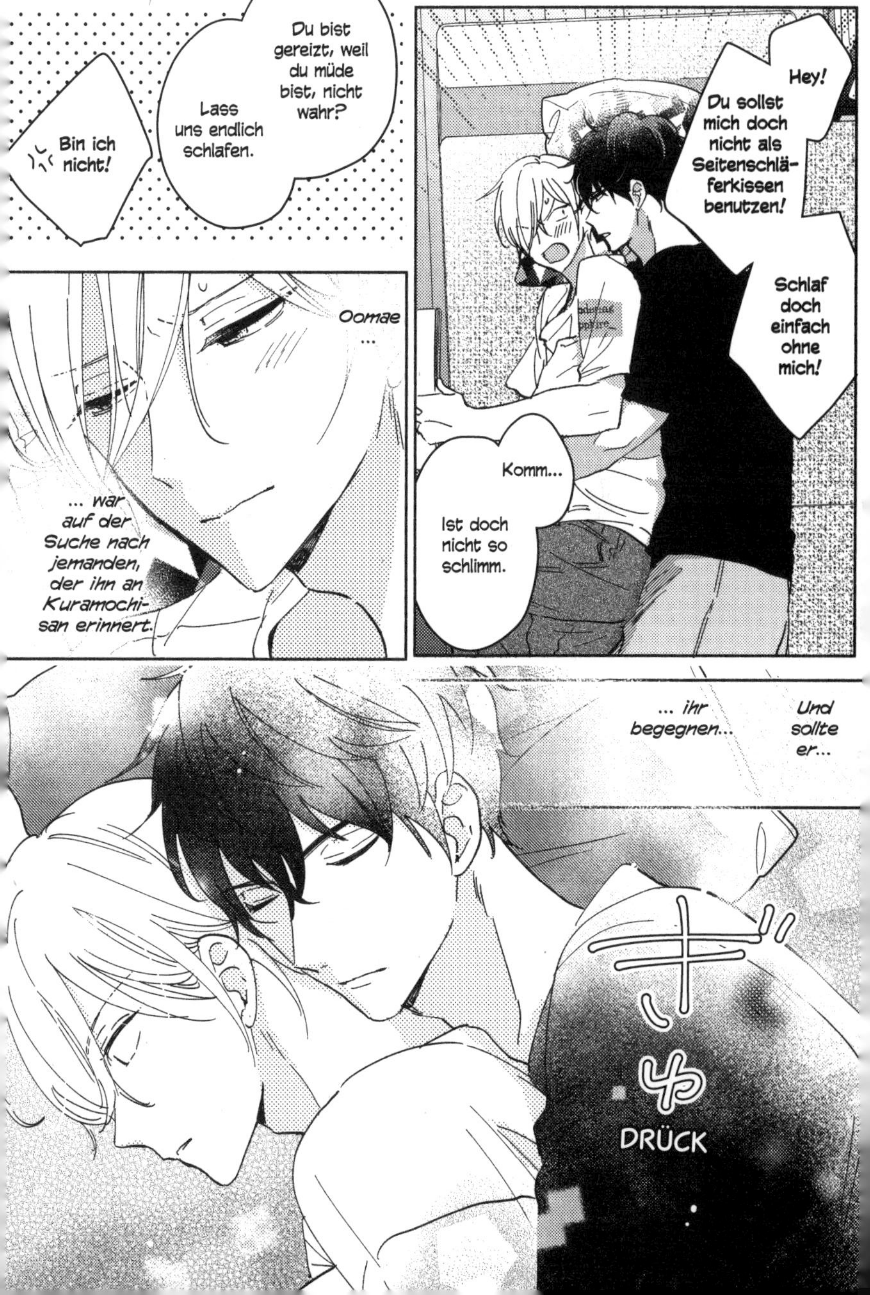
Hey!
Du sollst mich doch nicht als Seitenschläferkissen benutzen!
Schlaf doch einfach ohne mich!
Komm...
Ist doch nicht so schlimm.
Du bist gereizt, weil du müde bist, nicht wahr?
Lass uns endlich schlafen.
Bin ich nicht!
Oomae ...
... war auf der Suche nach jemanden, der ihn an Kuramochi-san erinnert.
Und sollte er...
... ihr begegnen...
ギゅ
DRÜCK

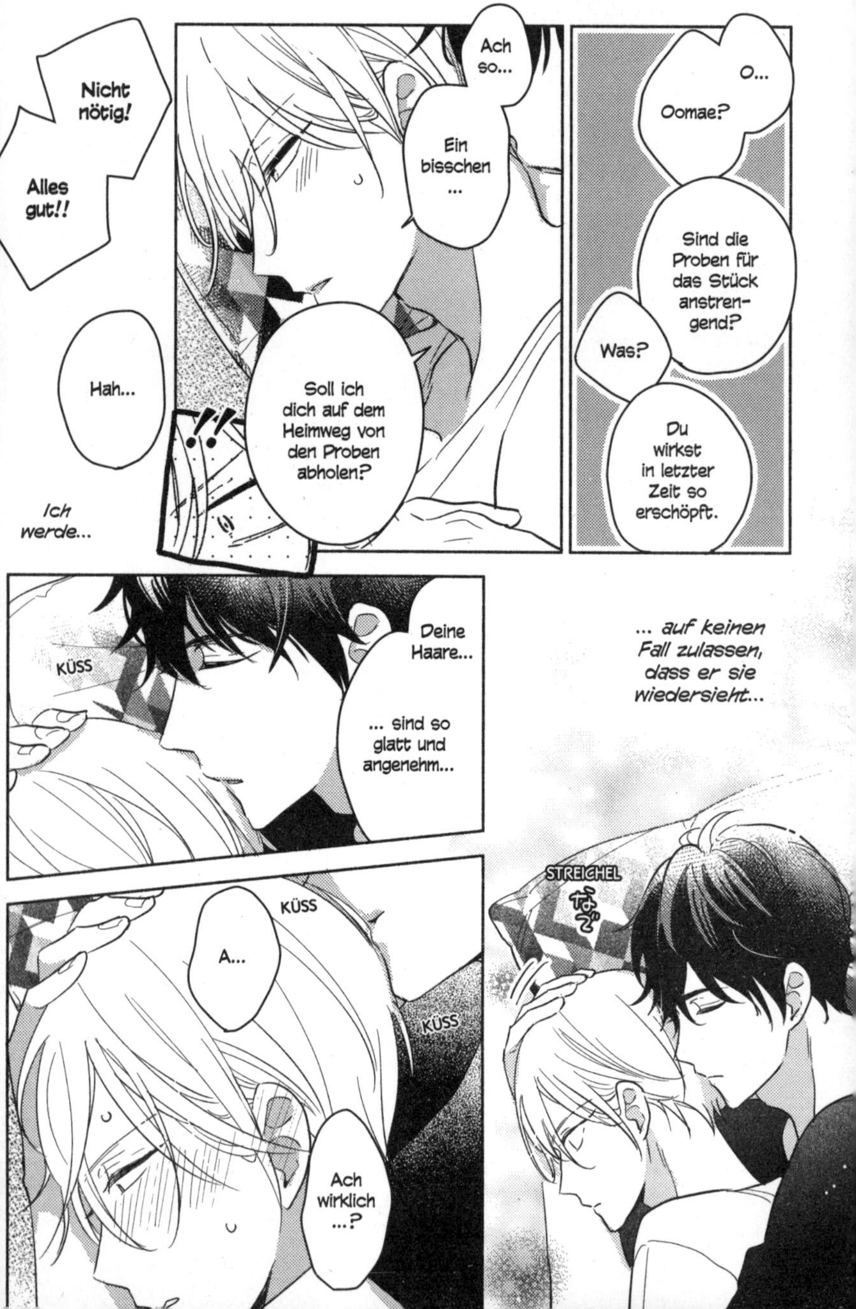
O...
Oomae?
Sind die Proben für das Stück anstrengend?
Was?
Du wirkst in letzter Zeit so erschöpft.
Ach so...
Ein bisschen ...
Soll ich dich auf dem Heimweg von den Proben abholen?
!!
Nicht nötig!
Alles gut!!
Hah...
Ich werde...
... auf keinen Fall zulassen, dass er sie wiedersieht...
Deine Haare...
... sind so glatt und angenehm...
KÜSS
STREICHEL
なで
KÜSS
A...
KÜSS
Ach wirklich ...?

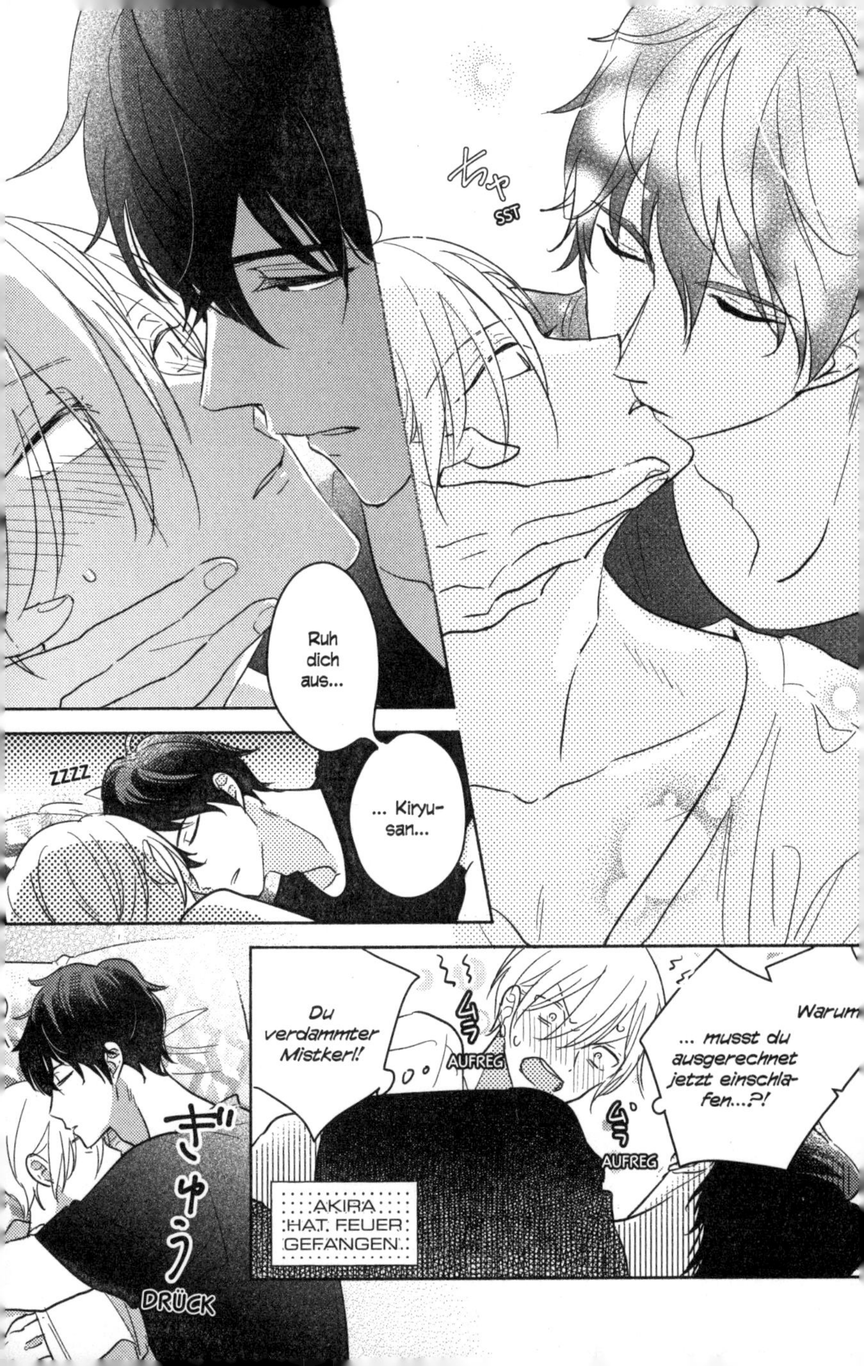

ちゅ
SST
Ruh dich aus...
... Kiryu-san...
ZZZZ
Warum
... musst du ausgerechnet jetzt einschlafen...?!
ムラ
AUFREG
ムラ
AUFREG
Du verdammter Mistkerl!
AKIRA HAT FEUER GEFANGEN.
ぎゅう
DRÜCK

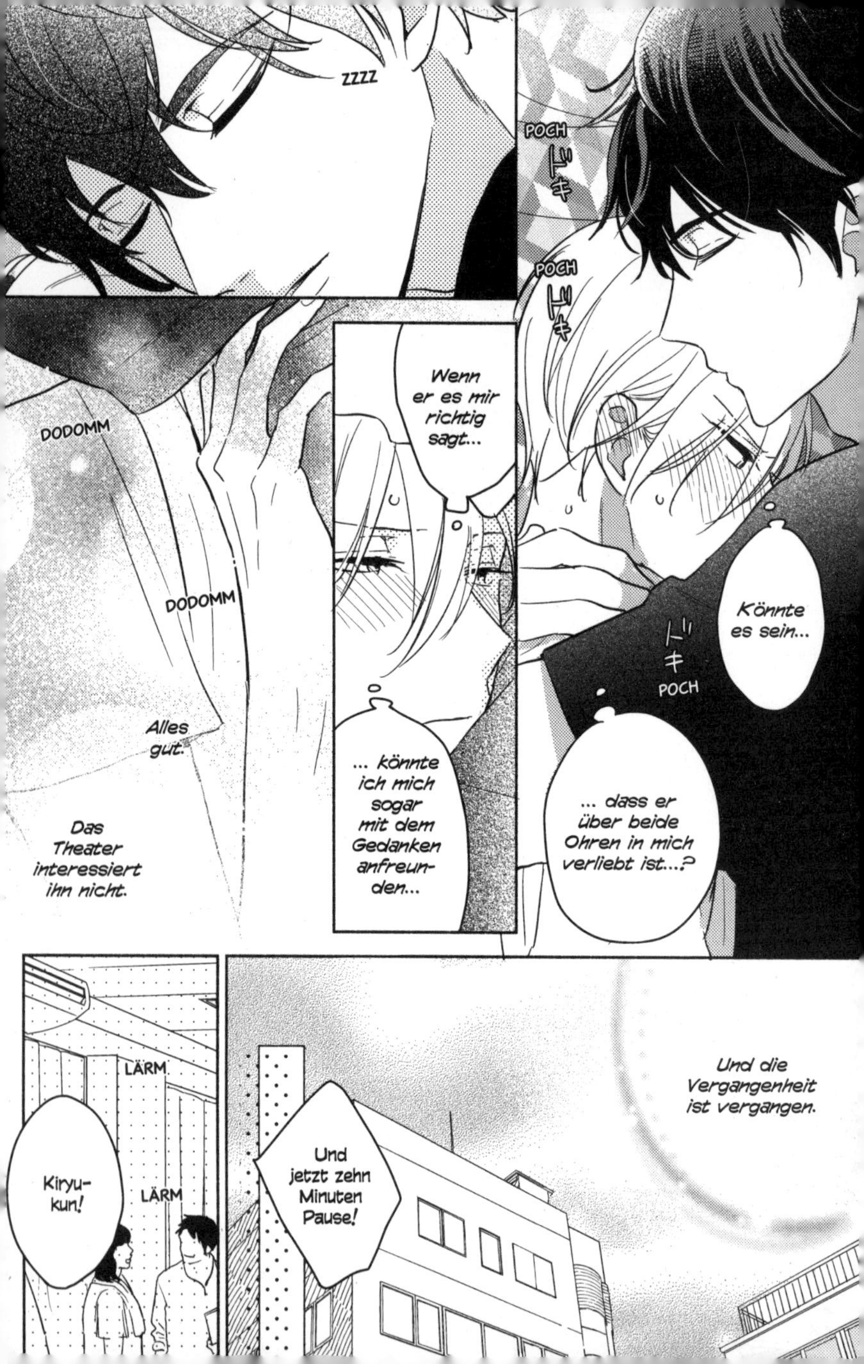

POCH
ドキ
POCH
ドキ
ZZZZ
Könnte es sein...
ドキ
POCH
... dass er über beide Ohren in mich verliebt ist...?
Wenn er es mir richtig sagt...
... könnte ich mich sogar mit dem Gedanken anfreunden...
DODOMM
DODOMM
Alles gut.
Das Theater interessiert ihn nicht.
Und die Vergangenheit ist vergangen.
Und jetzt zehn Minuten Pause!
LÄRM
LÄRM
Kiryu-kun!

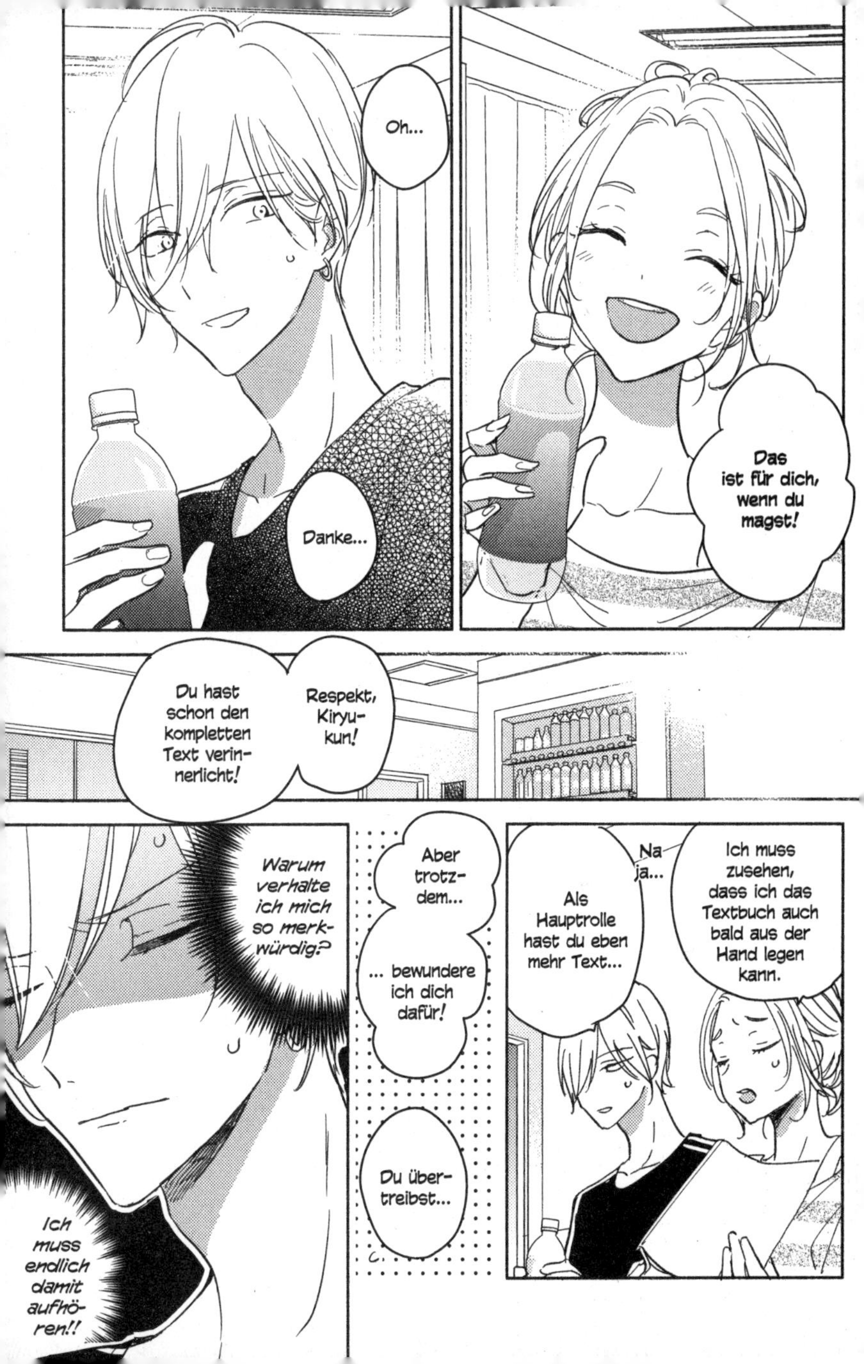
Das ist für dich, wenn du magst!
Oh...
Danke...
Respekt, Kiryu-kun!
Du hast schon den kompletten Text verinnerlicht!
Ich muss zusehen, dass ich das Textbuch auch bald aus der Hand legen kann.
Na ja...
Als Hauptrolle hast du eben mehr Text...
Aber trotzdem...
... bewundere ich dich dafür!
Du übertreibst...
Warum verhalte ich mich so merkwürdig?
Ich muss endlich damit aufhören!!

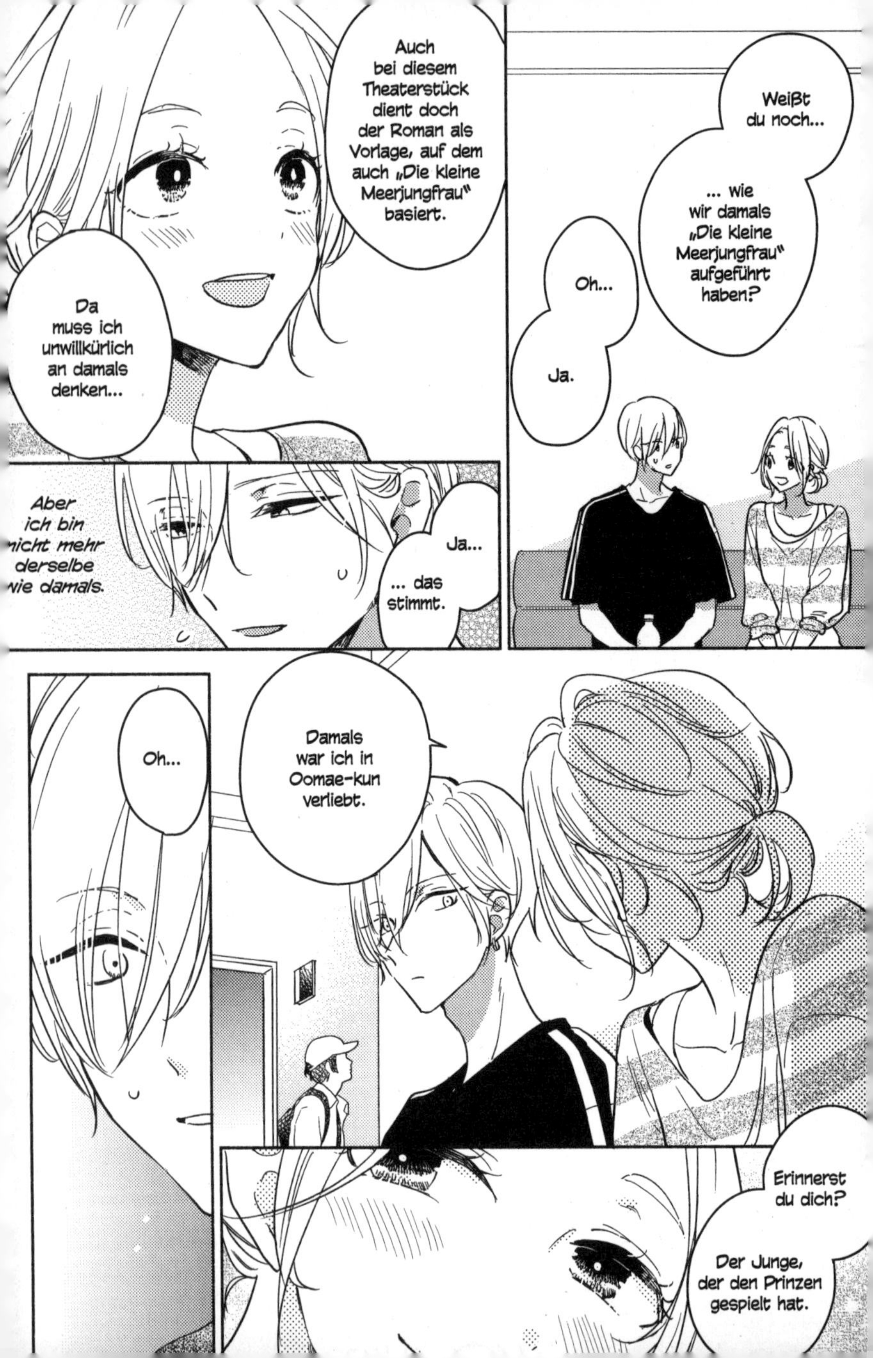
Weißt du noch...
... wie wir damals „Die kleine Meerjungfrau" aufgeführt haben?
Oh...
Ja.
Auch bei diesem Theaterstück dient doch der Roman als Vorlage, auf dem auch „Die kleine Meerjungfrau" basiert.
Da muss ich unwillkürlich an damals denken...
Ja...
... das stimmt.
Aber ich bin nicht mehr derselbe wie damals.
Damals war ich in Oomae-kun verliebt.
Oh...
Erinnerst du dich?
Der Junge, der den Prinzen gespielt hat.

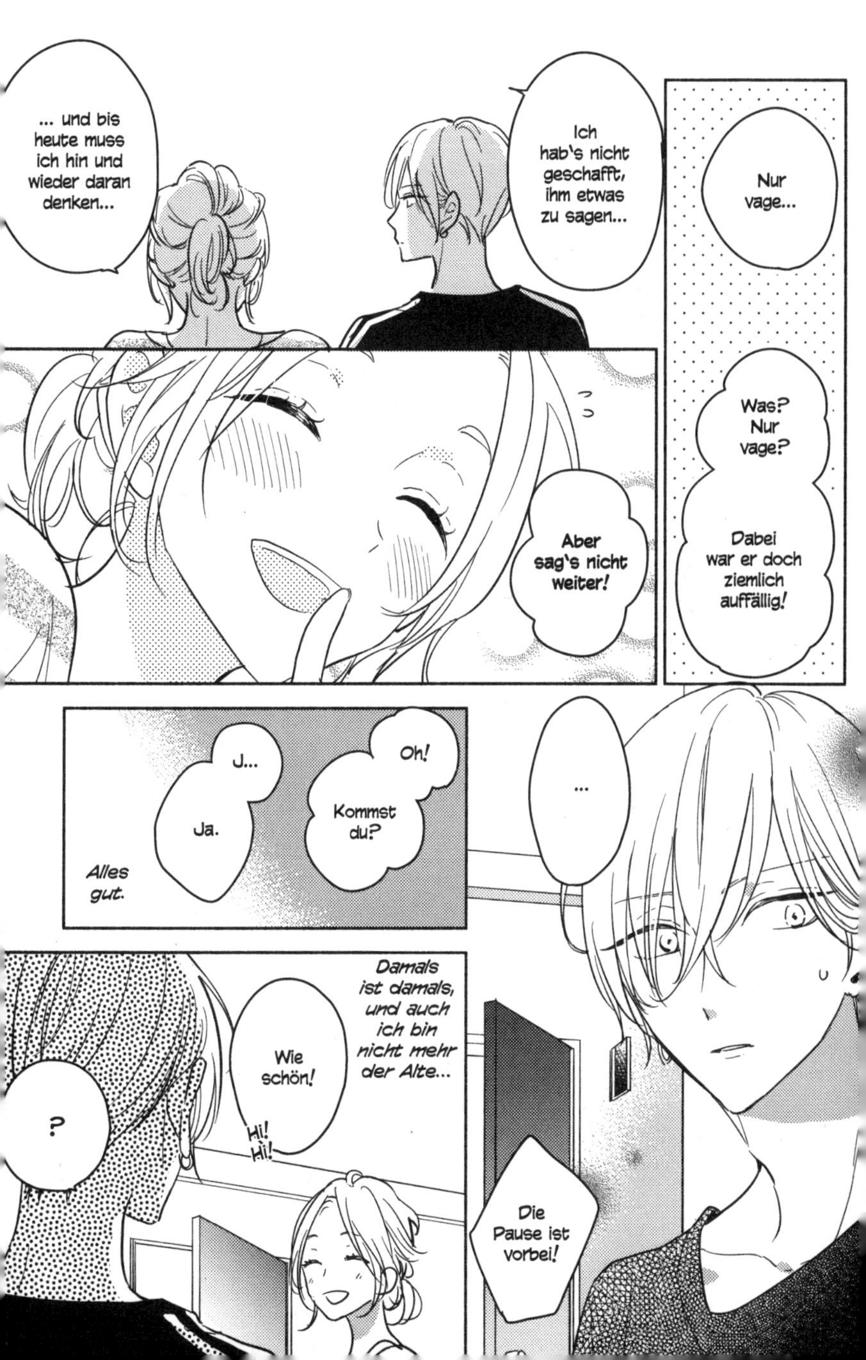

Ich hab's nicht geschafft, ihm etwas zu sagen...
... und bis heute muss ich hin und wieder daran denken...
Nur vage...
Was? Nur vage?
Dabei war er doch ziemlich auffällig!
Aber sag's nicht weiter!
...
Oh!
Kommst du?
J...
Ja.
Alles gut.
Die Pause ist vorbei!
Damals ist damals, und auch ich bin nicht mehr der Alte...
Wie schön!
Hi! Hi!
?

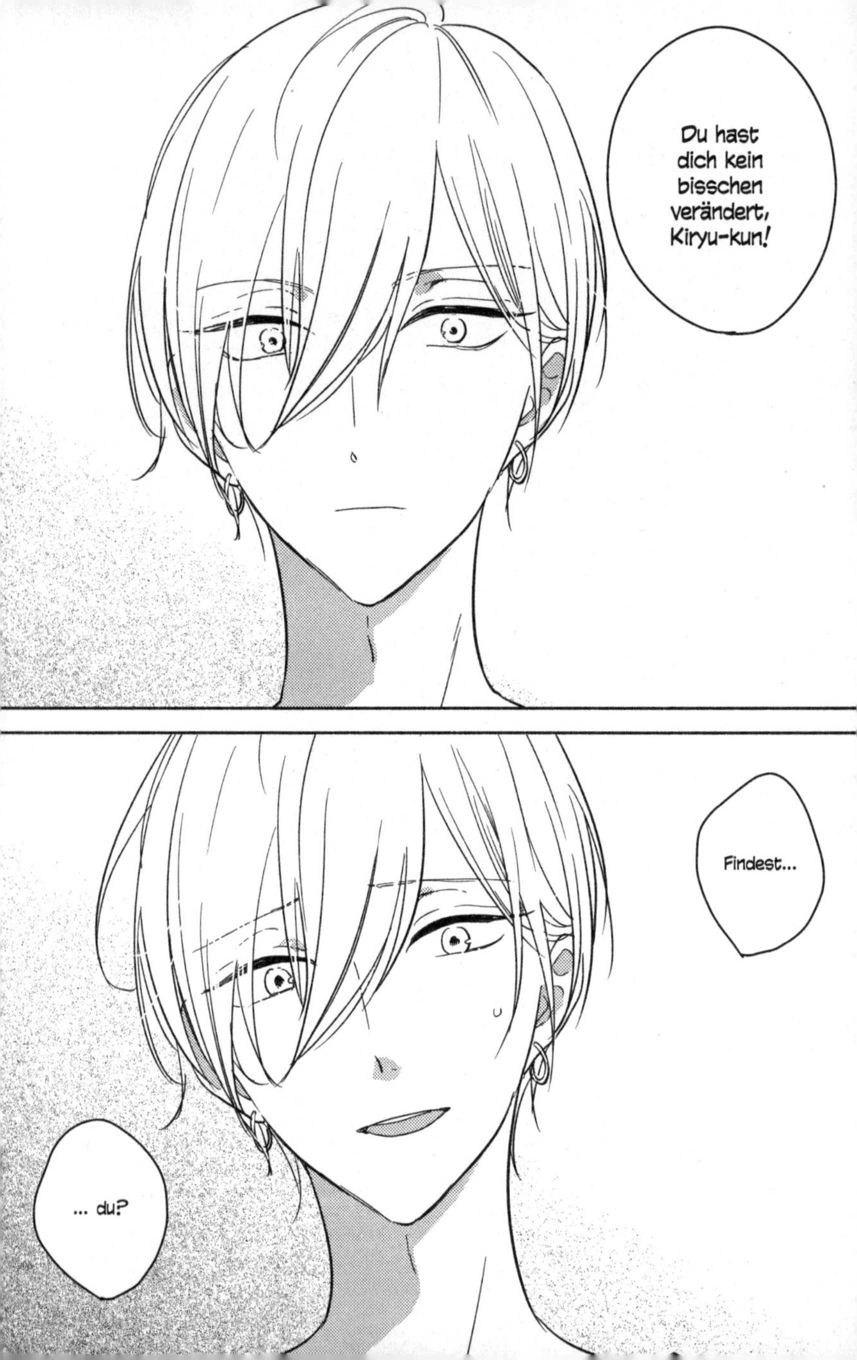
Du hast dich kein bisschen verändert, Kiryu-kun!
Findest...
... du?

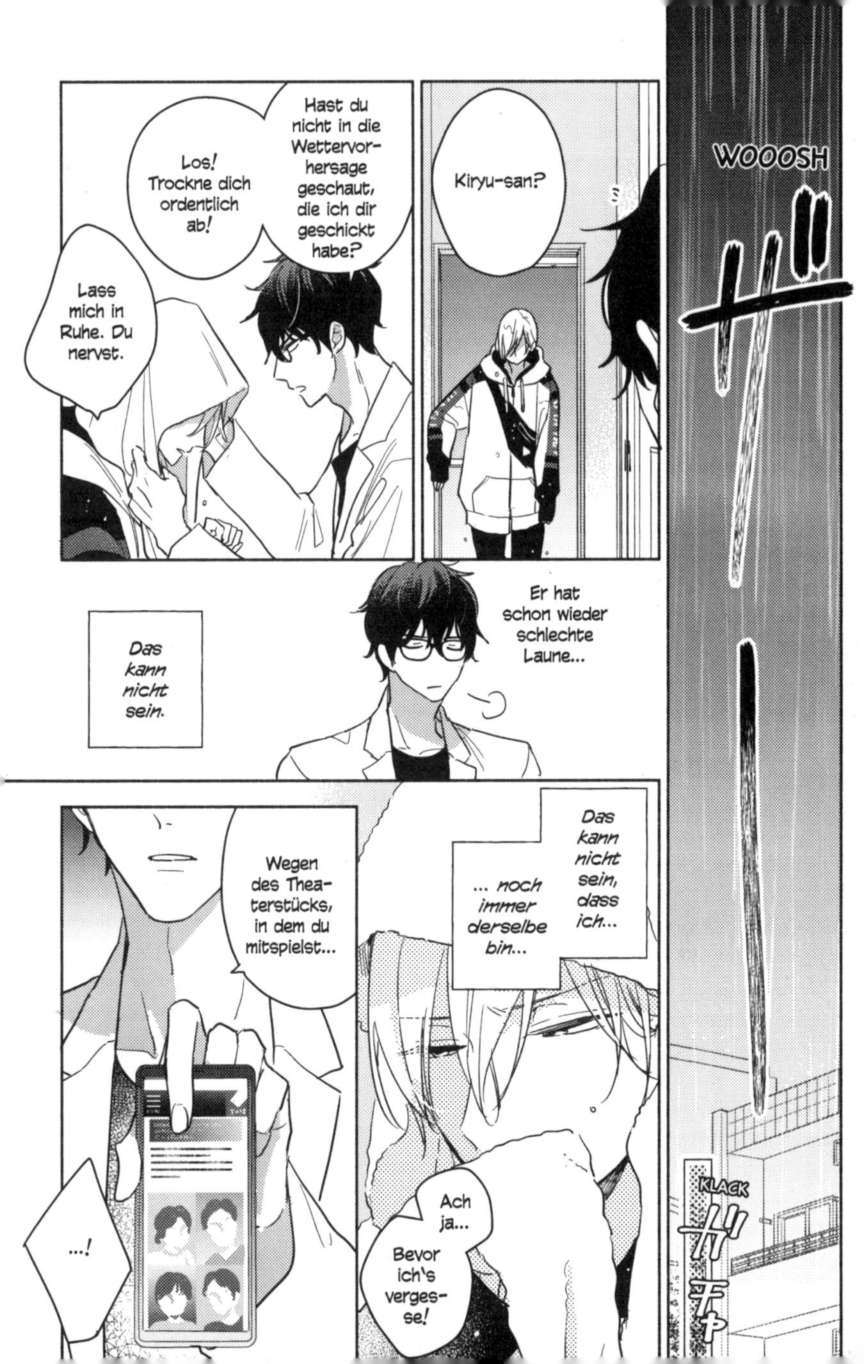
WOOOSH
ザッ
Kiryu-san?
Hast du nicht in die Wettervor-hersage geschaut, die ich dir geschickt habe?
Los! Trockne dich ordentlich ab!
Lass mich in Ruhe. Du nervst.
Er hat schon wieder schlechte Laune...
Das kann nicht sein.
KLACK
ガチャ
Das kann nicht sein, dass ich...
... noch immer derselbe bin...
Wegen des Thea-terstücks, in dem du mitspielst...
Ach ja... Bevor ich's verges-se!
...!

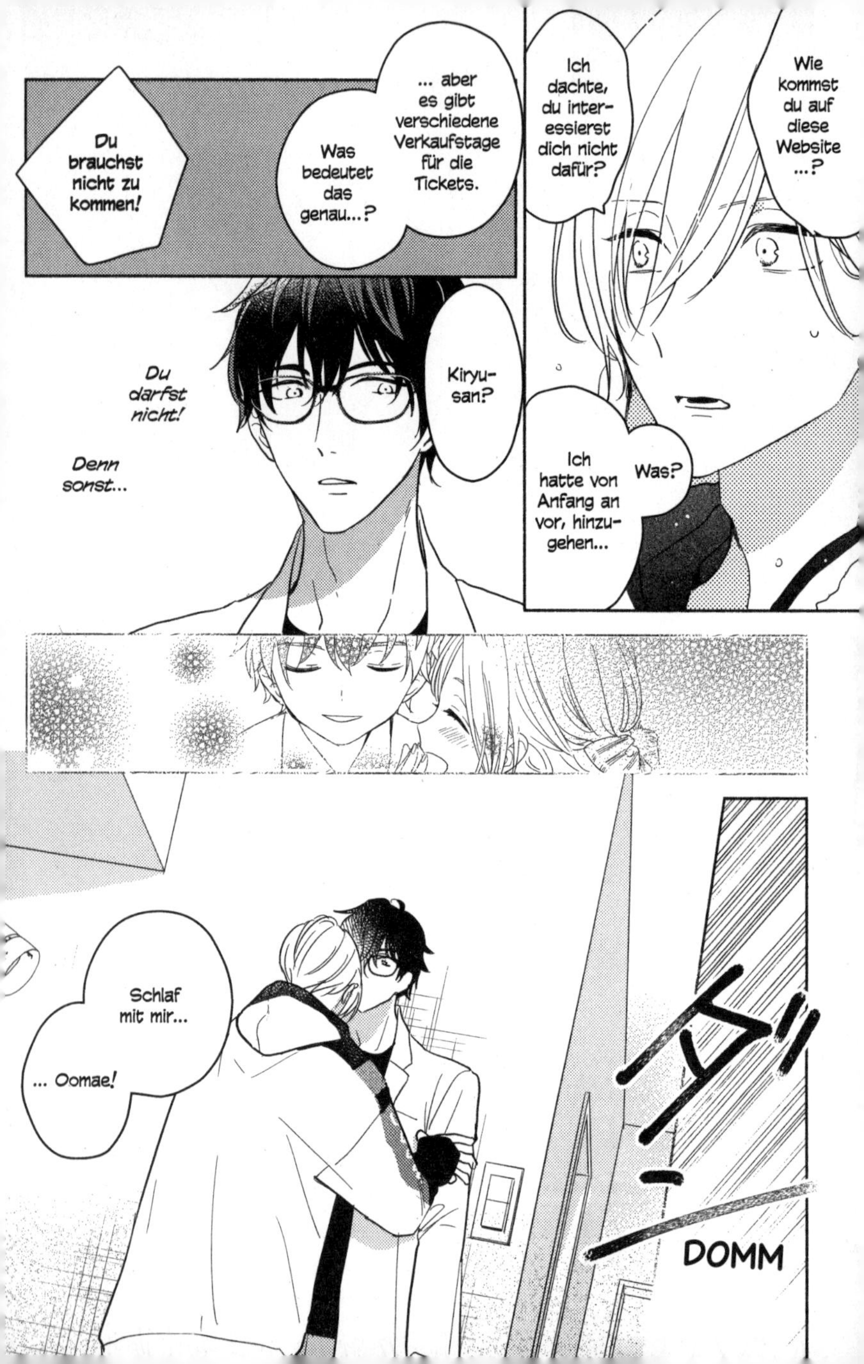
Wie kommst du auf diese Website ...?
Ich dachte, du interessierst dich nicht dafür?
Was?
Ich hatte von Anfang an vor, hinzugehen...
Kiryu-san?
... aber es gibt verschiedene Verkaufstage für die Tickets.
Was bedeutet das genau...?
Du brauchst nicht zu kommen!
Du darfst nicht!
Denn sonst...
DOMM
Schlaf mit mir...
... Oomae!

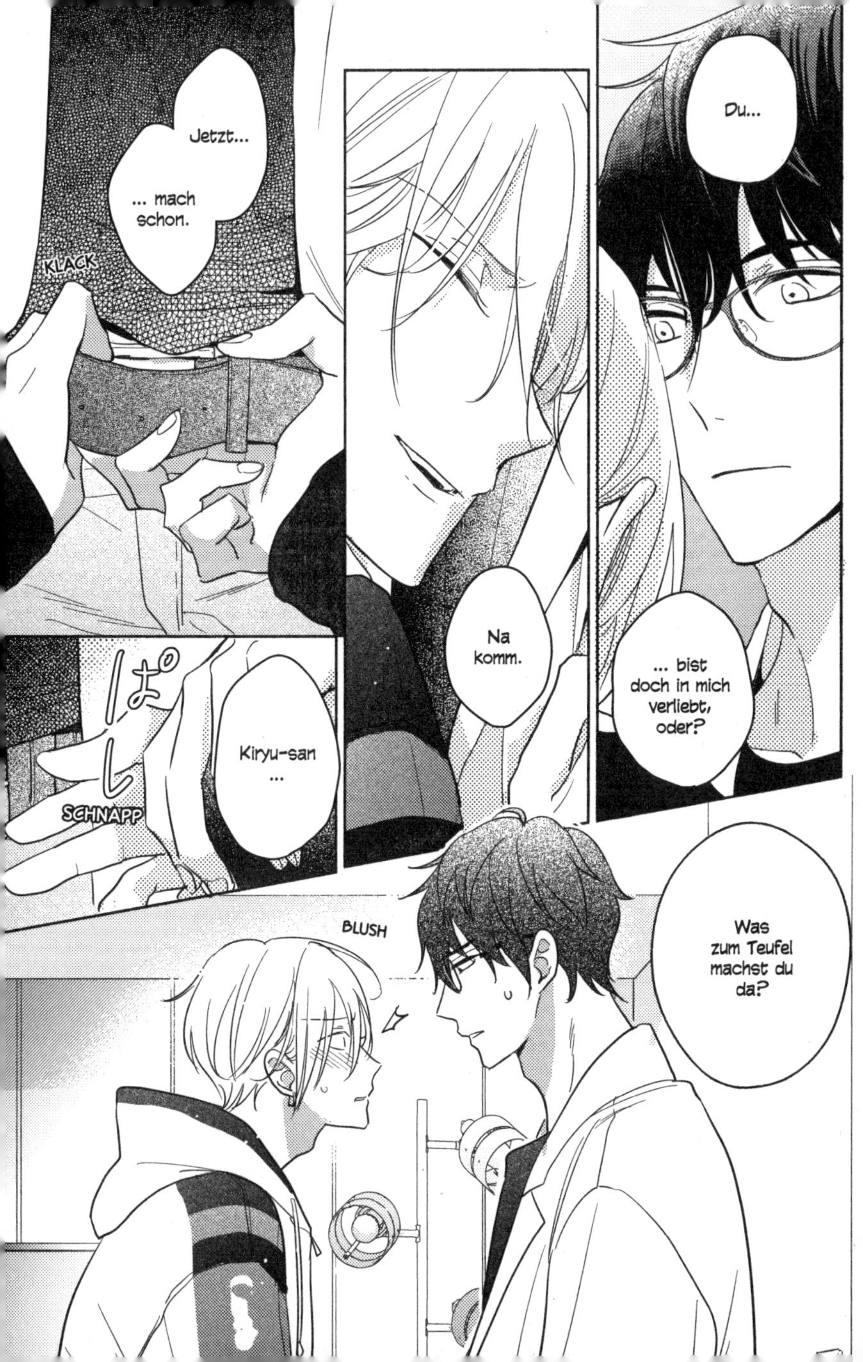
Du...
... bist doch in mich verliebt, oder?
Na komm.
Jetzt...
... mach schon.
KLACK
Kiryu-san ...
ぱし
SCHNAPP
Was zum Teufel machst du da?
BLUSH

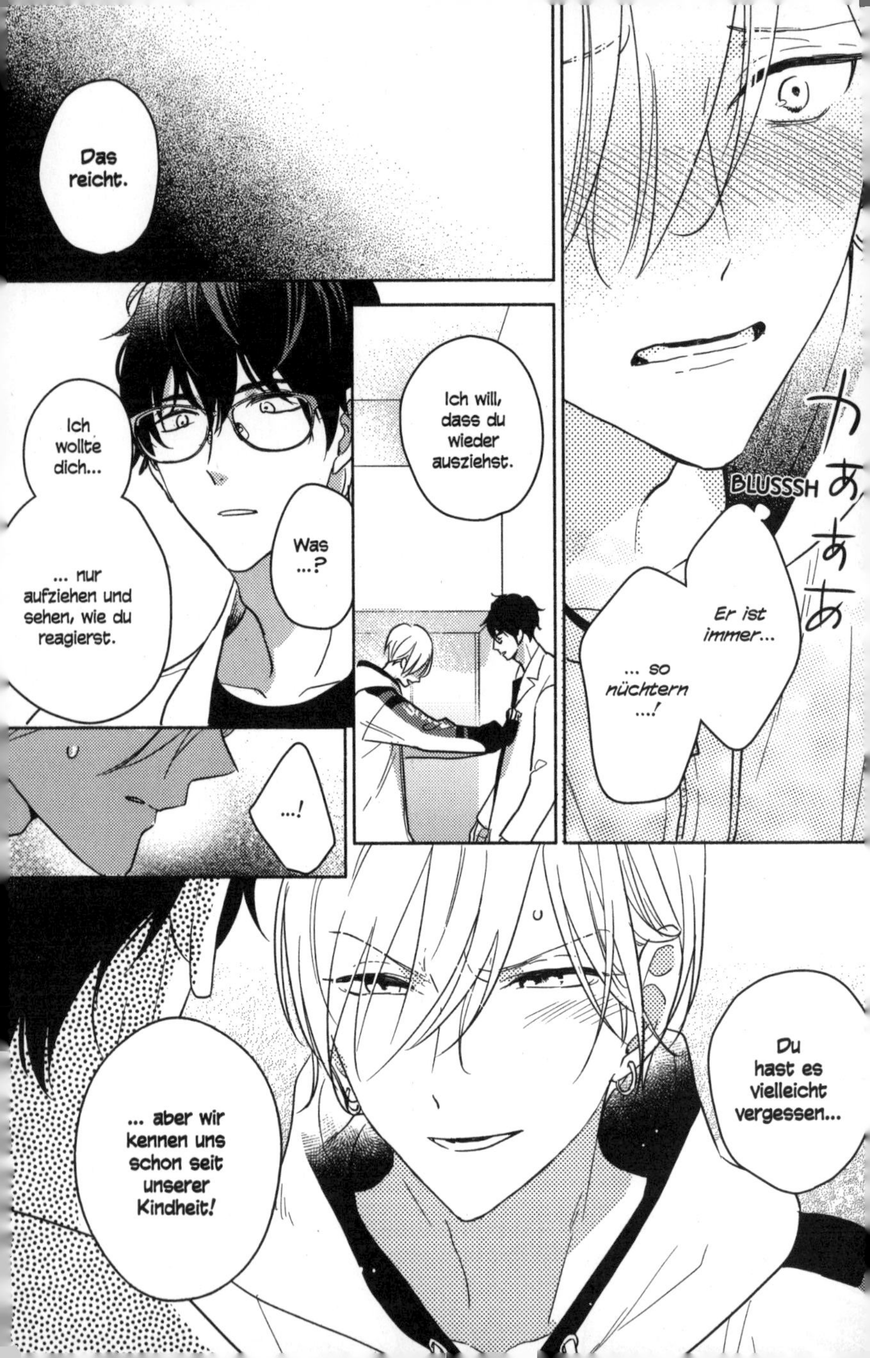

BLUSSSH
わあああ
Er ist immer...
... so nüchtern ...!
Das reicht.
Ich will, dass du wieder ausziehst.
Was ...?
Ich wollte dich...
... nur aufziehen und sehen, wie du reagierst.
...!
Du hast es vielleicht vergessen...
... aber wir kennen uns schon seit unserer Kindheit!

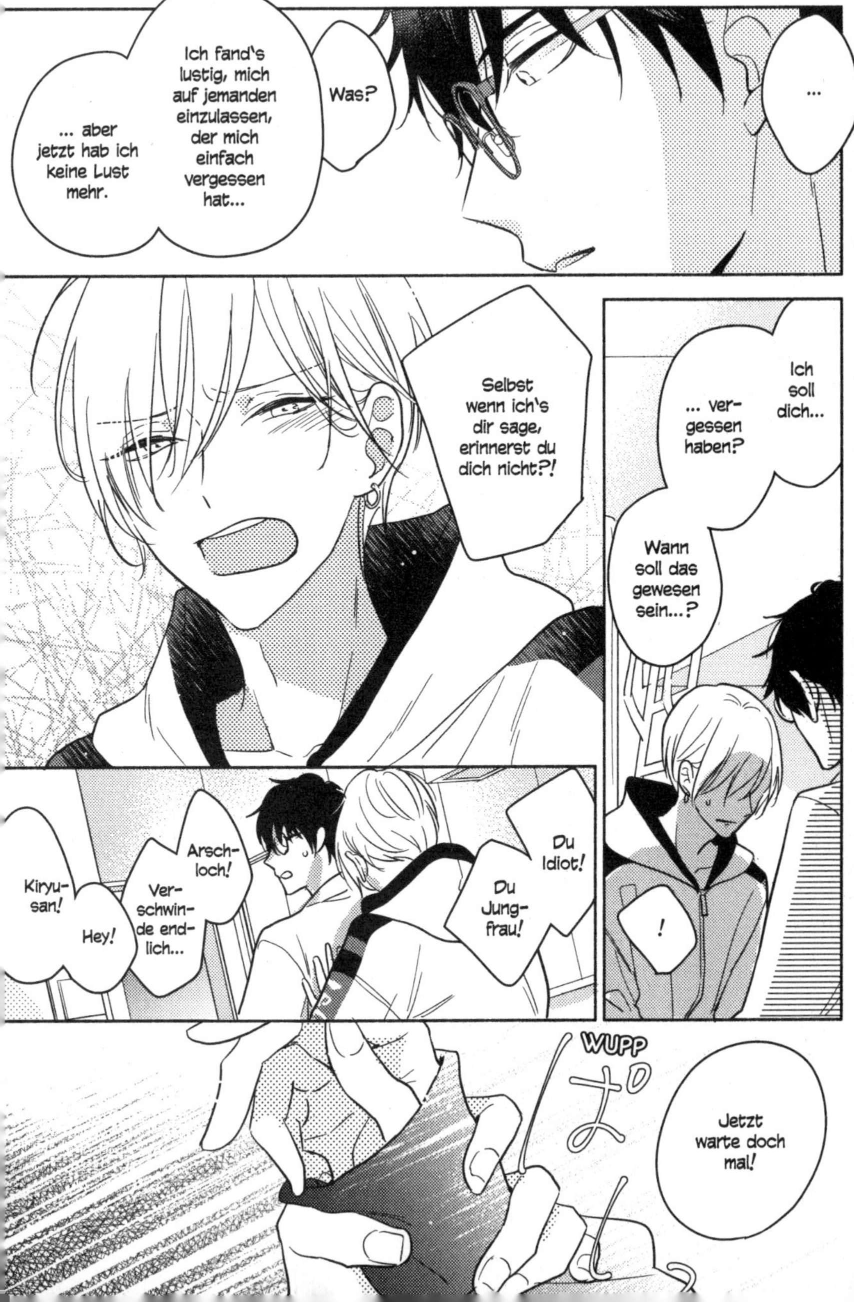
...
Was?
Ich fand's lustig, mich auf jemanden einzulassen, der mich einfach vergessen hat...
... aber jetzt hab ich keine Lust mehr.
Ich soll dich...
... vergessen haben?
Wann soll das gewesen sein...?
Selbst wenn ich's dir sage, erinnerst du dich nicht?!
!
Du Idiot!
Du Jungfrau!
Arschloch!
Verschwinde endlich...
Kiryu-san!
Hey!
WUPP
Jetzt warte doch mal!

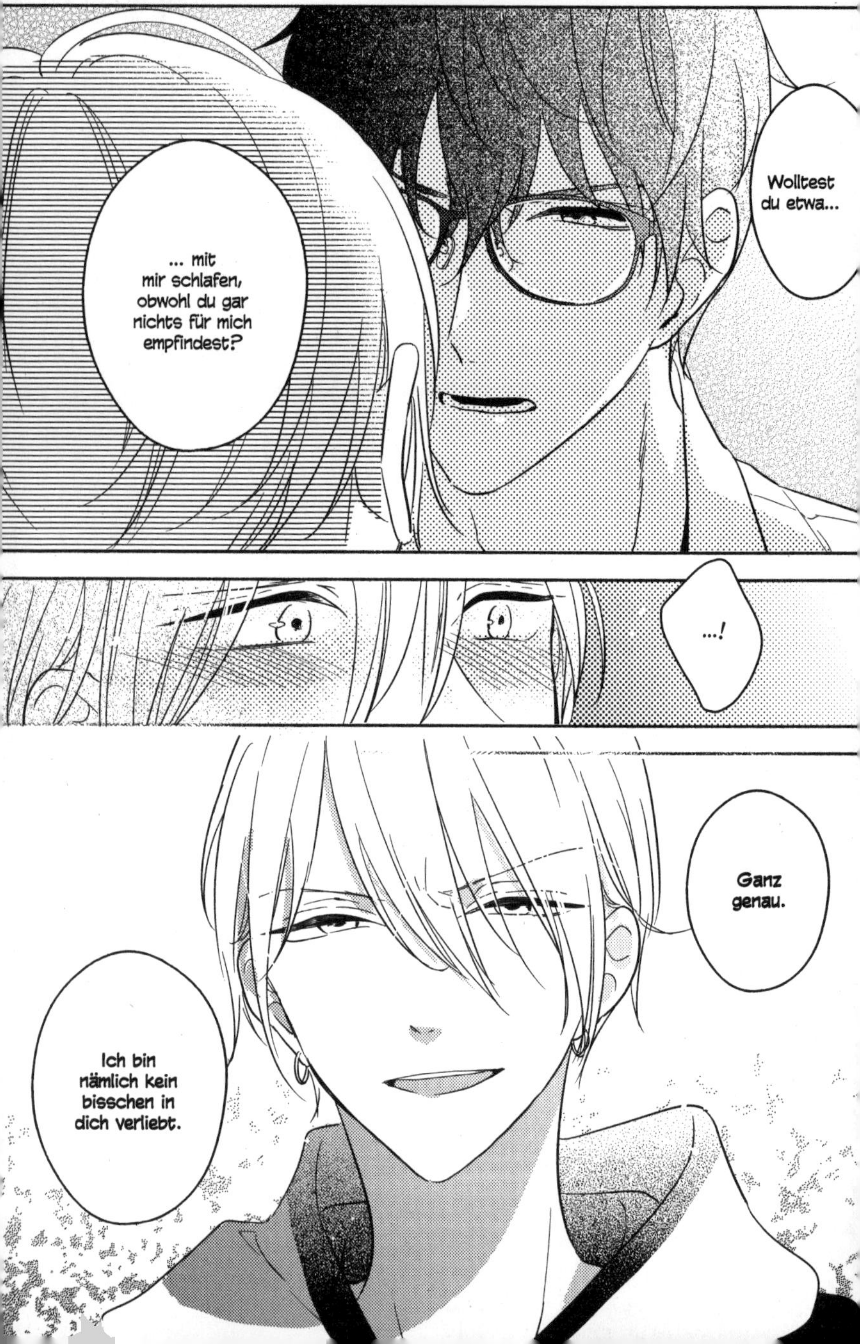
Wolltest du etwa...
... mit mir schlafen, obwohl du gar nichts für mich empfindest?
...!
Ganz genau.
Ich bin nämlich kein bisschen in dich verliebt.

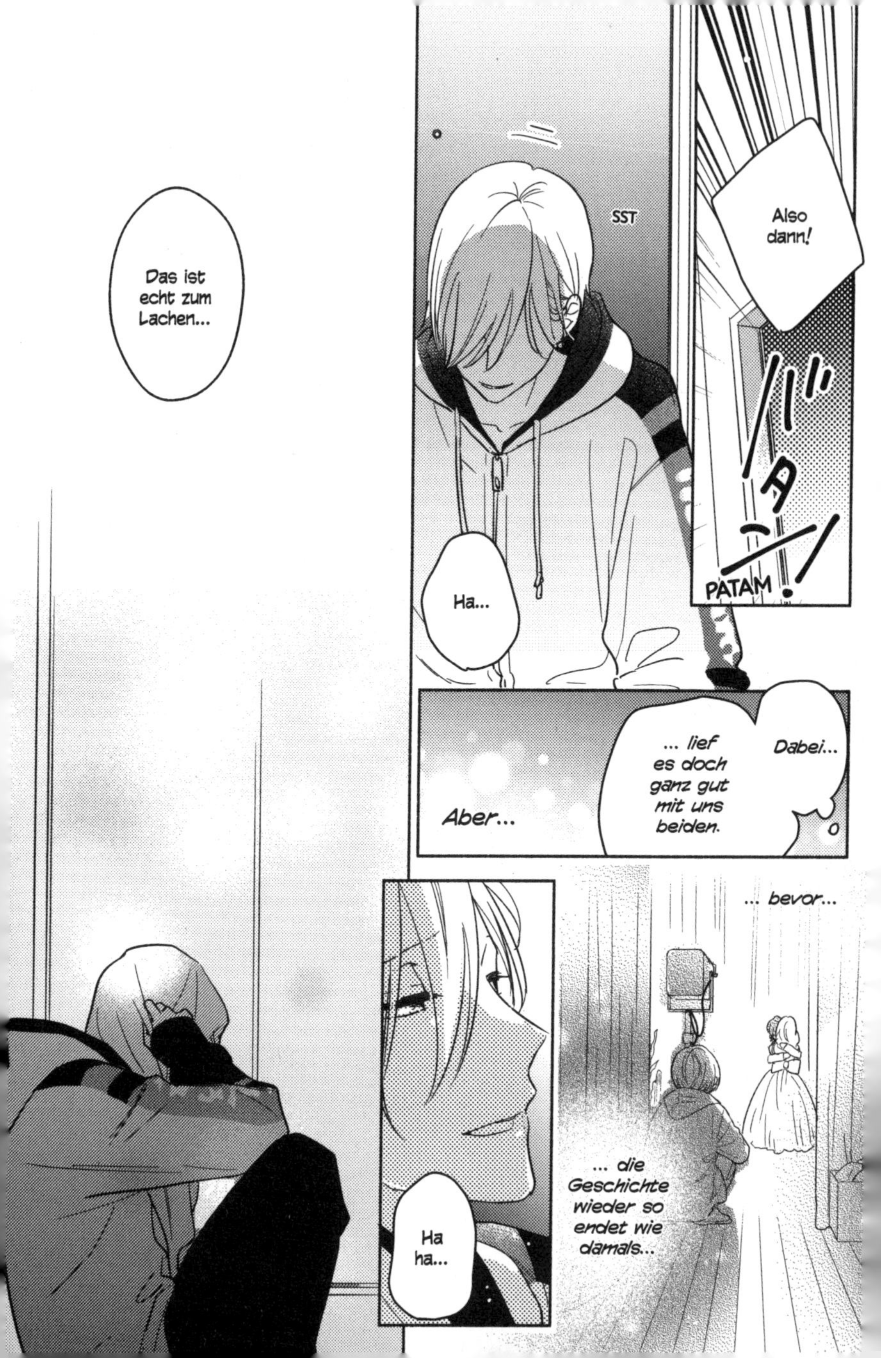

Also dann!
PATAM!
SST
Ha...
Dabei...
... lief es doch ganz gut mit uns beiden.
Aber...
... bevor...
... die Geschichte wieder so endet wie damals...
Ha ha...
Das ist echt zum Lachen...

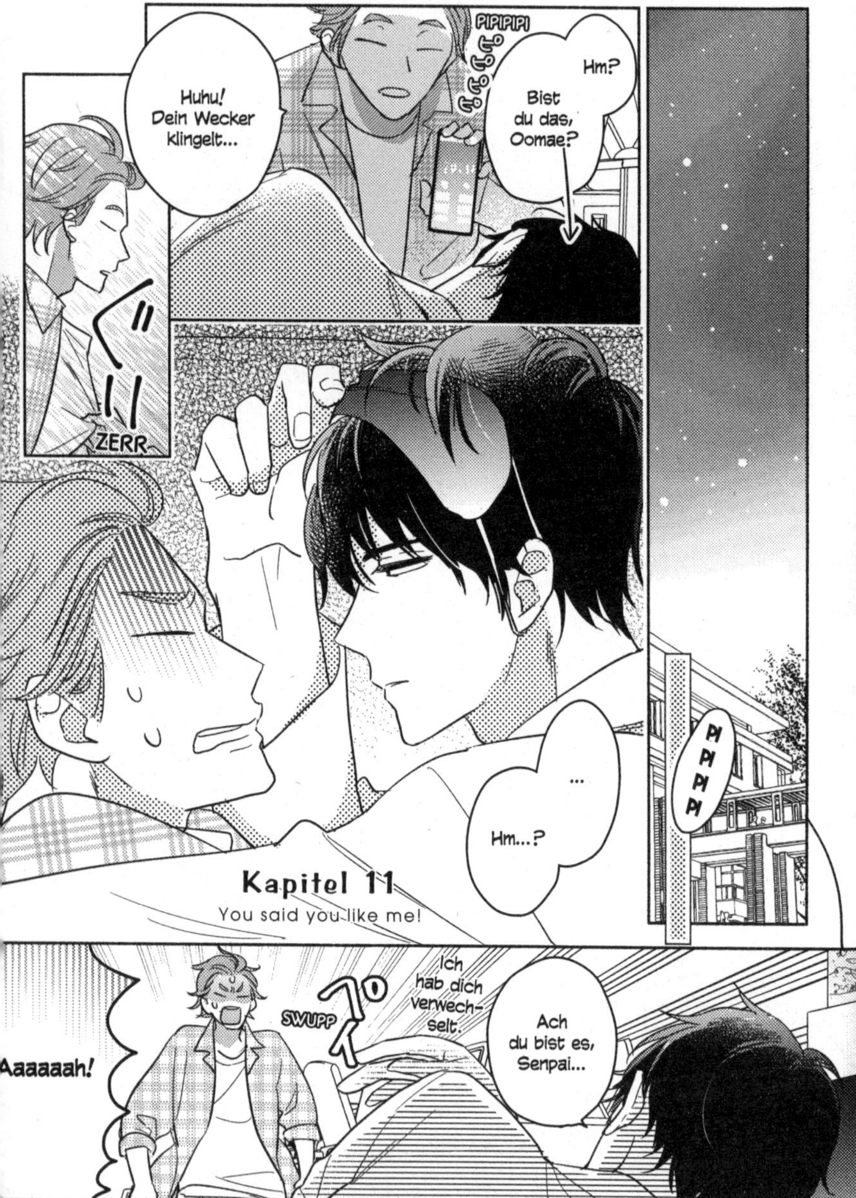
PIPIPIPI
Hm?
Bist du das, Oomae?
Huhu! Dein Wecker klingelt...
ZERR
PI PI PI PI
...
Hm...?
Kapitel 11
You said you like me!
Ach du bist es, Senpai...
Ich hab dich verwech-selt.
SWUPP
Aaaaaah!

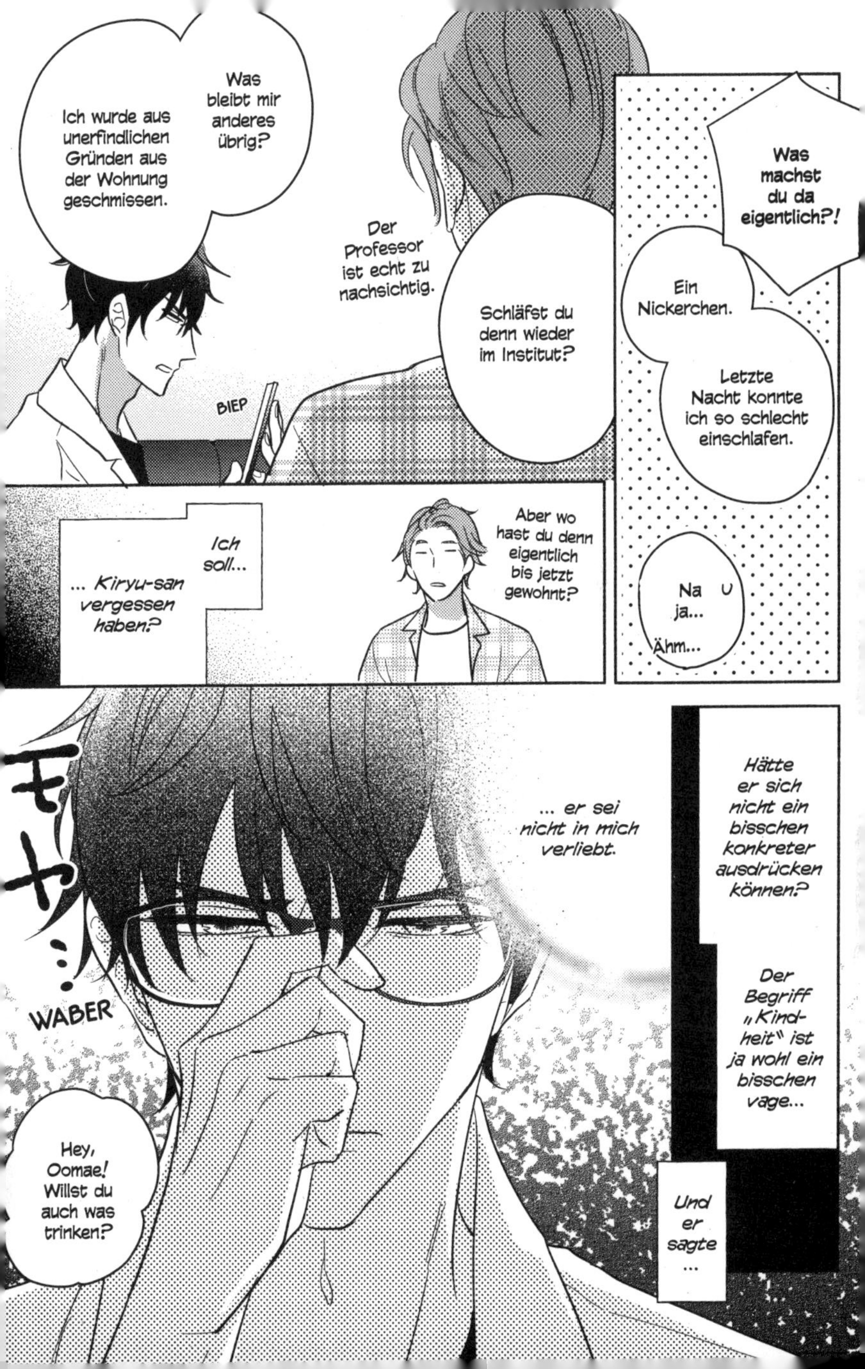
Was machst du da eigentlich?!
Ein Nickerchen.
Letzte Nacht konnte ich so schlecht einschlafen.
Na ja...
Ähm...
Schläfst du denn wieder im Institut?
Der Professor ist echt zu nachsichtig.
Was bleibt mir anderes übrig?
Ich wurde aus unerfindlichen Gründen aus der Wohnung geschmissen.
BIEP
Aber wo hast du denn eigentlich bis jetzt gewohnt?
Ich soll...
... Kiryu-san vergessen haben?
Und er sagte ...
Hätte er sich nicht ein bisschen konkreter ausdrücken können?
Der Begriff „Kindheit“ ist ja wohl ein bisschen vage...
... er sei nicht in mich verliebt.
モヤ
WABER
Hey, Oomae! Willst du auch was trinken?

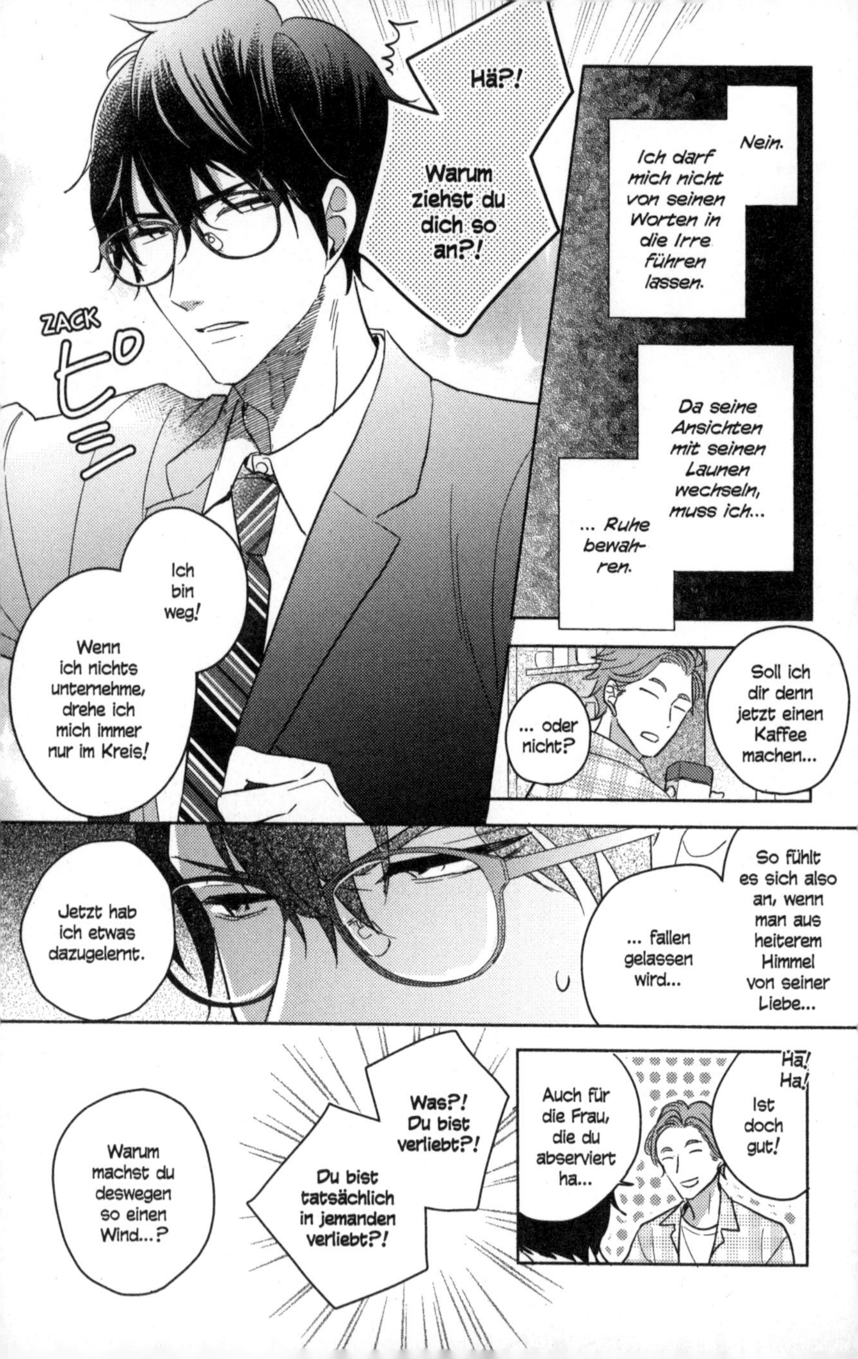
Hä?!
Warum ziehst du dich so an?!
Nein.
Ich darf mich nicht von seinen Worten in die Irre führen lassen.
Da seine Ansichten mit seinen Launen wechseln, muss ich...
... Ruhe bewahren.
ZACK
Soll ich dir denn jetzt einen Kaffee machen...
... oder nicht?
Ich bin weg!
Wenn ich nichts unternehme, drehe ich mich immer nur im Kreis!
So fühlt es sich also an, wenn man aus heiterem Himmel von seiner Liebe...
... fallen gelassen wird...
Jetzt hab ich etwas dazugelernt.
Ha! Ha!
Ist doch gut!
Auch für die Frau, die du abserviert ha...
Was?! Du bist verliebt?!
Du bist tatsächlich in jemanden verliebt?!
Warum machst du deswegen so einen Wind...?

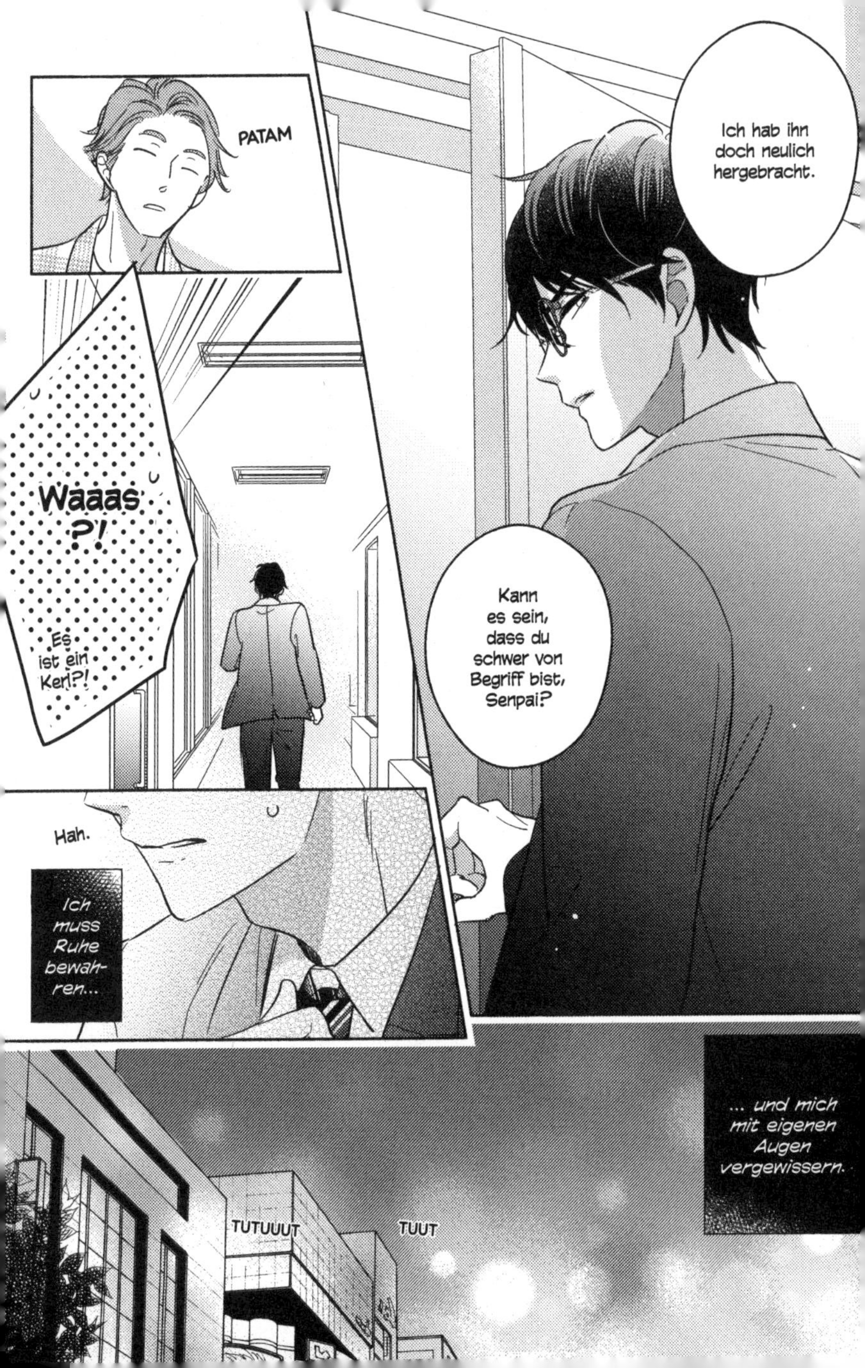
Ich hab ihn doch neulich hergebracht.
Kann es sein, dass du schwer von Begriff bist, Senpai?
PATAM
Waaas ?!
Es ist ein Kerl?!
Hah.
Ich muss Ruhe bewahren...
... und mich mit eigenen Augen vergewissern.
TUUT
TUTUUUT

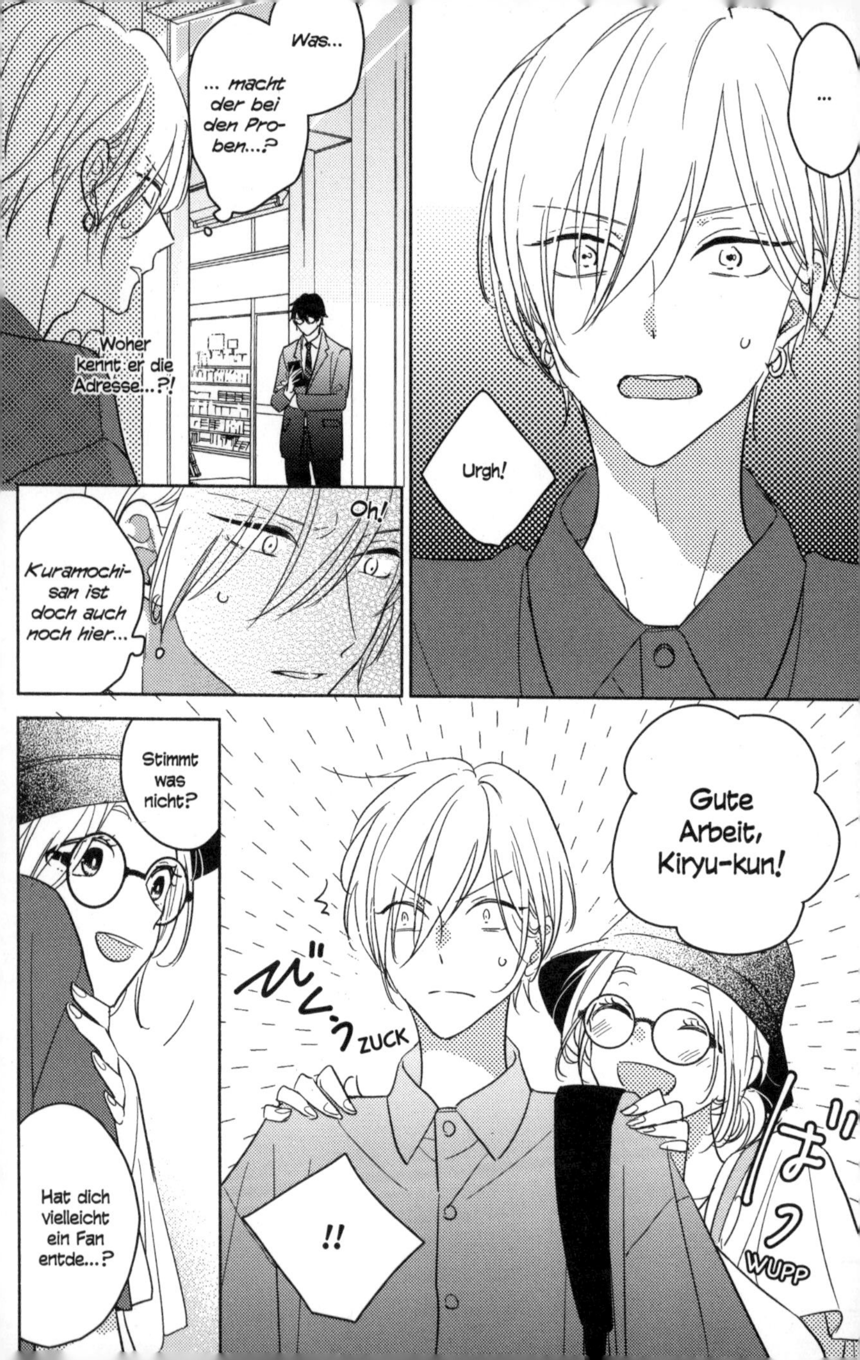
...
Was...
... macht der bei den Proben...?
Woher kennt er die Adresse...?!
Urgh!
Oh!
Kuramochi-san ist doch auch noch hier...
Gute Arbeit, Kiryu-kun!
WUPP
ZUCK
Stimmt was nicht?
!!
Hat dich vielleicht ein Fan entde...?

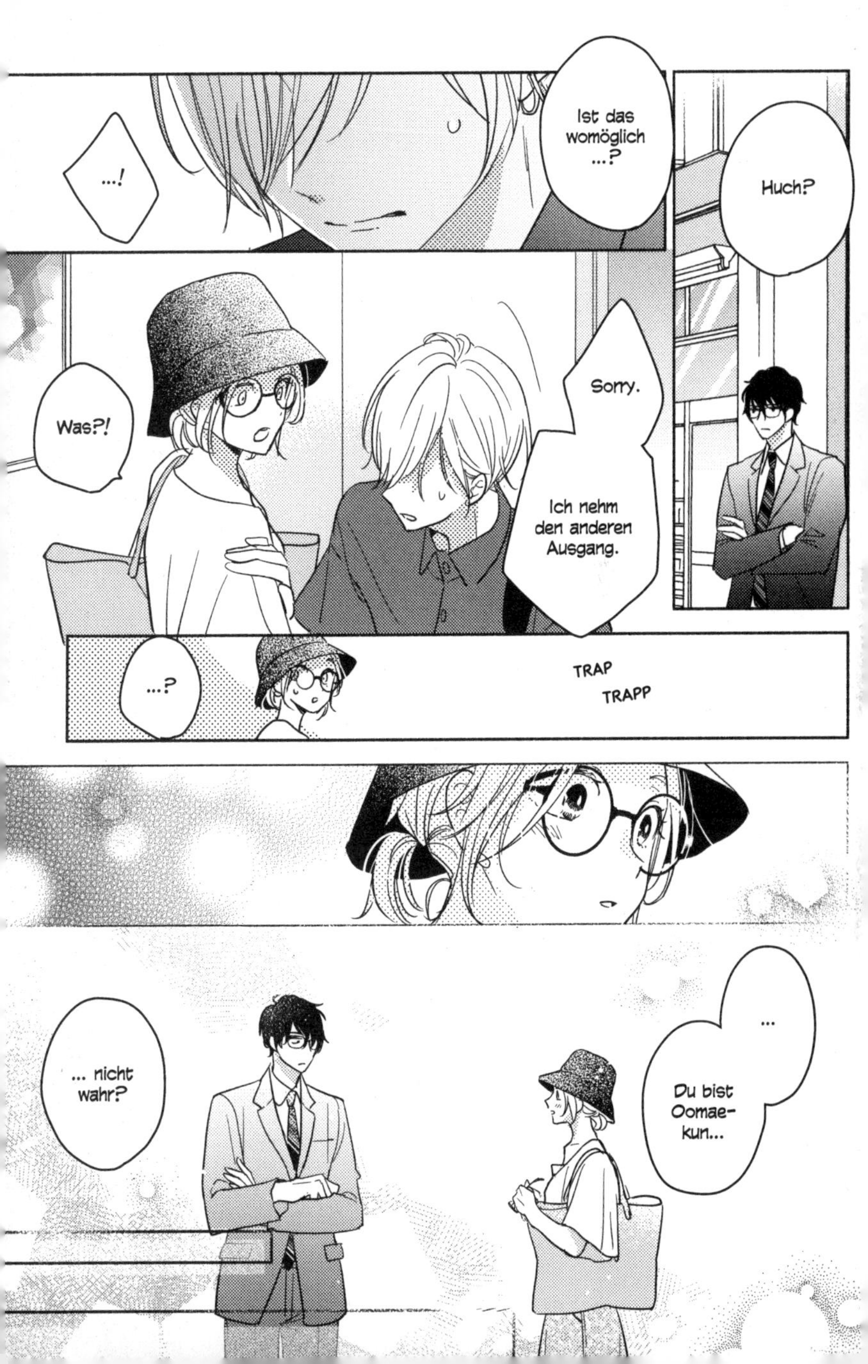
Huch?
Ist das womöglich ...?
...!
Sorry.
Ich nehm den anderen Ausgang.
Was?!
TRAP
TRAPP
...?
...
Du bist Oomae-kun...
... nicht wahr?

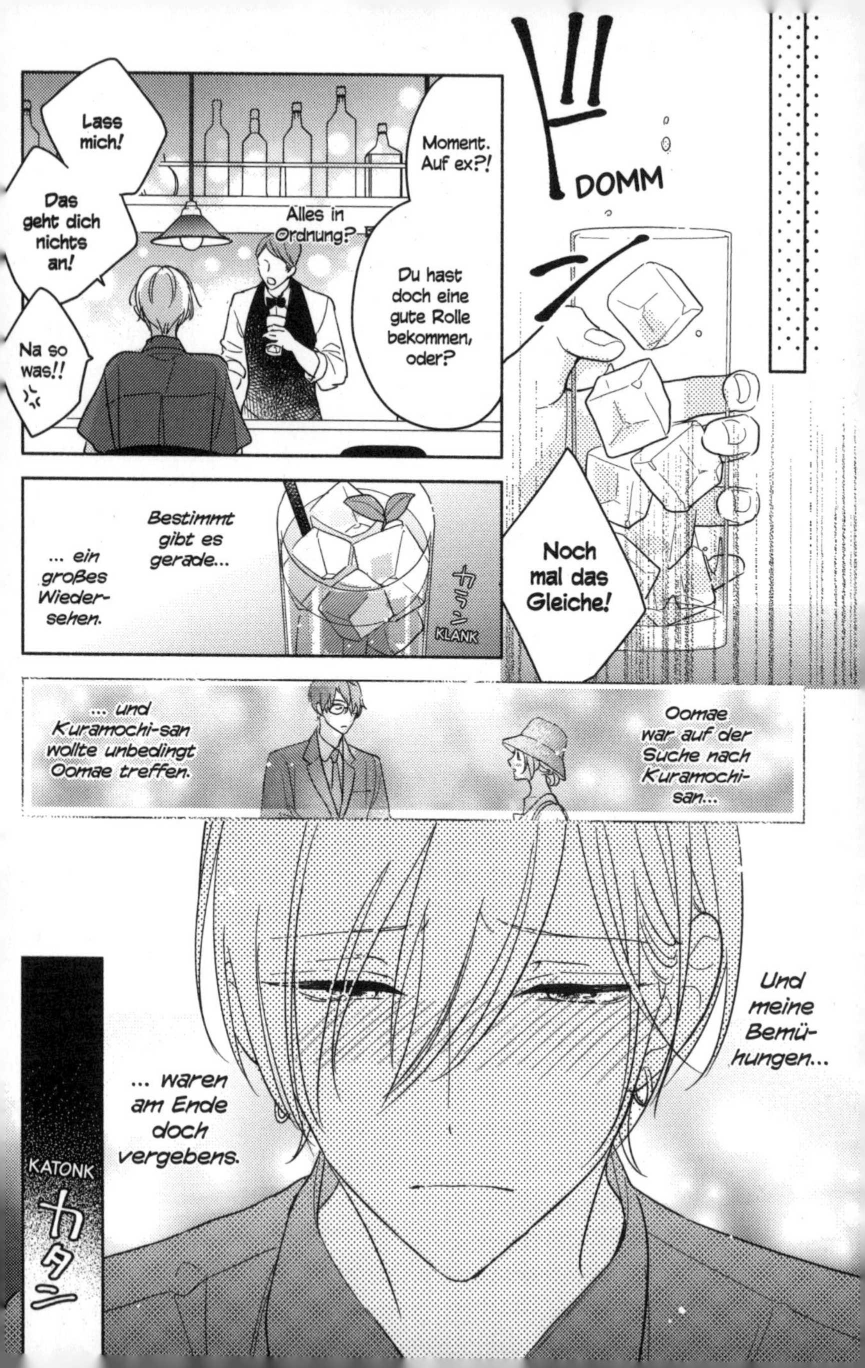
DOMM
Noch mal das Gleiche!
Moment. Auf ex?!
Alles in Ordnung?
Du hast doch eine gute Rolle bekommen, oder?
Lass mich!
Das geht dich nichts an!
Na so was!!
カラン
KLANK
Bestimmt gibt es gerade...
... ein großes Wiedersehen.
Oomae war auf der Suche nach Kuramochi-san...
... und Kuramochi-san wollte unbedingt Oomae treffen.
Und meine Bemühungen...
... waren am Ende doch vergebens.
KATONK
カタン

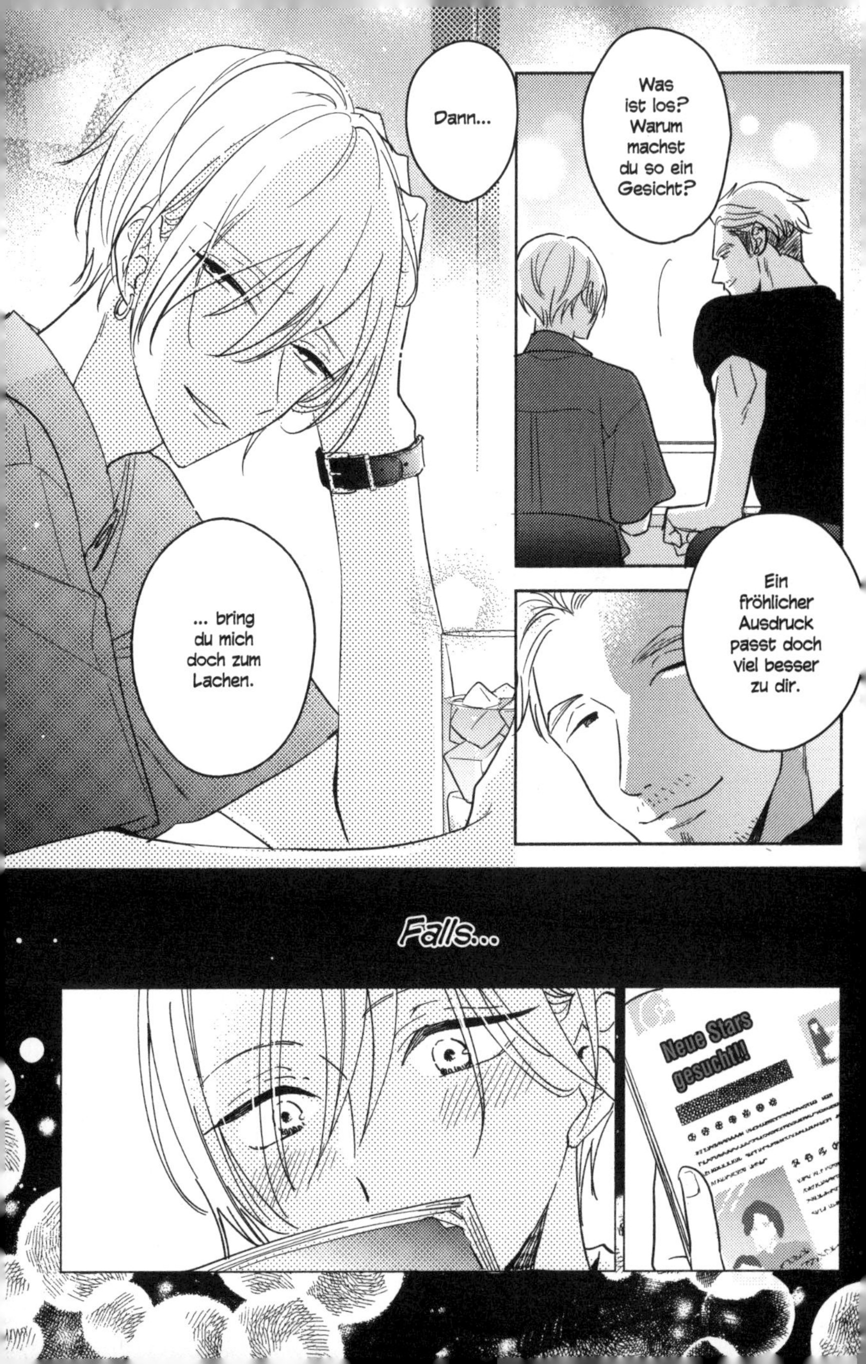
Was ist los? Warum machst du so ein Gesicht?
Ein fröhlicher Ausdruck passt doch viel besser zu dir.
Dann...
... bring du mich doch zum Lachen.
Falls...
Neue Stars gesucht!!

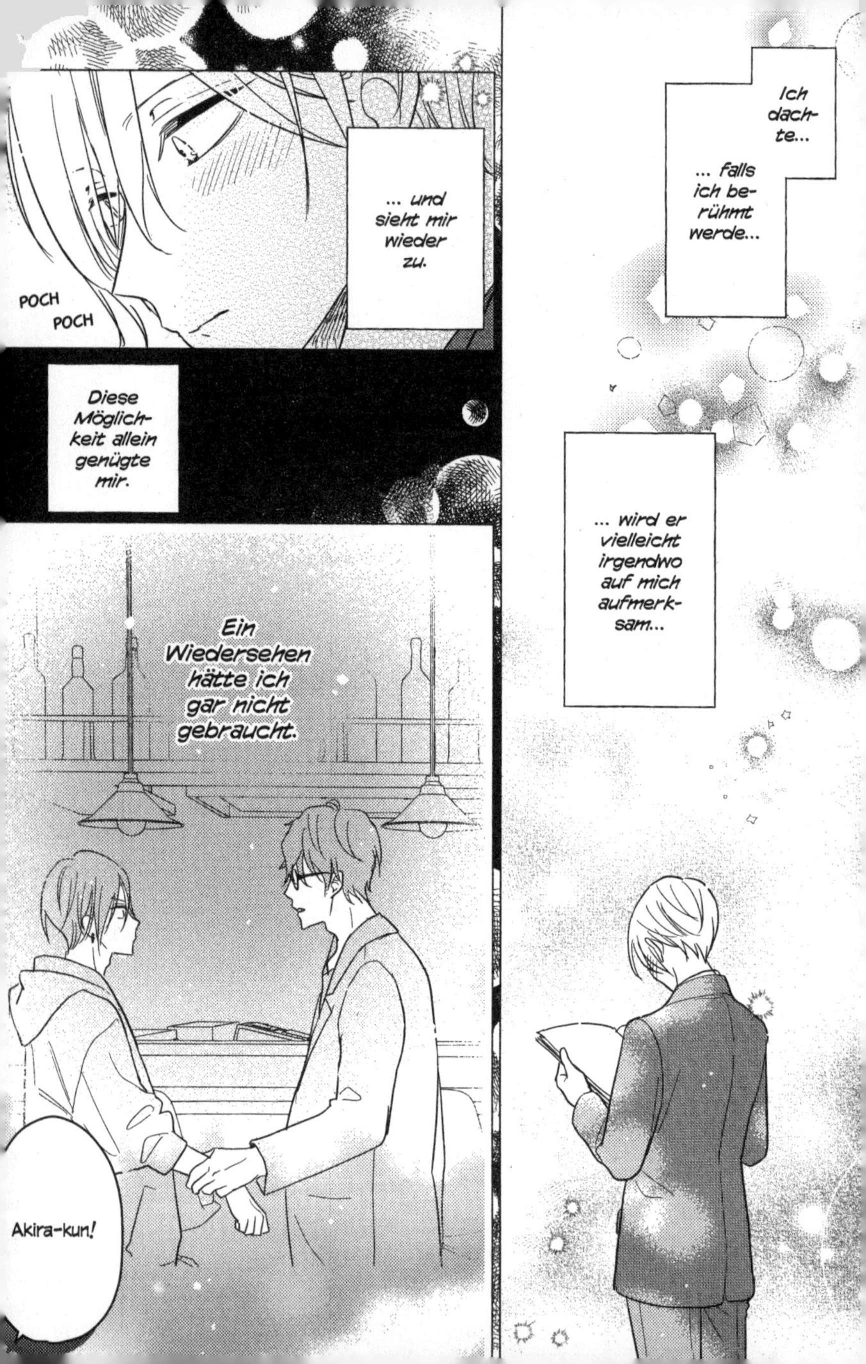
Ich dachte...
... falls ich berühmt werde...
... wird er vielleicht irgendwo auf mich aufmerksam...
... und sieht mir wieder zu.
POCH POCH
Diese Möglichkeit allein genügte mir.
Ein Wiedersehen hätte ich gar nicht gebraucht.
Akira-kun!

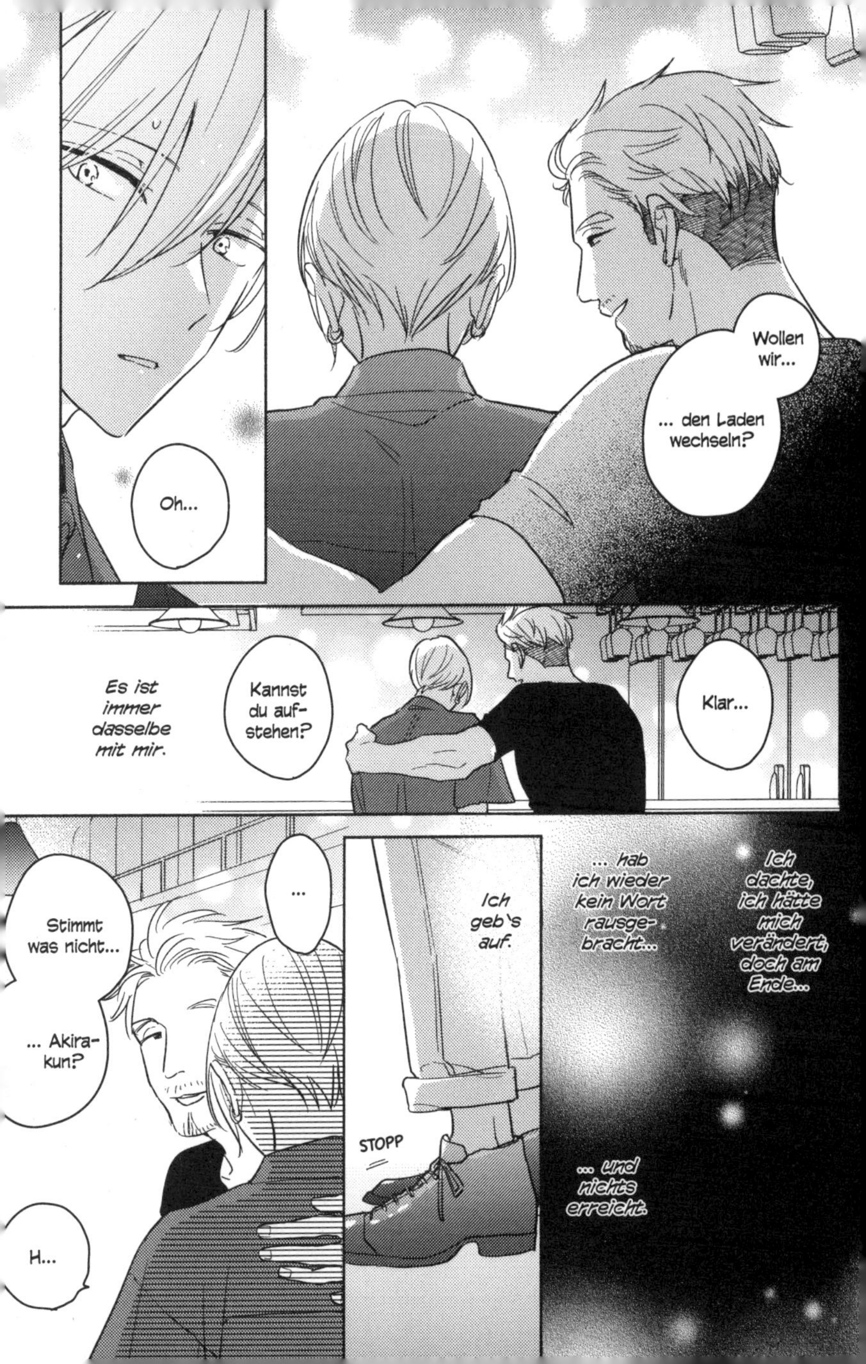

Wollen wir...
... den Laden wechseln?
Oh...
Klar...
Kannst du aufstehen?
Es ist immer dasselbe mit mir.
Ich dachte, ich hätte mich verändert, doch am Ende...
... hab ich wieder kein Wort rausgebracht...
... und nichts erreicht.
Ich geb's auf.
STOPP
...
Stimmt was nicht...
... Akira-kun?
H...

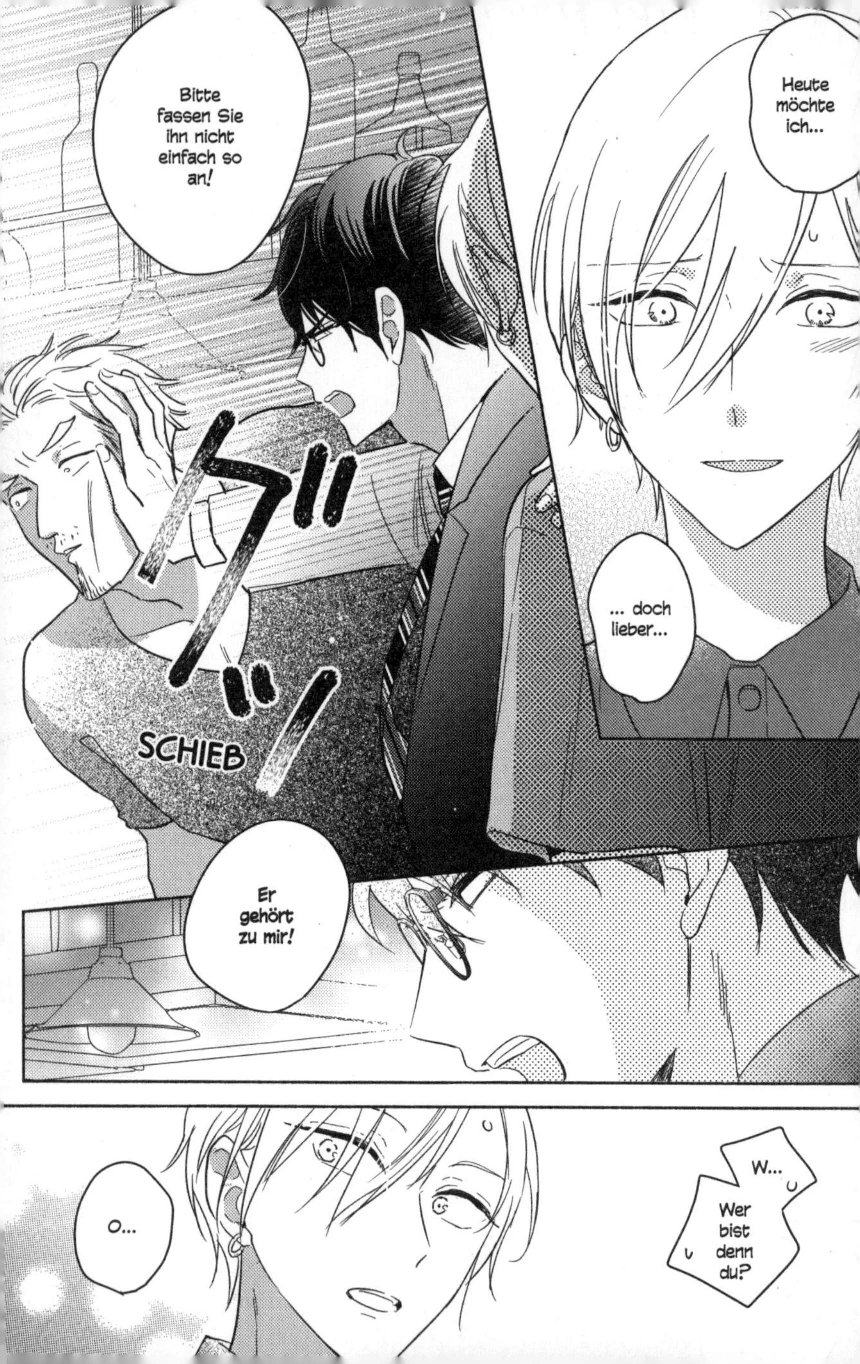
Heute möchte ich...
... doch lieber...
Bitte fassen Sie ihn nicht einfach so an!
SCHIEB
Er gehört zu mir!
W... Wer bist denn du?
O...

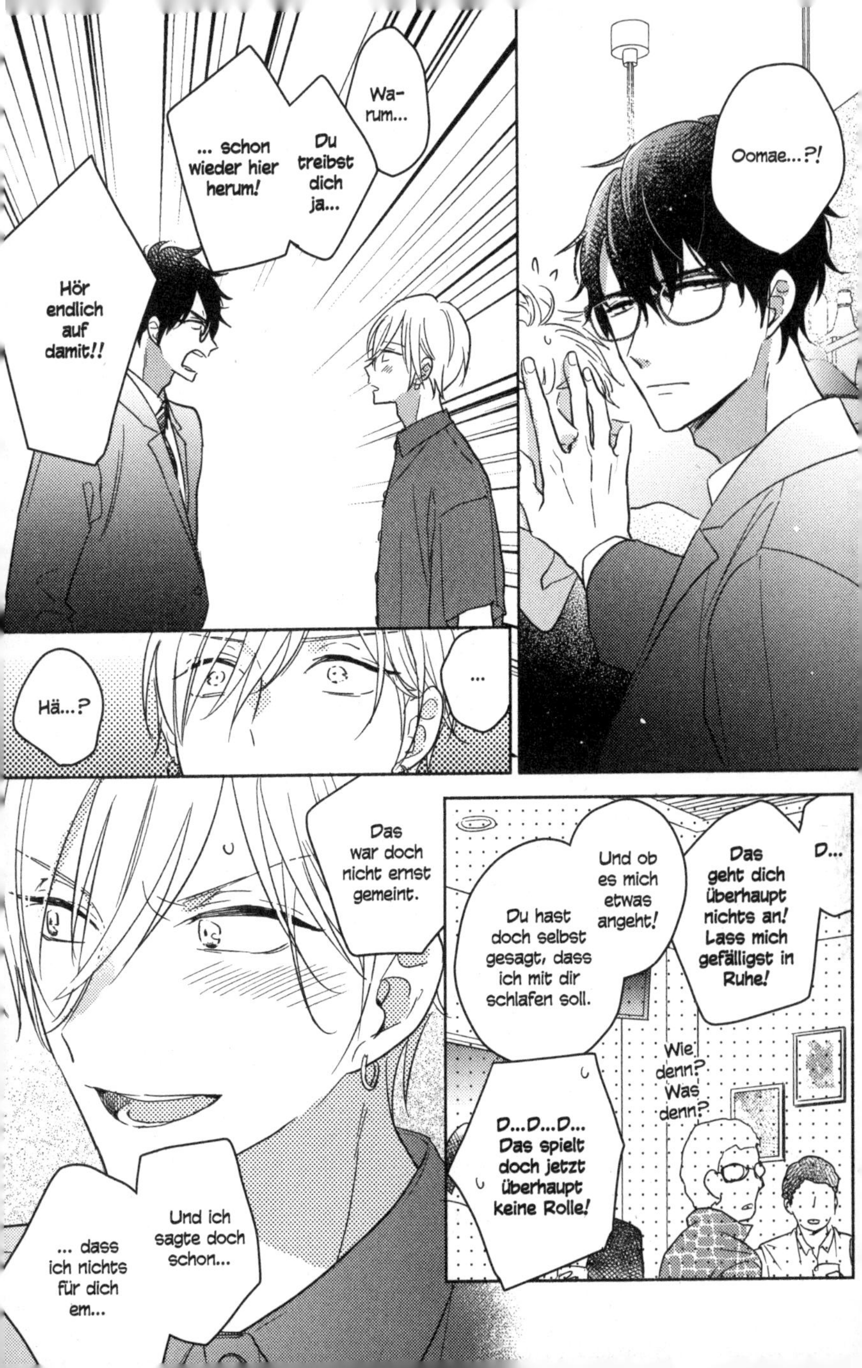
Oomae...?!
Wa-
rum...
Du treibst dich ja...
... schon wieder hier herum!
Hör endlich auf damit!!
...
Hä...?
D...
Das geht dich überhaupt nichts an! Lass mich gefälligst in Ruhe!
Und ob es mich etwas angeht!
Du hast doch selbst gesagt, dass ich mit dir schlafen soll.
Wie denn? Was denn?
D...D...D... Das spielt doch jetzt überhaupt keine Rolle!
Das war doch nicht ernst gemeint.
Und ich sagte doch schon...
... dass ich nichts für dich em...

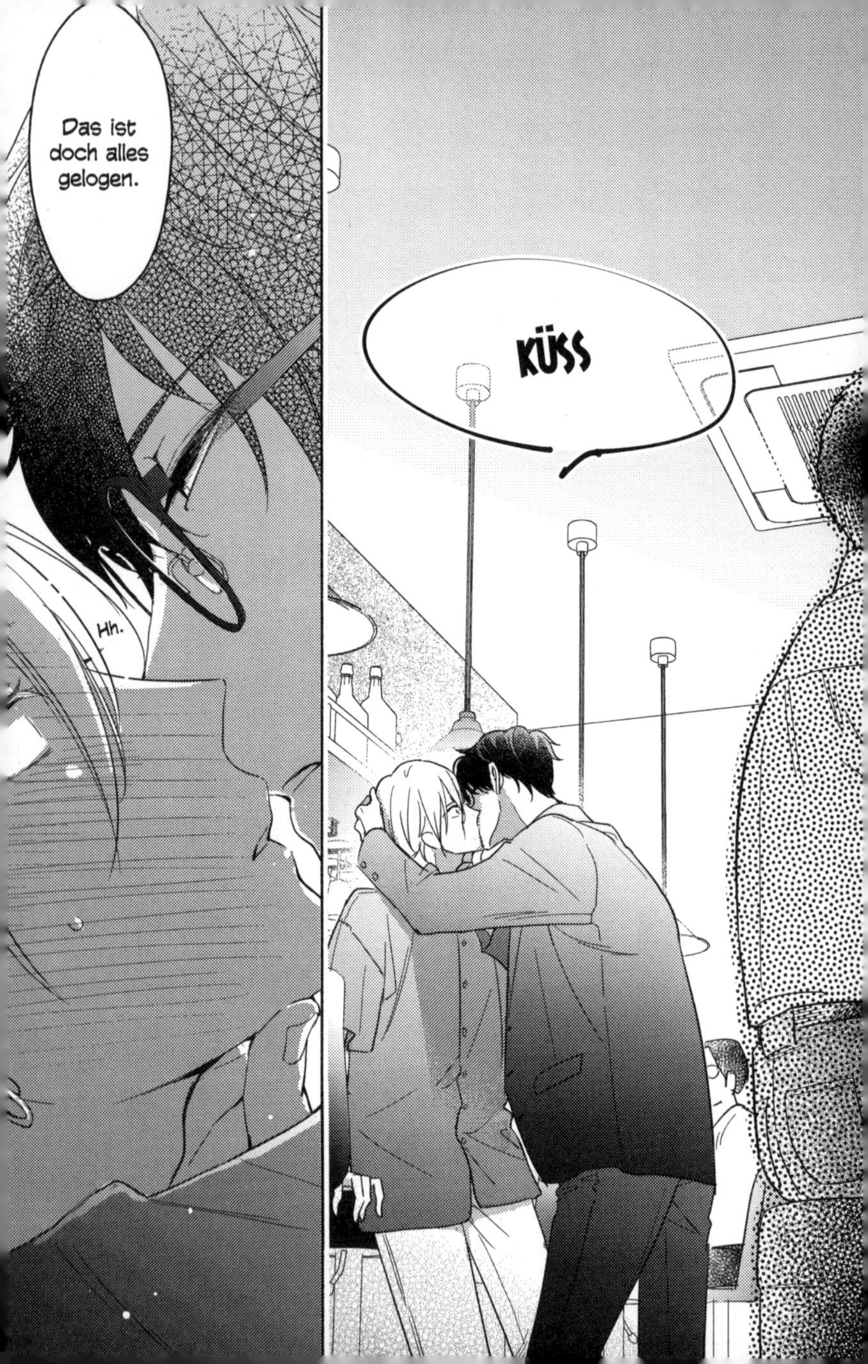
KÜSS
Das ist doch alles gelogen.
Hh.

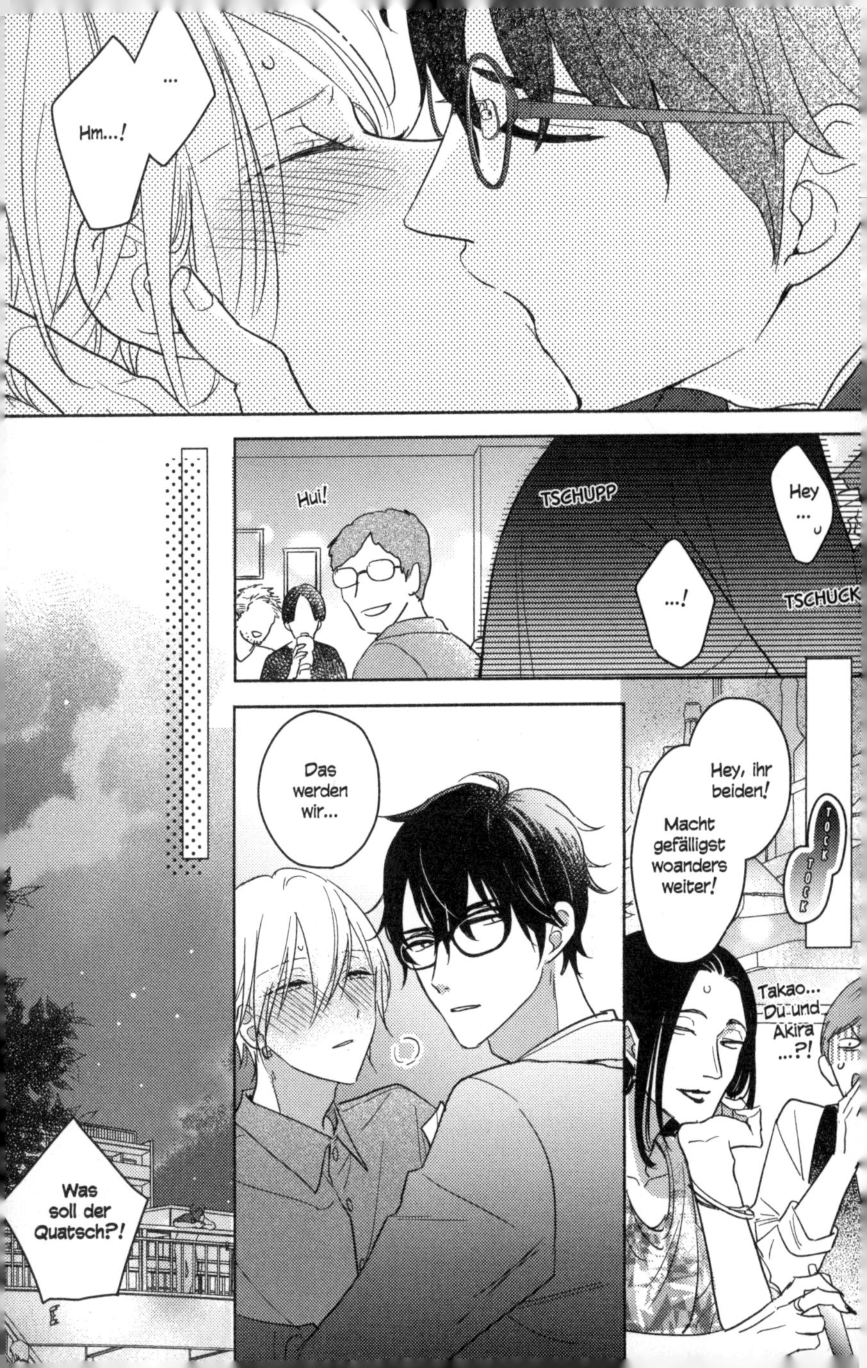
...
Hm...!
Hey ...
TSCHUCK
...!
TSCHUPP
Hui!
Hey, ihr beiden!
Macht gefälligst woanders weiter!
TOCK TOCK
Das werden wir...
Takao... Du und Akira ...?!
Was soll der Quatsch?!

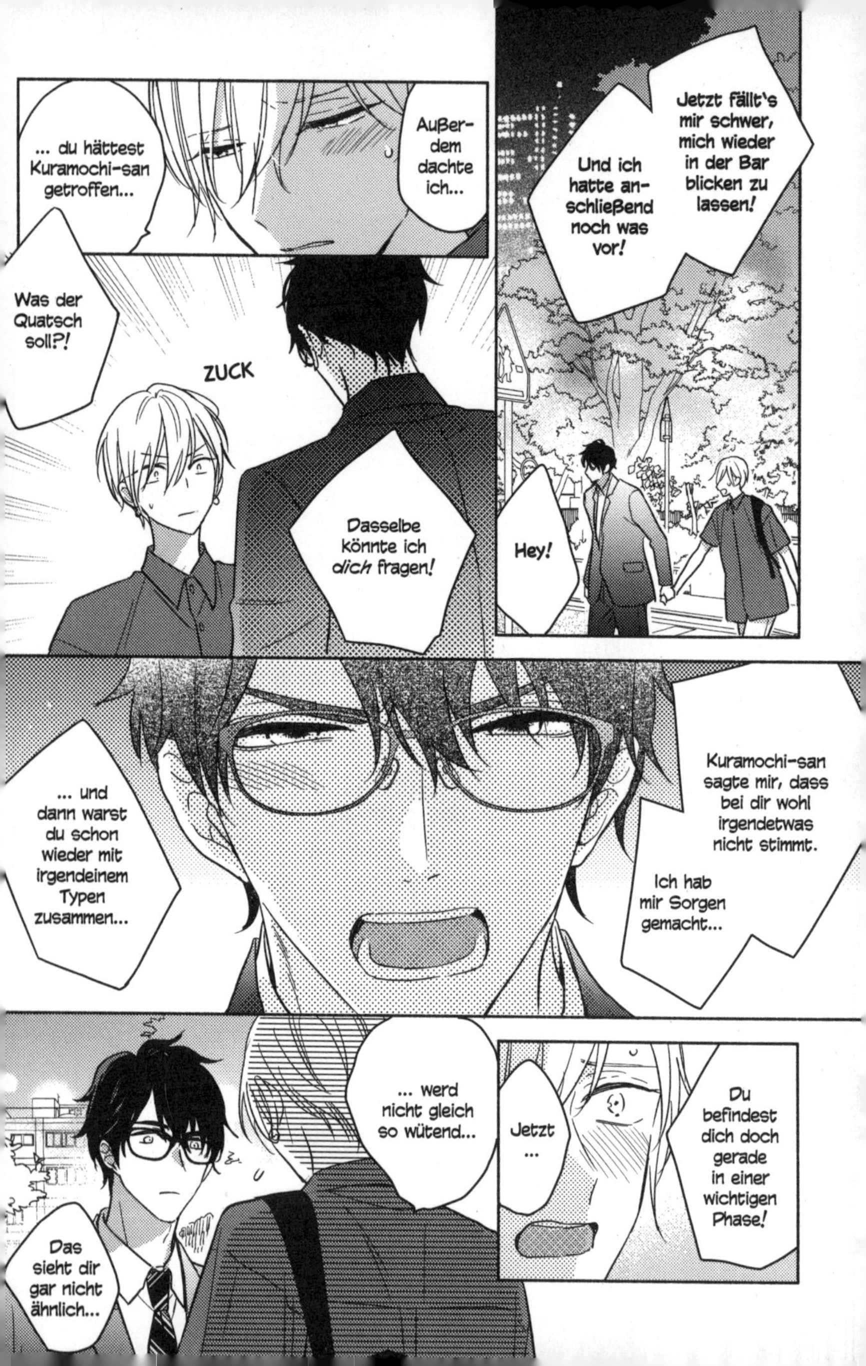

Jetzt fällt's mir schwer, mich wieder in der Bar blicken zu lassen!
Und ich hatte anschließend noch was vor!
Hey!
Außerdem dachte ich...
... du hättest Kuramochi-san getroffen...
Was der Quatsch soll?!
ZUCK
Dasselbe könnte ich *dich* fragen!
Kuramochi-san sagte mir, dass bei dir wohl irgendetwas nicht stimmt.
Ich hab mir Sorgen gemacht...
... und dann warst du schon wieder mit irgendeinem Typen zusammen...
Du befindest dich doch gerade in einer wichtigen Phase!
Jetzt ...
... werd nicht gleich so wütend...
Das sieht dir gar nicht ähnlich...

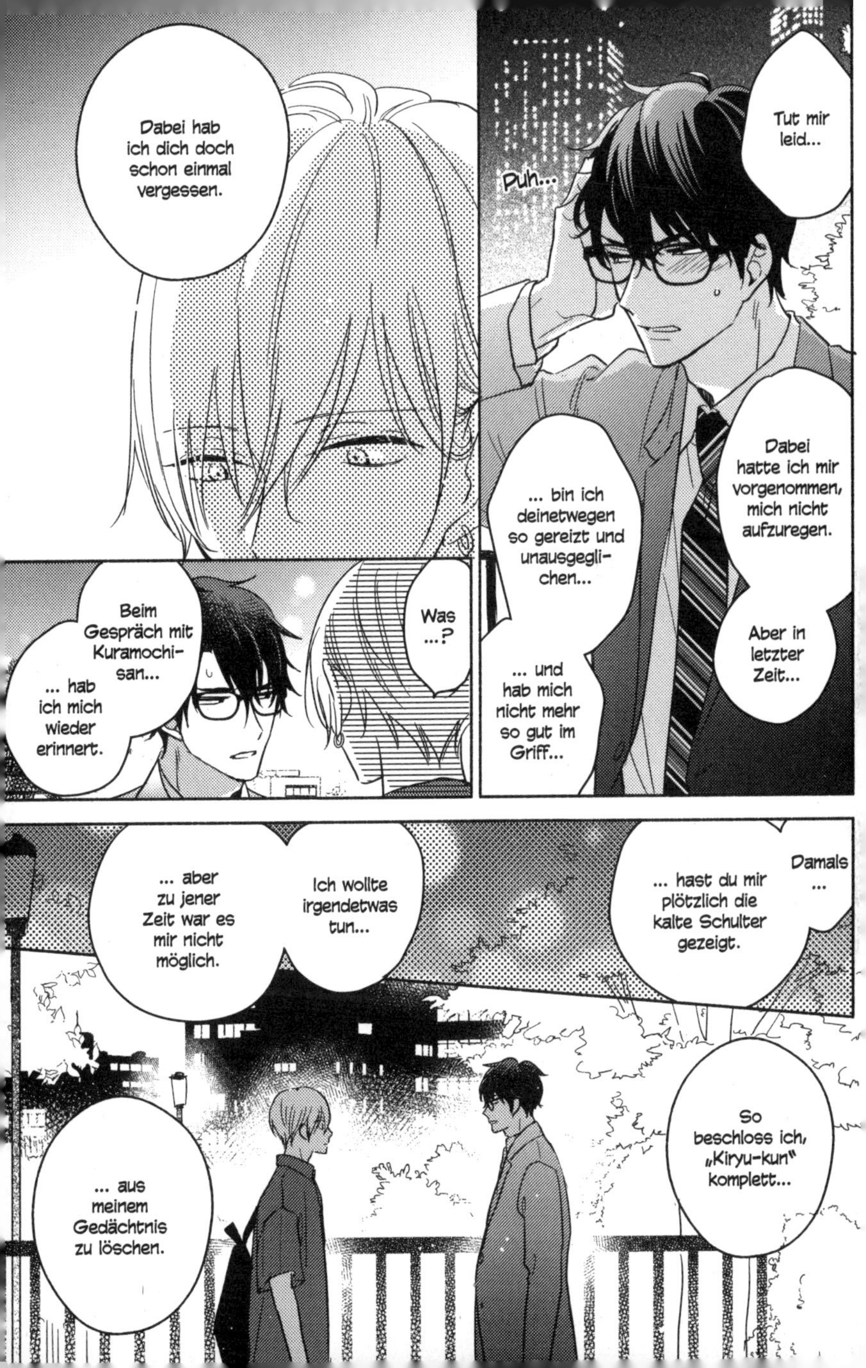
Tut mir leid...
Puh...
Dabei hatte ich mir vorgenommen, mich nicht aufzuregen.
Aber in letzter Zeit...
... bin ich deinetwegen so gereizt und unausgeglichen...
... und hab mich nicht mehr so gut im Griff...
Dabei hab ich dich doch schon einmal vergessen.
Was ...?
Beim Gespräch mit Kuramochi-san...
... hab ich mich wieder erinnert.
Damals ...
... hast du mir plötzlich die kalte Schulter gezeigt.
Ich wollte irgendetwas tun...
... aber zu jener Zeit war es mir nicht möglich.
So beschloss ich, „Kiryu-kun" komplett...
... aus meinem Gedächtnis zu löschen.

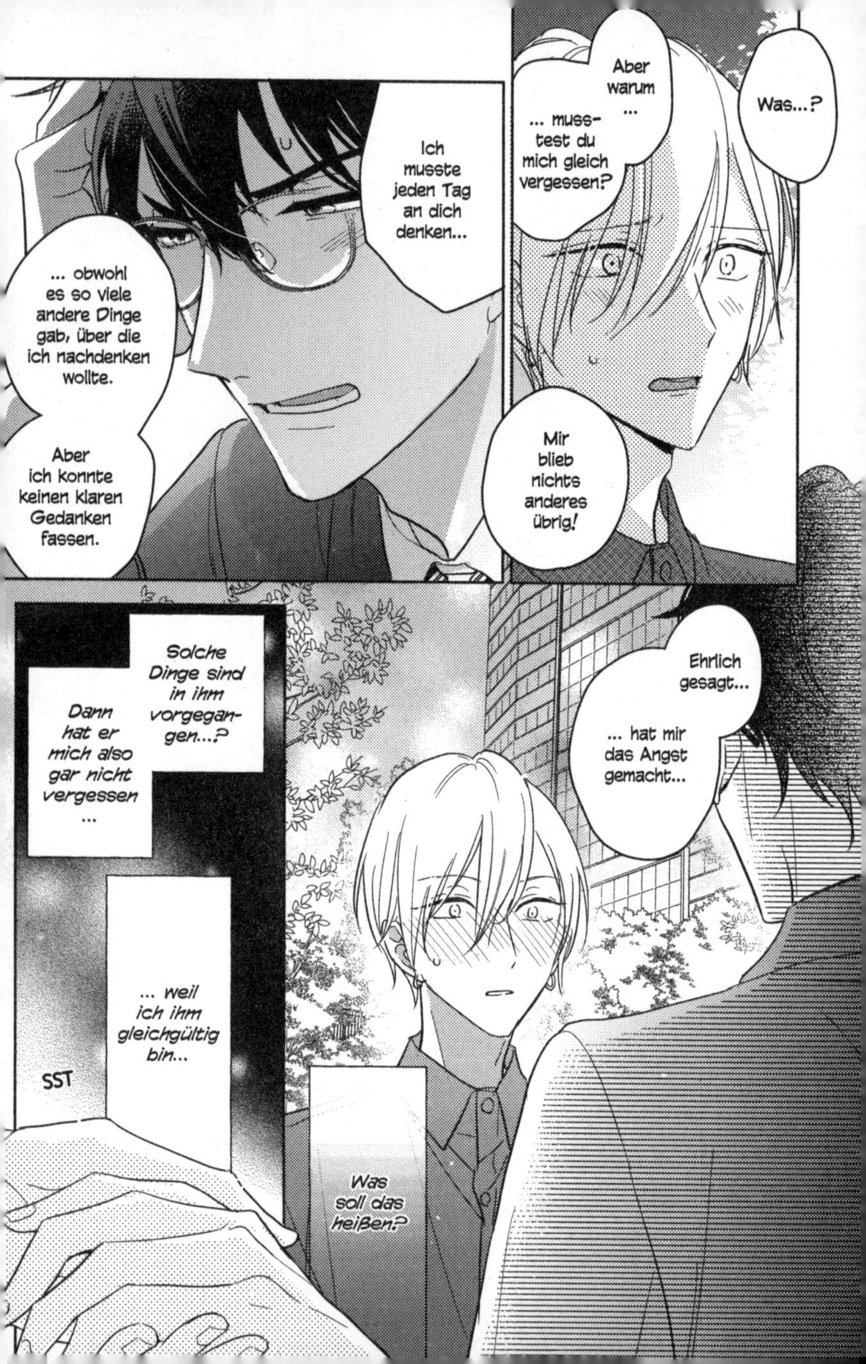
Was...?
Aber warum ...
... musstest du mich gleich vergessen?
Mir blieb nichts anderes übrig!
Ich musste jeden Tag an dich denken...
... obwohl es so viele andere Dinge gab, über die ich nachdenken wollte.
Aber ich konnte keinen klaren Gedanken fassen.
Ehrlich gesagt...
... hat mir das Angst gemacht...
Solche Dinge sind in ihm vorgegangen...?
Dann hat er mich also gar nicht vergessen ...
... weil ich ihm gleichgültig bin...
SST
Was soll das heißen?

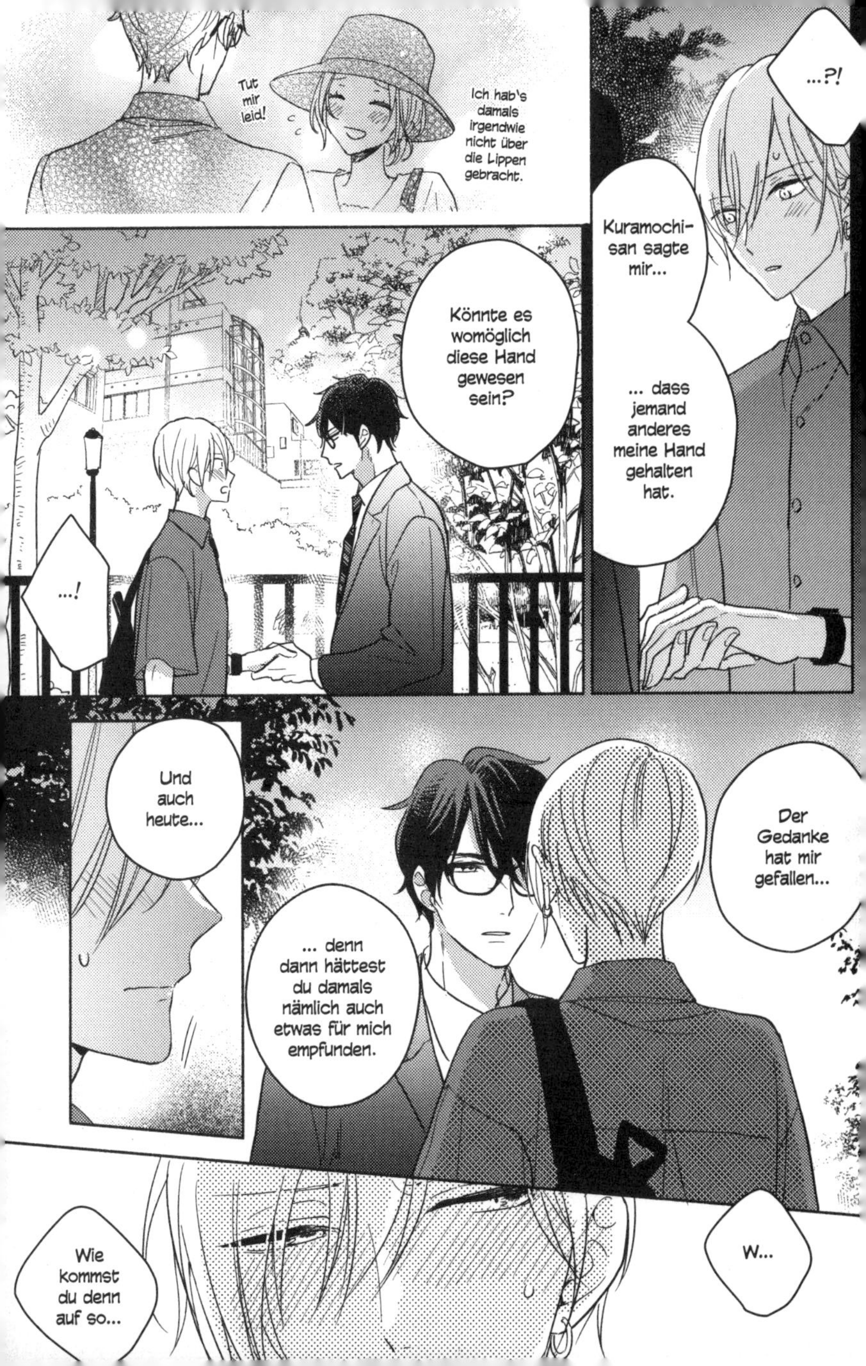
Ich hab's damals irgendwie nicht über die Lippen gebracht.
Tut mir leid!
...?!
Kuramochi-san sagte mir...
... dass jemand anderes meine Hand gehalten hat.
Könnte es womöglich diese Hand gewesen sein?
...!
Der Gedanke hat mir gefallen...
... denn dann hättest du damals nämlich auch etwas für mich empfunden.
Und auch heute...
W...
Wie kommst du denn auf so...

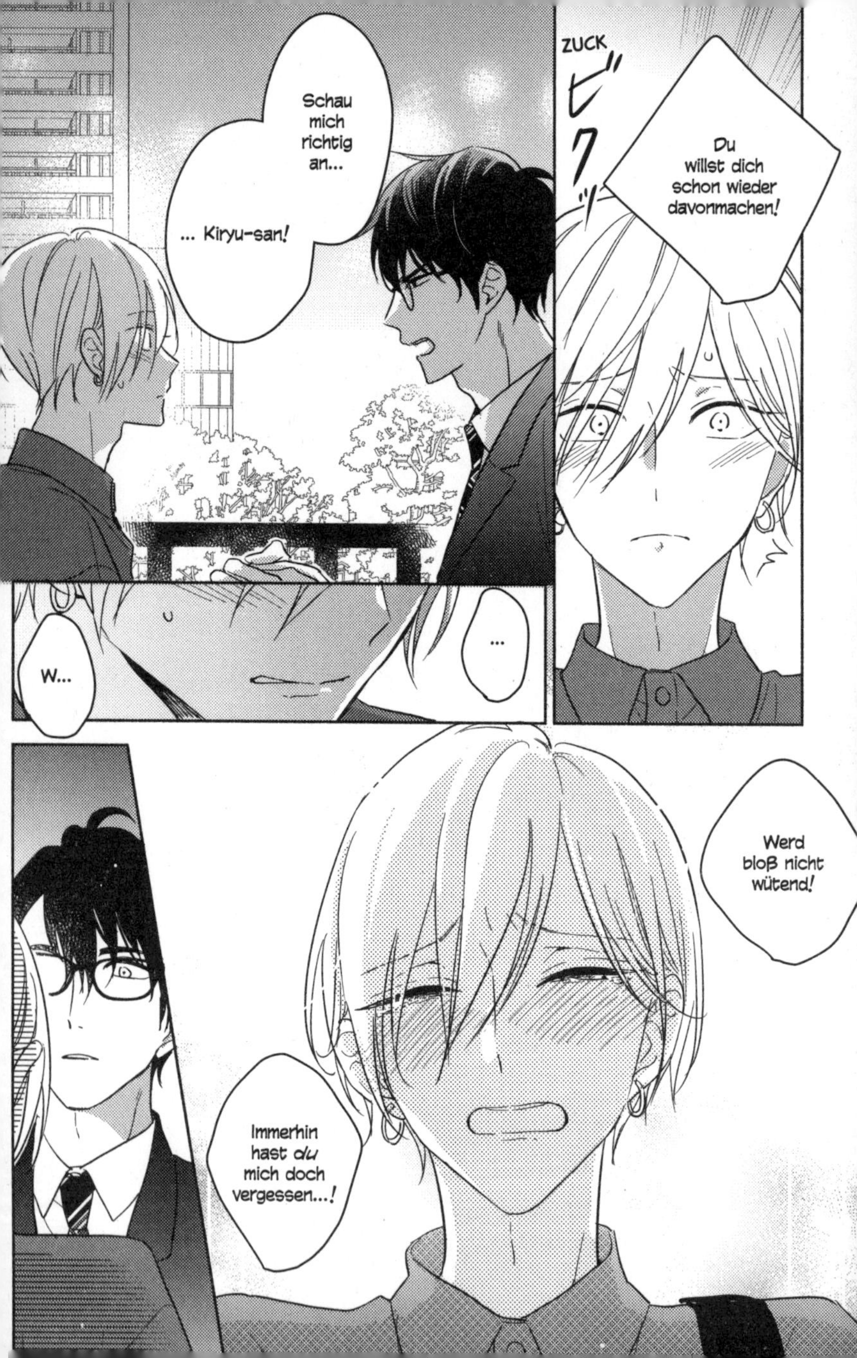
Schau mich richtig an...
... Kiryu-san!
ZUCK
Du willst dich schon wieder davonmachen!
...
W...
Werd bloß nicht wütend!
Immerhin hast *du* mich doch vergessen...!

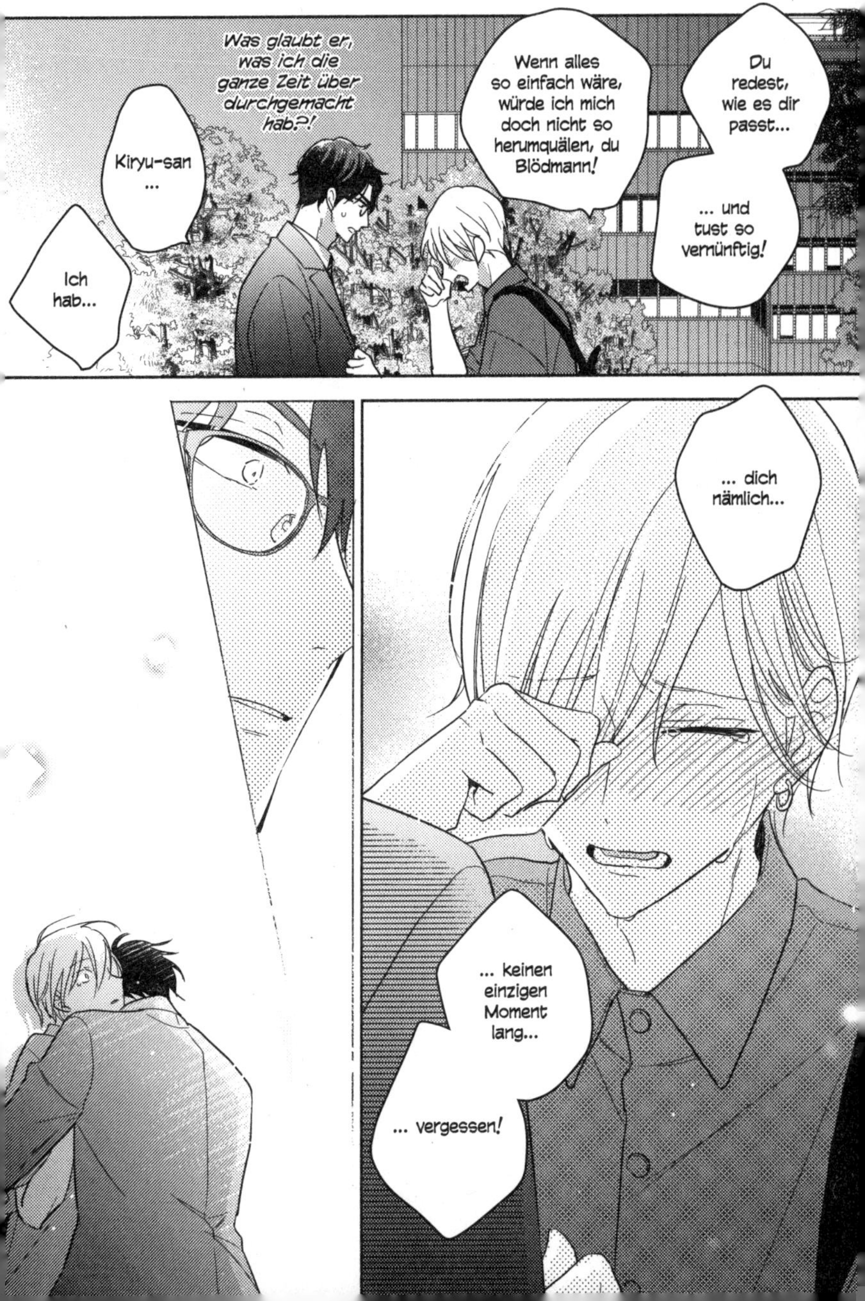
Du redest, wie es dir passt...
... und tust so vernünftig!
Wenn alles so einfach wäre, würde ich mich doch nicht so herumquälen, du Blödmann!
Was glaubt er, was ich die ganze Zeit über durchgemacht hab?!
Kiryu-san ...
Ich hab...
... dich nämlich...
... keinen einzigen Moment lang...
... vergessen!

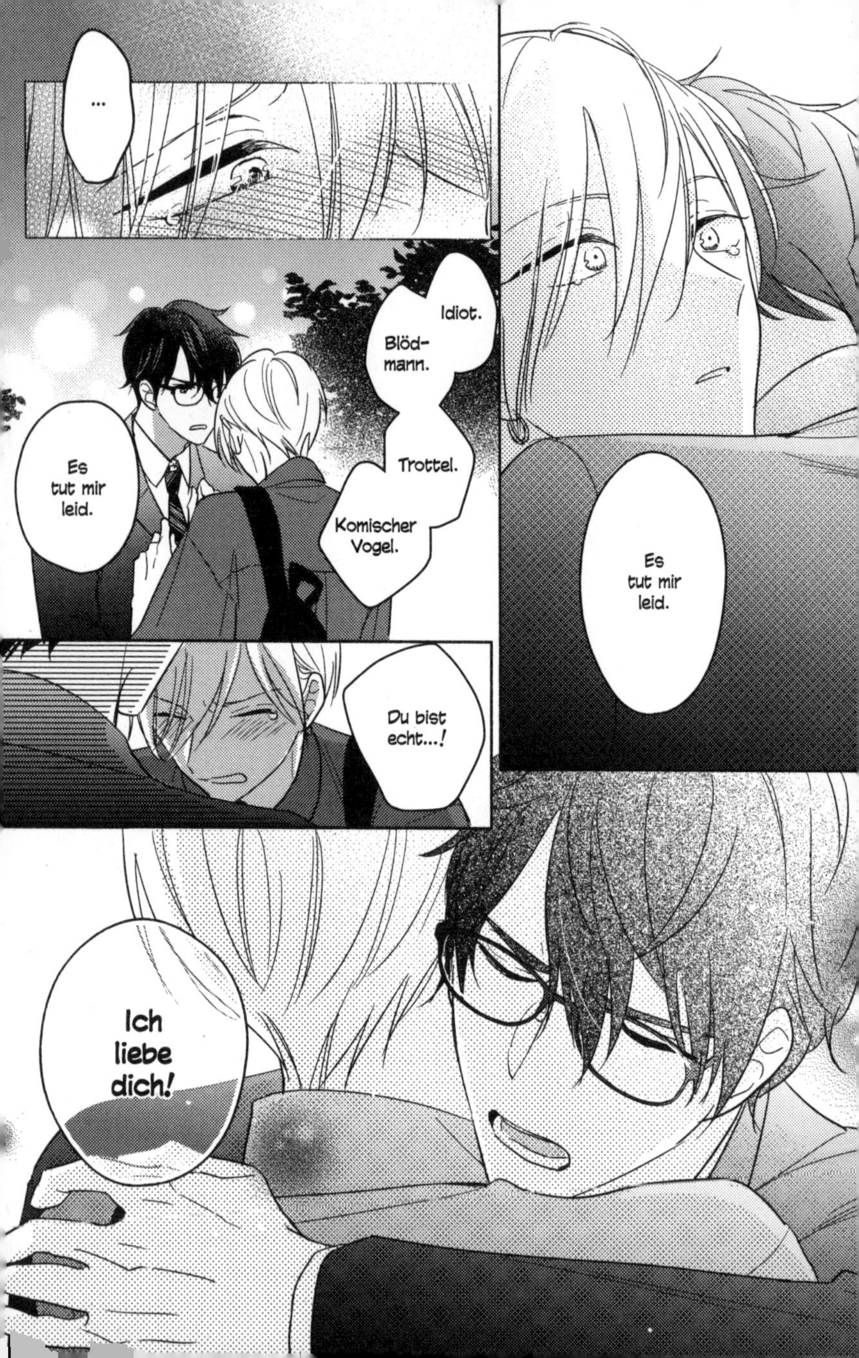
...
Idiot.
Blöd-
mann.
Trottel.
Komischer
Vogel.
Es
tut mir
leid.
Es
tut mir
leid.
Du bist
echt...!
Ich
liebe
dich!

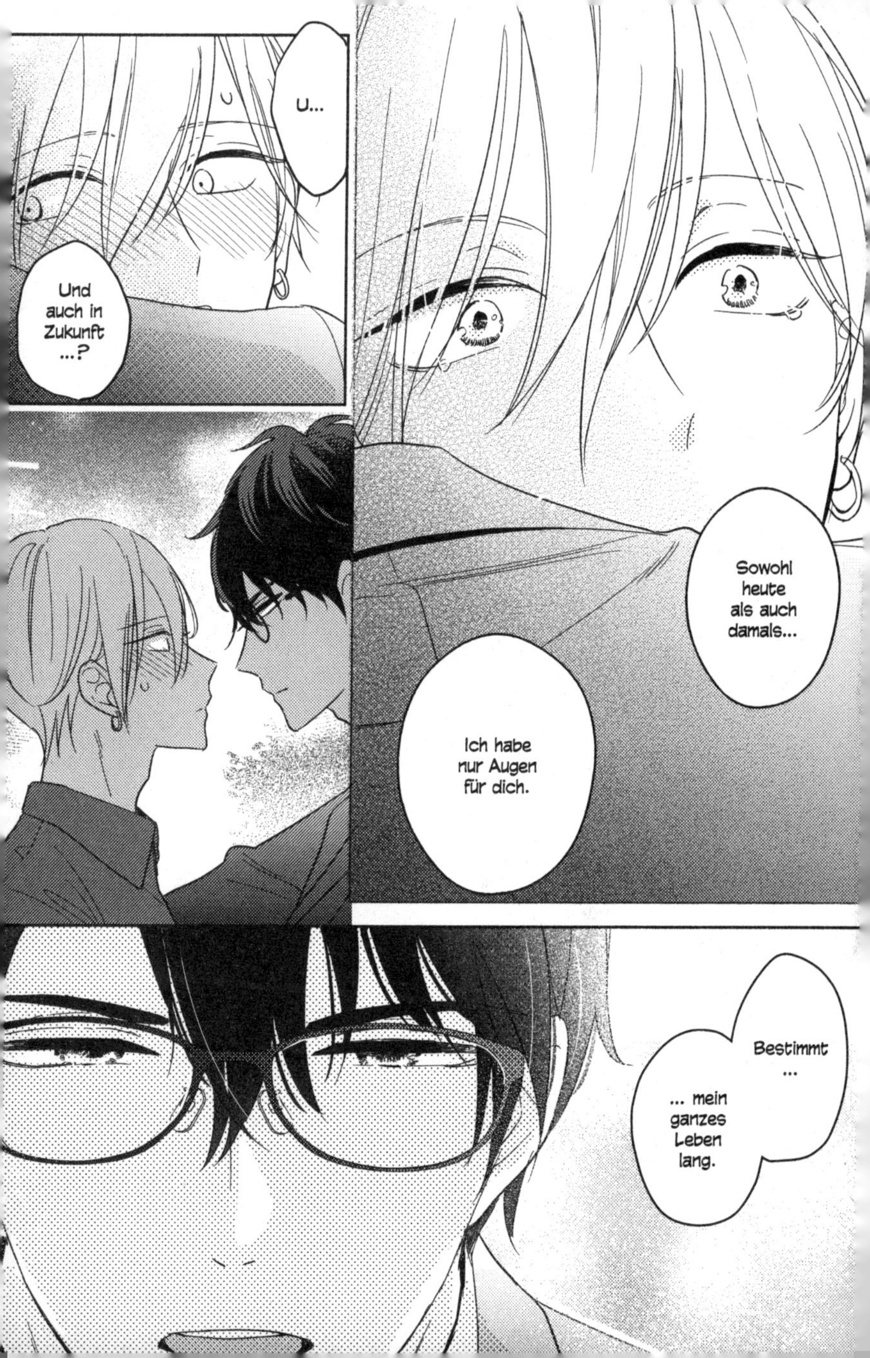
U...
Und auch in Zukunft ...?
Sowohl heute als auch damals...
Ich habe nur Augen für dich.
Bestimmt ...
... mein ganzes Leben lang.

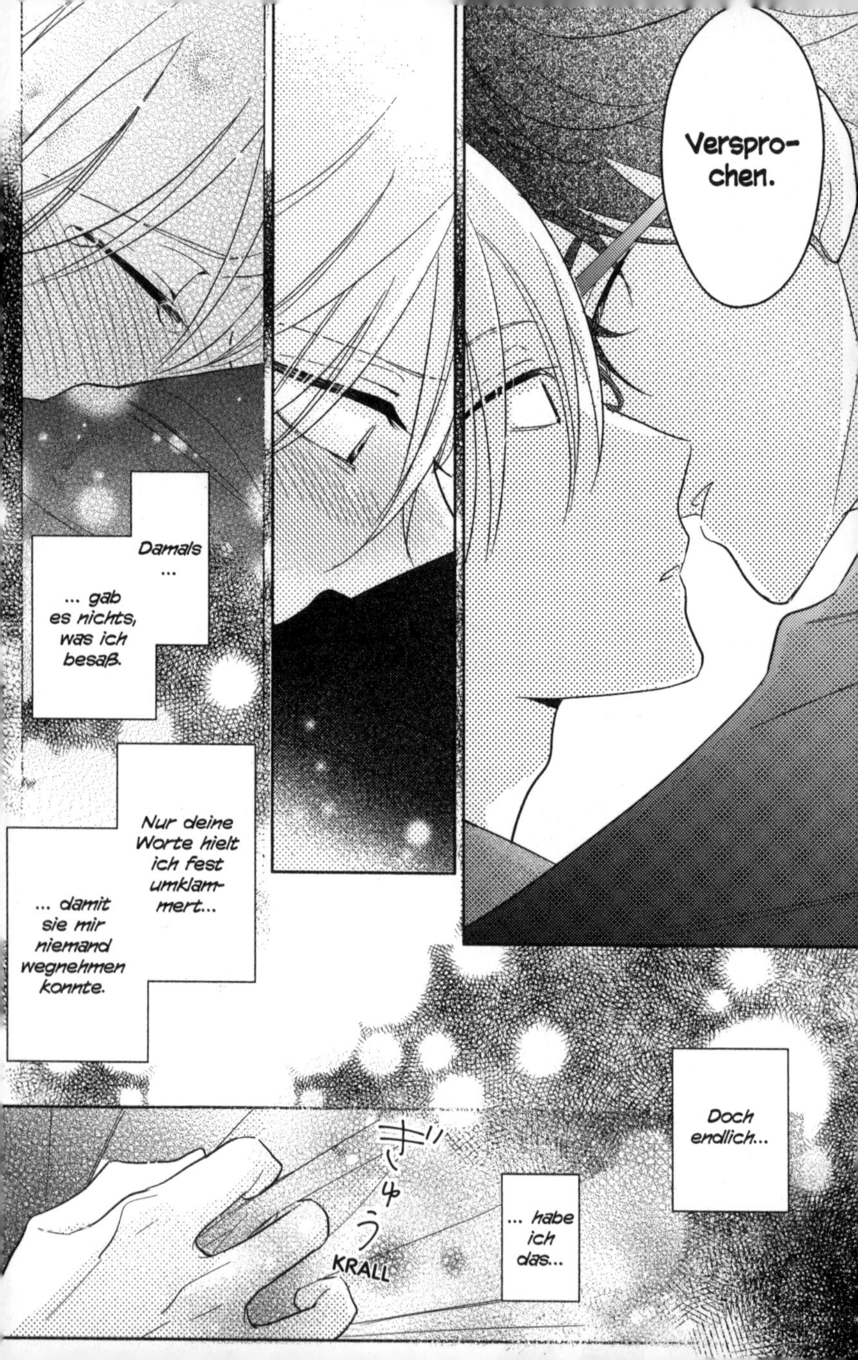
Verspro-
chen.
Damals …
… gab es nichts, was ich besaß.
Nur deine Worte hielt ich fest umklam-
mert…
… damit sie mir niemand wegnehmen konnte.
Doch endlich…
… habe ich das…
ぎゅう
KRALL

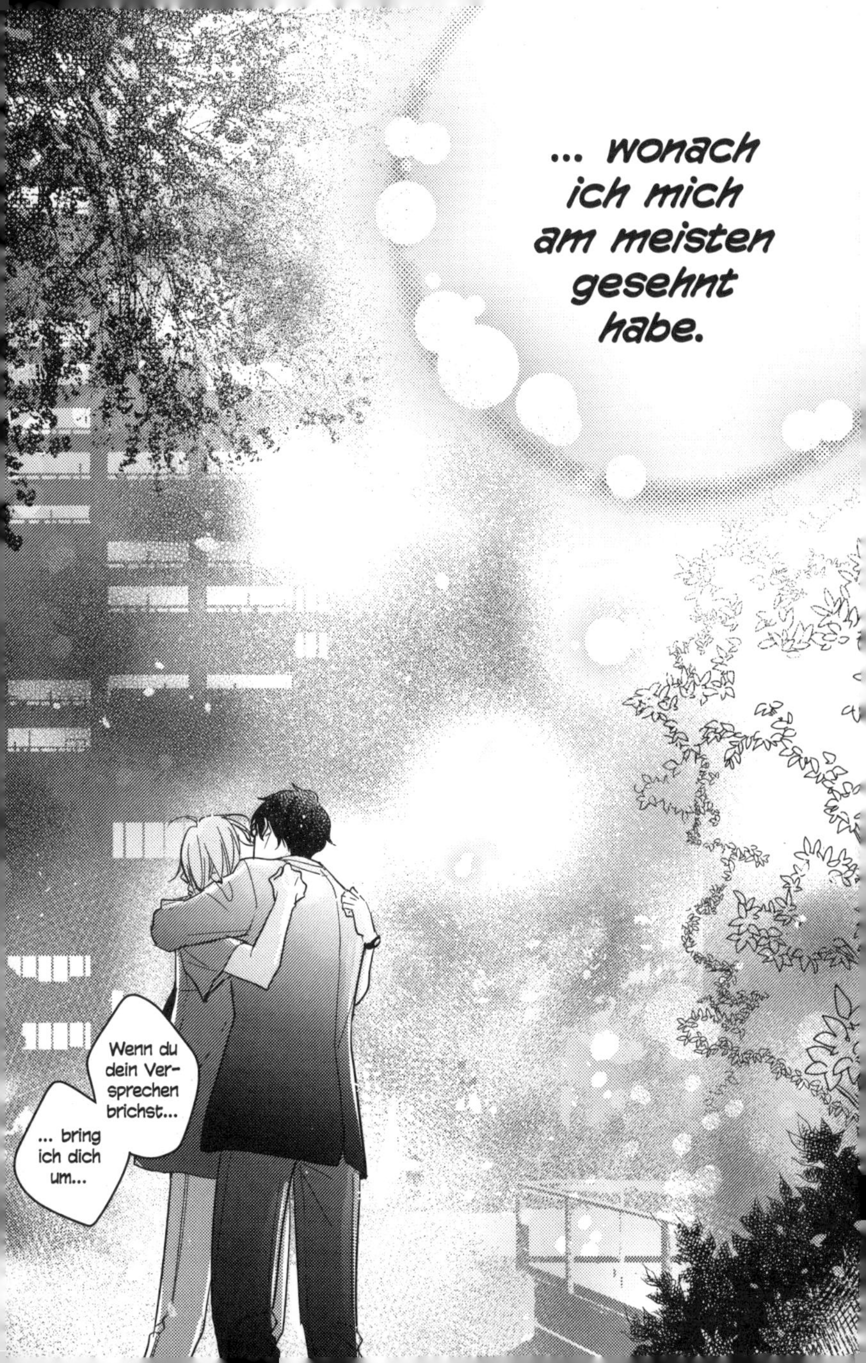
... wonach ich mich am meisten gesehnt habe.
Wenn du dein Versprechen brichst...
... bring ich dich um...

You said
you like me!

Miso Umeda presents

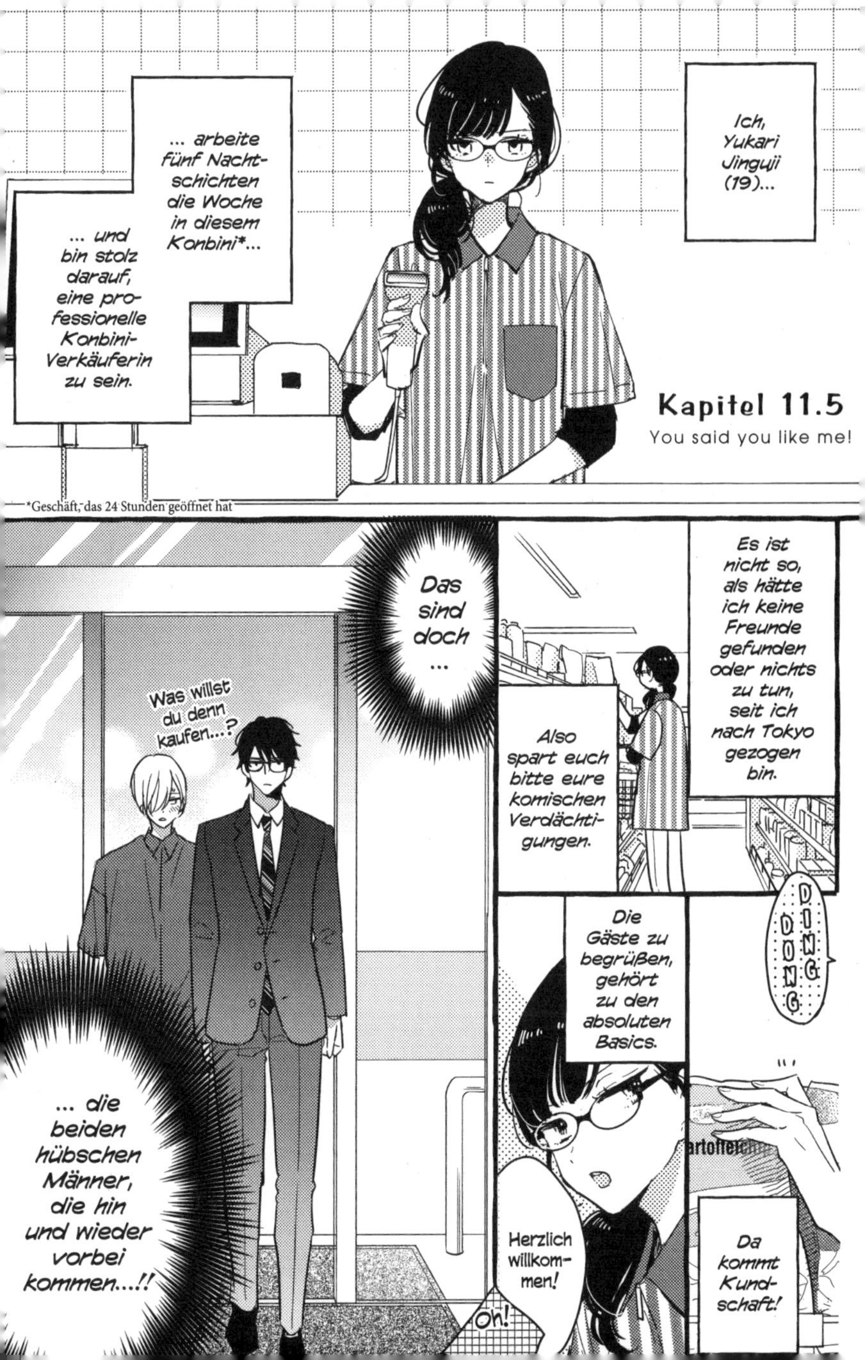
Ich, Yukari Jinguji (19)...
... arbeite fünf Nachtschichten die Woche in diesem Konbini*...
... und bin stolz darauf, eine professionelle Konbini-Verkäuferin zu sein.
Kapitel 11.5
You said you like me!
*Geschäft, das 24 Stunden geöffnet hat
Es ist nicht so, als hätte ich keine Freunde gefunden oder nichts zu tun, seit ich nach Tokyo gezogen bin.
Also spart euch bitte eure komischen Verdächtigungen.
DING DONG
Die Gäste zu begrüßen, gehört zu den absoluten Basics.
Da kommt Kundschaft!
Herzlich willkommen!
Oh!
Das sind doch ...
Was willst du denn kaufen...?
... die beiden hübschen Männer, die hin und wieder vorbei kommen...!!

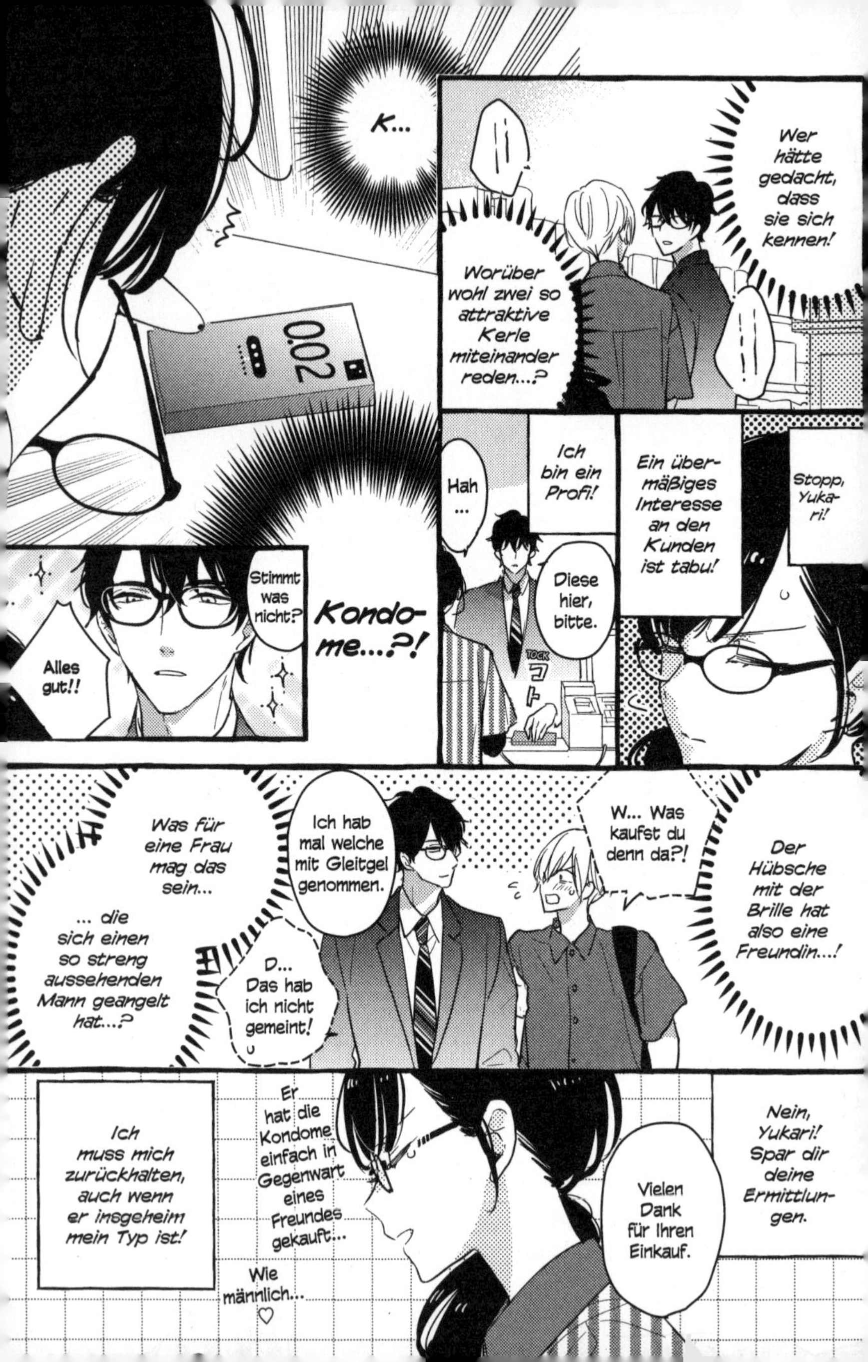
Wer hätte gedacht, dass sie sich kennen!
Worüber wohl zwei so attraktive Kerle miteinander reden...?
Stopp, Yukari!
Ein übermäßiges Interesse an den Kunden ist tabu!
Ich bin ein Profi!
Hah ...
Diese hier, bitte.
TOCK
コト
K...
0.02
Kondome...?!
Stimmt was nicht?
Alles gut!!
Der Hübsche mit der Brille hat also eine Freundin...!
W... Was kaufst du denn da?!
Ich hab mal welche mit Gleitgel genommen.
D... Das hab ich nicht gemeint!
Was für eine Frau mag das sein...
... die sich einen so streng aussehenden Mann geangelt hat...?
Nein, Yukari! Spar dir deine Ermittlungen.
Vielen Dank für Ihren Einkauf.
Er hat die Kondome einfach in Gegenwart eines Freundes gekauft...
Wie männlich... ♡
Ich muss mich zurückhalten, auch wenn er insgeheim mein Typ ist!

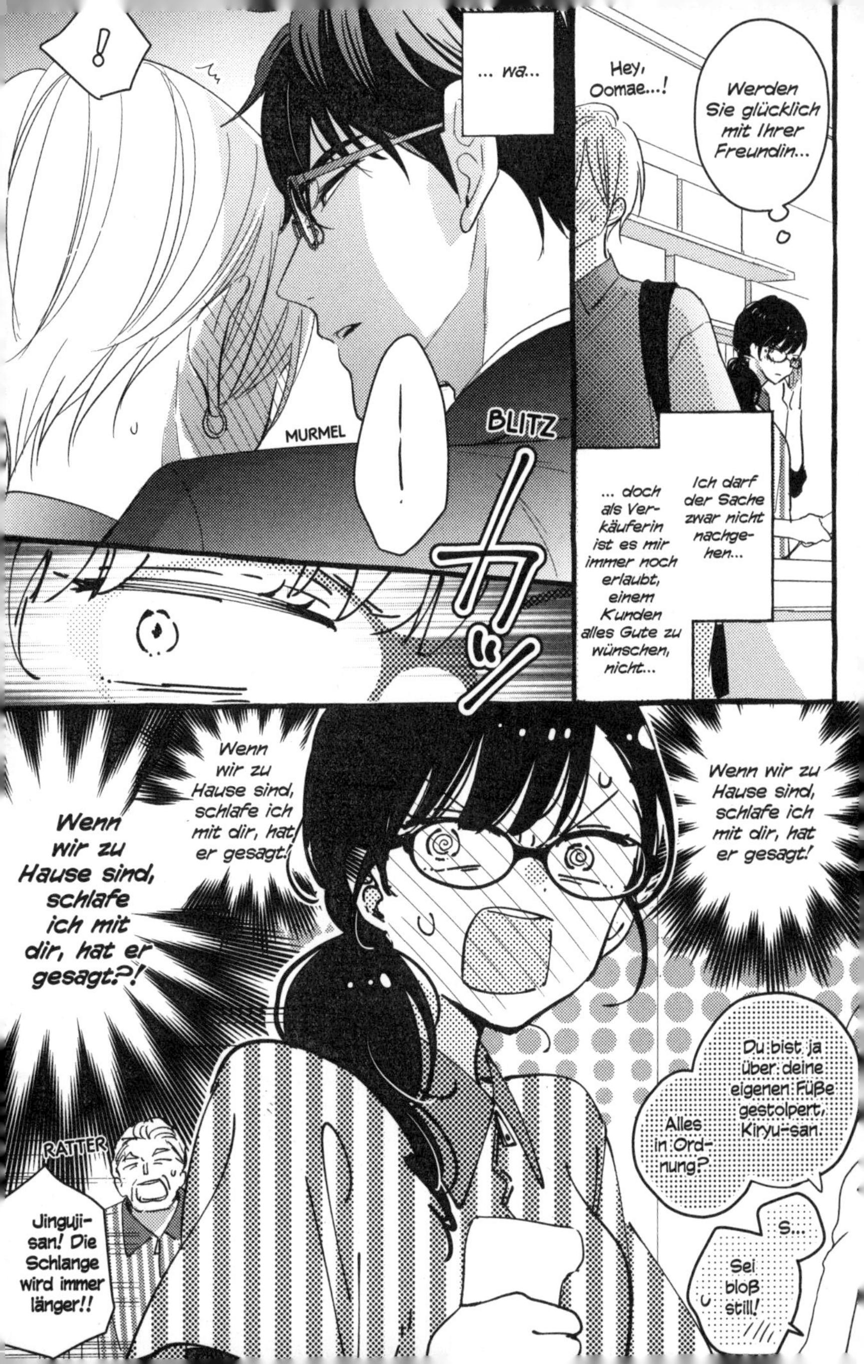
Werden Sie glücklich mit Ihrer Freundin...
Hey, Oomae...!
Ich darf der Sache zwar nicht nachgehen...
... doch als Verkäuferin ist es mir immer noch erlaubt, einem Kunden alles Gute zu wünschen, nicht...
... wa...
!
MURMEL
BLITZ
Wenn wir zu Hause sind, schlafe ich mit dir, hat er gesagt!
Wenn wir zu Hause sind, schlafe ich mit dir, hat er gesagt!
Wenn wir zu Hause sind, schlafe ich mit dir, hat er gesagt?!
Du bist ja über deine eigenen Füße gestolpert, Kiryu-san.
Alles in Ordnung?
S...
Sei bloß still!
RATTER
Jinguji-san! Die Schlange wird immer länger!!

You said you like me!

Miso Umeda presents

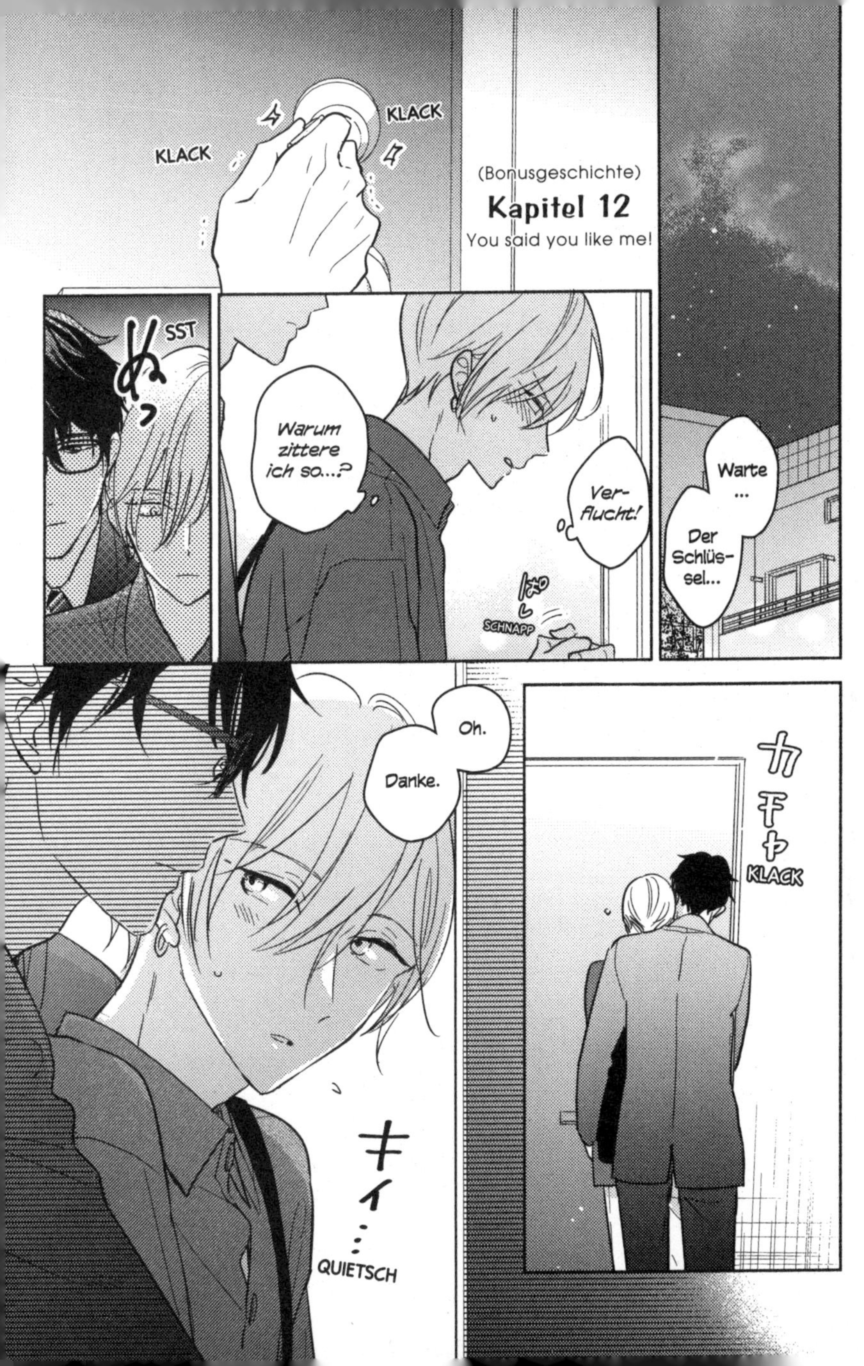
(Bonusgeschichte)
Kapitel 12
You said you like me!
KLACK
KLACK
Warte ... Der Schlüssel...
Verflucht!
SCHNAPP
Warum zittere ich so...?
SST
KLACK
Oh.
Danke.
QUIETSCH

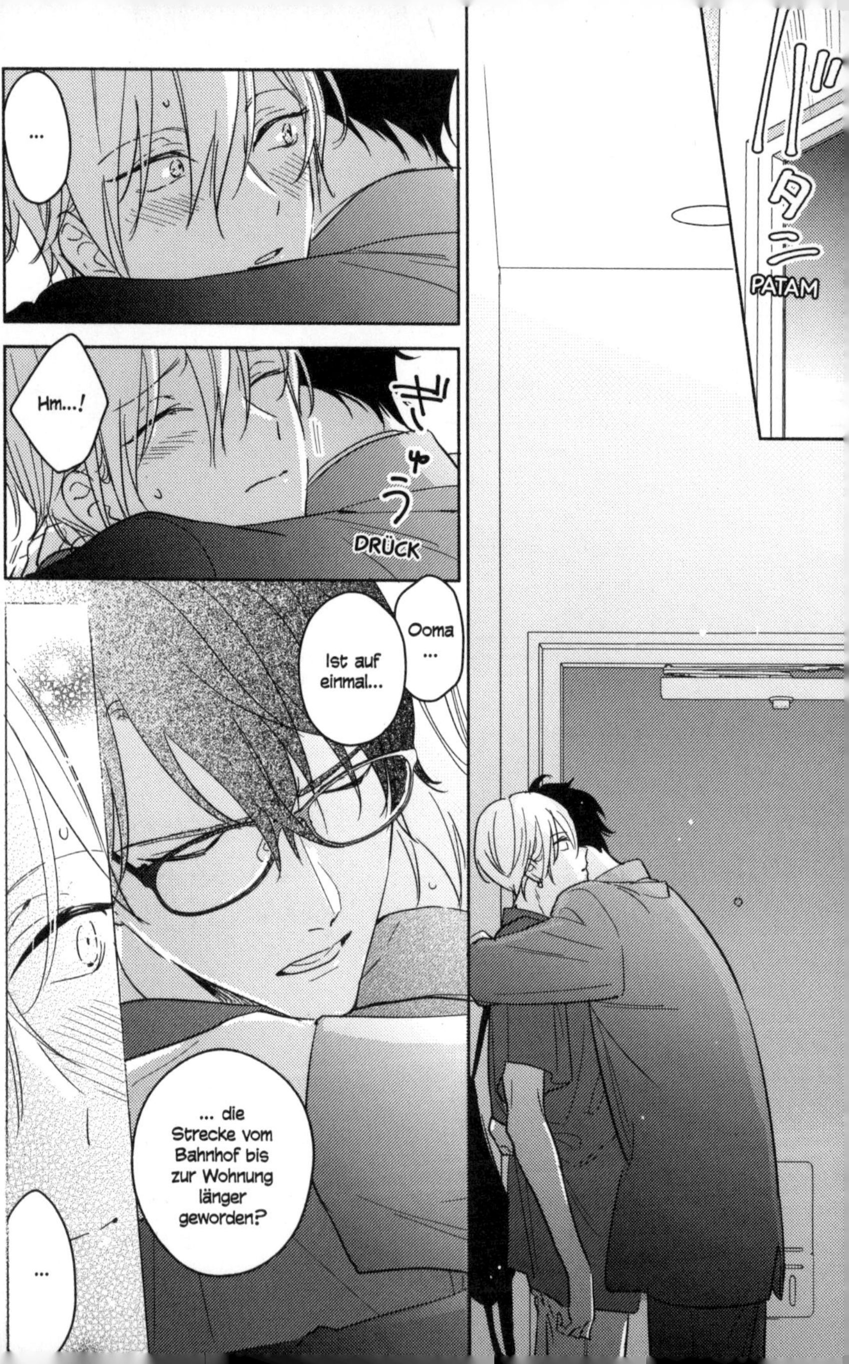
バタン
PATAM
...
Hm...!
ぎゅう
DRÜCK
Ooma ...
Ist auf einmal...
... die Strecke vom Bahnhof bis zur Wohnung länger geworden?
...

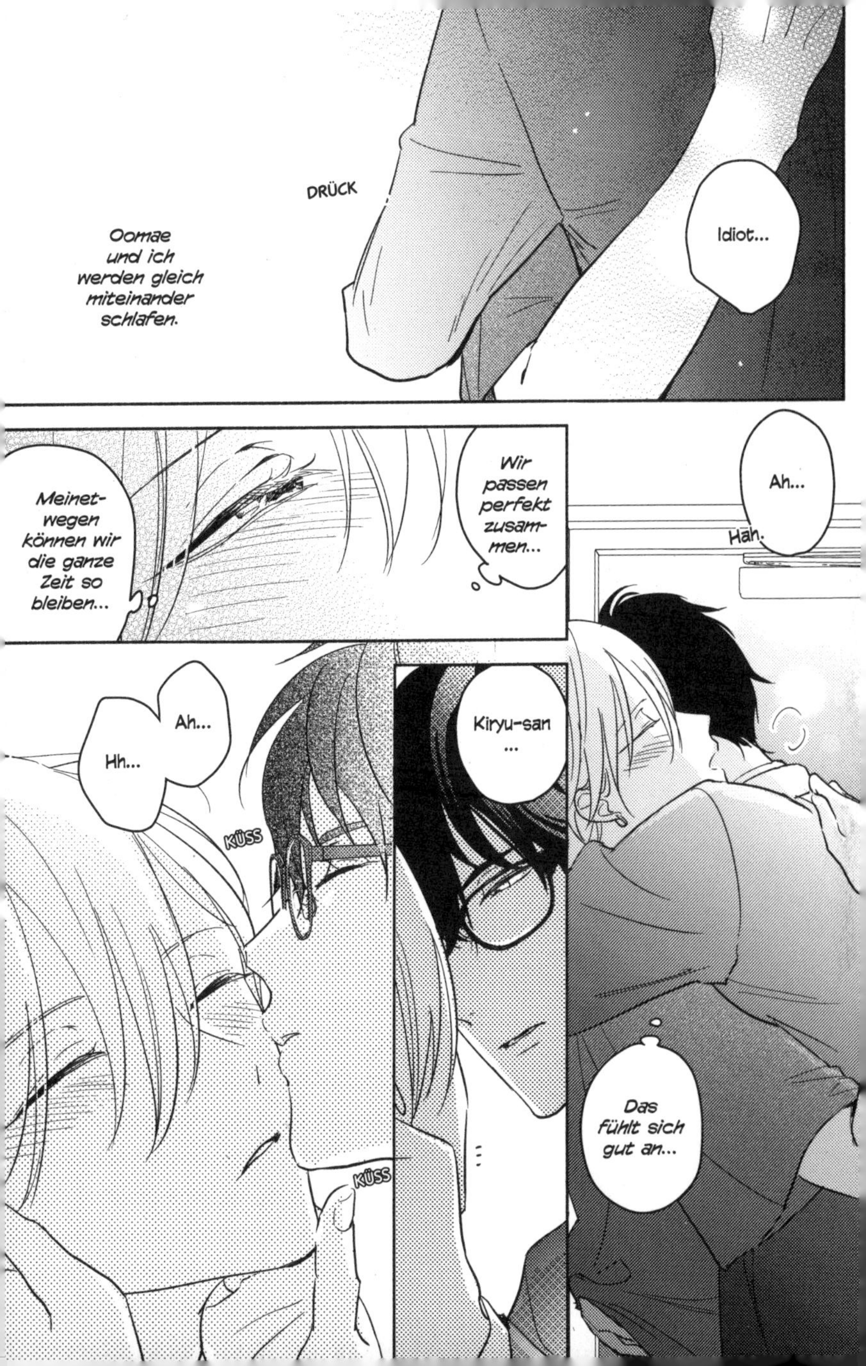

Idiot...
DRÜCK
Oomae und ich werden gleich miteinander schlafen.
Ah...
Häh.
Wir passen perfekt zusammen...
Meinetwegen können wir die ganze Zeit so bleiben...
Das fühlt sich gut an...
Kiryu-san ...
Ah...
Hh...
KÜSS
KÜSS

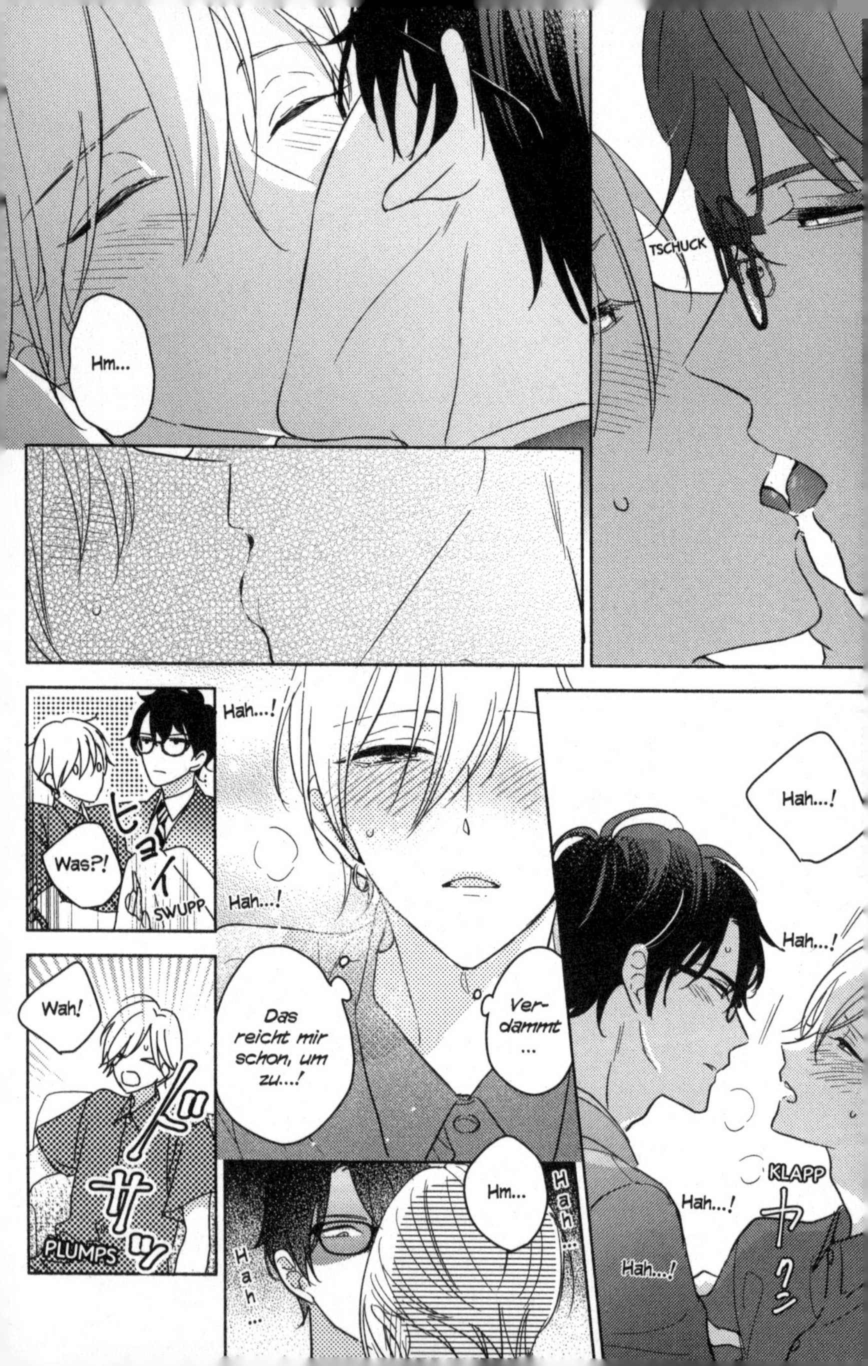
TSCHUCK
Hm...
Hah...!
Hah...!
Hah...!
Verdammt ...
Das reicht mir schon, um zu...!
Hah...!
Hah...!
ヒョイ
SWUPP
Was?!
KLAPP
Hah...!
Hah...!
Hah...
Hm...
Hah...
Wah!
サッ
PLUMPS

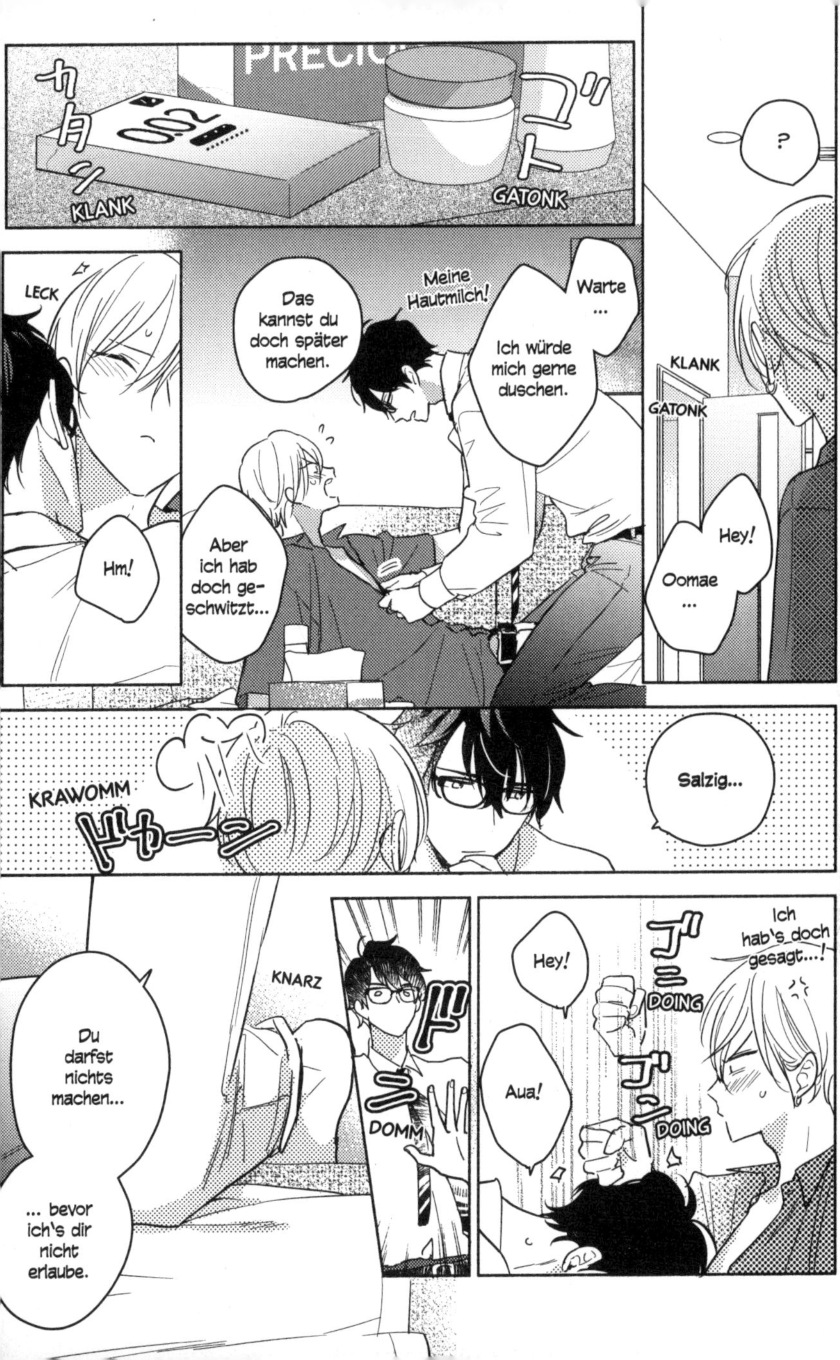

?
KLANK
GATONK
Hey!
Oomae ...
カタッ
KLANK
ゴトッ
GATONK
Warte ...
Ich würde mich gerne duschen.
Meine Hautmilch!
Das kannst du doch später machen.
Aber ich hab doch geschwitzt...
LECK
Hm!
Salzig...
KRAWOMM
Ich hab's doch gesagt...!
DOING
DOING
Hey!
Aua!
DOMM
KNARZ
Du darfst nichts machen...
... bevor ich's dir nicht erlaube.

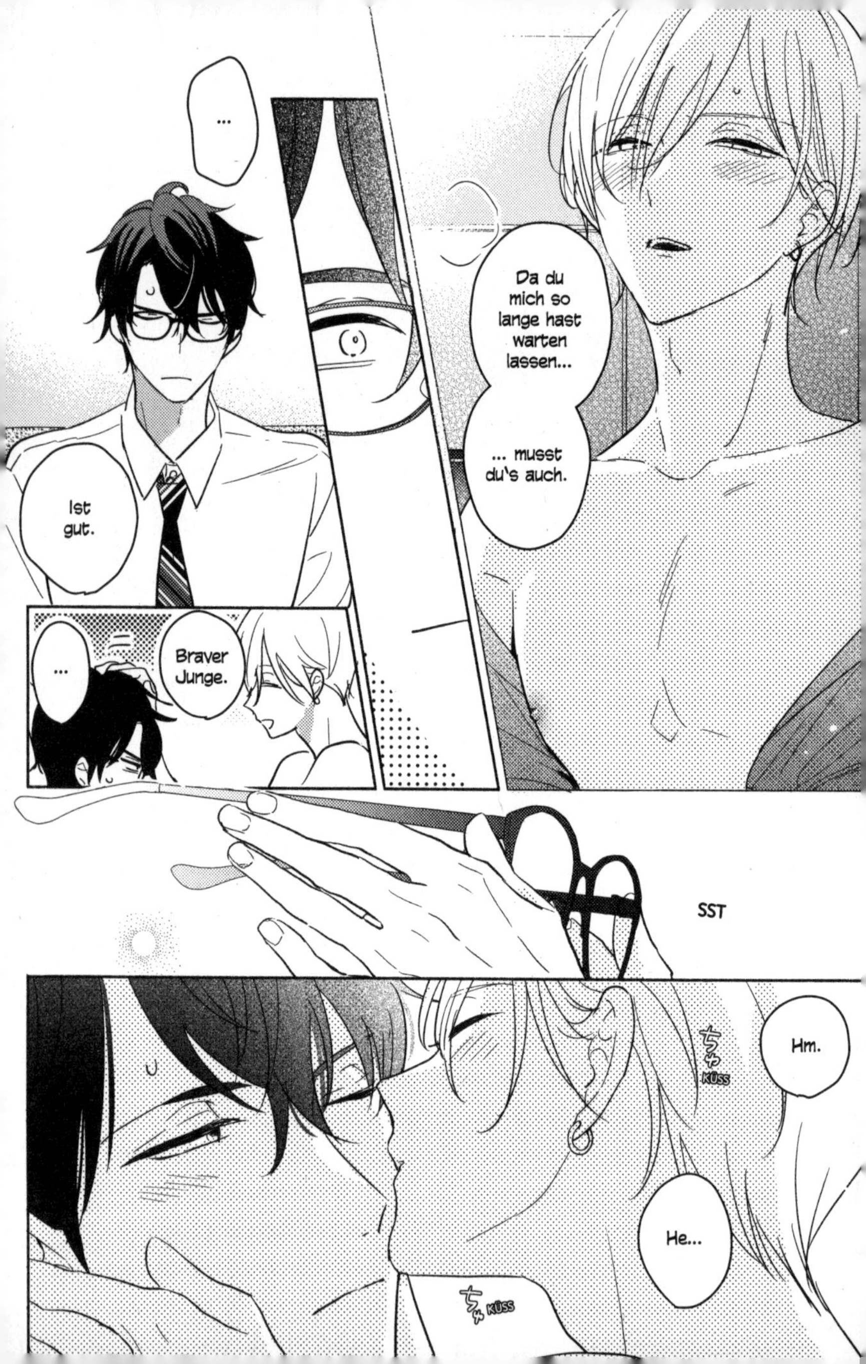

Da du mich so lange hast warten lassen...
... musst du's auch.
...
Ist gut.
Braver Junge.
...
SST
ちゅ KÜSS
Hm.
He...
ちゅ KÜSS

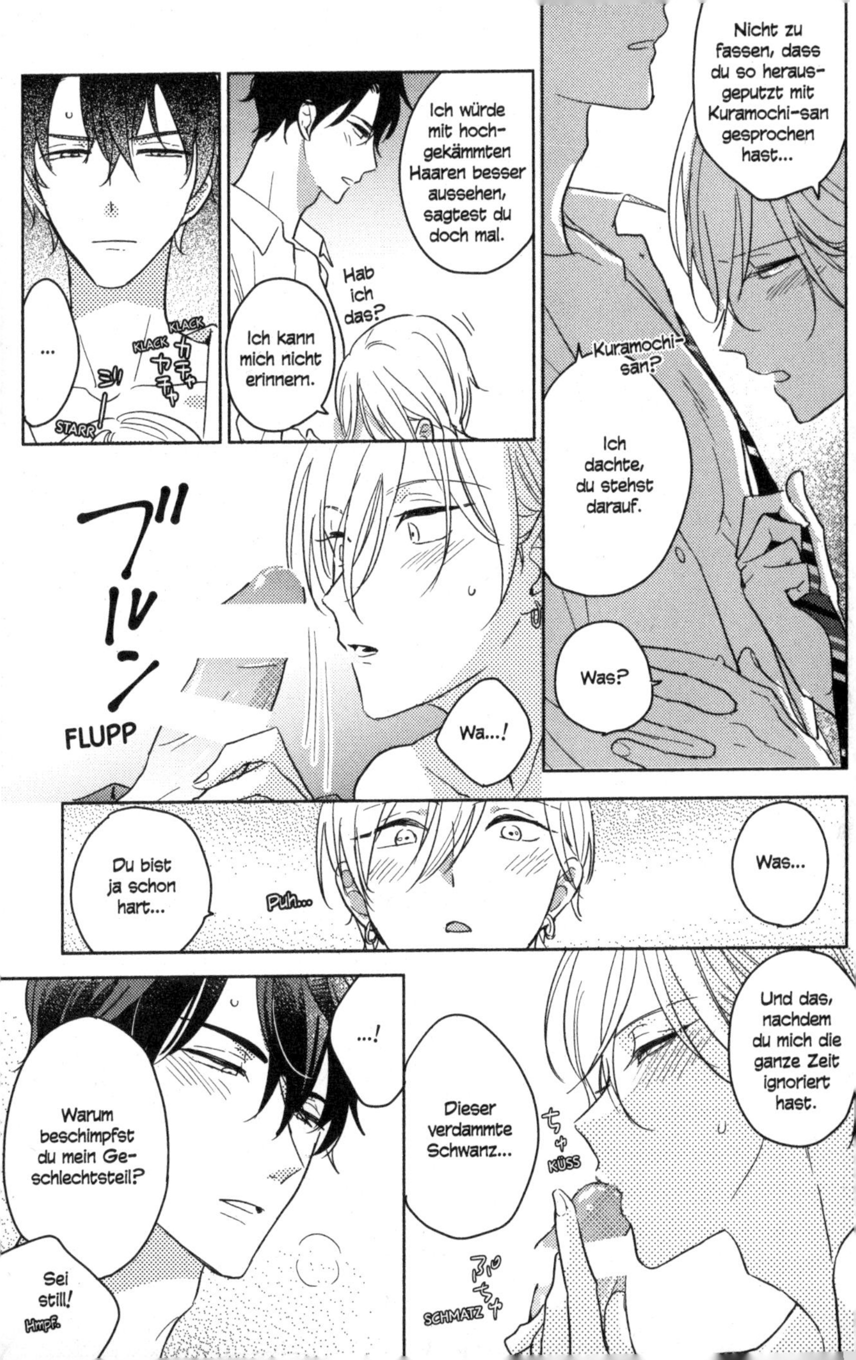

Nicht zu fassen, dass du so heraus-geputzt mit Kuramochi-san gesprochen hast...
Kuramochi-san?
Ich dachte, du stehst darauf.
Was?
Ich würde mit hoch-gekämmten Haaren besser aussehen, sagtest du doch mal.
Hab ich das?
Ich kann mich nicht erinnern.
KLACK
KLACK
STARR
...
ブルン
FLUPP
Wa...!
Was...
Puh...
Du bist ja schon hart...
Und das, nachdem du mich die ganze Zeit ignoriert hast.
KÜSS
Dieser verdammte Schwanz...
SCHMATZ
...!
Warum beschimpfst du mein Ge-schlechtsteil?
Sei still!
Hmpf.

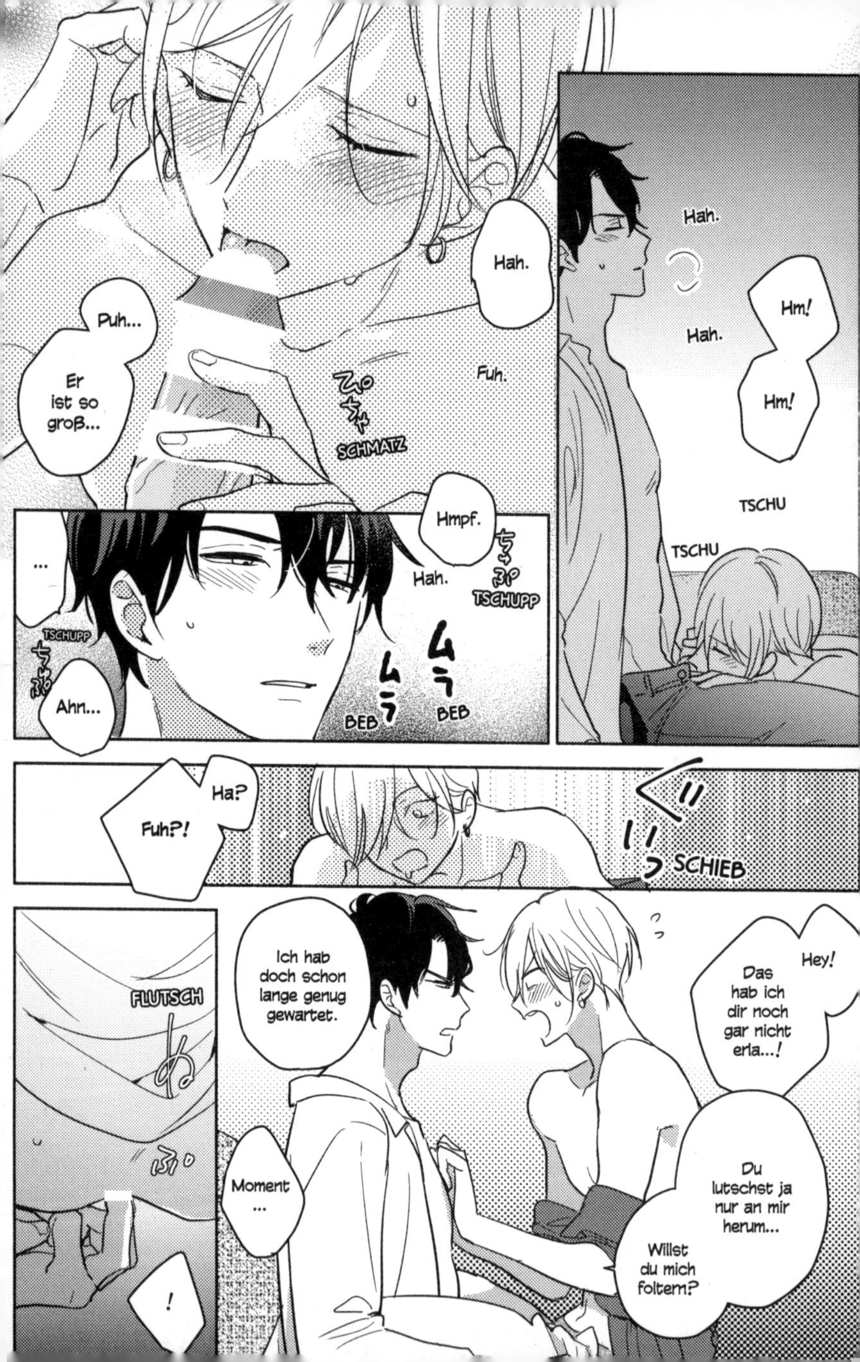
Hah.
Hm!
Hah.
Hm!
TSCHU
TSCHU
Hah.
Puh...
Er ist so groß...
Fuh.
SCHMATZ
Hmpf.
Hah.
TSCHUPP
BEB
BEB
...
TSCHUPP
Ahn...
SCHIEB
Ha?
Fuh?!
Hey!
Das hab ich dir noch gar nicht erla...!
Du lutschst ja nur an mir herum...
Willst du mich foltern?
Ich hab doch schon lange genug gewartet.
Moment ...
FLUTSCH
!

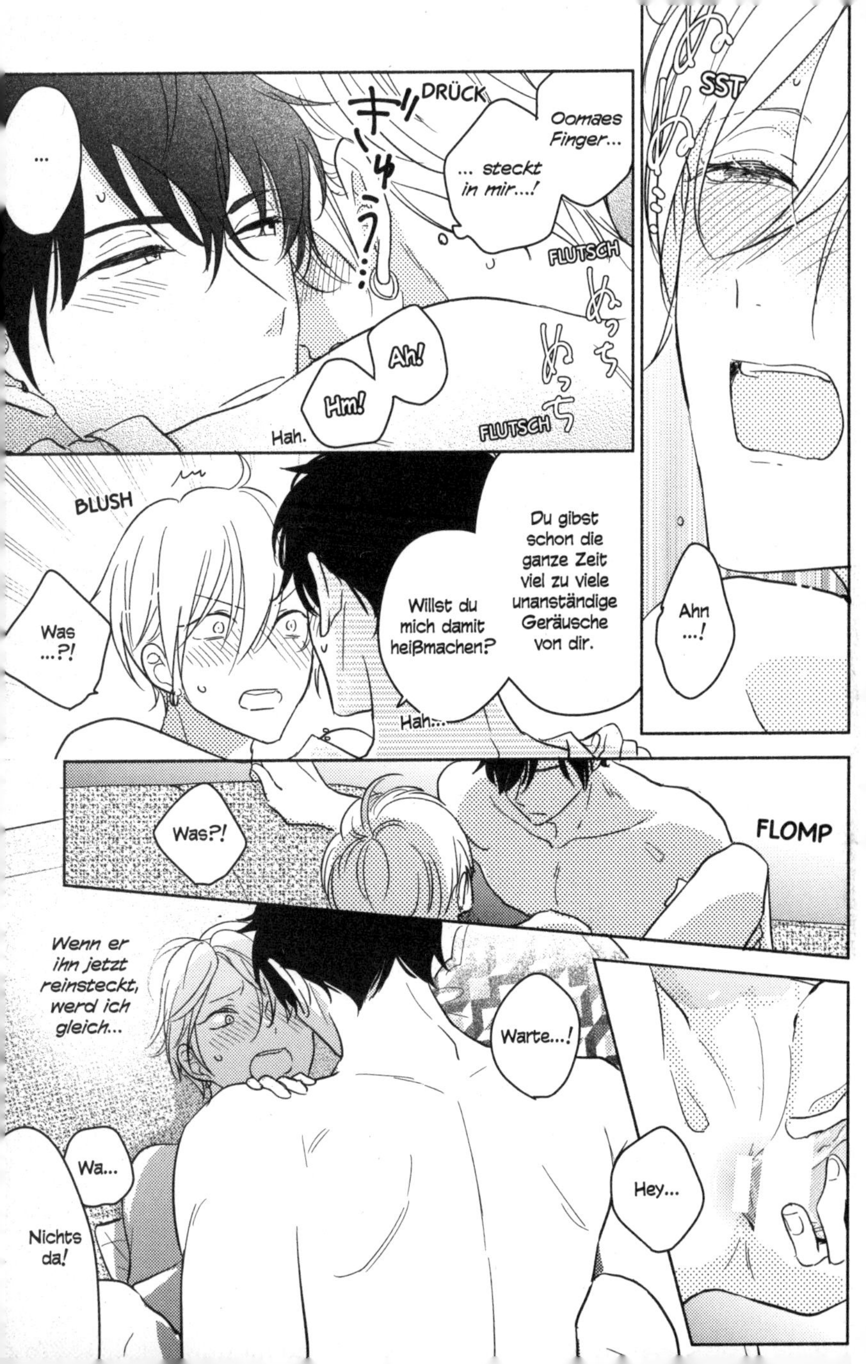

SST
Ahn ...!
DRÜCK
Oomaes Finger...
... steckt in mir...!
FLUTSCH
FLUTSCH
Ah!
Hm!
Hah.
...
Du gibst schon die ganze Zeit viel zu viele unanständige Geräusche von dir.
Willst du mich damit heißmachen?
Hah...
BLUSH
Was ...?!
FLOMP
Was?!
Hey...
Warte...!
Wenn er ihn jetzt reinsteckt, werd ich gleich...
Wa...
Nichts da!

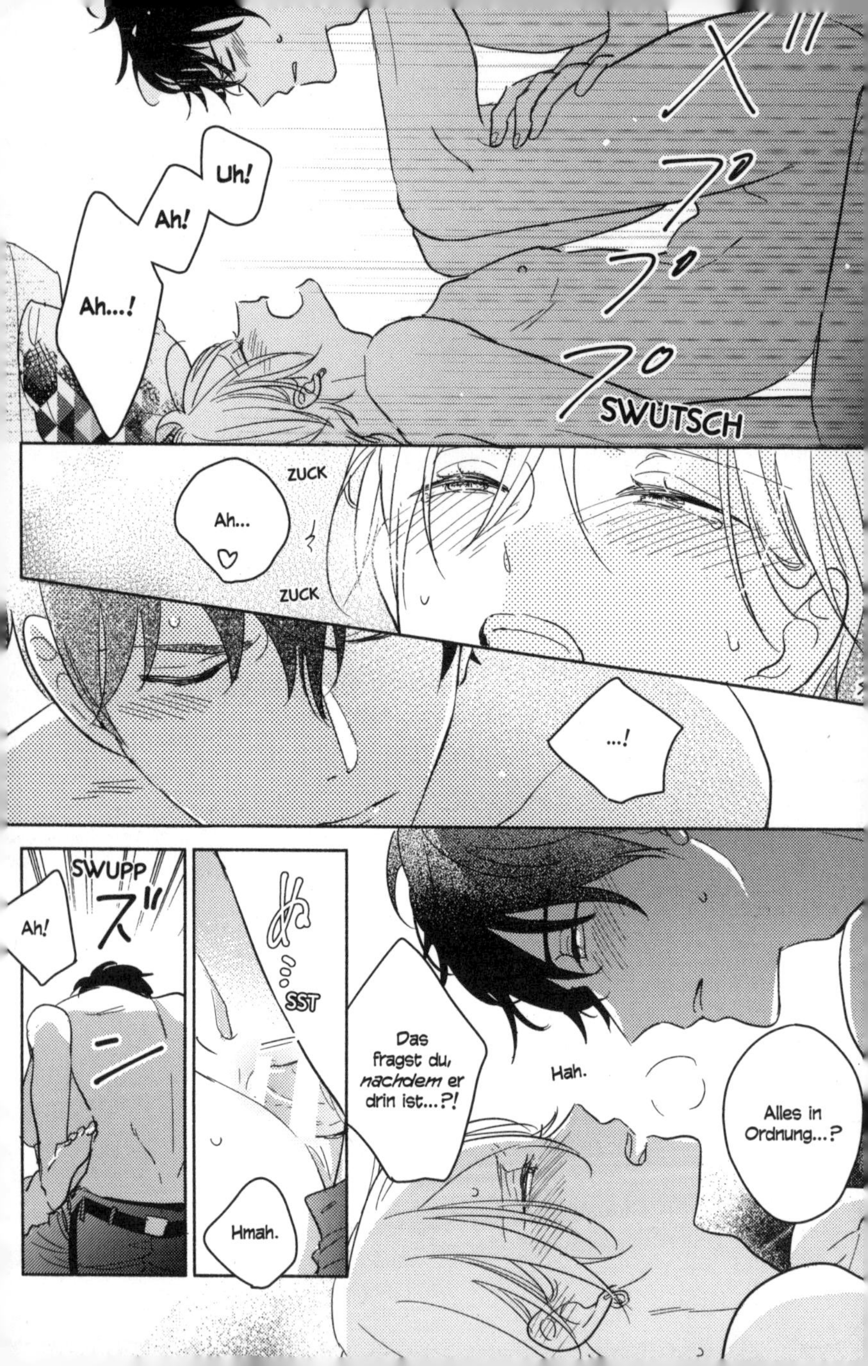
SWUTSCH
Uh!
Ah!
Ah...!
ZUCK
Ah... ♡
ZUCK
...!
Alles in Ordnung...?
Hah.
Das fragst du, *nachdem* er drin ist...?!
SST
Hmah.
SWUPP
Ah!

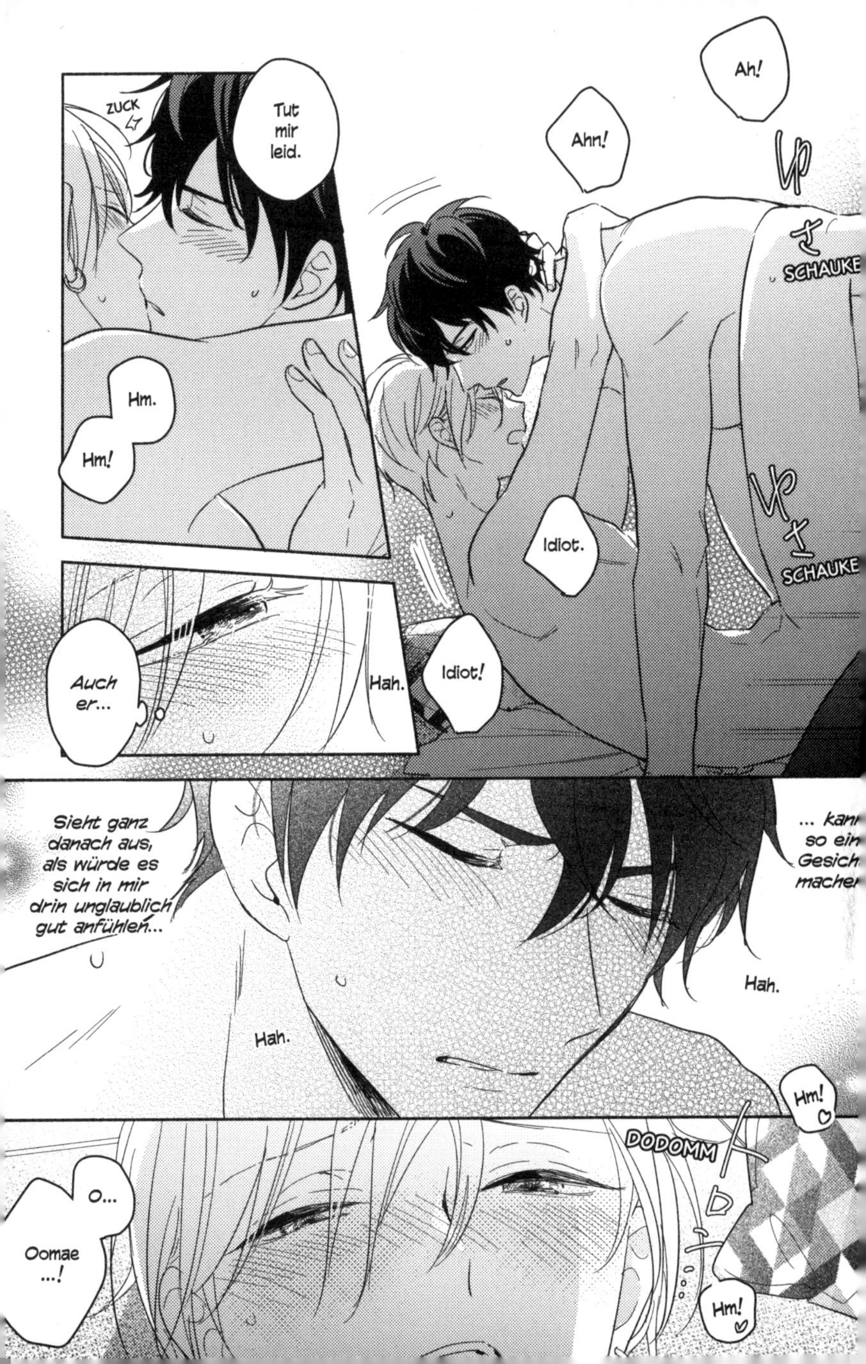
Ah!
Ahn!
SCHAUKE
SCHAUKE
Idiot.
Idiot!
ZUCK
Tut mir leid.
Hm.
Hm!
Hah.
Auch er...
... kan so ein Gesich mache
Sieht ganz danach aus, als würde es sich in mir drin unglaublich gut anfühlen...
Hah.
Hah.
Hm!
DODOMM
Hm!
O...
Oomae ...!

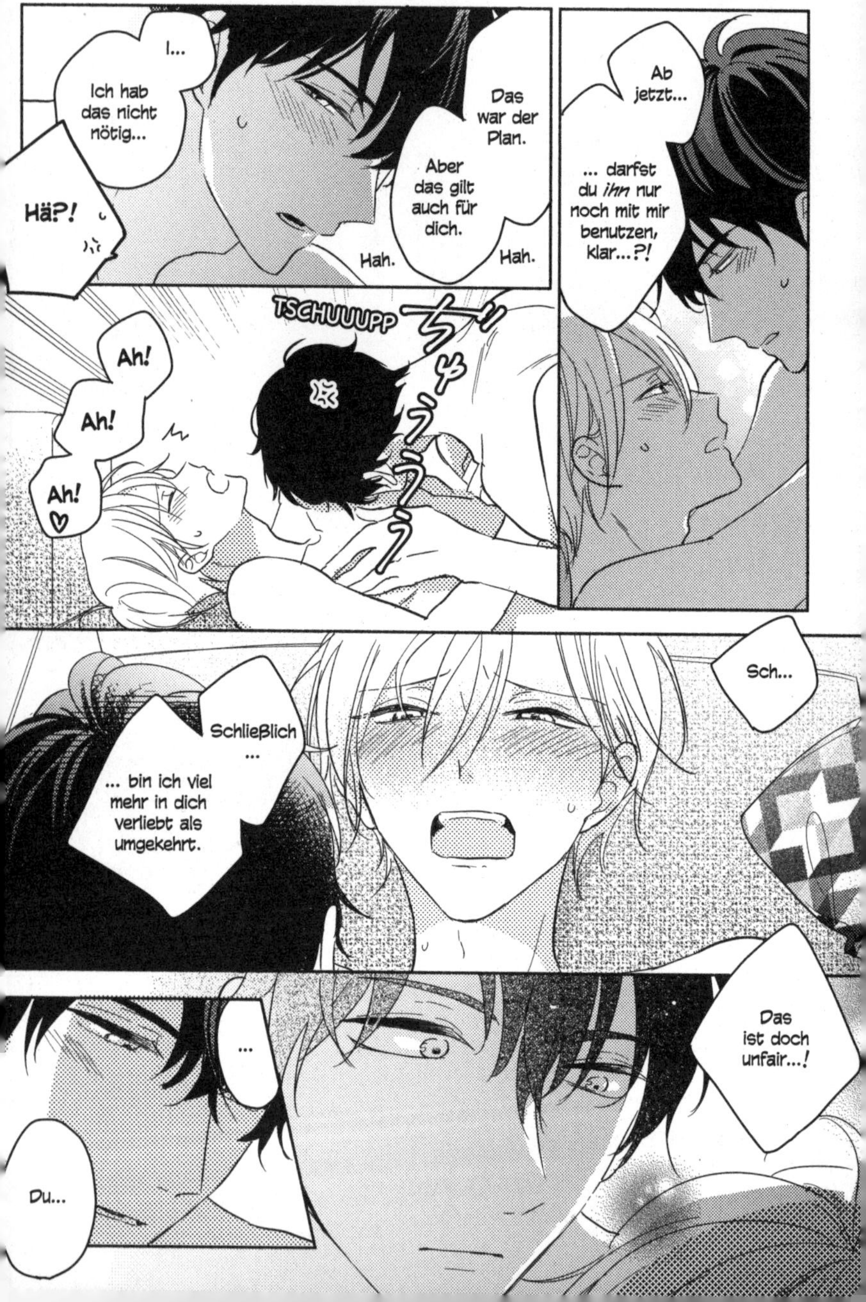
Ab jetzt...
... darfst du *ihn* nur noch mit mir benutzen, klar...?!
Das war der Plan.
Aber das gilt auch für dich.
Hah.
Hah.
I...
Ich hab das nicht nötig...
Hä?!
TSCHUUUPP
Ah!
Ah!
Ah! ♡
Sch...
Schließlich ...
... bin ich viel mehr in dich verliebt als umgekehrt.
Das ist doch unfair...!
...
Du...

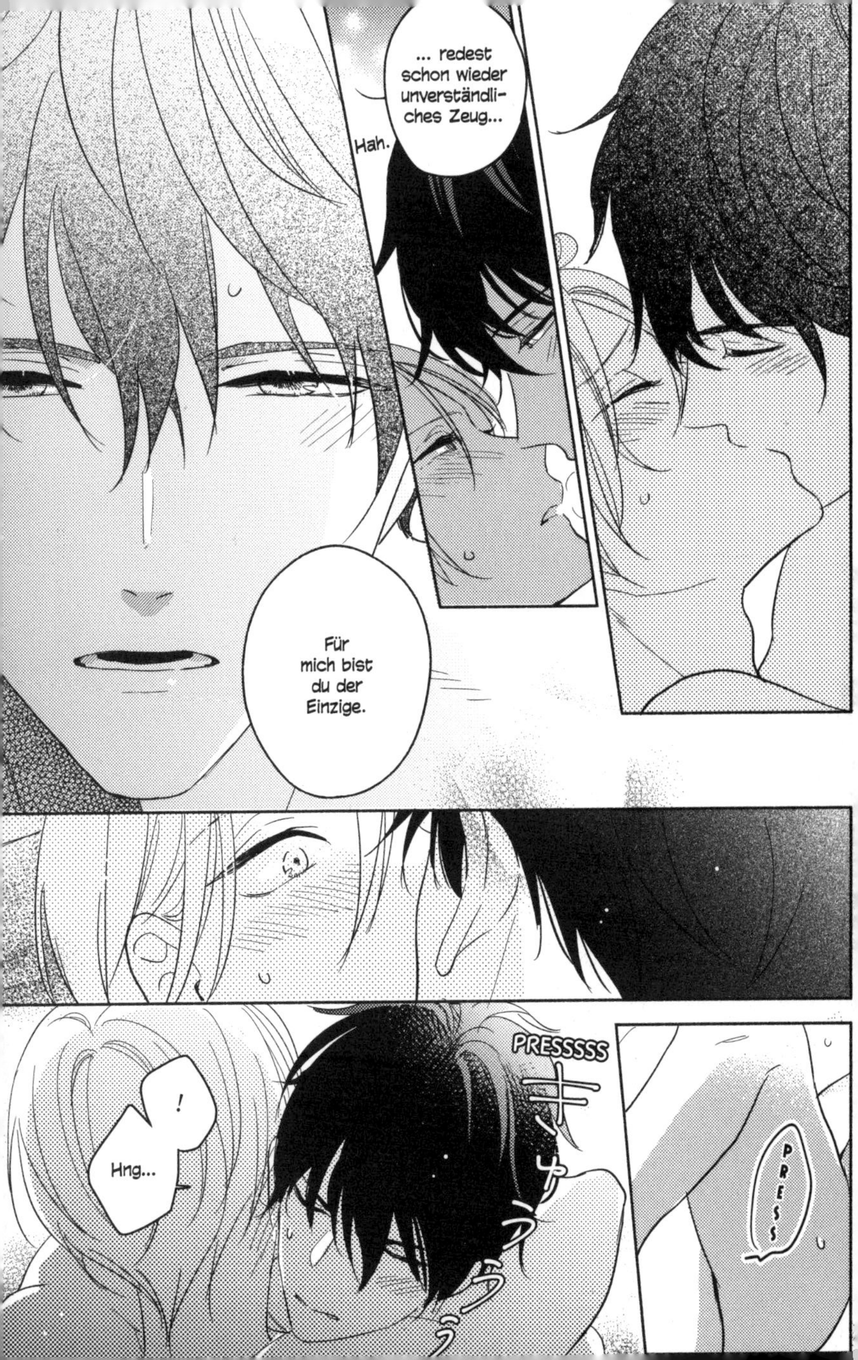
... redest schon wieder unverständliches Zeug...
Hah.
Für mich bist du der Einzige.
PRESS
PRESSSSS
!
Hng...

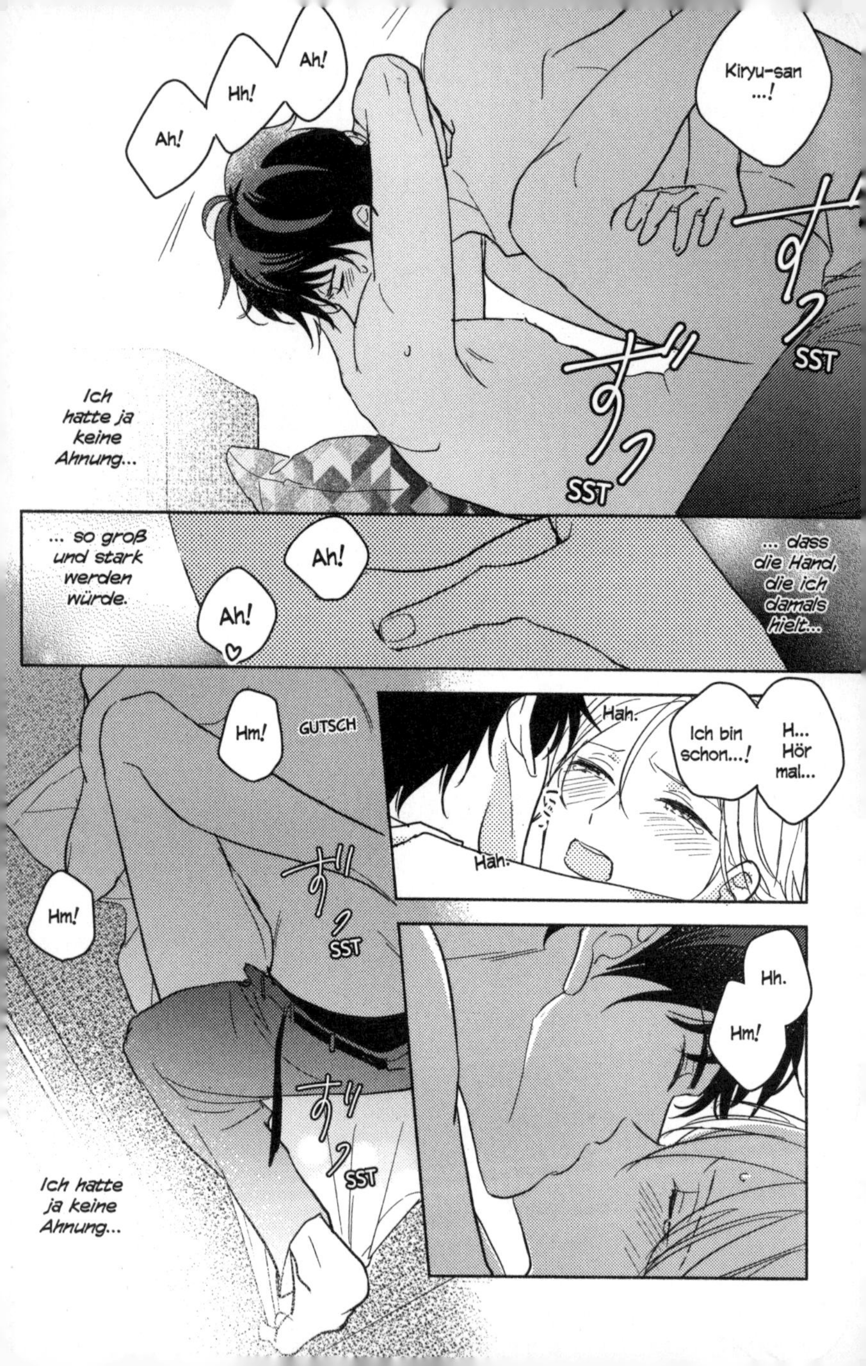
Kiryu-san ...!
Ah!
Hh!
Ah!
SST
SST
Ich hatte ja keine Ahnung...
... dass die Hand, die ich damals hielt...
Ah!
Ah! ♡
... so groß und stark werden würde.
H... Hör mal...
Ich bin schon...!
Hah.
Hah.
GUTSCH
Hm!
SST
Hm!
Hh.
Hm!
SST
Ich hatte ja keine Ahnung...

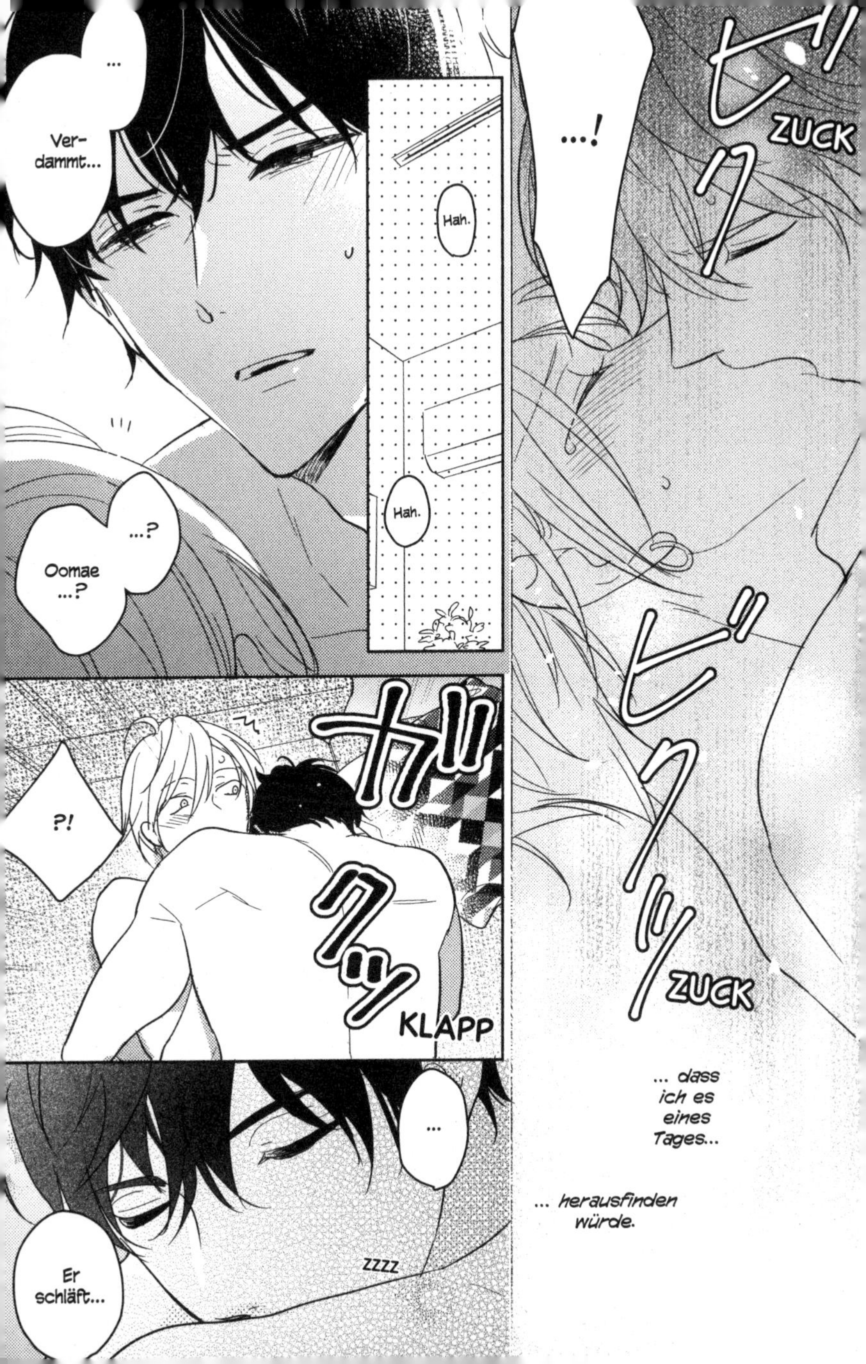
...!
ZUCK
ZUCK
... dass ich es eines Tages...
... herausfinden würde.
Hah.
Hah.
...
Verdammt...
...?
Oomae ...?
KLAPP
?!
...
ZZZZ
Er schläft...

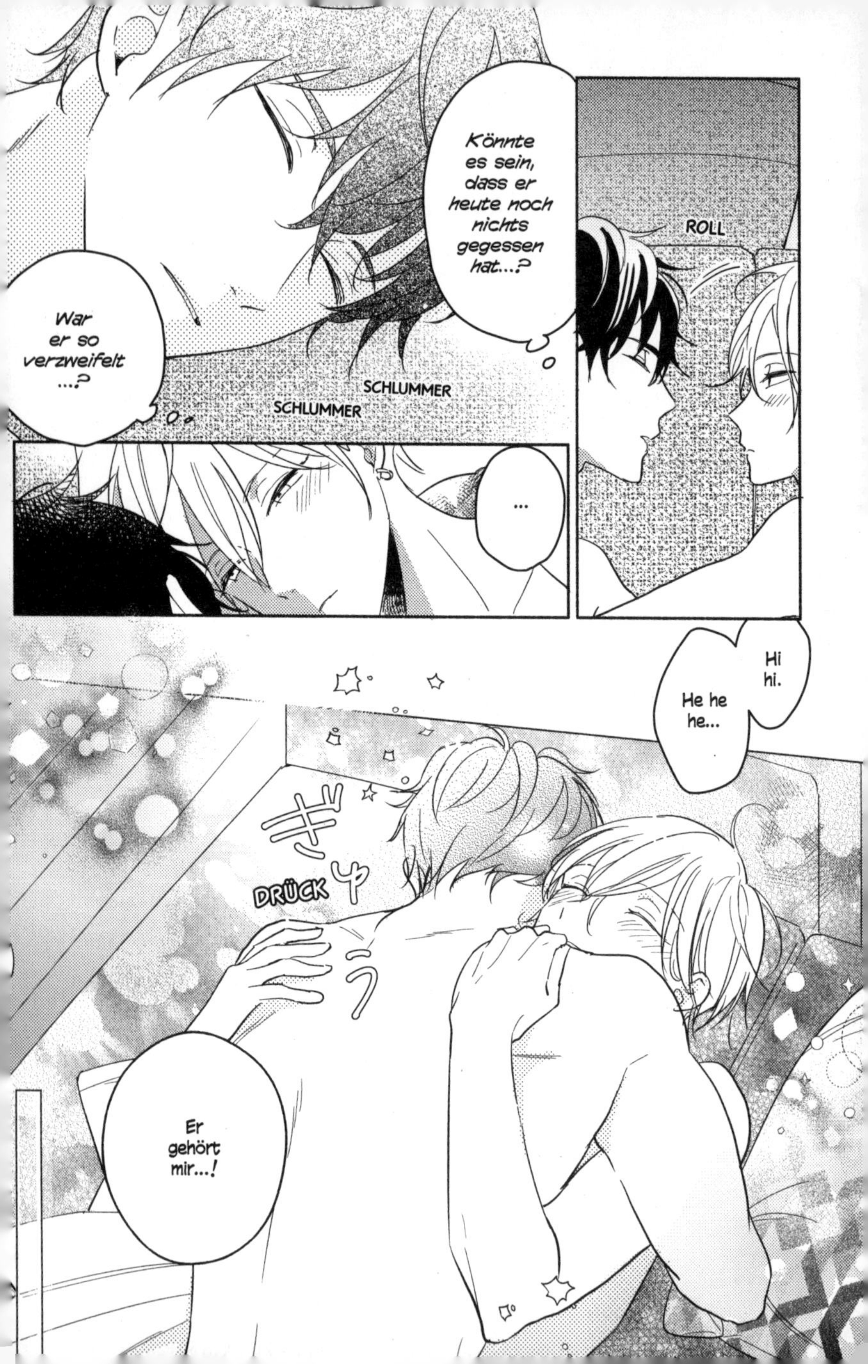

Könnte es sein, dass er heute noch nichts gegessen hat...?
War er so verzweifelt ...?
SCHLUMMER
SCHLUMMER
ROLL
...
Hi hi.
He he he...
ぎゅう
DRÜCK
Er gehört mir...!

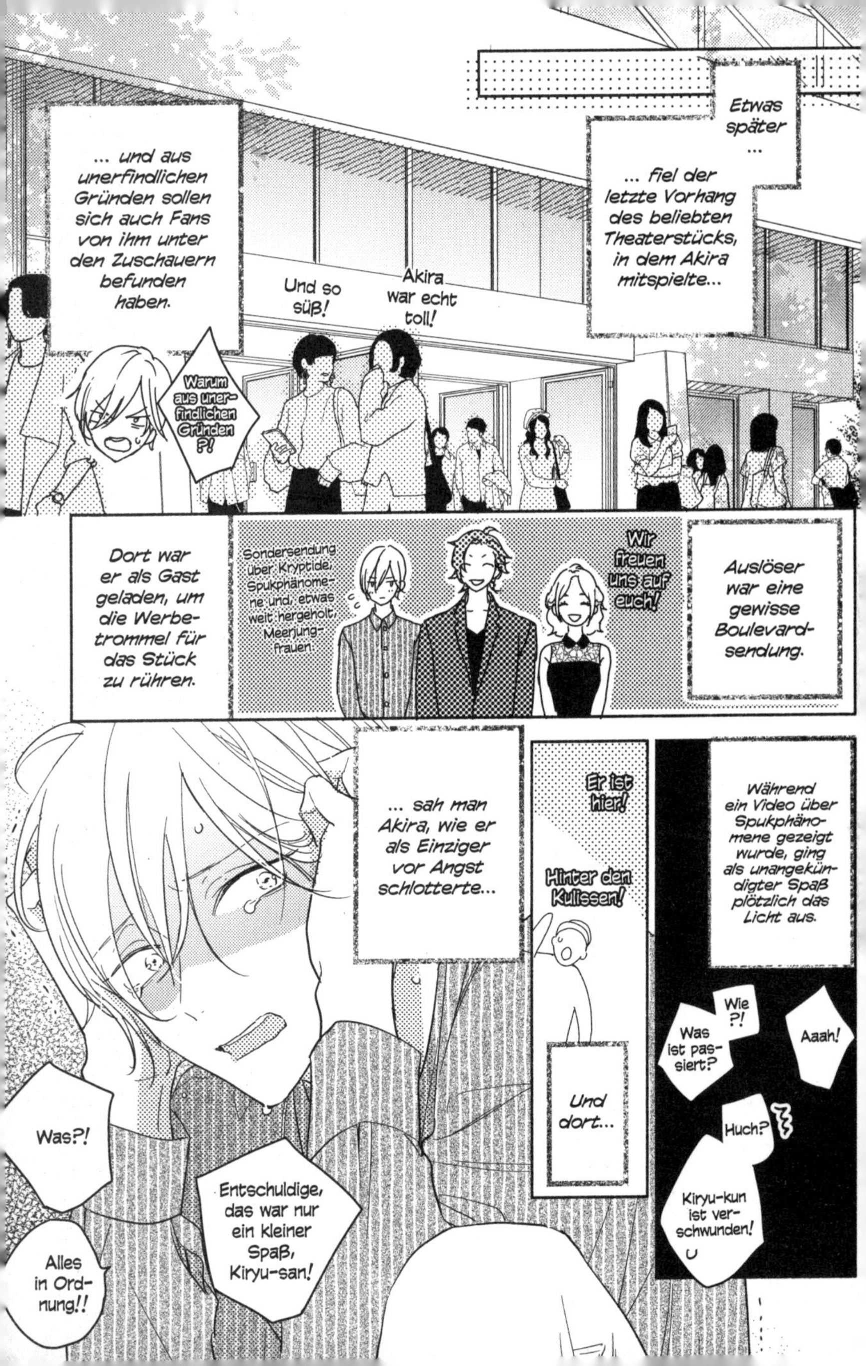

Etwas später ...
... fiel der letzte Vorhang des beliebten Theaterstücks, in dem Akira mitspielte...
Akira war echt toll!
Und so süß!
... und aus unerfindlichen Gründen sollen sich auch Fans von ihm unter den Zuschauern befunden haben.
Warum aus unerfindlichen Gründen?!
Auslöser war eine gewisse Boulevardsendung.
Wir freuen uns auf euch!
Sondersendung über Kryptide, Spukphänomene und, etwas weit hergeholt, Meerjungfrauen.
Dort war er als Gast geladen, um die Werbetrommel für das Stück zu rühren.
Während ein Video über Spukphänomene gezeigt wurde, ging als unangekündigter Spaß plötzlich das Licht aus.
Aaah!
Wie?!
Was ist passiert?
Huch?
Kiryu-kun ist verschwunden!
Er ist hier!
Hinter den Kulissen!
Und dort...
... sah man Akira, wie er als Einziger vor Angst schlotterte...
Was?!
Entschuldige, das war nur ein kleiner Spaß, Kiryu-san!
Alles in Ordnung!!

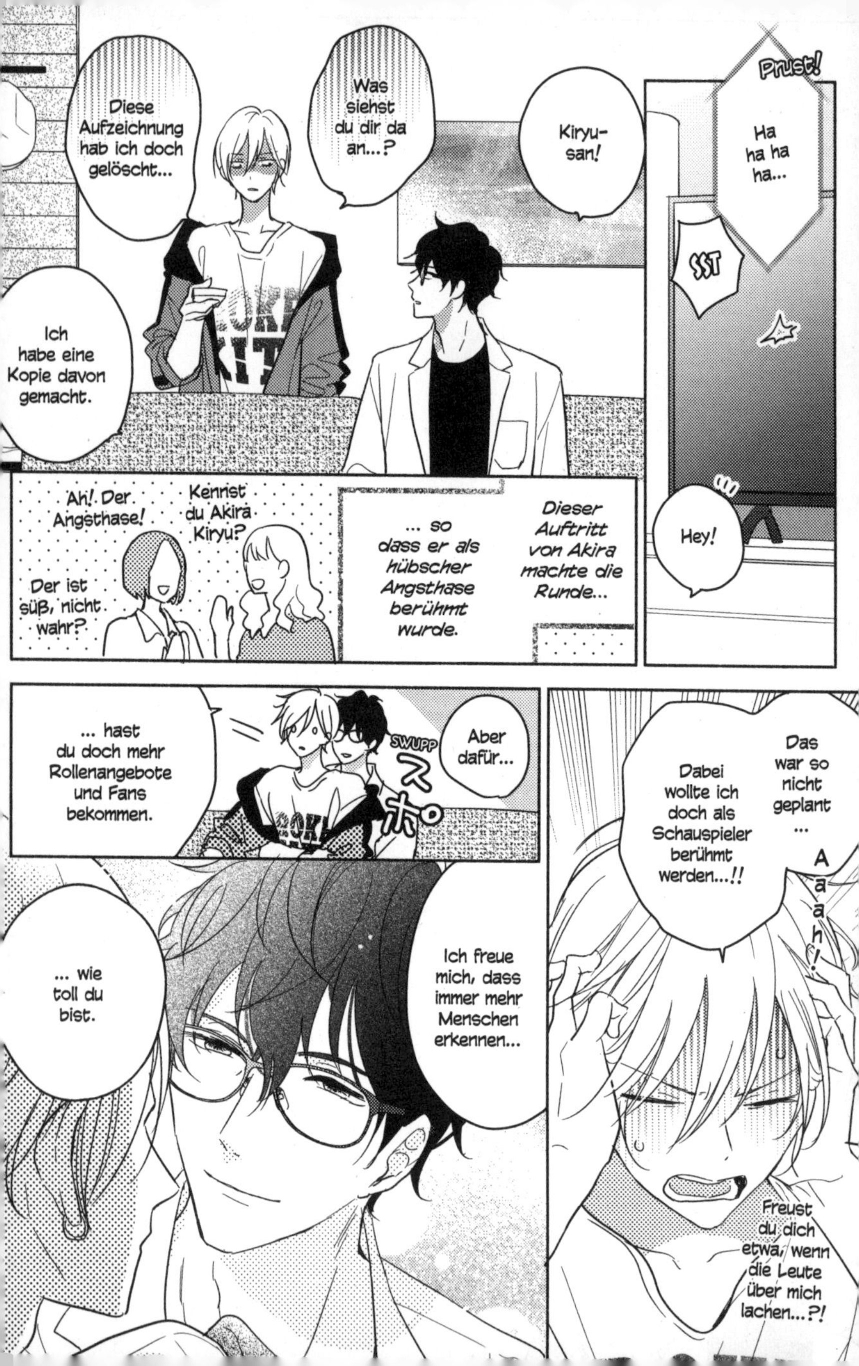
Prust!
Ha ha ha ha...
SST
Kiryu-san!
Was siehst du dir da an...?
Diese Aufzeichnung hab ich doch gelöscht...
Ich habe eine Kopie davon gemacht.
Hey!
Dieser Auftritt von Akira machte die Runde...
... so dass er als hübscher Angsthase berühmt wurde.
Kennst du Akira Kiryu?
Ah! Der Angsthase!
Der ist süß, nicht wahr?
Das war so nicht geplant ...
Dabei wollte ich doch als Schauspieler berühmt werden...!!
Aaah!
Freust du dich etwa, wenn die Leute über mich lachen...?!
Aber dafür...
SWUPP
スポ
... hast du doch mehr Rollenangebote und Fans bekommen.
Ich freue mich, dass immer mehr Menschen erkennen...
... wie toll du bist.

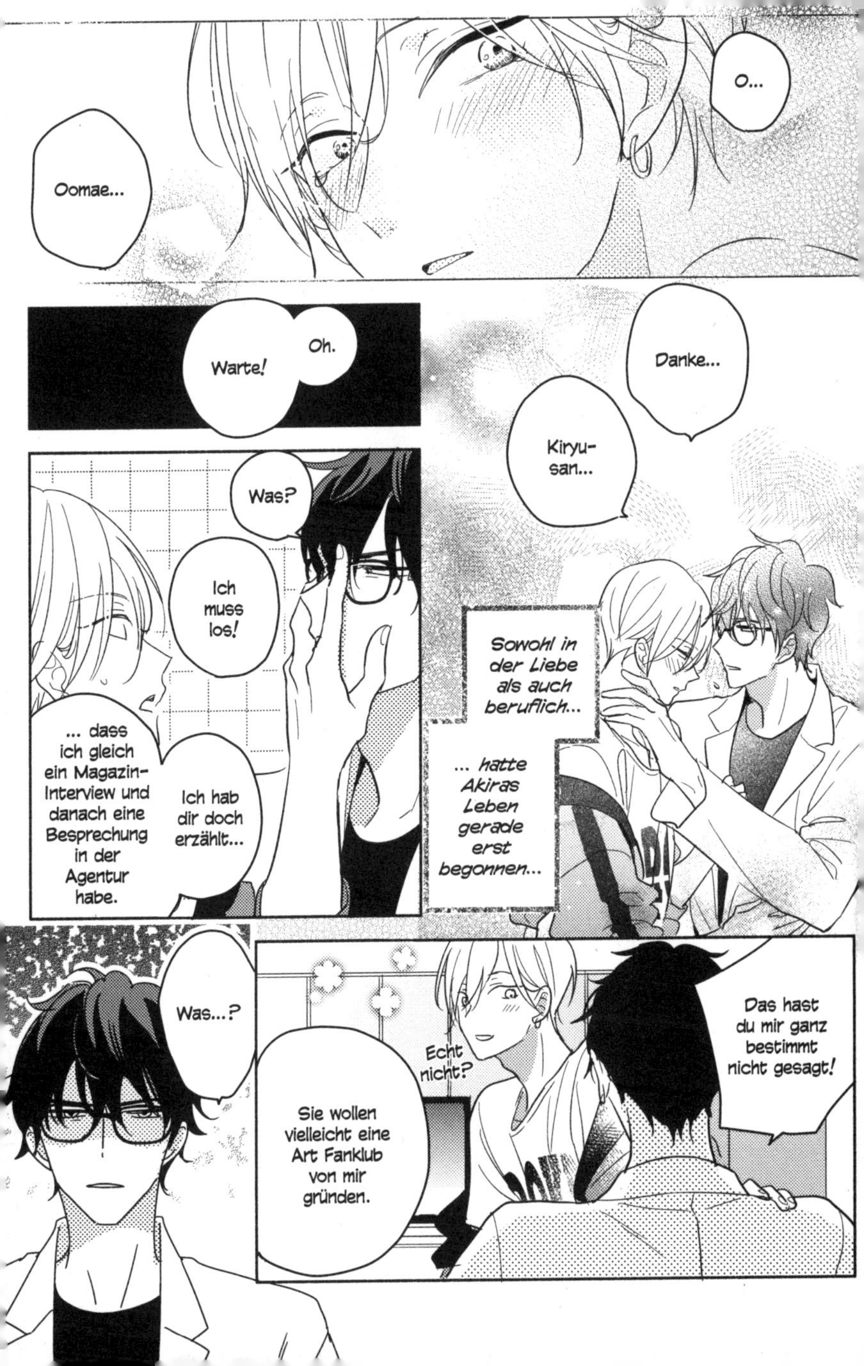
O...
Oomae...
Danke...
Kiryu-san...
Sowohl in der Liebe als auch beruflich...
... hatte Akiras Leben gerade erst begonnen...
Oh.
Warte!
Was?
Ich muss los!
Ich hab dir doch erzählt...
... dass ich gleich ein Magazin-Interview und danach eine Besprechung in der Agentur habe.
Das hast du mir ganz bestimmt nicht gesagt!
Echt nicht?
Sie wollen vielleicht eine Art Fanklub von mir gründen.
Was...?

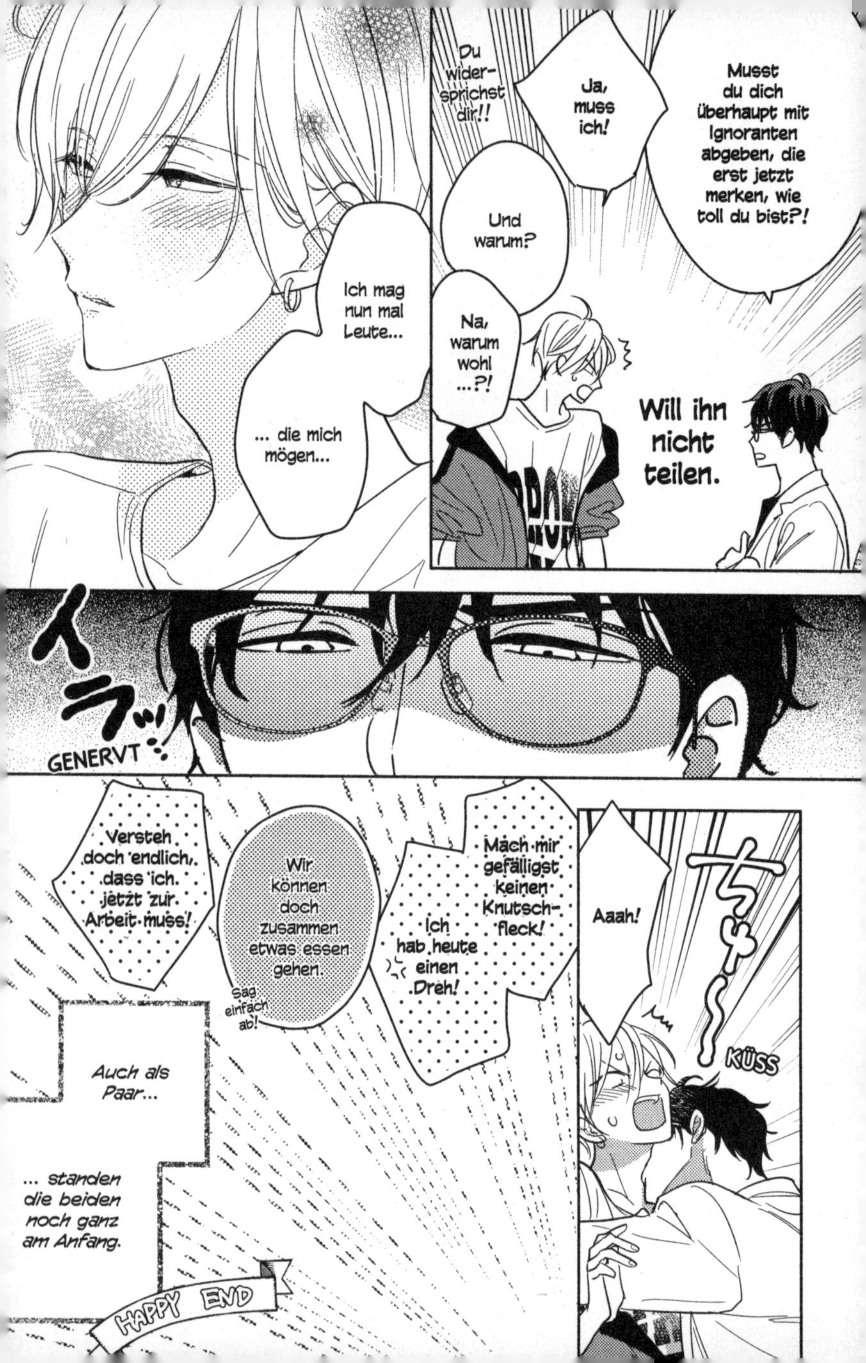
Musst du dich überhaupt mit Ignoranten abgeben, die erst jetzt merken, wie toll du bist?!
Ja, muss ich!
Du widersprichst dir!!
Und warum?
Na, warum wohl ...?!
Will ihn nicht teilen.
Ich mag nun mal Leute...
... die mich mögen...
GENERVT
Aaah!
KÜSS
Mach mir gefälligst keinen Knutschfleck!
Ich hab heute einen Dreh!
Wir können doch zusammen etwas essen gehen.
Sag einfach ab!
Versteh doch endlich, dass ich jetzt zur Arbeit muss!
Auch als Paar...
... standen die beiden noch ganz am Anfang.
HAPPY END

NACHWORT

Akira wurde durch die Idee geboren, dass ein total oberflächlicher Uke* mithilfe der Liebe das Gefühl entwickelt, seinem Gegenüber gleichwertig zu sein, und durch sein Zusammentreffen mit Oomae habe ich diese Figur unglaublich lieb gewonnen. Für mich ist es jedes Mal hart, wenn eine Geschichte zu Ende geht. Ein gut aussehender Seme** war für mich persönlich etwas Neues, sodass ich mich beim Zeichnen schwergetan habe und Ratschläge in Sachen Coolness von meiner zuständigen Redaktion bekam. (Das hat mir sehr geholfen...!) Ich würde mich freuen, wenn Oomae wenigstens ansatzweise eine tolle Figur abgibt.

Zuerst hatte ich mir Akira als „zwielichtigen Typen mit Sexappeal" vorgestellt, doch als ein Freund sagte, er käme überhaupt nicht so rüber, hat er am Ende ein bisschen die Hüllen fallen gelassen.

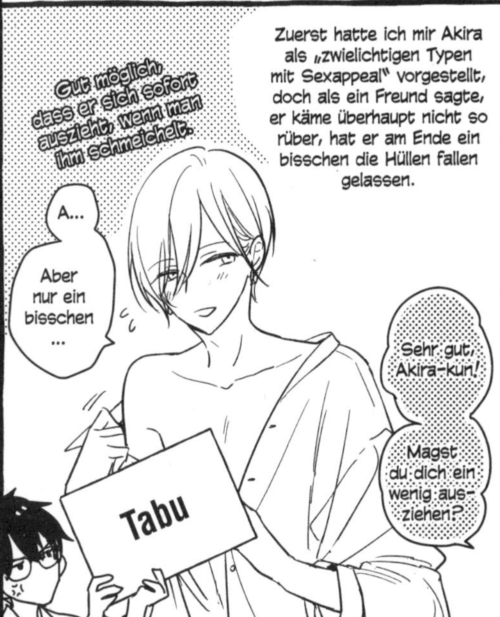

Vielen herzlichen Dank, dass ihr „You said you like me!" zur Hand genommen habt! Zwischendurch wurde das Storyboard immer umfangreicher, sodass es Szenen gab, die nicht mehr hineingepasst haben, aber jetzt bin ich froh, dass alles wohlbehalten in einem Band untergekommen ist!

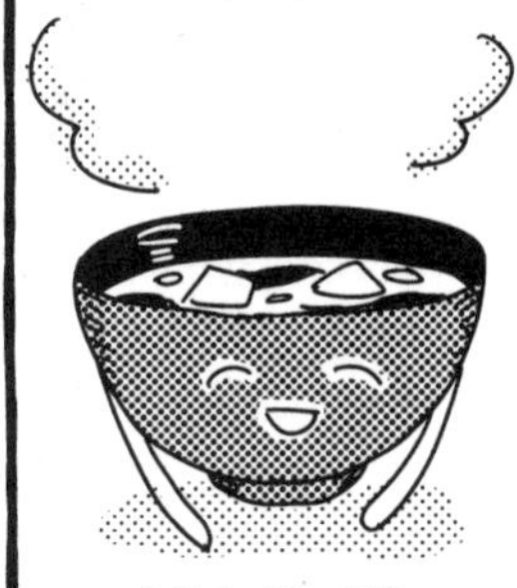

Ich würde mich freuen, wenn euch die Geschichte ein bisschen Freude bereitet hat. Ein herzliches Dankeschön an meine:n zuständige:n Redakteur:in, allen aus der Redaktion, dem Designer und meinen Lesern!

Ich freue mich über euer Feedback, selbst wenn es nur wenige Worte sind!

T 162-0825
TOKYO-TO SHINJUKU-KU
KAGURA-ZAKA 6-46
LOBEL-KAGURA-ZAKA-BUILDING 4F
AN MISO UMEDA

*passiver Part im Boys Love **aktiver Part im Boys Love

SUTOPPU!

Koko wa kono manga no owari dayo.
Hantaigawa kara yomihajimete ne!
Dewa omatase shimashita!
Tanoshii hitotoki wo dozo!

Egmont-Manga-Chiimu

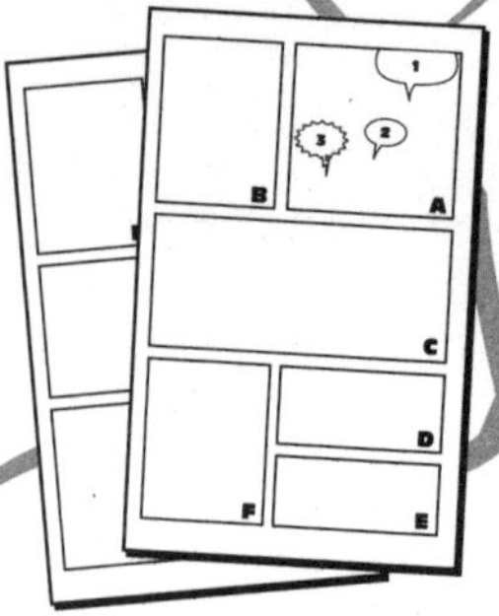

STOPP!

Das ist der Schluss des Mangas.
Fangt bitte am anderen Ende an!
Und nun genug der Vorrede,
viel Spaß beim Lesen!

Euer Egmont-Manga-Team

www.egmont-manga.de
Unsere Bücher findest du im
Buch- und Fachhandel und auf

„You Said You Like Me!" von Miso Umeda
Aus dem Japanischen von Melania Schmitz
Originaltitel: „Sukitte Itta no Omae Darouga!"

Originalausgabe:
Sukitte Itta no Omae Darouga!

Originally published in Japan in 2021 by
Libre Inc.,Tokyo.
German translation rights arranged
with Libre Inc., Tokyo, through
TOHAN CORPORATION, Tokyo.

Original Cover Design : arcoinc

Deutschsprachige Ausgabe erschienen bei

Egmont Verlagsgesellschaften mbH,
Ritterstraße 26, 10969 Berlin

2. Auflage 2023

Verantwortliche Redakteurin: Manuela Rudolph
Lektorat: Madlen Beret
Gestaltung: Esther Strunck
Koordination: Angelika Schönhuber
Printed in the EU
ISBN 978-3-7555-0170-1

story house
EGMONT